KB263803

클레이튼 크리스텐슨 하버드대 교수의

파괴적 혁신 실행 매뉴얼

THE INNOVATOR'S GUIDE TO GROWTH: Putting Disruptive Innovation to Work
by Scott D. Anthony, Mark W. Johnson, Joseph V. Sinfield and Elizabeth J. Altman
Original work copyright © 2008 Innosight, LLC
Korean Translation Copyright © 2011 by Okdang Books, Inc.
All rights reserved.
This Korean edition was published by arrangement with Harvard Business Press,
Boston, MA through KCC(Korea Copyright Center, Inc.), Seoul.

이 책의 한국어판 저작권은 ㈜한국저작권센터(KCC)를 통한 저작권사와의 독점계약으로
도서출판 옥당에 있습니다. 저작권법에 따라 한국 내에서 보호를 받는 저작물이므로
무단 전재와 복제를 금합니다.

클레이튼 크리스텐슨 하버드대 교수의

파괴적 혁신
실행 매뉴얼

스콧 앤서니 · 마크 존슨 · 조셉 신필드 · 엘리자베스 알트먼 **지음**
이성호 · 김길선 **옮김**

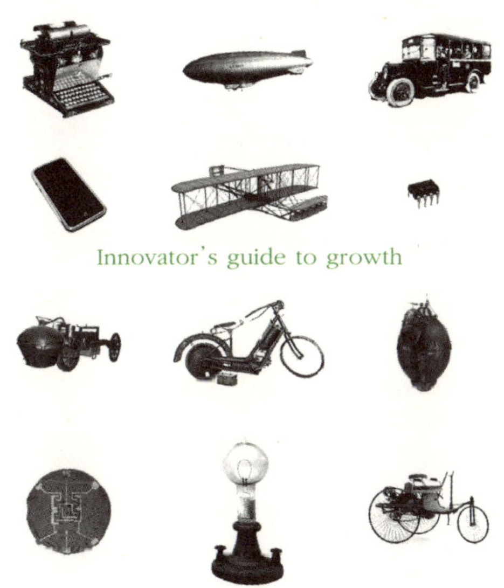

Innovator's guide to growth

옥당

클레이튼 크리스텐슨 하버드대 교수의

파괴적 혁신 실행 매뉴얼

지은이 스콧 앤서니, 마크 존슨, 조셉 신필드, 엘리자베스 알트먼
옮긴이 이성호, 김길선

1판 1쇄 발행 2011년 2월 28일
1판 5쇄 발행 2014년 4월 25일

발행처 도서출판 옥당
발행인 신은영

등록번호 제300-2008-26호
등록일자 2008년 1월 18일

주소 경기도 고양시 일산동구 무궁화로 11 한라밀라트 B동 215호
전화 (02)722-6826 **팩스** (031)911-6486

값은 표지에 있습니다.
ISBN 978-89-93952-26-1 03320

이메일 coolsey@okdangbooks.com

조선 시대 홍문관은 옥같이 귀한 사람과 글이 있는 곳이라 하여 옥당玉堂이라 불렸습니다.
도서출판 옥당은 옥 같은 글로 세상에 이로운 책을 만들고자 합니다.

이 도서의 국립중앙도서관 출판시도서목록(CIP)은 e-CIP홈페이지(http://www.nl.go.kr/ecip)와
국가자료공동목록시스템(http://www.nl.go.kr/kolisnet)에서 이용하실 수 있습니다.
(CIP제어번호: CIP2011000723)

한국, 시장의 밑바닥으로 다시 내려가라

클레이튼 크리스텐슨 Clayton M. Christensen

1970년대 초반, 몸담고 있던 교회의 선교활동 차 2년 동안 한국에 머문 적이 있다. 당시 한국은 몹시 가난했다. 몇 년 전, 딸 애니가 선교활동을 하러 가 있는 몽골을 다녀왔는데, 그곳은 지금 세계에서 가장 가난한 나라 중 하나이지만 30년 전의 한국상황보다는 훨씬 나아 보였다.

나는 한국에서 중요한 교훈 하나를 배웠다. 당시 한국은 굉장히 가난했지만 한국 사람들은 내가 만난 가장 행복한 사람들이었다. 한국 사람들을 통해 나는 부와 행복이 꼭 붙어 다니는 말은 아니라는 사실을 깨달았다.

1970년대 초 한국에서 미국인을 보는 것은 흔한 일이 아니었다. 더구나 나는 큰 키 때문에도 눈에 띄었다. 1972년 한 일간지가 키 큰 사람을 뽑는 대회를 열었는데, 2미터 3센티미터였던 내가 1등을 했다.

한국은 세계에서 가장 아름다운 곳 중 하나다. 한국을 떠나올 때 나는 내 마음의 반쪽을 두고 온 심정이었고, 지금도 자주 방문할 수 없다는 것이 아쉽다. 몇 년 전 다시 찾은 한국은 몰라볼 정도로 변해 있었고, 그 모습에 나는 놀라지 않을 수 없었다. 한국은 세계 역사상 그 어느 나라에서도 전례를 찾아볼 수 없는 숨 막히는 경제 발전을 일궈냈다. 한국에 가면 고국에 가지고 돌아갈 훌륭한 비즈니스 실무 비법 하나쯤은 쉽게 찾아낼 수 있을 정도다.

'파괴적 혁신disruptive innovation'은 한국이 변모하는 과정의 중심에 있었다. 울산 근처 언덕에 올라 새로운 조선소가 들어서는 모습을 지켜본 적이 있다. 그 조선소의 건립은 한국이 세계 해운시장에 내민 첫 번째 도전장이었다. 이후 한국의 조선소는 일본을 '파괴'하고 곧 세계적인 수준의 조선소가 되었다. 기업들도 휴대전화, 자동차, 반도체, 가전제품 같은 분야에서 두각을 나타냈다. 그 결과 삼성, 현대, LG는 세계적으로 유명한 기업이 되었다.

그렇다고 한국이 이미 얻은 명성에 만족하며 노력하지 않아도 될 시점에 도달한 것은 아니다. 나는 모든 국가가 어떻게 '혁신 기업의 딜레마'에 빠지게 되는지를 연구해왔다. 일본의 소니, 혼다, 세이코, 도요타와 같은 주요 기업은 모두 간단하고 편리한 해결책(제품이나 서비스 등)으로 '파괴적 혁신'에 성공하며 등장했고, 1980년대와 1990년대에 각각의 분야에서 최고 기업으로 손꼽힐 만큼 엄청난 성장을 이루었다. 하지만 일본은 더는 새로운 파괴적 성장을 꾀하지 못했고, 지금은 싱가포르, 중국, 한국 등의 공격에 고전을 면치 못하고 있다.

한국의 기업은 이런 전철을 밟지 않았으면 하는 바람이다. 오늘날과 같은 도전의 시대를 살아가려면 기업은 파괴적 혁신을 능숙하게 이뤄낼 수 있는 능력을 길러야 한다. 경쟁은 점점 치열해지고 있다. 경제성장을 이어가려면 계속해서 파괴적 성장을 모색해야 한다.

이 책이 그 임무를 수행하는 데 도움이 되었으면 한다. 이 책은 나와 내 공저자들이 《혁신 기업의 딜레마The Innovator's Dilemma》, 《성장과 혁신The Innovator's Solution》, 《미래 기업의 조건Seeing What's Next》 등에서

펼쳐 보인 이론을 실행할 수 있는 실천교과서이다. 독자 여러분이 몸담은 기업 또는 국가의 성장을 도와줄 실용적인 방안을 이 책에서 찾을 수 있기를 바란다.

● 들어가기

신성장 동력을 찾아라! ·····33

- 21세기 기업의 핵심 성장수단, 파괴적 혁신
- 혁신의 진화, 존속에서 파괴로
- 파괴적 혁신에 성공하는 필수 원칙 3가지

  원칙 1_과잉충족이 파괴적 혁신을 부른다 | 원칙 2_규칙을 깨라 |
  원칙 3_비즈니스 모델을 혁신하라

- 일반적인 오류들

  비약적 발전과 파괴적 혁신의 혼동 |
  한 번도 해본 적 없는 일을 파괴적인 일이라고 여기는 실수

- 성공사례, 다우코닝과 P&G
- 이 책의 전체 보기

해결 과제 발견하기 ······································147

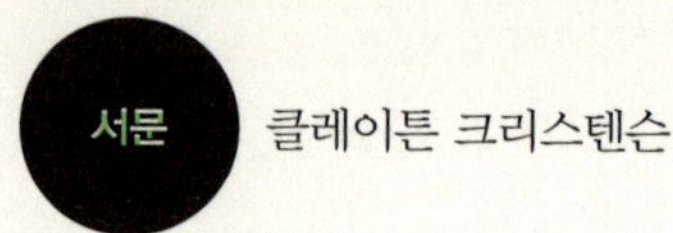

클레이튼 크리스텐슨

파괴적 혁신 이론을 돌아보다

훌륭한 경영 원칙이 혁신하려는 기업에 오히려 방해될 수 있음을 지적한 연구결과를 발표한 지도 10여 년이 흘렀다. '싸고 단순하고 편리함을 추구한 혁신'이 난공불락처럼 보이는 시장의 선두 기업을 와해시킬 수 있다는 나의 주장은 여러 분야에서 확인되었다.

지난 2000년, 컨설팅과 임원 교육을 목적으로 이노사이트Innosight를 설립한 이후, 나는 이곳에서의 현장 경험을 통해 내 연구를 보완했다. 나와 동료들은 수십 차례에 걸쳐 기업이 능력을 최대한 발휘해 급격한 성장을 이룰 수 있도록 도왔다. 이 과정에 우리와 비슷한 생각을 하는 학자와 실무자들이 합류했다. 브리검영대학교Brigham Young University 메리어트Marriott 경영대학의 제프리 다이어Jeffrey Dyer 교수, 다트머스대학교Dartmouth University 아모스 턱Amos Tuck 경영대학의 비제이 고빈다라잔Vijay Govindarajan 교수, 머크Merck사의 전 CEO 레이 길마틴Ray Gilmartin, 혁신에 관한 초기 연구와 S-곡선, 기술적 불연속성의 경쟁 효과에 관한 기념비적 연구로 내 연구에 많은 영향을 주었던 리처드 포스터Richard Forster, 애로우일렉트로닉스Arrow Electronics사의 전 CEO인 스티브 카우프먼Steve Kaufman, 레그메이슨 캐피털Legg Mason Capital사의 마이클 모바신Michael Mauboussin 그리고 수년간 이스트먼 코닥Eastman Kodak사의 디지털 운영을 총괄했던 윌리 쉬Willy Shih가 바로 그들이다.[1]

먼저 지난 수년간 이노사이트가 해온 수많은 연구에 찬사를 보낸다. 나는 혼자서 일하는 데 한계를 느껴 이노사이트를 설립했다. 파괴적 혁신에서 나타나는 패턴이 매우 명료하다고 생각했기에, 현장에서 특히 대기업이 새로운 성장 사업을 찾아내는 데 따르는 현실적인 어려움을 과소평가했다. 이노사이트는 파괴적 혁신 이론을 보다 이해하기 쉽게 발전시킴으로써 이 이론의 지식 토대를 구축하는 데 지대한 공헌을 했다. 이노사이트의 동료 3명과 평소 비슷한 생각을 하고 있던 대기업 임원 1명은, 기업의 관리자와 창업자들이 파괴적 혁신 이론을 더욱 잘 이해하고 실행할 수 있도록 이 책을 집필했다.

이 책의 본론으로 들어가기 전 나는 새로운 성장 사업의 성공적 창조를 방해하는 4가지 중요한 패러다임 오류를 살펴보고, 변화의 주요 요소에 대한 생각을 밝혀 독자 여러분의 이해를 돕고자 한다.

1 최고 고객의 목소리에 올인하지 마라

《혁신 기업의 딜레마》에 정리된 연구 결과의 핵심은, 최고 고객의 목소리에 귀 기울이는 기업이 오히려 새로운 성장 사업을 창조할 기회를 놓칠 수 있다는 것이다. 물론 고객의 요구를 경청하는 것 자체는 매우 가치 있는 일이다. 까다로운 고객의 피드백을 통해 가격 프리미엄 혜택은 물론 높은 이윤을 얻을 수 있고 시장 경쟁자들을 제압할 수 있다. 그러나 최고 고객의 요구에 집중하는 성향 때문에, 기존 기업은 파괴적 혁신

이 그들의 핵심 사업에 미칠 충격을 미처 예견하지 못한다.[2]

최고 고객에게 집중하다 보니 기업은 대다수 고객이 원하는 것보다 훨씬 뛰어난 제품과 서비스를 생산하게 된다. 이 과잉충족overshooting 현상이 단순하고 저렴한 제품을 내세운 파괴적 혁신 기업에 기회를 준다. 기존 기업은 저가시장에서 파괴적 혁신 기업을 상대하는 것이 고가시장의 고객을 상대하는 것만큼 매력적이지 않다. 그래서 이익을 극대화하려는 기업은 고가시장으로 이동한다. 이것이 시장의 선두 기업이 산업 내 고가시장에 매달려 파괴적 성장 기회를 놓치게 되는 여러 산업 분야에 걸쳐서 나타나는 패턴이다. 게다가 까다로운 고객의 요구에만 집중하는 기업은 저가시장 또는 주변시장으로 여기던 '비소비非消費 고객'에게서 생기는 성장 기회를 놓치게 된다.

많은 고전적인 파괴적 혁신 사례는 선두 기업이 빠져든 이러한 잘못된 패러다임 때문에 가능했다. 미니밀minimill(폐철을 특수강으로 생산하는 특수 용광로를 말한다_옮긴이 주)에 의한 통합제철소integrated steel mill의 파괴, 할인 소매업자의 등장이 가져온 백화점 소매업자의 파괴, 개인용 컴퓨터 제조업자에 의한 소형 컴퓨터 제조업자의 파괴가 그 예이다.

2 시장 세분화 방식을 바꿔라

나는 대부분 기업이 시장을 잘못된 방식으로 세분함으로써 진정한 혁신 기회를 발견하지 못한다는 결론에 이르렀다. 소비자가 상품이나 서비스를 '구매'하는 것이 아니라 생활 속에서 처리해야 할 일을 하려고 '사용하거나 고용한다'라는 개념, 즉 '해결해야 할 과제jobs to be done' 개념의

시장 세분market segmentation 방식이 전통적인 세분 방식보다 훨씬 낫다는 얘기다.[3]

일반적으로 기업의 시장 세분화 방식은 기업이 어떤 제품을 개발할지, 제품 사양은 무엇으로 할지 그리고 어떻게 그 제품을 시장에 내놓을지에 영향을 미친다.[4] 또한 누구를 경쟁자로 할지, 특정 시장의 기회 규모가 얼마나 큰지를 규정한다.

대부분 기업은 제품의 범주나 가격, 또는 소비자의 속성(나이, 성별, 결혼 여부, 거주지, 혹은 소득 수준)에 따라 시장을 세분한다. 어떤 B2B 기업은 산업별로 시장을 나누기도 하고 어떤 기업은 고객 비즈니스의 규모에 따라 나누기도 한다. 그러나 이런 시장 세분 기준은 고정적이라는 데 문제가 있다.

예를 들어 어떤 소비자가 소비자 마케팅에서 자주 사용하는 인구통계 기준에 따라 18~34세 그룹으로 분류되면 그 소비자는 장장 17년간이나 계속 같은 그룹에 머문다. 또한 교육수준은 일반적으로 30세 기준에 고정된다. 개인 소득은 이보다 조금 더 자주 변하긴 하지만 보통 몇 년 동안 변하지 않는다. 소비자의 소비 행태는 인구통계, 소비심리의 측정 방식이나 소비태도보다 더 자주 변한다. 따라서 인구통계 데이터로는 사람들이 왜 어느 날 밤에는 극장에서 데이트하고 어느 날 밤에는 넷플릭스Netflix에서 대여한 DVD를 보며 피자를 주문하는지 설명할 수가 없다.

결국 상품과 소비자 속성으로 소비자의 행동을 설명하는 것은 한계가 있다. 소비자의 관점에서 보면 시장은 이러한 기준으로 짜여진 게 아니기 때문이다. 소비자의 구매 결정이 인구통계상 '평균적인 소비자' 의견과 반드시 일치하지 않으며, 그들이 특정 범주의 제품만으로 욕구를 해결하려 드는 것도 아니기 때문이다.

소비자는 어떤 일을 할 필요가 있을 때, 제품이나 서비스를 이용하여 그 일을 한다. 그래서 기업은 소비자의 생활 속에서 자사 상품이 어떻게 이용되는지를 이해해야 한다. 다시 말해, 시장 세분화와 분석을 위해 기본적인 단위가 되어야 할 것은 소비자나 상품이 아니라 소비자가 하는 일 그 자체이다.

마케팅 역사에서 '홈런'을 친 사례 대부분은 판매담당자가 소비자들이 하려는 일이 무엇인지 감지하고, 많은 사람이 그 일을 더욱 효율적이고 편리하며 싼 값에 할 수 있는 방법을 찾아냈을 때였다. 이와 반대로 스트라이크 아웃을 당한 경우는 같은 범주 안에서 다른 제품보다 기능이 더 좋은 제품을 개발하려 했다거나 인구통계상 평균적인 소비자들이 원하는 것만을 이해하려 했을 때였다.

소비자들이 해결하기 원하는 과제를 이해하려는 노력은 파괴적 혁신으로 가는 첫 발을 딛는 것과 같다.

3 매몰원가에 미련을 버려라

세 번째 오류는 현 시점에서 미래와 관련한 의사결정을 할 때 과거의 투자 즉, 고정비나 매몰원가sunk cost(생산에 들어간 비용 가운데 회수가 불가능해 원가 계산에 넣지 않는 부분. 이미 투입된 재화의 원가이기 때문에 현재의 행동이나 의사결정에 의해 바뀔 수 없는 원가이다_옮긴이 주)를 고려해서는 안된다는 주장이다. 이 주장은 파괴적인 공격에 대응하려는 기존 기업에는 제약이지만 공격 기업에는 이점이 된다.

이 주장의 골자는 경영자가 투자를 결정할 때, 투자 덕분에 발생하는 현금유입액에서 투자를 위해 필요한 현금유출액을 뺀 순 현금유입액으로 수익성을 평가해야 한다는 것이다. 이러한 논리는 공격하는 기업에는 매력적이지만 기존의 선두 기업에는 그렇지 않다. 게다가 이런 현상이 혁신하려는 기업에는 딜레마가 된다.

예를 들어 미니밀의 출현에 대응할 방법을 찾고 있는 통합제철소라면 다음과 같은 선택을 생각해 볼 수 있다. 공격 기업과 경쟁할 소규모 제철소를 짓거나, 기존 설비의 여유 생산력을 활용해 가격경쟁력이 있는 제품을 생산하는 것. 한계 이익률을 최대화하려는 기업은 여유 생산능력을 활용하는 쪽으로 의사결정을 하게 된다. 이러한 논리대로라면 통합제철소는 장기적으로 평균비용을 줄이기 위해 새로운 공장 건설을 포기하고 현재의 생산력을 최대한 활용하는 방안을 선택한다. 이 판단이 한편으로는 합리적으로 보이지만 결국 시황에 탄력적으로 대응하여 다양한 제품을 생산할 수 있는 미니밀이 철강업계의 파괴적인 흐름을 주도하도록 돕게 된다.[5]

그러므로 시장에 진입한 자가 성공적으로 발전의 토대를 쌓아가고 있다면 기존 기업은 이 시장 진입자가 하는 것과 같은 방식의 투자를 해야 한다. 그래야만 시장 진입자가 시장을 보는 관점을 이해할 수 있고, 투자하지 않을 때 발생할 위험을 예측할 수 있다.

파괴적 혁신을 추구하는 기업은 이같은 재무상의 패러다임 오류가 그들을 비생산적인 방향으로 이끌지 않도록 유의해야 한다. 예를 들어 순현재가치(순현가) 분석을 할 때 여러 대안을 고려하는 것이 중요하며, 장기적으로 가치가 있는 전략적 투자의 중요성을 제대로 반영할 수 없는 분석구조는 비판적으로 재고할 필요가 있다.[6]

4 어제의 핵심 역량이 오늘도 통한다고 확신하지 마라

기업은 그들의 핵심역량core competencies을 바탕으로 의사결정을 내린다. 약 40년 전, 테오도르 레빗Theodore Levitt은 기업이 자사의 핵심역량을 잘못 인식해서 성장의 기회를 놓친다고 지적했다.[7] 하지만 40년이 지난 지금도 기업은 같은 실수를 되풀이하고 있다.

실수는 여러 가지 형태로 나타난다. 기업의 기존 핵심 제품을 고안해 혁신에 성공하게 했던 프로세스가 새로운 혁신에는 오히려 방해되는 경우가 있다.[8] 또한 별로 중요하지 않다고 판단하여 외부조달한 영역에서 해당 외주업체가 역량을 키우며 미래의 기회를 만들어 가는 모습을 종종 목격하기도 한다.[9] 그리고 기업은 때때로 관리자들의 진정한 역량을 파악하는 데 실패하기도 한다. 기존의 핵심 사업에 꼭 필요한 역량을 가진 경험 있는 관리자라 하더라도 새로운 사업에 필요한 역량은 갖추지 못했을 수 있다.[10]

어떻게 변화를 주도할 것인가?

혁신을 통해 성장의 기회를 찾는 사람들은 많은 장벽에 부딪힌다. 전통적인 지혜는 전통적인 환경에서는 제 역할을 하지만 새로운 환경에서는 엉뚱한 길로 이끌 수도 있다. 이런 차이가 시장에 새로 진입하는 신생 기업에는 유리하게 작용하지만, 기존 기업에는 파괴적 혁신을 진행하는 데 필요한 조직 공간 하나 확보하는 일조차 어렵게 한다.

《혁신 기업의 딜레마》에서 제시한 근본적인 제안은 바로 이 많은 장벽을 해결하기 위한 것이다. 파괴적 혁신을 원하는 기존 기업은 사내의 파괴적 벤처 활동에 충분한 자율권을 부여해야 한다.[11] 파괴적인 프로젝트를 기존 핵심 사업의 틀 안에 가두어두면 그 프로젝트 자체를 실패로 내몰 수 있다.

파괴적 혁신에 수반되는 변화의 힘을 얻으려면 하나의 공통된 언어, 각기 다른 혁신 프로젝트를 다른 방식으로 다룰 수 있는 프로세스, 각각 다른 접근방식의 가치를 증명하는 프로젝트 성공사례가 필요하다.

공통언어를 구축하라

효과적인 혁신 활동을 하려면 정확하고 일사불란한 의사결정 체계를 확보하는 일이 무엇보다 우선되어야 한다. 그러려면 그 조직만의 공통언어를 가지고 있어야 한다. 파괴적 혁신에 관한 유명한 이야기 중 하나는 1990년대에 인텔Intel이 마이크로프로세서microprocessor 산업의 저가 시장에서 발생한 위협을 어떻게 인지하고 대응했는가 하는 것이다. 이 이야기는 공통언어가 얼마나 중요한지 보여주는 사례다.

1990년대 후반 나는 인텔을 스무번 정도 방문했는데, 한 번 방문할 때마다 약 100여 명의 관리자를 대상으로 파괴적 혁신의 원칙과 언어에 대해 강의했다. 교육이 끝나고 얼마 지난 뒤, 인텔은 저가·저사양의 셀러론 프로세서Celeron processor를 시장에 내놓았다. 셀러론 프로세서는 어드밴스드 마이크로 디바이시스Advanced Micro Devices(AMD), 사이릭스Cyrix와 같은 파괴적 공격자들의 시장 진입을 저지하며, 인텔의 중요한 사업으로 떠올랐다.

이때 인텔의 관리자들이 나에게 받았던 교육이, 그들이 셀러론 전략을 수립하고 수행하는 데 중요한 역할을 했다고 한다. 셀러론이 시장에 성공적으로 진입한 후 인텔의 CEO인 앤디 그로브Andy Grove는 다음과 같이 말했다. "당신의 파괴적 혁신 모델은 우리 문제에 직접적인 해답을 주지는 않았습니다. 그러나 그 모델은 우리가 직면한 문제의 틀을 잡는데 필요한 공통언어와 방법을 주었고, 이를 통해 우리는 신속하고 정확하게 의사결정을 해나갔고 마침내 의견 일치를 볼 수 있었습니다."

그러나 2000년대 중반 앤디 그로브가 현업에서 떠난 뒤, 나와 교류했던 많은 상급관리자도 인텔을 떠나갔다. 그들이 떠나면서 지속적으로 파괴적 혁신을 창조해내던 인텔의 능력도 위축되었다. 그들이 만들어낸 공통언어 시스템은 인텔 내에 깊게 뿌리내리지 못했던 것이다. 장기적으로 파괴적 혁신을 주도할 능력을 갖추고 싶은 회사라면 성공의 견인차가 될 공통언어를 구축하는 일에 투자해야 한다.

어떤 회사가 파괴적 혁신의 핵심 원칙을 조직의 근본 구조 속에 내재화하려고 사내 교육 프로그램을 개발하기로 했다는 소식은 반가운 소식이 아닐 수 없다.

새 프로젝트는 새 프로세스에 담아라

혁신기업과 혁신가에게 있어 가장 근본적인 딜레마는 자원 배분 프로세스에 있다. 적극적으로 관리하지 않는다면 형체가 없는 이 프로세스는 기업의 인적·물적 자원을 미래 성장을 위한 파괴적 혁신이 아니라 기존의 사업을 지지하고 보강하는 쪽으로 흘러가게 할 것이다.

기업은 자원 배분 프로세스를 밀착관리하면서 자본과 인적자원이 파괴적인 혁신으로 흐를 수 있도록 유도해야 한다. 또한 다른 혁신 기회를 개별적으로 다룰 수 있어야 한다. 관리자는 보통 다른 문제에 다른 방식으로 접근하고 있지만, 내 경험에 비추어보면 그들은 성장에 관한 요소들을 한데 묶고 하나의 성과지표로 이를 관리한다. 이런 점은 굉장히 불합리하다.

새로 진입하려는 시장을 겨냥한 새롭고 대담한 전략이 기존 시장에서 점진적 개선을 지향하는 전략과 마찬가지로 측정, 통제, 관리되어서는 안 된다. 근본적으로 서로 다른 기회를 같은 방식으로 추진하는 것은, 적어도 그 기회 중 하나는 최적화된 프로세스에 따라 추진되지 않을 것임을 의미한다.

일반적으로 신성장을 위한 프로젝트를 평가할 때는 프로젝트의 핵심 가정과 위험 요소를 반복적으로 파악하고 다루는 데 초점을 맞춘 다른 형태의 평가 프로세스를 사용해야 한다. 신성장 아이디어를 평가하기 위해서는 기존의 핵심 사업을 평가하는 데 사용한 순현가 분석이나 투자수익률 분석 방법보다는 새로운 목표 시장에서의 성공과 관련한 정성적定性的 평가척도를 사용하는 것이 좋다.

프로젝트 성공사례를 통해 확신을 얻어라

파괴적 혁신의 힘을 증명하는 학술적 연구와 실증적 자료들은 상당히 많다. 그럼에도 파괴적 혁신을 성공적으로 관리하기 위해 요구되는 원칙들은 여전히 기업의 경영자들에게 '직관에 어긋나는' 혹은 최악의 경우에 '위협적'이라는 말을 듣는다. 회의론자들에게는 충분한 양의 성공사례만이 새로운 접근방식의 힘과 가치를 확신시켜줄 수 있다. 이 책에는 혁신에 성공한 여러 기업의 예가 언급되고 있는데, 이 기업들 또한 본격적으로 혁신을 추진하기 전에 하나 혹은 몇 개의 분명한 성공사례를 통해 확신을 얻은 뒤 출발했다.

　이 책,《파괴적 혁신 실행 매뉴얼》을 보면 공통의 언어를 만들고, 프로젝트의 유형에 따라 각기 다른 프로세스를 적용하고, 프로젝트 성공 사례를 만드는 데 필요한 실용적인 방법이 풍부하게 소개되어 있다. 지난 10여 년의 여정에서 가장 즐거웠던 부분은 나와 생각이 비슷한 혁신가들에게 많은 것을 배울 수 있었다는 점이다. 여러분이 알고 있는 지식을 나와 내 동료에게 알려주면 파괴적 혁신의 힘을 어떻게 발휘하는가에 대한 우리의 총체적 지식을 강화하는 데 도움이 될 것이다. 여러분도 지식을 공유하면서 파괴적 혁신 프로젝트 진행에 성공하길 기원한다.

지난 수십 년 동안 확고한 위치를 지켜온 기업과 그들의 경영방식, 21세기에도 번성할 것인가

수십 년이 넘도록 자리를 지켜오던 멀쩡한 기업들이 무너지고, 구글이나 트위터, 페이스북과 같이 혜성같이 등장한 기업들이 순식간에 세계를 재패하며 20세기 기업의 흥망사를 새로 쓰고 있다. 뛰어난 기술력과 탄탄한 재무구조를 가진 기업들이 줄줄이 무너지는 이유는 무엇일까? 기업들은 결코 틀리거나 터무니없는 결정을 내리지 않았다. 매우 합리적인 결정을 내렸음에도 그들이 실패하는 이유는 무엇일까?

최근 많은 사람들이 가장 주목하는 경영학자는 단연 클레이튼 크리스텐슨Clayton Christensen이다. 그는 자신의 저서 《혁신 기업의 딜레마The Innovator's Dilemma》에서 바람직한 경영원칙을 준수하는 것이 오히려 혁신을 어렵게 한다고 지적하였다. 과거에는 좋다고 생각한 경영방법 즉, 우량 고객의 소리에 귀를 기울이고 시장의 트렌드를 살피고, 자본을 최고의 수익을 올릴 수 있을 것으로 보이는 (기존 핵심 사업 중심의) 혁신과제에 투입하는 전략을 추구하다 보니 '파괴적 혁신'에 제대로 대응할 수 없었다는 설명이다.

미국 백화점계를 이끌던 시어즈Sears Roebuck가 월마트에 무너졌고, 메인컴퓨터를 생산하던 IBM이 PC에 좌초됐으며, 복사기 시장을 석권하던 제록스Xerox도 존폐의 위기에 놓인 적이 있었다. 왜 그들은 파괴적 혁신에 대응하지 못했을까?

크리스텐슨 교수에 의하면 혁신은 2가지 형태가 공존한다. 존속적 혁신과 파괴적 혁신이다. 파괴적 혁신은 신규 시장을 창출하거나 기존 시장을 재편하는 혁신으로, 기업이 직면하는 딜레마의 핵심이다. 한 마디로 처음에는 '시장이 외면하는 혁신'으로 매우 급진적이며 시장성이 충분히 반영되지 않은 것으로 보인다. 새롭게 뛰어든 후발 기업은 대부분 이 파괴적 혁신으로 앞서 나간다.

기존 제품을 개선하여 출시하는 존속적 혁신과는 분명 대비된다. 존속적 혁신은 수요가 충분하고 소비자가 원하고 있다는 가정 하에 기술을 개선해나가는 지속적인 혁신을 말한다. 그러나 그곳에는 엄밀한 의미의 혁신은 없다. 파괴적 혁신은 시장이 외면하고 안 될 것이라고 말하는 곳에서 나타난다. 멀쩡한 기업이 넘어진 것은 이 존속적 혁신과 시장의 반응에 지나치게 의존했기 때문이다.

파괴적 혁신으로, 21세기형 기업으로 살아남아라!

그렇다면 기존 기업은 왜 파괴적 혁신을 방어하지 못하는가. 초기 단계에서는 파괴적 혁신을 시도할 시장 규모가 너무 작고, 전망도 불투명해 투자할 가치를 느낄 수 없기 때문이다. 또 설사 가치를 느낀다 해도 혁신 제품을 변형해 기존 제품라인에 끼워 넣게 되는데 이러면 그 제품이 갖고 있는 파괴적 에너지는 사라져 버린다.

그러면 기존 기업의 파괴적 혁신은 불가능한가. 방법은 있다. IBM이 플로리다에 독립법인을 설립해 성공적으로 PC업계에 진입한 것처럼 기존 고객과 프로세스의 압력으로부터 자유롭고 독립적인 조직을 구축하면 파괴적 혁신을 추진할 수 있다. 내부적으로 파괴적 혁신을 관리하는 데 필요한 프로세스를 개발하는 것도 좋은 방법이다. 기존 기업의 프로세스와 가치로는 파괴적 혁신과 존속적 혁신을 동시에 감당할 수 없기 때문이다.

피터 드러커Peter Drucker는 경영원칙을 '20세기의 가장 중요한 혁신'이라고 표현했다. 그러나 이 20세기 최고의 혁신 산물이 21세기에도 살아남아 번성할 수 있을까? 20세기에 잘 나가던 기업이 21세기형 조직으로 탈바꿈할 수 있을까?

그리 쉽지는 않을 것이다. 혁신가의 딜레마는 기술뿐만 아니라 경영에도 적용되기 때문이다. 과거의 경영원칙에 파괴적인 혁신을 가할 수 없는 조직은 경쟁력을 잃게 될 것이 분명하다. 그래서 파괴적 혁신을 실행하는 일은 모든 기업과 조직의 화두다. 파괴적 혁신의 개념과 실행은 블루오션과 같은 가치혁신의 개념과 실행을 포괄하는 체계적 방법론을 제시하고 있기 때문이다.

이 책은 이 파괴적 혁신 이론을 현실 세계에서 어떻게 실행하면 되는지를 일러주는 실행 매뉴얼이자 예측할 수 없는 변화를 해석하는 능력을 키우고, 21세기형 기업으로 살아남는 통찰력을 길러주는 경영의 미래예측서이다. 이 책이 많은 혁신가들에게 모범적인 생존지침서가 되길 기대한다.

읽고 실행하고 경험하고 생각하는 책으로의 초대

비즈니스 실전 현장에서 조언자 그리고 교육자 역할을 수행해 온 역자 이성호 교수는 마케팅을 사랑하지만 기업 내에서의 마케팅 영역과 학교에서 교육하는 영역 간의 큰 격차를 발견하고 '비즈니스 실전', '통합적인 비즈니스 관점', '생존과 성장', '지속적 혁신', '전략의 중요성' 등의 의제로 마케팅 전략과 경영 전략을 열심히 공부해 왔다. 그는 경영전략의 대가 클레이튼 크리스텐슨을 접하고 기업 외부(시장)와 내부(자원과 역량)의 통합으로 비즈니스 혁신이 이루어짐을 확신하게 되었다.

그러던 중 전략과 마케팅의 통합에 관한 공통적인 관심사를 주고받던 캘리포니아주립대학교 롱비치 캠퍼스의 민성욱Sam Min 교수로부터 이 책을 소개받은 그는 개념, 증거, 이론 등을 넘어선 실전서에 충격을 받았다. 마침내 그는 마켓, 자원과 역량, 특히 기술 자원의 통합을 이야기하는 이 책을 번역하기로 마음먹고 기술경영 분야를 주도하고 있는 서강대학교의 김길선 교수와 의기투합했다.

번역을 마치고 난 지금도 역자들에게는 하고 싶은 말이 많이 남아 있다. 그러나 그 중에서 2가지만 짧게 언급하면, 첫 번째는 우리 자신에게 하는 약속이다. '우리는 이 책을 읽고 어떻게 하면 한국의 경영학 교육을 혁신할 수 있을지에 대해 생각할 것이다.' 두 번째는 독자 여러분께 드리는 조언이다. "이 책은 읽고 공부하는 책이 아니라 읽고 실행하고 경험하고 생각하는 책이다. 지금 시작하라!"

  고마워해야 할 사람들, 미안해야 할 사람들, 너무나도 길었던 번역과정에 대한 이야기 또한 매우 많지만, 무엇보다도 끈기와 정성을 가지고 이 작업을 끝까지 상세하게 이끌어준 옥당의 신은영 대표, 역자의 멘토이자 영원한 동료 채서일 고려대학교 교수, 끝까지 작업을 격려해준 메타비경영연구원의 식구들과 강혜령 대표 그리고 양 대학의 학생들에게 감사드리며, 본 책을 두 역자의 가족들에게 바친다.

이성호, 김길선

신성장 동력을 찾아라!

"아무리 튼튼한 나무라도 하늘을 향해 계속 자랄 수는 없다."
2005년 수백억 달러 규모의 미디어 기업 CEO가 협업 팀의 상급관리자들에게 혁신적인 아이디어 개발을 촉구하면서 한 말이다. 이 CEO는 아직은 회사의 핵심 사업이 건실하지만 미래를 위해서는 새로운 성장 기반을 마련하는 것이 시급하다고 생각했다.

실제로 이후 2년 동안 미디어 산업의 구조가 극적으로 변했기 때문에, 그의 말은 그의 선견지명을 증명한 셈이 되었다. 최근 미디어 산업은 파괴적 혁신의 모든 특징적 요소들을 드러내며 변화의 중심에 서 있다. 뉴욕타임스New York Times나 타임워너Time Warner, NBC유니버설NBC Universal과 같은 회사들이 전통적으로 중요하게 여기던 정확성이나 품질에서는 기대에 미치지 못하지만, 단순함과 접근성 그리고 가격에서 압도적 우위를 보이는 신생 기업들이 나타났고, 몇 세대에 걸쳐 번성해온 비즈니스 모델을 위협하는 구글Google의 광고 지원 검색 서비스와 같은 새로운 비즈니스 모델이 등장했다. 이런 변화의 흐름을 처음 감지한 것은 음반업계였고 뒤이어 신문사, 라디오, TV 산업도 변화에 휩쓸렸다. 시장을 이끌던 기존 선두주자들이 이 같은 변화를 이겨낼 수 있을지는 아직 미지수다.

물론 어떤 기업에는 나쁜 소식이 다른 기업에는 좋은 소식일 수 있다. 도전적인 창업 기업은 폭발적 성장 비즈니스를 창출할 트렌드를 놓치지 않는다. 지난 10년 동안 구글, 더블클릭DoubleClick, 링크드인LinkedIn, 페이스북Facebook, 마이스페이스MySpace, 유튜브YouTube, 베보bebo, 랩소디Rhapsody 그리고 애플Apple 사가 시장에 진출했다. 기존 기업들도 이에 적극적으로 대응했다. 루퍼트 머독Rupert Murdoch 소유의 뉴스 코퍼레이션News Corporation은 2005년에 마이스페이스의 모회사를 (시간이 갈수록 저렴하게 느껴지는) 5억 8,000만 달러(약 6,500억 원)에 사들였으며, 3대 신문사는 커리어빌더닷컴CareerBuilder.com이라는 구직사이트를 개설했다. 허스트인터렉티브미디어Hearst Interactive Media는 슬링박스Slingbox 같은 최신 기술에 상당한 투자금을 쏟아부었고, 타임워너는 CNN닷컴CNN.com과 TMZ닷컴TMZ.com 등 급속히 발전하는 웹상의 자산들을 만들어냈다. 손꼽히는 신문출판미디어그룹인 가넷Gannet은 자사의 뉴스편집실을 '정보센터'로 고치고 학부모 혹은 고등학교의 스포츠클럽 같은 지역공동체를 대상으로 온라인 사업을 시작했으며 새로운 방법으로 지역공동체를 담아내기 위해 기존의 콘텐츠 모델에 변화를 주었다.

여러 산업 분야에서 많은 시도가 있지만 혁신 기업의 성공 확률은 그리 높은 편이 아니다. 이는 풍부한 자금력을 가진 기존 기업이든 새로 시작하는 신생 기업이든 간에 별 차이가 없다. 대부분 신생 기업이 실패했고 심지어 최고의 벤처기업 투자사가 지원한 신생 기업도 실패했다. 대부분 사내 혁신 노력도 그 결과는 실망스러웠다.[1]

이처럼 단번에 성공할 가능성이 작은 경제 환경에서 기존 핵심 사업을 강화·확장하는 동시에 새로운 성장 사업을 창출해야 하는 CEO들이 불쌍할 따름이다. 이들이 겪고 있는 이 이중고를 타개할 방법은 간단하지 않다. 게다가 상황을 더욱 힘들게 만드는 것은 새로운 성장 사업을 창출했다고 해서 평균 이상의 주가 성장이 보장되지는 않는다는 점이다.[2] 어쨌든 주식시장에는 미래의 주가에 대한 시장의 기대가 고스란히 반영되어 있다. '기대 이상의 놀라움'을 이끌어낸다는 것은 시장이 미처 예측하지 못한 성장을 이루어낸다는 것을 의미한다.

많은 경우, 자사의 전략을 냉정히 평가해본 기업은 그들의 혁신 사업 포트폴리오가 기대를 넘어서기는커녕 목표를 달성하기도 어렵다는 사실을 깨닫는다. 어쩌면 그들은 이미 새로운 혁신 사업에 대한 기대를 접고 기존 핵심 사업을 새로운 (지리적) 영역, 고객, 시장으로 확장시킬 훌륭한 계획을 세우고 있을지도 모른다. 또는 앞으로 3~5년 사이에 의미 있는 성장을 가져다줄 것으로 기대되는 멋진 제품과 서비스를 개발하고 있을 수도 있다. 그러나 여러 숫자들을 신중히 분석해본다면 그들의 사업 포트폴리오에 대한 현실적인 평가와 그들이 바라는 희망 사이에는 무시할 수 없는 격차가 존재한다는 사실을 깨닫게 된다. 우리는 이를 '성장 격차growth gap'라고 부른다.

많은 기업이 실험실 어딘가에서 이 성장 격차를 없애줄 기적 같은 해결책이 나오기를 바라고 있을지도 모른다. 그러나 기적이 어디 그리 쉽게 일어나는가? 지금까지 행해진 연구에 따르면, 투자자나 투자분석가가 요구하는 것처럼 성장 유지 방안을 계속해서 창조해낼 수 있는 기업은 드물다.

이러한 현실에 직면한 기업의 상급관리자들은 흔히 혁신 사업이 가지는 구조적인 예측 불가능성을 탓한다. 뿌연 안개가 혁신의 세계를 둘러싸고 있어 높은 잠재력을 갖춘 기회를 흐릿하게 보이도록 하고 성공을 찰나적인 것으로 만든다는 것이다. 이는 혁신 과정에 소요되는 시간이 어느 정도인지 확실하지 않고, 혁신의 결과인 품질은 천차만별일 수 있으며, 혁신에 소모되는 비용이 상당함을 의미한다.

혁신에 이러한 안개가 존재하는 이유는 기업의 기존 핵심 사업에서 잘 작동하던 방법론과 접근방식들이 새로운 성장 사업을 창출하는 과정에서는 쓸모없거나 심지어 해가 될 수도 있기 때문이다. 이 책이 기적을 불러일으키지는 못해도, 혁신의 안개를 관통할 만한 실용적이고 검증된 방법과 접근방식은 제공해줄 것이다. 이 책에 소개된 실용적인 방법과 도표 들은 www.innosight.com/resourses에서 구해 이용할 수 있다.

이 책의 주된 독자층은 기존 기업에서 새로운 성장 사업을 구상하고 있는 상급관리자들과 중간관리자들이다. 이 책에 소개된 다양한 개념과 방법은 창업가, 벤처투자가, 투자자, 정부 공무원, 전략 컨설턴트 혹은 기타 혁신에 관심 있는 개인들에게도 유용할 것이다. 비록 이 책의 주된 초점이 신성장 사업에 맞춰져 있지만, 소개된 방법론과 접근방식은 기존 사업을 확장하거나 강화하는 데도 도움이 될 것이다. 독자들이 이 책의 조언에 주의를 기울인다면 성장 기회를 발견하고 포착하는 능력을 향상시키고, 혁신을 좀 더 예측 가능하게 함으로써 '성장을 추구하는 사업능력'을 기를 수 있을 것이다.

21세기 기업의 핵심 성장수단, 파괴적 혁신

오랜 연구를 통해 우리는 파괴적 혁신이야말로 성장 격차를 없애고 주기적으로 시장에 충격을 줄 수 있는 열쇠라는 것을 믿게 되었다. 클레이튼 크리스텐슨 교수의 하드디스크 드라이브 산업 연구결과를 보면, 해당 산업에서 파괴적 접근방식을 따른 신생 기업은 혁신 성공 확률을 6배나 증진시켰다.[3] 《블루프린트 컴퍼니Blueprint to a Billion》에 소개된 사례들을 분석한 결과 우리는 매출 10억 달러(약 1조 1,000억 원)가 넘는 높은 시장가치를 지닌 기업 중 50퍼센트가 파괴적 혁신을 추구했음을 발견했다.[4]

이노사이트의 조사를 따르면 1994년에는 〈포천Fortune〉 지의 세계적 기업 목록에 오르지 않았지만, 2005년에는 등재된 175개 기업 중 3분의 1이 그들의 뿌리를 파괴적 혁신에 두고 있었다. 리처드 포스터는 1970년부터 2001년 사이에 15년 동안 연속해서 주주들에게 가장 높은 수익을 가져다준 기업을 분석했는데, 그 자료를 보면 상위 10개 기업 중 7개가 파괴적 혁신을 추구했다.[5]

《혁신 기업의 딜레마》, 《성장과 혁신》, 《미래 기업의 조건》을 읽어본 독자라면 이 기본적인 파괴적 혁신 모델에 익숙할 것이다.[6] 파괴적 혁신 모델에 익숙하지 않은 독자라면 이 장의 마지막 부분에 실려 있는 '파괴적 혁신 모델'을 읽어보길 바란다.

혁신의 진화, 존속에서 파괴로

하드디스크 산업에 대한 크리스텐슨 교수의 연구에서 도출된 개념은 흥미로운 패턴을 보여준다. 하드디스크 드라이브의 혁신이 기존 소비자들에게 가치를 인정받았을 때는, 시장에 있던 기존 기업이 성공했다. 크리스텐슨 교수는 이러한 경우를 '존속적 혁신Sustaining Innovation'이라 이름

붙였는데, 그 이유는 존속적 혁신은 까다로워지는 소비자에게 더 나은 성능을 제공하면서 시장이 인정한 성능의 발전궤도를 존속·유지시키기 때문이다.

그러나 새로운 하드 드라이브가 더 작고 사용하기 편해도 성능이 열등해 기존 소비자들에게 별반 도움이 되지 않거나 심지어 이들이 사용할 수 없는 경우에는 시장에 새로 진입하는 기업이 성공했다. 시장에 새로 진입하는 기업은 자신의 혁신(소형화 또는 사용 편이성 측면에서)이 기존의 소비자에게는 별반 인정을 받지 못하더라도 이 혁신의 가치를 인정해줄 만한 새로운 시장을 찾아 나서게 된다. 크리스텐슨 교수는 이러한 종류의 혁신을 '파괴적 혁신'이라 명명했다. 종합해보면 존속적 싸움에서는 기존 기업이 승리할 공산이 크고, 파괴적 싸움에서는 시장에 새로 진입한 기업이 승리할 가능성이 크다는 것이다.

추가적인 연구를 통해 이러한 패턴이 비단 하드디스크 드라이브에만 해당되는 것이 아니란 사실이 밝혀졌다. 130여 년 전 웨스턴 유니언 Western Union은 전화 사업을 추진하지 않았다. 당시에는 전화기 기술이 단지 몇 마일까지밖에 신호를 보내지 못하는 수준이었기에 시장성이 없어 보였다. 1880년, 코닥Kodak의 브라우니Brownie 카메라는 쉽고 간단한 촬영 방법으로 사진 산업을 변화시켰다("당신은 버튼만 누르세요, 나머진 저희가 알아서 할게요"). 1950년대에 소니Sony는 작은 휴대용 라디오로 트랜지스터 기술을 소개했다. 진공관 시대의 강자들도 트랜지스터 기술의 가능성을 보고 투자했으나 실패하고 말았다. 1950년대 후반, 도요타 Toyota의 저렴한 코로나Corona 자동차가 미국시장에 진출했을 때 디트로이트의 자동차 회사들은 전혀 신경 쓰지 않았다. 1960년대, 월마트Wal-Mart가 매우 저렴한 가격으로 물건을 파하는 최초의 할인소매점을 열었다. 1970년대, 처음에 개인용 컴퓨터는 장난감으로 사용되었다. 1980년대, 시스코Cisco는 부서를 서로 연결하는 통신장치인 라우터를 소개하면서 조용히 네트워킹 비즈니스의 서막을 열었다. 1990년대에는 이베이eBay가 인터넷이 시작되기 전에는 거래하기가 매우 어려웠던 간단한 수집품들을 팔기 시작했다.

이러한 사례를 보면, 파괴적 혁신을 추구하는 이들은 모두 기존 시장의 저가층을 겨냥해 싸고 단순한 해결책을 제시하거나 '비소비자'가 실생활에서 마주치는 문제를 해결할 수 있게 도와주는 방식으로 제품의 성능을 재정의하면서 새로운 성장을 창출해냈다.

최근의 파괴적 혁신 사례로는 스카이프Skype의 인터넷 전화서비스나 유튜브의 온라인 동영상 서비스, 미닛클리닉MinuteClinic의 진단 키오스크 모델, 프록터앤드갬블Procter&Gamble(이하 P&G)의 스위퍼Swiffer와 페브리즈Febreze, 세일즈포스닷컴Salesforce.com의 소프트웨어 서비스, 닌텐도Nintendo의 게임시스템 위Wii 그리고 메트로Metro의 무료일간지 등이 있다.

현재 경쟁하고 있는 시장에 영향을 미치려고 한다면, 일반적으로 존속적 혁신 전략이 그 목표에 도달할 수 있는 열쇠라고 믿는다. 그러나 시장을 '재정의'하거나, 새롭게 '창출'하거나, 하위기업으로부터의 공격을 '방어'하려고 한다면 파괴적 혁신 전략이 그 해답이다.

파괴적 혁신에 성공하는 필수 원칙 3가지

우리는 크리스텐슨 교수와 함께 파괴적 혁신에 성공한 서로 다른 분야의 60여 개 기업이 이후 어떻게 발전해 나가는지를 연구했다. 제조업,

서비스업, 공공사업, 소비재, 산업재, 부품 그리고 원자재 산업에 이르기까지 다양한 산업분야의 변화를 관찰했다. 더불어 기업들과 공동 프로젝트를 진행해 파괴적 혁신에 필요한 패턴과 원칙 그리고 프로세스를 체계적으로 정립할 수 있었다. 이러한 패턴과 원칙 중 많은 부분이 존속적 혁신을 이루어내는 데도 적용될 수 있다는 사실 또한 확인했다. 이것은 기존 사업을 존속시키는 능력을 기르면서 동시에 새로운 성장 사업을 추진해야만 하는 기업에 기쁜 소식이 아닐 수 없다. 이러한 패턴과 원리에 대해서는 추후에 심층적으로 살펴볼 것이다. 지금은 먼저 파괴적 혁신을 성공으로 이끄는 필수 원칙 3가지 '과잉충족', '규칙 탈피 breaking the rules', '비즈니스 모델 혁신'을 소개한다.

원칙 1 과잉충족이 파괴적 혁신을 부른다

파괴적 혁신이 일어나려면 기존 기업의 혁신 속도가 인간 삶의 변화 속도보다 더 빨라야 한다. 이는 곧 기존 기업이 거의 언제나 시장에서 가장 진보적인 소비층의 욕구를 '필요 이상으로 충족'시키며 수익을 추구하고 있다는 의미다(과잉충족은 3장에서 보다 심도 있게 다룰 것이다). 이는 본질적으로 기존 기업이 보통 사람들이 사용하기엔 너무 많은 기능이 탑재된 제품을 내놓고 있다는 얘기이다.

스프레드시트 소프트웨어를 생각해보자. 투자은행가가 아닌 이상, 대부분은 소프트웨어의 기능 중 극히 일부만을 사용한다. 소프트웨어에 탑재된 뛰어난 기능이 사실 대다수 사용자에게는 아무 의미가 없는 것이다. 따라서 기업은 현명하게 게임을 진행해야 한다. 물론 끊임없이 기존의 기술발전 궤도에서 움직이는 존속적 혁신은 기존 기업이 반드시 해야 하는 일이다. 그러나 존속적 혁신으로 선두 자리를 지켜내려는 노

력이 역설적으로 파괴적 혁신으로 도전하는 기업에 유리한 환경을 만들
거나 바로 코앞에 놓인 훌륭한 성장 기회를 놓쳐 버리는 결과를 초래하
기도 한다.

다른 측면에서 보면 파괴적 혁신을 추구하는 기업은 '넘치지 않고
적합한 것good enough'이 대단할 수 있음을 보여주었다. 더 나은 기능
을 포기하고 이제껏 간과해왔던 단순함과 편리함을 더 강화함으로써
기존 제품에 불만을 품고 있던 고객을 끌어들일 수 있다는 것이다.

원칙 2 규칙을 깨라

인튜이트Intuit의 설립자 스콧 쿡Scott Cook은 파괴적 혁신 개념을 잘
이해하고 있는 사람이다. 인튜이트의 첫 소프트웨어 패키지인 퀴큰
Quicken은 사람들이 개인 자금을 쉽고 간단하게 관리할 수 있게 하였
다. 퀵북스QuickBooks는 회계처리 능력이 부족한 소규모 사업자가 회사
를 경영하는 데 도움을 주었다. 1993년에 인튜이트는 소비자들이 컴퓨
터로 세금을 정산할 수 있도록 도와주는 소프트웨어인 칩소프트ChipSoft
를 사는 데 약 2억 5,000만 달러(약 2,750억 원)를 지불했다. 회계의 복
잡함을 단순화하는 회사의 능력과 소프트웨어의 결합으로 최강 브랜드
인 터보택스TurboTax가 탄생했다. 오늘날 (소규모 사업자도 대기업이 사용하
는 ERP 소프트웨어의 장점을 누릴 수 있는) 인튜이트의 퀵베이스QuickBase 소
프트웨어와 (선두업체가 만든 솔루션을 살 여력이 안 되는 사업자를 대상으로 하
는) 급여 지급 소프트웨어는 상당히 파괴적인 잠재력을 가지고 있다.

2007년의 한 인터뷰에서, 쿡은 파괴적 혁신에 관한 자신의 견해를 다
음과 같이 밝혔다.

"파괴적 혁신이란 본질적으로 사고방식의 전환을 의미하며, 때때로 단번에 복합적 사고방식의 전환을 요구한다. 바로 이 때문에 모든 경쟁자가 파괴적일 수 없다. 파괴적 혁신에 성공하기 위해서는 사람들이 기대했거나 이전에 해왔던 것과는 전적으로 다른 요소를 생각해야 한다. 퀵북스를 개발하며 겪었던 가장 큰 문제는 우리가 시장을 완벽하게 이해하고 있다고 착각했다는 것이다. 우리는 소비자로부터 충격을 받고 그들의 행동을 관찰하고 나서야 그들을 잘못 이해하고 있었다는 사실을 깨달았다. 우리뿐만이 아니라 이 사업에 참여하는 모든 사람이 이 부분을 놓치고 있었다. 즉 우리는 충격을 받아들이고 잠재적 소비자들이 일하는 방식을 새로운 눈으로 지켜보면서 비로소 깨닫게 되었다. 그리고 이러한 경험을 바탕으로 '회계지식 없이도 사용할 수 있는 최초의 회계 소프트웨어'를 개발했다. 이 제품은 한 달 만에 시장을 장악했다. 놀라운 결과였다. 왜냐하면 이 제품은 기존 시장의 사고방식과는 매우 다른 사고방식에서 나온 것이었기 때문이다."[7]

퀵북스가 나오기 전 사람들은 소규모 사업자를 위한 소프트웨어라면 회계지식이 바탕이 되어야 한다고 생각했다. 하지만 소규모 사업자들은 이런 것에 관심을 두지 않았을 뿐 아니라 기능 대부분을 이해하지도 못했다. 그들의 가장 큰 관심은 자금이 바닥나지 않도록 관리하는 데 있었다. 인튜이트는 지배적 사고방식에 도전해 거대한 성장 사업을 찾았던 것이다.

파괴적 혁신에 성공한 거의 모든 분야의 기업은 관습적인 사고방식을 탈피했다. 다음 예를 보자.

- 청소용 자루걸레 제조업자들은 P&G가 스위퍼를 출시하기 전까지 청소용 자루걸레는 한 번만 사면 되는 것으로 생각했다. 현재 스위퍼에 사용되는 일회용 천의 판매량은 연간 10억 달러(약 1조 1,000억 원)어치에 달한다.

- 의료업자들은 미닛클리닉의 키오스크가 규칙에 기반을 둔 표준테스트로 명확하게 진단할 수 있는 몇 가지 증상을 (의사의 진료 없이도) 치료할 수 있다는 것을 보여주기 전까지, 모든 질환은 의사의 진료실에서 다뤄져야 한다고 생각했다.

- 다우코닝Dow Corning의 모든 직원은 극심한 가격경쟁의 범용 화학 제품 시장에 자신들이 끼어들 여지가 없다고 생각했다. 그러나 실리콘 제품을 판매하는 웹사이트 자이아미터Xiameter가 급격한 성장을 이루면서 파괴적 혁신에 성공할 수 있었다.

- 비디오게임 업계는 닌텐도 위가 등장해 간단하고 직관적인 게임기도 성공할 수 있음을 보여주기 전까진 뛰어난 그래픽 등 고품질 기능을 갖춘 게임기만이 성공할 수 있다고 생각했다.

- 음반업계 종사자들은 애플의 아이튠스iTunes가 아이팟 플레이어와 연계되어 디자인도 우수하고 가격도 적정한 모델로 많은 소비자의 호응을 이끌어내기 전까진, 불법 음원에 접근할 수 있는 사람은 절대로 MP3 파일을 돈 내고 구매하지 않을 것으로 생각했다.

파괴적 혁신에 성공한 기업은 성능 간의 상쇄관계를 잘 파악하고 있었다. 그들의 제품은 대개 기존에 중시되던 성능에서는 뛰어나지 않았다. 사실 파괴적 혁신 제품은 그 점에서는 그저 '대체로 적합한 정도'의 수준이었다. 파괴적 혁신에 성공한 기업은 지금껏 간과됐던 혁신의 동인을 끌어모아 성능에 대한 개념을 재정의했다. 단순함, 편리함, 접근성, 가격적정성, 이것이 파괴적 혁신의 특징이다.

원칙 3 비즈니스 모델을 혁신하라

대개 파괴적 혁신의 진정한 힘은 제품의 속성이나 기능에 있는 것이 아니라 제품과 서비스를 담아내는 비즈니스 모델에 있다. 파괴적 혁신에 성공하는 기업은 새로운 매출모델이나 이윤모델을 만들어낸다. 그들은 저가제품으로 돈을 벌거나 소규모 시장을 수익성 있게 운영하거나 매우 다른 가치사슬(새로운 파트너, 공급자, 유통경로)을 사용한다. 기존 사업자들이 경쟁에서 밀려나는 이유 대부분은 이러한 비즈니스모델의 차이에 있다. 생각해보자. 잘 나가는 기존 사업자가 주류 고객들이 사용할 수 없고 자신에게 익숙하지도 않은 유통경로를 이용해야만 하는, 수익성이 낮아 보이는 제품 생산에 뛰어들려 하겠는가?

일반적인 오류들

파괴적 혁신이라는 개념이 주는 매력은 명확하다. 파괴적이라는 단어 자체가 힘 있고 주목하지 않을 수 없는 무언가가 있는 것 같다. 새로운 시장에 진입하는 회사가 파괴적 혁신의 접근방법을 사용할 때 성공할 확률이 높아진다는 연구 결과를 염두에 둔다면, 그 개념이 주는 매력을 쉽게 이해할 수 있을 것이다.

하지만 말이 우스운 결과를 낳을 수도 있다. 알다시피, '파괴'라는 단어 자체에는 또 다른 언어적 의미가 내포된 데다 이 중 다수는 크리스텐슨이 원래의 연구 과정에서 의도했던 정확한 의미와는 어긋난다. 그 개념이 주류에 서서히 스며드는 과정에서 이 언어적 단절은 혼란과 오해 그리고 자원의 잘못된 배분을 가져왔다.

파괴적 혁신이 무엇인지를 정확히 이해하지 못한 기업과 투자자들은 전략상의 혼동을 경험했고, 종국에는 기업의 자원을 아주 잘못된 프로젝트에 투입하고 말았다.

이 모델이 잘못 적용되는 가장 일반적인 경우는 비약적 발전breakthrough과 파괴적 혁신을 혼동한 경우와 기업이 한 번도 해본 적 없는 일을 파괴적 혁신으로 여기는 경우이다.

비약적 발전과 파괴적 혁신의 혼동

사람들이 가장 흔히 범하는 오류는 성능상의 비약적 발전을 파괴적 혁신과 동일시하는 것이다. 550석이라는 어마어마한 좌석 수를 자랑하는 에어버스Airbus의 A380기, 매우 빠른 데이터 전송률을 자랑하는 차세대 휴대전화, 면도날 위에 또 다른 면도날을 교묘하게 끼워 넣은 질레트Gillette, 신속성을 최대화하고 연료 소비를 최소화하기 위해 수백만 달러를 투자해 운송 경로를 최적화시킨 UPS(사실 운송 경로를 최적화하는 방법은 좌회전을 최소화하는 것이었다), 스프레드시트·워드 프로세스 그리고 프레젠테이션 소프트웨어를 드라마틱하게 다시 디자인한 마이크로소프트의 오피스 2007을 생각해보자.

이러한 혁신은 기존 제품보다 괄목할 만한 성능을 가진 제품라인을 구축했다. 물론 수백만 달러에 달하는 어마어마한 투자가 필요했을 것이다. 그리고 적절한 관리가 이루어진다면 엄청난 가치를 창출해낼 수 있을 것이다. 하지만 이러한 혁신은 파괴적 혁신이 아니다.

파괴적 혁신은 서로 다른 성능 간에 상쇄관계를 만들어낸다. 다시 말해 한 측면의 기능을 양보하는 대신 단순함, 편리함, 저렴함 같은 이점을 제공하는 것이다. 비행 택시로 이용되는 소형 제트기, 군더더기 기능이 없는 25달러(약 2만 7,500원)짜리 휴대전화 그리고 인터넷에서 사용하기에 '적합한 정도로 쓸 만한' 워드프로세스 소프트웨어를 생각해보라.

경쟁자들을 뛰어넘어 가장 높은 수준의 소비자를 겨냥해 물건을 판다는 생각으로 시장 진입에 성공할 수 있다고 판단한다면 오산이다.

한 번도 해본 적 없는 일을 파괴적인 일이라고 여기는 실수

기업은 모두 저마다의 편견을 가지고 있다. 우수한 엔지니어 그룹을 보유한 기업은 모든 기회를 기술적인 관점으로 평가하려는 경향이 있고, 강력한 브랜드를 가진 기업은 마케팅만 잘하면 된다는 관점으로 세상을 바라본다. 이런 편견을 가진 기업은 그들이 한 번도 해본 적 없는 일을 하는 것 자체가 파괴적인 일이라 여기는 실수를 저지른다.

그러나 어떤 기업에는 파괴적인 개념이 다른 기업엔 존속적인 개념일 수 있다. 기업의 직원들에게는 파괴적으로 '느껴지는' 프로젝트였지만 고객이나 경쟁자의 관점에서는 그저 존속적인 것으로 보이는 경우가 있는 것이다. 그러므로 혁신의 영향을 진정으로 이해하기 위해서는 시장의 관점에서 사업기회를 평가해야 한다.

인터넷시대의 '실패'는 이러한 원리를 명확히 보여준다. 웹의 파괴적 특성으로 웹에 기반을 둔 많은 사업 계획이 명실공히 성공할 것처럼 보였다. 하지만 인터넷은 어떤 회사에는 파괴적이고 어떤 회사에는 존속적인 영향을 미치는 기술 기반일 뿐이다. 대부분 금융회사에서 웹은 온라인 잔액체크, 대금결제, 자금이체 등 더 나은 서비스를 제공하는 존속적 기술이다. 그러나 이베이나 몬스터닷컴Monster.com, 매치닷컴Match.com의 경우 웹을 활용한 새로운 서비스를 제공하면서 한때 기존 신문사의 아성으로 여겨졌던 수익성 광고사업을 하나씩 빼앗아왔다.

기업이 가진 편견을 극복하기 위해서 외부적인 관점, 즉 목표 고객과 경쟁자의 눈으로 특정한 기회를 평가해야 한다. 만약 목표 고객이 기업이 제시하는 특정 해법을 기존의 것을 약간만 발전시킨 것이라거나 잠재적 경쟁자도 얼마든지 해낼 수 있는 것이라고 평가한다면, 파괴적 성장을 기대한 엄청난 투자는 좌절되고 말 것이다.

성공사례, 다우코닝과 P&G

파괴적 혁신을 성공으로 이끄는 것은 누구나 할 수 있다. 우리는 지난 10여 년간 많은 기업을 관찰했고 그들이 파괴적 혁신 개념을 적극적으로 이용해 폭발적인 성장을 이끌어내도록 도왔다. 예를 들면 바클레이즈Barclays 은행, 벨 캐나다Bell Canada Enterprises, 시스코, 시트릭스Citrix, 다우코닝, 이베이, E. W. 스크립스E. W. Scripps, 인피니엄Infineum, 인텔, 존슨앤드존슨Johnson&Johnson, 미국 방위 산업체 록히드마틴Lockheed Martin, 모토로라Motorola, 노키아Nokia, P&G, SAP, 세일즈포스닷컴, 스카이프, 인터넷에 기반을 둔 광고에이전시 스폿러너Spot Runner, 반도체 테스트 장비 제조업체인 테라다인Teradyne, 그리고 터너 브로드캐스팅Turner Broadcasting 등이다. 앞으로 이 회사들의 다양한 사례를 설명하겠지만 우선 다우코닝과 P&G 사례는 여기서 좀 더 자세히 설명할 필요가 있다.

다우코닝은 화학 기업인 다우케미컬Dow Chemical과 유리 제조업체인 코닝Corning의 합작으로 탄생한 수십억 달러 규모의 회사이다. 1943년 이 두 회사는 당시 부상하던 플라스틱과 실리콘 시장 잠재력을 확인하고 힘을 모았다. 오늘날 다우코닝은 실리콘 기반 제품의 주요 공급자로 전 세계 구매자들에게 최고급 디자인, 고객의 요구조건에 맞춘 유연한 제품과 서비스를 제공한다.

2000년대 초반, 다우코닝은 자사 제품의 품질이 실리콘에 대한 전문가적 식견을 가진 구매자의 요구수준조차 넘어설 정도로 구매자들을 '과잉충족'시키고 있다고 판단했다. 회사는 오픈마켓에서 가장 싸게 구매할 수 있는 실리콘에 대해 조사하기 시작했다.

당시 CEO였던 게리 앤더슨Gary Anderson은 상급관리자들에게 이 떠오르는 시장을 장악할 신사업 팀을 구성하라고 지시했다. 자이아미터라고 이름 붙여진 이 사업은, 저가시장에 걸맞은 저비용 비즈니스 모델을 만들어야 했다. 자이아미터는 다우코닝의 전통적인 고감도, 서비스 지향적인 판매 모델에서 벗어나, 주문 배송 비용을 최소화하고 서비스와 제품의 유연성에 엄격한 제한을 두기 시작했다. 자이아미터 팀은 저비용 비즈니스 모델을 실현하기 위해, 저렴한 대신 엄격한 구매조건을 내건 온라인 주문 입력 시스템을 개발했다. 그리고 배송기간, 대량주문, 고객 지원, 특별 주문제작 등 규정 외 요청에 대해서는 추가 요금을 부가했다. 가격은 일반 거래보다 평균 10~15퍼센트 저렴한 현물시장 시세에 기초해 책정했다.

자이아미터의 사업 계획은 6개월만에 아이디어 단계에서 시장 테스트 단계로 발전했고, 그 3개월 후엔 정규사업이 되었다. 그리고 다시 3개월 뒤 다우코닝은 투자금 전액을 회수할 수 있었다. 다우코닝은 1년 만에 아이디어를 성공적인 사업으로 발전시킨 것이다. 2006년 다우코닝의 온라인 매출은 전체 매출의 30퍼센트를 차지했다. 고무적인 것은 이러한 성장이 기존 핵심 사업에 전혀 지장을 주지 않으면서 대부분 저가시장의 신규고객으로부터 창출되었다는 점이었다. 벤처사업의 대성공은 다우코닝 조직 전체에 기업가 정신을 부활시키고 혁신에 대한 노력을 배가시키는 계기가 되었다.

다우코닝은 이를 계기로 파괴적 혁신에 대한 교육을 시행하는 한편 사업과 기술 인큐베이터에서 파괴적 혁신 사업을 만들어내는 데 집중했다. 2005년도 당시 수석 마케팅책임자였던 스콧 푸손Scott Fuson은 "파괴적 혁신이 다우코닝의 내부 판도를 완전히 바꾸었다"라고 말했다.

P&G는 세계 최대의 소비재 생산회사로, 세계적인 명성을 지닌 올웨이즈Always, 바운티Bounty, 크레스트Crest, 던Dawn, 폴저스Folgers, 질레트, 아이보리Ivory, 미스터 클린Mr. Clean, 올레이Olay, 팸퍼스Pampers, 팬틴Pantene, 스위퍼, 타이드Tide 같은 브랜드를 가지고 있다. 이 기업은 전 세계 20억 소비자와 접촉하며 매일 2억 달러(약 2,200억 원) 상당의 상품을 판다.

P&G에 파괴적 혁신은 낯선 개념이 아니다. 사실 P&G의 유명한 브랜드 대부분이 파괴적 혁신에 그 뿌리를 두고 있다. 1940년대에 타이드는 진문적인 세제 없이도, 사람들이 장시간 손빨래할 필요 없이 간단하고 저렴하게 옷을 세탁할 수 있게 했다. 1950년대 크레스트의 불소치약은 치아관리에 대한 개념을 치료에서 예방으로 바꿔놓았다. 1960년대에 팸퍼스는 일회용 기저귀를 선보여 육아용품의 일대 혁명을 가져왔다.

최근 P&G의 또다른 성공 역시 파괴적 혁신의 각본을 바탕으로 하고 있다. 크레스트 화이트스트립스Crest Whitestrips는 소비자가 가정에서도 간편하게 치아미백을 할 수 있게 함으로써 2억 5,000만 달러(약 2,750억 원)가치의 브랜드로 성장했다. 쉽고 빠르게 청소를 끝낼 수 있게 도와주는 스위퍼의 일회용 걸레는 10억 달러(약 1조 1,000억 원)에 가까운 매출을 올리고 있다. 페브리즈는 전례 없는 방법으로 섬유에 배인 냄새를 제거함으로써 역시 10억 달러에 달하는 브랜드 가치를 갖게 되었다.

이처럼 P&G의 성공 스토리 저변에는 파괴적 혁신이 공통으로 깔려 있다. 각각의 사례에서 P&G는 복잡하고 어려운 일을 단순하고 저렴하게 바꾸는 혁신에 성공했다.

2004년에 P&G는 목표 성장률을 달성하려면 파괴적 혁신에 좀 더 체계적으로 접근할 필요가 있다고 생각했다. P&G의 한 사업부 대표는 "파괴적 혁신이 없었다면 우리가 생각한 성장 목표의 근처에도 갈 수 없었을 것입니다"라고 말했다. 2004년에 이노사이트는 7개 프로젝트 팀과 실험적인 워크숍을 감행했다. 그중 한 팀이 2006년도에 출시한 공기정화제품은 그해 해당 분야에서 가장 성공한 제품 중 하나로 꼽혔다.

또 다른 팀은 최근 육아용품의 범주를 재정의하게 한 제품을 중국에서 출시했다. 또 다른 팀은 인터넷과 구전 마케팅을 이용해 시장에서 파괴적인 개념의 건강용품을 테스트하는 독창적인 방법을 찾아냈다. 이 회사는 시장 테스트로 알게 된 내용을 활용해 그들의 전략에 몇 가지 중요한 변화를 줄 수 있었다. 2007년 후반, 소비자의 까다로운 건강문제를 편리하게 해결해준 이 상품은 5억 달러(약 5,500억 원)의 브랜드 가치를 지닌 사업으로 성장할 것으로 평가되었다.

P&G는 월스트리트의 주식시장에 '10년간의 성장'이라는 메시지를 전달하려면 파괴적 혁신 역량을 키우는 것이 중요하다고 확신했다. 2005년에 회사는 파괴적 혁신 개념을 숙지하고 이를 이끌 '가이드 리

더'를 키워내기 위해 정예 직원을 이노사이트의 연구팀에 합류시켰다. 이 가이드 리더들은 파괴적 혁신에 대한 역량을 키우면서 이노사이트의 연구원들과 함께 일하기 시작했다. 과거의 경험을 바탕으로 파괴적 혁신의 성공 사례('미녀')와 실패 사례('야수')를 구별하는 특정한 패턴을 정한 후, 이 패턴을 이용해 파괴적 혁신을 위해 해야할 일의 우선순위를 정했다.

이를 통해 프로젝트 팀이 파괴적 혁신 아이디어를 가다듬고 각기 다른 전략을 평가하는 데 사용할 도구와 틀을 만들었다. P&G가 기존에 사용하던 평가 도구는 기존 시장에서는 아주 훌륭했으나 새롭고 측정하기 어려운 시장에는 적합하지 않았기 때문이다.

2006년 후반 CEO인 A. G. 래플리A. G. Lafley는 각 사업부가 혁신 사업포트폴리오의 10~20퍼센트를 파괴적 혁신으로 채우게 될 것이라고 말했다. P&G의 파괴적 혁신 가이드 리더 팀은 사업부서들이 일관성 있는 파괴적 혁신 전략을 세우고 가능성이 큰 파괴적 혁신 전략 포트폴리오를 구축하는 데 도움이 되도록 예측 가능한 프로세스를 개발했다. 또한 회사는 사업부서의 리더들이 파괴적 변화를 숙지하고 새로운 마음가짐을 갖출 수 있도록 일련의 교육 프로그램을 개발했다.

이러한 노력이 모두 단기간에 결실을 볼 수 있는 것은 아니다. 그러나 P&G는 광범위하게 회사의 문화와 분위기를 조성하고, 고위관리자의 관심을 이끌어내고, 구체적인 도구와 프로세스를 개발하고, 파괴적 혁신 프로젝트에 시간과 자금을 할당하는 사업 포트폴리오를 구축하며 경쟁자들보다 한발 앞서나갈 수 있는 역량을 키워내고 있다.

이 책 전체 보기

이 책의 기본적인 전제는 파괴적 혁신에 성공하려면 올바른 절차를 따르고 제대로 된 체계를 확립하라는 것이다. 그리하면 관리자나 기업가가 수익성 성장사업을 찾아낼 가능성을 높일 수 있다는 것이다. 이러한 관점은 혁신은 예측 불가능하며 창조적인 천재를 필요로 한다는 통념과 상반된다. 〈그림 I-1〉은 이 책의 전반적인 구조를 보여준다.

〈그림 I-1〉 **파괴적 혁신 실행 가이드**

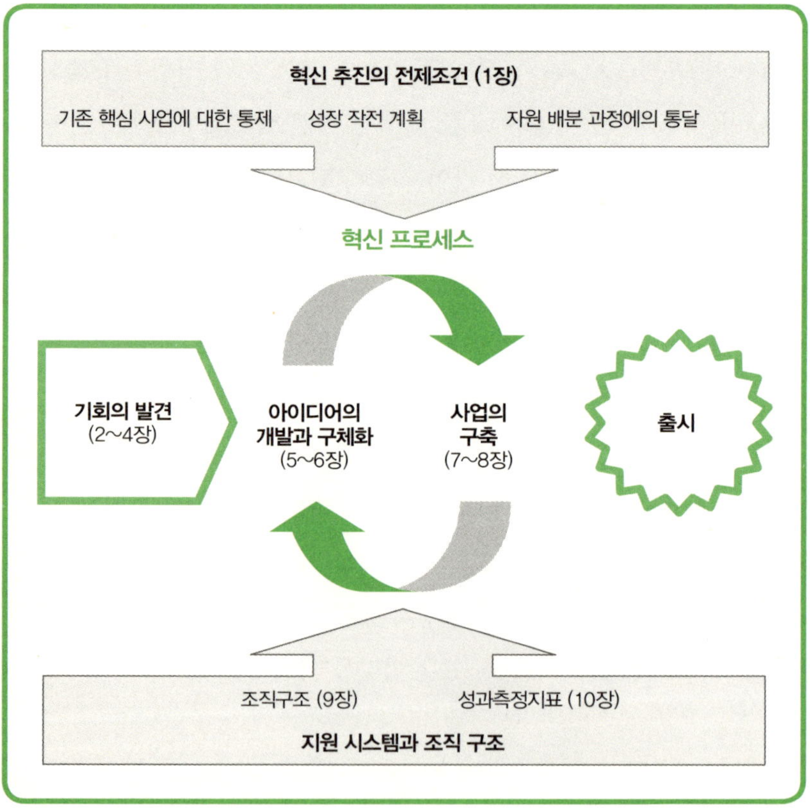

1장에서는 혁신을 추진하는 데 가장 중요한 3가지 전제조건, 즉 기존의 핵심 사업에 대한 철저한 관리와 통제, 성장을 위한 치밀한 계획 수립, 자원 배분 과정에 통달하는 법을 설명한다.

그다음 이어지는 7개 장은 기회를 발견하고 포착하는 3단계 과정을 다룰 것이다. 첫 번째 단계는 혁신의 기회를 발견하는 것이다(2~4장). 2장에서는 소비를 제한하는 장애요인 파악 방법에 대해 설명한다. 3장에서는 과잉충족을 정확하게 집어내기 위한 다양한 분석도구들을 다룬다. 4장에서는 중요하지만 아직 만족스럽지 못한 해결 과제들을 발견하는 방법과 요령을 다룬다. 이 장들에 제시된 도구와 방법은 해당 기업이 혁신 성장 사업을 만들어낼 실질적 기회를 가졌는지를 파악하는 데 도움이 될 것이다.

두 번째 단계는 포착한 기회를 잡을 수 있도록 파괴적 혁신 아이디어와 전략을 수립하고 구체화하는 것이다(5~6장). 5장에서는 파괴적 혁신 아이디어를 사업화하는 몇 가지 방법을 제시한다. 6장에서는 초기 단계의 불확실한 전략을 평가하고 구체화하는 데 도움이 되는 분석방법이 소개된다.

마지막 단계는 전략을 실행에 옮길 수 있도록 사업을 구축하는 것이다(7~8장). 7장에서는 사업 아이디어를 소위 '출현전략emergent strategy'이라 부르는 형태로 발전시켜나가는 방법에 대해 설명한다. 8장에서는 파괴적 혁신성장을 목표로 하는 팀을 어떻게 구성하고 관리해나갈 것인가에 대해 설명한다. 〈그림 Ⅰ-1〉에서 볼 수 있듯이 아이디어와 전략을 수립, 구체화하고 실행전략과 사업을 구축하는 과정은 반복 순환과정으로, 팀이 새로운 관찰을 통해 시장 기회를 다시 평가하고 새로운 해법을 생각해보는 과정이 되풀이된다.

9장과 10장에서는 조직이 어떻게 하면 혁신기반의 성장을 좀 더 체계적으로 이뤄낼 수 있을 것인가에 대해 기술한다. 9장에서는 어떻게 혁신 조직을 구성할 것인가에 대해 논하고, 10장에서는 혁신활동의 발전과정을 추적하는 데 유용한 성과측정지표의 구성 틀과 방법을 제시한다.

우리는 파괴적 혁신이 새로운 성장을 창출하는 가장 훌륭한 메커니즘이라고 믿고 있지만, 이 책은 파괴적 혁신 그 자체에 관한 것을 넘어서서 혁신가나 혁신 기업이 사물을 다르게 바라보고 행동할 수 있는 실질적 수단과 방법에 관해 이야기한다. 성장을 추구할 때는 언제나 소비자의 관점에서 세상을 이해하고, 필요 이상으로 수준 높은 제품을 제공하게 되는 시점이 언제인지 살펴야 한다. 품질은 상대적인 개념임을 깨닫고, 계획을 세밀히 분석해 주요 가정들을 선별해내고, 올바른 혁신 측정법을 만들어내야 한다. 파괴적 혁신의 패턴, 원리 그리고 관행은 모든 혁신을 추구할 때 도움이 된다.

아직 혁신을 손쉽게 예측할 수 있는 시점에 도달하지는 않았지만 성공과 실패의 패턴은 날이 갈수록 더욱 분명해지고 있다. 이 책에 나와 있는 체크리스트, 질문 가이드, 사고의 틀 등은 혁신가나 혁신 기업이 다음에 제시된 임무를 수행하는 데 도움을 줄 것이다.

- 다른 사람이나 기업이 놓치기 쉬운 기회를 발견하는 것
- 시장 지배 기업을 혼란에 빠뜨리는 동시에 새로운 성장을 이끌어낼 수 있는 솔루션을 만드는 것
- 프로젝트 초기 단계의 위험 관리
- 성공적인 비즈니스를 계속해서 만들어낼 수 있는 구조와 체계 구축

이 책에 제시된 가이드는 여러분이 혁신의 세계를 좌절과 모순이 아

닌 질서정연한 패턴으로 탈바꿈시키는 실무자 대열에 합류할 수 있도록 도와줄 것이다. 이런 패턴을 볼 수 없는 사람들이 존재하는 한, 패턴을 볼 수 있는 사람은 강력한 경쟁우위를 점하게 된다. 행운을 빈다. 혁신을 즐기기 바란다!

이론 다시보기

파괴적 혁신 모델

〈그림 Ⅰ-2〉는 성능을 세로축에, 시간을 가로축에 표시한 파괴적 혁신의 기본모델이다. 이 모델은 3가지 중요한 요소로 구성되어 있다. 첫째, 점선은 특정 소비자 그룹이 요구하는 성능수준을 나타낸다. 이 선은 3개의 선 중 가장 평평한데 소비자가 해결하려는 문제의 본질이 시간에 따라 상대적으로 조금씩 변한다는 것을 보여준다.

〈그림 I-2〉 파괴적 혁신 모델

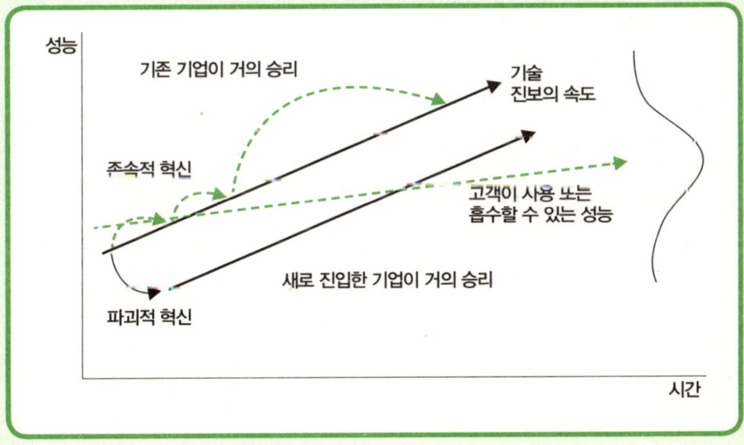

이 선은 시장의 주요 고객을 의미하고, 그림 오른쪽 끝에 있는 곡선은 시장이 고가시장의 매우 까다로운 소비자에서 저가시장의 덜 까다로운 소비자까지 다양하게 구성되어 있음을 나타낸다.

두 번째 중요한 부분은 기업에서 제공하는 제품의 성능수준을 나타내는 실선이다. 이 선은 점선보다 경사가 가파른데, 이는 기업의 혁신 속도가 소비자가 혁신의 가치를 소화하고 활용하는 속도보다 빠르다는 것을 보여준다. 기업은 더 많은 이윤을 추구하기 위해 이 궤도를 따라 움직인다. 소비자의 요구수준이 높아질수록 가격 프리미엄을 주고 더 좋은 제품과 서비스를 사야 할 가능성도 커진다.

세 번째 중요한 부분은 2가지 다른 형태의 혁신이 구분되고 있다는 점이다. 혁신의 첫 번째 타입은(위 실선을 따라 움직이는 곡선 형태의 점선 화살표들을 가리킴) 기존의 발전궤도를 존속시킨다. 기업은 제품과 서비스의 성능을 더욱 향상함으로써 우수 고객이 더 높은 금액을 지불하게 한다. 존속적 혁신의 예로는 질레트의 5중날 퓨전 Fusion 면도기, 에어버스의 A380 슈퍼 점보제트기, 소니의 플레이스테이션3가 있다. 연구에 따르면 이러한 존속적 혁신에서는 기존 기업이 언제나 우월한 위치에 있다.

두 번째 타입의 혁신은(새로운 선의 생성을 이끄는, 아래로 향하는 굵은 곡선 화살표를 가리킴) 기업이 기존의 성능 발전 궤도를 와해시키고 궤도를 재정의할 때 발생한다. 파괴적 혁신은 (적어도 초기에는) 주류시장에서 전통적으로 중요하게 여기던 성능에서는 낮은 성과를 낸다. 그 대신에 간편함, 가격 적정성, 개별화 가능성 등 다른 부분에서 새로운 효용을 창출한다. 예로는 저가의 소형제트기, 이베이의 온라인 경매, 닌텐도의 위 시스템, 구글의 광고모델이 있다. 이러한 파괴적 혁신이 수반되는 경쟁에서는 기존 기업들이 항상 불리하다.

혁신 추진의 전제조건

무엇이 혁신을 성공으로 만들어줄까? 혁신의 동인動因을 완벽히 파악하는 것은 매우 어려운 일이며, 이 점을 부인할 사람은 없을 것이다. 직관적으로 보아도 알 수 있는 이런 사실은 대규모의 실증 조사를 통해서도 확인되고 있다.

대부분 조직에서는 새로운 아이디어를 실행으로 연결할 만한 추진력을 발휘하지 못한다. 이런 점에서는 큰 성공을 거둔 회사들도 마찬가지다. 생존한 대기업들도 시장이 기대하는 수준에 미치지 못하는 실망스러운 수익과 성과를 내는 경우가 많다.[1] 더 많은 수익창출을 위해 다각화를 시도한 대기업의 총 시장가치는 계열 기업 전체의 단순 총합보다 낮은 경우가 많다. 시너지가 발휘되지 못할 때가 더 많은 것이다.

이 책의 핵심 주장은 이러한 혁신의 함정에서 벗어나는 데 도움을 주는 실용적인 방법들이 존재한다는 것이다. 이 책이 제시하는 새로운 접근방법을 적절하게 채택한 기업은 지속적인 성장을 이룰 수 있을 것이다. 여러 아이디어를 실행에 옮기려는 기업은 자연스럽게 일련의 혁신 사업을 즉시 시행하거나 아니면 성장 문제를 해결할 전담 팀을 만든다. 이와 같은 빠른 실행력은 혁신에 성공하는 필수 요소다. 그러나 지나치게 빠른 실행력은 실패를 가져올 수 있다는 것 또한 명심해야 한다. 체계적인 역량 갖추기를 중요하게 여기는 기업은 혁신을 추진할 때도 매우 적절한 전제조건precursors을 갖추는 데 소홀하지 않는다.

<그림 1-1> 혁신 추진의 전제조건

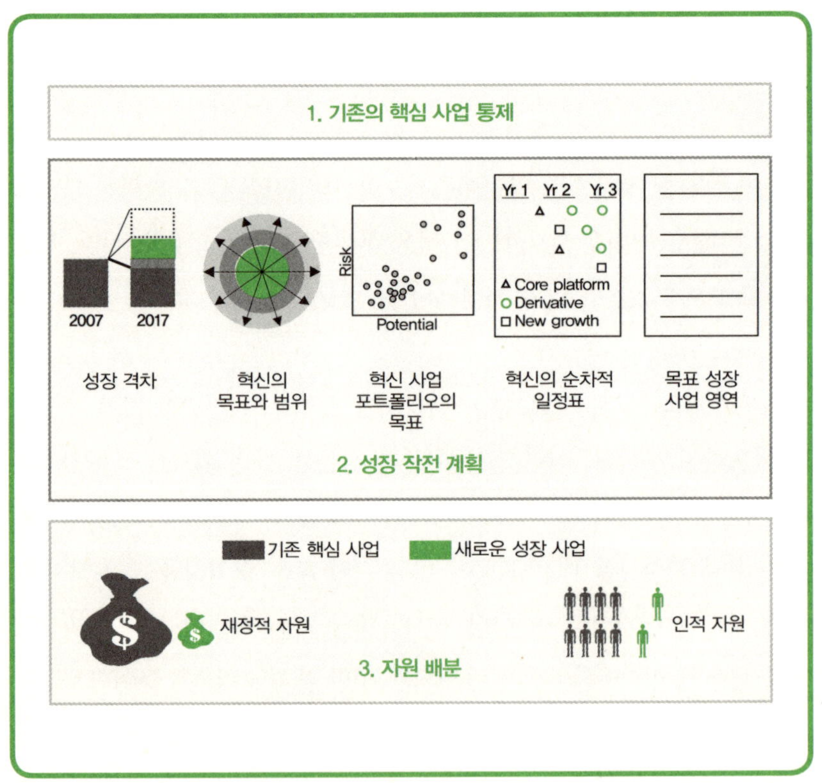

이번 장에서는 혁신을 추진할 때 반드시 고려해야 할 3가지 전제조건을 설명한다. 첫째는 기존의 핵심 사업이 제대로 관리·통제되고 있어야 한다는 것이고, 둘째는 성장을 위해 치밀한 작전 계획을 세워야 한다는 것이며, 셋째는 자원 배분 과정에 통달해야 한다는 것이다.

먼저 한 가지 명심해야 할 것은 조직의 혁신 역량을 단번에 증진할 수 있는 특효약이란 없다는 것이다. 그럼에도 이 3가지 전제조건을 잘 엮어서 활용한다면 기업 내에 있는 혁신의 잠재력을 실체로 끌어낼 수 있을 것이다.

1 기존 핵심 사업을 제대로 관리하고 통제하라!

먼저 한 대기업 임원의 경험담을 통해 첫 번째 전제조건을 살펴보기로 하자. 수십 조 매출 규모의 대기업 임원이었던 그는 파괴적 혁신 사업을 성공적으로 이끌어 수조 규모의 사업으로 키운 경험이 있었다. 기업에서는 그에게 파괴적 혁신을 모색하는 다른 사업부와 그의 경험을 공유하고 조언을 하라고 지시했다. 과연 그의 첫 번째 조언은 무엇이었을까? 놀랍게도 그는 "파괴적 혁신 사업을 창출하기 위해 노력하지 말라!"라고 조언했다. 반직관적인 조언을 던진 것이었다. 그는 어떤 점을 강조하고 싶었을까?

해당 사업부가 파괴적 혁신을 추진하기 전에 반드시 해야 할 일은 그 사업부가 혁신을 추진할 만한 자격을 갖추었는지를 검토하는 일이다. 다시 말해 그의 견해에 따르면 기존의 핵심 사업이 제대로 관리·통제되는 것이 혁신을 추진하기 위한 첫 번째 전제조건이다.[2] 기존의 핵심 사업이 관리·통제되지 않으면 이를 관리·통제하기 위한 노력을 기울일 수밖에 없고, 이는 필연적으로 성장에 들어가야 할 노력(시간과 관심)에 제약을 주게 된다.

델타Delta 항공사의 사례를 살펴보자. 2005년 핵심 사업이 급격히 내리막길을 걸으면서 델타는 자회사인 저가항공 송Song을 델타의 정규노선에 통합했고, 유동성 확보를 위해 성장하고 있던 애틀랜틱사우스이스트항공Atlantic Southeast Airlines을 스카이웨스트사Skywest에 매각했다. 불행하게도 델타의 기존 핵심 사업은 새로운 성장 사업을 뒷받침할 만큼 단단한 기반 위에 있지 못했다.

핵심 사업이 제대로 관리되고 있는지를 따질 때에는 단순히 성장률만 봐서는 안 된다. 회사의 매출 증가율과 이익 증가율을 동종업계 평균과 비교하는 것이 좋다. 만약 회사의 매출이 업계의 평균치보다 저조하다면 이는 핵심 사업이 제대로 관리되고 있지 않다는 신호이다. 물론 업계가 구조적인 하락기에 있다면 어쩔 수 없는 일이겠지만, 이럴 때도 최소한 업계 내 다른 경쟁자들보다는 핵심 사업 관리를 더 잘할 수 있어야 한다.

핵심 사업을 제대로 통제하려면, 실적이 저조한 사업과 자산 정리를 심각하게 고려해야 한다. 단호히 팔거나 매도거래의 문을 열어놓는 것은 성장을 모색하는 기업의 중요한 능력이다. 2001년, 리처드 포스터가 자신의 저서 《창조적 파괴Creative Destruction》에서 언급했듯이, 핵심 사업에 대한 통제력을 잃지 않고 시장을 제패하고 싶다면 시장의 변화 속도에 맞춰 회사 또한 변해야 한다. 포스터는 회사가 새로운 성장 사업을 창출하고, 기존 사업을 잘 운영하며, 쇠락하는 사업을 빨리 매도할 수 있는 능력을 길러야 한다고 강조했다.[3]

혁신 사업을 지원하려고 기존 사업을 과감히 정리했던 사례로는 먼저 인텔을 들 수 있다. 1980년대 초반까지도 인텔은 DRAM 사업의 R&D 투자에 수조 원을 쓰고 있었다. 그러나 이렇게 많은 투자액에 비해 (반도체 상품의 특성상) DRAM 사업은 범용화commoditization되어가고 있었으며, 이에 따라 인텔의 전체 수익 면에서도 DRAM 사업의 공헌도는 점차 줄어들고 있었다. 그리고 인텔의 수익 창출의 핵심 동력은 마이크로프로세서 사업으로 옮겨갔다. 인텔 또한 이런 결과를 원하지는 않았지만 시장은 그렇게 변화해가고 있었다. 이때 앤디 그로브와 고든 무어Gordon Moore는 자신들을 DRAM 사업의 CEO에서 해고한 후, 마이크로프로세서 사업의 CEO로 재임명했다. 그리고 DRAM 사업에서 철수함으로써 그들은 앞으로 20년간 경이적인 성장을 이룰 사업의 토대를 마련했다.[4]

이와 유사한 사례로, 차입매수거래(LBO식 기업매수)의 왕 콜버그 크라비스 로버츠Kohlberg Kravis Roberts(이하 KKR)가 1988년 18억 달러(약 1조 9,800억 원)에 인수한 듀라셀Duracell에 무슨 일이 벌어졌는지를 살펴보자. KKR은 듀라셀의 실적 부진 분야를 팔아버리고 생산라인을 통폐합했다. 핵심 사업이 안정되자 듀라셀은 새로운 제품라인을 추가하는 등 다각화를 추진했다. 이러한 노력의 결과, 몇 년 동안 침체를 겪었던 듀라셀은 1989년과 1995년 사이에 현금흐름cash flow이 매년 15퍼센트 이상씩 증가하며 성장세에 접어들었다. 듀라셀은 재충전 배터리와 배터리 멀티패키지 같은 여러 혁신 제품들을 선보였으며 그 결과 시장의 선도자가 되었다. 듀라셀은 1991년 주식을 공개해 상장했고 1996년 28억 달러(약 3조 800억 원)에 질레트사에 인수되었다. KKR은 영업활동으로 말미암은 현금흐름을 포함해 투자 대비 약 40퍼센트의 수익을 얻

었다. 포스터는 "듀라셀은 새로운 창조를 위해 파괴를 감행해야만 했다"라고 논평했다.[5]

（앞으로 이어질 2·3·4장에서 언급될 파괴적 혁신 개념은 기존 자산의 과감한 매각과 관련하여 의사결정을 하는 데 도움을 줄 것이다. 2장에서는 비소비 계층을 소비자로 개발하는 데 도움이 되는, 그래서 앞으로 매우 강력한 사업 기반으로 자리매김할 자산이나 역량을 발견하는 방법을 논의한다. 3장에서는 소비자의 필요나 욕구를 과잉충족시키는 제품의 진화가 이미 발생했거나 발생하는 조짐이 보일 때 고려해야 할 새로운 자산과 역량에 대해 살펴본다. 나아가 4장에서는 제품의 속성이나 특성 중심의 사고에서 소비자들이 중요하게 생각하는 필요나 욕구를 충족시키는 관점의 사고로 전환하면서 새로운 자산과 역량을 발견하는 방법에 대해 살펴본다.）

2 성장을 위한 작전 계획을 수립하라!

기존의 핵심 사업을 제대로 통제·관리한 다음 해야 할 일은 성장을 위한 작전 계획을 수립하는 것이다. 작전 계획은 보통 다음과 같은 단계로 수립된다. 첫째, 달성해야 할 조직의 목표와 예상 결과를 설정한다. 둘째, 혁신 사업의 구조, 즉 혁신 포트폴리오의 목표를 정의한다. 셋째, 혁신이 추진되는 '순차적 일정표train schedule'를 작성한다. 넷째, 혁신의 명확한 목표와 범위를 정한다. 다섯째, 혁신에 의한 성장 사업 영역을 발견·선택한다. 이제부터 각 단계에 대해 상세히 살펴보자.

1단계 성장 목표치와 성장 기대치 간의 격차 산정하기

성공적인 결과가 어떠한 모습일지를 미리 그려보지 않고 작전 계획을 세우기란 매우 어려운 일이다. 우선 회사는 조직이 달성하고자 하는 성장 목표치와 현재 가지고 있거나 개발되고 있는 혁신 잠재력에 의한 성장 기대치 간의 격차를 완벽히 이해해야 한다.

첫째, 혁신을 통해 달성하고자 희망하는 결과와 어떤 영역에서 성장을 이룰 수 있을지를 명확히 기술하는 작업이 필요하다. 성장의 원천을 크게 분류해보면, 자구적 노력 또는 인수·합병에 의해 핵심 사업이 확장되며 일어나는 성장, 인접한 미개척 시장으로 진출해 얻을 수 있는 성장 그리고 완벽히 새로운 사업을 시작해 이루어지는 성장으로 나눌 수 있다. 회사는 이러한 3가지 영역별로 얼마만큼의 성장을 이룰 수 있을 것인지에 대한 기대치와 함께 개략적이더라도 재무적인 성장 목표를 설정해야 한다.

그다음, 성장의 원천이 될 수 있는 사업 영역별로 현재 보유한 혁신 잠재력이 얼마나 되는지를 추정한다. 이 같은 분석을 마친 후, 희망하는 성장 목표치와 현재 상황이 지속된다는 가정하에 얻을 수 있는 성장 기대치 간의 격차를 확인해야 한다. 물론 불확실한 성장전략에 대해서는 불확실성에 대한 리스크를 반영해 기대치를 조정·산출해야 할 것이다.

성장 목표치 대 성장 기대치 간의 격차를 계산하기란 쉬운 일이 아니다(〈도구 1-1〉 참조). 틀릴 가능성이 농후한 수많은 가정과 씨름해야 하기 때문이다. 그러나 분석 과정에서 얻을 수 있는 결과가 방향성 정도만 제시한다 하더라도 이러한 분석과 결과는 매우 효과적일 수 있다. 이때 성장 목표치를 달성하기 위해 현재 진행하고 있는 모든 프로젝트를 혁신 프로젝트로 정의하고 추진하는 일은 피해야 한다.

〈도구 1-1〉 성장 목표치와 성장 기대치 간의 격차 산정하기

현재의 사업운영	인접 사업 분야 진출	신규 성장 프로젝트들	1차 연도	2차 연도	3차 연도	4차 연도	5차 연도
현재 매출	인접 사업 분야 진출 목표	출시 횟수					
5년 성장률		5차 연도까지의 매출 예측치/ 신규 성장 프로젝트					
5차 연도까지의 매출 예측치	5차 연도까지의 인접 사업 분야 매출 예측치	예측 성공 확률					
비고:	비고:	5차 연도까지의 새로운 성장 매출 예측치					
		비고:					

5차 연도까지의 목표 매출치 _______________________________

5차 연도까지의 매출 예측치 _______________________________

성장 격차 _______________________________________

- 현재 매출: 현재 회계연도의 매출
- 5년 성장률: 기존 사업의 운영에 대한 예측 성장률(연평균); 인접 사업 분야로의 진출과
  신규 성장 사업 프로젝트는 포함하지 않음
- 5차 연도까지의 매출 예측치: 현재 매출 × (1 + 성장률) ^ 5
- 인접 사업 분야 진출 목표: 기존의 핵심 사업을 확장하는 신규 고객, 새로운 지리적 영역,
  신규 채널에 대한 기술
- 5차 연도까지의 인접 사업 분야 매출 예측치: 인접 사업 분야 진출로부터 기대되는 매출
- 출시 횟수: 해당 연도에 출시된 신규 성장 사업 프로젝트의 추정치
- 5차 연도까지의 매출 예측치 / 신규 성장 프로젝트:
  해당 연도에 출시된 신규 성장 프로젝트가 창출하는 5차 연도까지의 평균 매출 예측치
  예) 2차 연도에 출시된 신규 성장 프로젝트가 창출하는 3개 연도(5차 연도까지)의 매출 예측치
- 예측 성공 확률: 해당 연도에 출시된 신규 성장 프로젝트의 성공 확률 기대치
- 5차 연도까지의 새로운 성장 매출 예측치: 출시 횟수 × 매출 / 신규 성장 프로젝트 × 성공 확률
- 5차 연도까지의 목표 매출치: 5차 연도까지의 전략적 매출 목표

*참조: 이 책에 등장하는 도구들은 이노사이트 웹사이트에서 구할 수 있음.

소비재를 생산하는 한 회사의 사례를 살펴보자. 이 회사는 핵심 사업 영역과 개발 파이프라인에서 진행 중인 사업 영역에서 얼마만큼 성장할 수 있을지를 한 달 동안 세세히 살펴보았다. 그 결과 가장 낙관적인 시나리오 상황에서도 성장 목표는 10년 정도 후에야 달성될 것이며 수십억 달러의 추가 투자까지 필요하다는 결론이 나왔다.

이 결과는 관련 임원 모두를 깜짝 놀라게 했다. 이러한 분석 작업이 이루어지기 전 상급관리자들은 그저 혁신이 중요하다는 생각만 하고 있었다. 반면, 이 분석 작업 후 혁신은 회사에서 최우선 의제로 자리 잡았다. 이 분석을 통해 얻은 통찰은 혁신에 대한 회사의 도전 의지를 증폭시켰고, 주요 관리자들은 이제까지와는 다른 방법으로 혁신에 접근해야 한다는 필요성을 공감하게 되었다.

대안적 결과에 대한 모의실험simulation 기능이 있는 고급 분석기법을 활용하면 성장 격차에 대한 통찰력을 더욱 높일 수 있다. 50억 달러(약 5조 5,000억 원)의 매출을 하는 한 기업은 부정적인 미래 상황을 예측한 여러 개의 '최악에는doomsday' 시나리오를 작성했다. 그런 후 고위직 임원들이 모여 각각의 시나리오에서 변화가 일어나 기업경영 환경에 영향을 미칠 수 있는 주요 경제적 변수들이 무엇인지 의견을 모았다. 그리고 이렇게 결정된 변수들에 대한 값을 임의로 변하게 입력해 수천 개의 시나리오를 회의에 부치는 크리스털 볼Crystal Ball 시뮬레이션 소프트웨어 분석을 시행했다. 분석 결과, 이 기업은 5년 안에 전체 수익의 20퍼센트 선인 5억 달러(약 5,500억 원)의 성장 격차(목표치 대 기대치 간의)가 발생할 수 있다는 결론을 얻었다.

물론 이 분석 결과가 정확하지 않을 수도 있다. 하지만 성장 격차가 꽤 심각할 수 있다는 가능성을 발견함으로써 경영진은 즉각 행동에 착수할 수 있었다. 추가로 얘기하자면 회사는 이러한 접근법의 장점을 인식하게 되었는데, 발생 가능한 결과에 대비해 직원 배치 계획을 세울 수 있었다는 것이다. 거의 일어날 것이 확실해 보이는 결과를 예측하고 그 예측에 대한 합의를 내리는 일은 쉽지도 않고 본 분석 작업의 주목적도 아니다. 고위직 임원들이 시뮬레이션 모델에 투입할 내용에 합의하면 그에 대한 결과를 내는 것은 그저 단순한 계산과정일 뿐이다. 이 사례는 간단해 보이지만, 이러한 시나리오방식의 접근을 통해 경영진은 집단사고의 오류에서 벗어날 수 있었고, 성장 격차를 더욱 명확하게 볼 수 있었다.

2단계 균형 잡힌 혁신 사업 포트폴리오 기획하기

성장 격차 분석을 하고 나면 많은 기업은 그들의 혁신 사업 포트폴리오가 불균형 상태임을 발견하게 된다. 포트폴리오가 불균형하다는 것은 무엇을 의미하는 것일까? 그것은 바로 성과와 수익률은 작아지고 위험은 커진다는 의미이다.

현명한 투자자라면 투자 목표에 따라 포트폴리오를 구성하는 것이 얼마나 가치 있는 일인지를 잘 안다. 만약 공격적인 성장·투자 전략을 추구한다면, 투자자금의 50퍼센트를 중소기업에, 40퍼센트를 대기업에, 10퍼센트를 채권에 투자할 것이다. 어떤 해에는 돈을 잃을 수도 있지만 장기적으로는 높은 수익률을 확보할 수 있다는 것이 포트폴리오의 개념이다. 따라서, 보다 안정적이고 보수적인 성장·투자 전략을 생각한다면 50퍼센트는 대기업에, 30퍼센트는 채권에 투자하고, 20퍼센트는 현금으로 가지고 있을 것이다. 얻게 될 성과와 수익은 줄어들겠지만 손해를 볼 위험 또한 그만큼 줄어든다.

기업도 마찬가지다. 기업은 성장 목표를 달성하기 위해 선택한 일련의 프로젝트 포트폴리오에 대해 신중히 생각해야 한다. 혁신 포트폴리오를 꼼꼼히 살피는 조직은 투자나 자원 배분이 그 기업이 의도했던 전략에 맞추어 이루어지지 않았음을 종종 발견한다. 많은 기업에서 실패할 확률이 매우 높은 핵심 사업의 인접 프로젝트나 핵심 사업과 관련한 추가 프로젝트 한두 개에 투자 대부분이 몰려 있는 경우를 발견한다. 이러한 포트폴리오가 안전해 보일 수도 있지만 포트폴리오 이론을 따르면 다양성을 확보하는 것이 위험을 줄여준다. 즉, 핵심 사업을 유지하는 데 필수적인 추가 개선 프로젝트 영역, 핵심 사업의 중요 부분을 활용해 주변 영역으로 성장해나가는 프로젝트 영역 그리고 아주 새롭고 참신한 성장 사업 프로젝트 영역 간에 투자의 균형을 잡는 것이 매우 중요하다. 앞서 설명한 성장 격차 분석은 각각의 영역에 얼마나 투자할지를 정하는 자원 배분에 도움을 주는 방향으로 이루어져야 한다.

끝으로 큰 조직의 각 부서나 사업단 모두에게 똑같이, 균형 있게, 즉 N분의 1로 투자한다는 것은 사실상 불가능함을 명심하기 바란다. 그 기업이 의도한 전략대로 자원을 배분하다 보면 조직 내 한 부서나 사업단 내의 특정 부서에 더 투자하는 경우가 흔하다.

3단계 혁신이 신행되는 '순차적 일정표' 작성하기

혁신 사업 포트폴리오는 기업이 '순차적 일정표'를 짜는 데 도움을 준다. 기업은 순차적 일정표를 통해 특정 시점마다 그 기업이 추구하고 있는 사업기회의 총수總數를 관리할 수 있다.

순차적 일정표의 개념은 하버드 경영대학원이 인공심박조율기pacemaker 시장을 만들어낸 의료기기 회사 메드트로닉Medtronic을 연구하는 과정에 나왔다.[6] 1970년대부터 1980년대 초반까지, 메드트로닉은 시장과 함께 성장했고, 그 결과 기업은 점차 복잡해졌다. 성장에 따라 관료주의화가 심해지자 여기에서 벗어나 자유롭게 일하고 싶었던 경영자들이 메드트로닉을 떠나 규모는 작지만, 더욱 민첩하게 움직일 수 있는 회사를 설립했다. 이 신생 회사들은 경쟁상품을 시장에 재빨리 선보일 수 있었다. 당시 메드트로닉의 제품 개발은 느리기 짝이 없었다.

메드트로닉은 제품을 개발할 때 연달아 똑같은 문제에 부딪히곤 했다. 메드트로닉이 신제품을 출시하려 하면 경쟁 회사에서 메드트로닉의 제품에는 없는, 새로운 기능을 추가한 신제품을 출시했다. 경쟁사의 신제품을 본 영업사원들은 "우리는 이런 기능이 없는 신제품을 출시해서는 안 된다. 처음으로 돌아가 제품 개발을 보완해야 한다"라고 주장했다.

그리하여 메드트로닉이 새로운 기능을 추가한 신제품을 다시 개발해 마침내 출시를 앞두고 있을 무렵, 이번에는 또 다른 경쟁자가 더 새로운 기능을 갖춘 신제품을 출시했다. 메드트로닉의 영업사원들은 시장에서 경쟁력을 갖출 때까지 제품 출시를 미뤄달라고 다시 요청했다. 이런 악순환의 결과, 신제품 개발에 공격적인 투자를 했던 메드트로닉의 노력은 10년 동안 이렇다 할 만한 성과로 연결되지 않았다. 그 결과 회사의 시장점유율은 70퍼센트에서 30퍼센트로 떨어졌다.

이러한 문제를 해결하기 위해 메드트로닉은 제품 개발 과정을 관리할 새로운 임원을 스카우트했는데, 새로 부임한 임원은 제일 먼저 혁신을 위한 '순차적 일정표'를 작성했다. 이 일정표는 앞으로 10년 동안의 혁신 상품 개발 프로젝트 소요 시간을 상세히 적은 것이었다. 이 일정표에는 메드트로닉이 각 제품의 개발을 시작할 날부터 개발이 완료되어 처음 생산된 제품이 선적될 날까지 기록되어 있었다. 메드트로닉은 신제품 개발 과정이 잘 진행되어 제품이 제때 출시될 수 있도록 개발 조직의 역량을 고려해 일정표를 짰다.

일정표에 혁신의 구체적인 모습은 명시되지 않았지만 혁신의 유형은 구분되어 있었다. 일정표를 따르면 메드트로닉은 몇 년에 한 번씩 주요 플랫폼을 새로 개발해야 하며, 그 플랫폼을 기반으로 제품라인과 파생상품 확장계획이 수반되었다.

이 순차적 일정표 덕분에 전체 조직은 명확한 일정을 인식하고 일을 추진하게 되었다. 조직 내 모든 이들은 이제 회사가 라인확장이나 새로운 플랫폼 개발을 시작할 정확한 날짜를 알게 되었다. 그리고 경영진은 개발에 돌입한 후 기술적으로 불안정한 일이 발생했을 때 오는 폐해에 대해 고려하게 되었고, 이에 따라 새로운 플랫폼이 시작되기 6개월 전에 새로운 플랫폼 개발에 무엇이 포함되는지를 명시한 검토보고서contract book 준비가 필요함을 알게 되었다. 이러한 방식으로 업무를 추진하다보니 특정 시점에서 실현 불가능한 아이디어는 재빨리 제거되었다.

순차적 일정표는 특히 영업사원들에게 큰 영향을 미쳤다. 경쟁사가 새로운 기능을 가진 제품을 출시하면서 영업사원들이 자사 제품에 불만을 표하자 상급관리자들은 다음과 같이 대처했다. "기차는 이미 떠났다. 하지만 괜찮다. 곧 떠날 다른 기차가 또 준비되어 있다. 우리는 여러분의 아이디어를 잘 수합·정리하여 잊지 않도록 우리의 순차적 일정표에 표시해놓을 것이다. 이런 방식으로 우리는 적절한 때에 적합한 아이디어를 모색할 수 있으리라 확신한다."

메드트로닉이 이런 리듬으로 신제품을 출시하자 경쟁사들은 균형을 잃기 시작했다. 이번에는 경쟁사들이 과거 메드트로닉이 직면했던 것과 같은 문제에 부딪히게 되었다. 메드트로닉의 시장점유율은 거의 60퍼센트 수준까지 회복되었다.

순차적 일정표를 통해 메드트로닉은 회사를 괴롭혔던 근본적인 문제에서 벗어날 수 있었다. 무분별한 방식으로 동시에 지나치게 많은 프로젝트를 추진하는 데서 기인한 집중의 결핍을 해결한 것이다. 이 순차적 일정표 덕분에 회사는 자원을 효율적으로 관리하고 적절한 시기에 적절한 영향력을 발휘할 수 있는 새로운 프로젝트를 일찌감치 시작할 수 있게 되었다.

또 다세대 제품(예: 1세대, 2세대, 3세대 제품) 개발 계획을 순차적으로 진행함으로써 회사가 미래 성장 목표에 도달하는 데도 도움을 주었다. 각각의 제품 개발 과정에서 예상되는 사업의 규모, 성공률, 필요한 자원을 파악하고 있기 때문에 관리자들은 성장 목표를 성취하기 위해 시점별로 진행해야 할 프로젝트의 수數를 정확히 예측할 수 있었다.

이러한 노력에도 혁신은 여전히 위험하고 예측할 수 없다는 사실을 잊지 말자. 순차적 일정표에 담아야할 내용이 얼마나 되는지를 알 수 있는 좋은 방법은 회사에서 과거에 시행했던 혁신 프로젝트 사례를 검토하는 것이다. 많은 조직은 이 작업을 통해 혁신 프로젝트의 실패율이 생각보다 훨씬 높다는 사실을 발견하고 놀라곤 한다. 이는 성장 목표를 달성하기 위해서는 기업이 더 많은 혁신 프로젝트를 가동하거나 혁신 프로젝트의 성공률을 높여야 한다는 애기다. 이 책이 소개하는 여러 방법이 혁신 프로젝트의 실패율을 줄이는 데 도움을 주겠지만, 회사는 순차적 일정표를 작성할 때 혁신의 성공률을 신중하게 설정해야 할 것이다.

4단계 혁신의 목표와 범위 결정하기

많은 기업은 혁신의 도전과 저항을 해결하려면 오히려 제한조건 없이 생각하는 '혼돈'을 조성하는 것이 필요하다고 생각한다. 이 이론에 의하면 회사는 혁신을 저해하는 요소를 피하고, 경영자가 새로운 아이디어를 고안할 때 고정관념을 탈피해 생각하도록 독려해야 한다.

그러나 혼돈을 조성하는 것이 별로 좋은 방법이 아니라는 걸 보여주는 여러 가지 이유가 있다. 첫 번째는 제한조건이 없는 상황에서 혁신을 생각하는 경영자는 결국 이득 없는 일에 많은 시간을 허비할 수 있다는 것이다. 이노사이트의 컨설팅 팀은 고객에게 특정 회사를 인수하는 건에 관해 3개월 동안 조언을 한 적이 있었다. 컨설팅의 목표는 파괴적 혁신 전략을 규범대로 따르는 것과 규모는 작지만 해당 사업을 빠르게 성장시키는 것이었다. 그러나 고객은 그 회사를 인수하지 않는 것으로 결론을 내렸다. 그 이유는 무엇이었을까? 인수하려던 곳은 서비스 업종의 회사였는데, 저가 소비재를 대량 판매하는 제조업자였던 고객은 서비스업이 자신의 기존 사업과 너무 달라 편하지가 않다는 것이었다.

두 번째 이유는 관리자들이 회사가 실행하지 못하리라고 예상해 좋은 아이디어들을 너무 일찍 버리기도 한다는 것이다. 모든 회사에서 중간 관리자는 혁신 아이디어를 검토하고 거르는 데 매우 중요한 역할을 한다. 싱급관리자들은 흔히 "왜 우리 회사에서는 좋은 아이디어가 나오지 않지?"라는 질문을 한다. 이 질문에 대한 현실적인 답은 중간 관리자들이 미리 알아서 아이디어를 거르고 자르기 때문이라고 할 수 있다. 중간 관리자는 현재 회사가 하는 일에 어울리지 않는 아이디어는 거부하는 성향을 갖고 있다. 다시 말해 현장의 중간 관리자는 고위 경영자가 짐작하는 것보다 훨씬 생각이 굳어 있을 수 있다.

마지막 이유는 회사가 스스로 무엇을 원하고 무엇을 원하지 않는지 명확히 정의내리지 못했을 때, 아이디어가 일단 핵심 사업에서 벗어난 것으로 보이면 혁신적이라 생각하는 경향이 있다는 것이다. 그리고 분석을 하면 할수록, 성공할 확률이 거의 없어지는 것을 발견하고 또 발견하게 된다. 회사가 현재의 핵심 사업에만 얽매이는 것은 피해야 하지만, 반대로 핵심 사업에서 지나치게 벗어난 혁신을 생각하면 그 또한 위험을 가져올 수 있다. 베인앤드컴퍼니Bain&Company의 글로벌전략 본부장인 크리스 주크Chris Zook는 회사가 핵심 사업을 벗어나 동시에 너무 많은 혁신을 추구하면 그 회사가 지속적으로 성공할 가능성이 점점 낮아진다고 지적한다.[7] 이러한 함정에서 벗어나려면 회사는 다음과 같은 질문에 답을 얻기 위해 노력하고, 사업의 핵심 영역에서 어떻게 혁신을 추진해야 할지를 명확히 해야 한다.

- **어떤 고객 집단을 목표 고객으로 설정해야 하는가?**

  개인 소비자(B2C 고객)에 초점을 둔 회사라면 비즈니스 소비자(B2B 고객)를 고려할 수는 없을까? 비즈니스 소비자에 초점을 둔 회사라면 개인 소비자를 목표로 삼을 수 없을까? 대기업을 대상으로 사업을 하는 회사라면 중소기업을 대상으로 할 수 있을까? 우리가 서비스 제공자에게 판매하고 있다면 최종 이용자·소비자에게 직접 접근할 방법은 없을까?

- **어떤 유통망을 이용하고 있는가?**

  소매망을 이용하고 있다면 직접 판매는 할 수 없을까? 매스 유통망을 이용하고 있다면 틈새 유통을 이용할 방법은 없을까?

- **안정된 상태에 이르기 위해 어느 정도의 매출을 실현해야 하는가?**

1억 달러(약 1,100억 원)? 5,000만 달러(약 550억 원)? 안정된 상태는 어느 정도인가?

- **안정된 상태라면 어느 정도의 마진을 얻어야 하는가?**

현재 마진보다 더 높은 수준? 현재 마진 정도? 현재 마진보다 더 낮은 수준?

- **무엇을 판매할 것인가?**

제품을 판매하고 있다면 서비스를 팔 수 없을까? 서비스를 팔고 있다면 제품을 팔 수 없을까?

- **목표로 삼아야 할 지리적 범위는 어디일까?**

지역을 대상으로 한다면 전 세계를 대상으로 할 수 있을까? 전 세계를 대상으로 한다면 지역을 대상으로 할 수 있을까? 큰 지리적 범위를 고려해야 하는가, 아니면 작은 범위를 고려해야 하는가?

- **어떤 브랜드를 이용할 것인가?**

새로운 브랜드의 창출을 고려할 것인가?

- **어떻게 매출을 만들어낼 것인가?**

새로운 매출 흐름을 만들어낼 수 있을까? 매출 흐름 중 어떤 흐름을 검토하고 탈락시킬 것인가?

- **어떤 공급자와 파트너를 이용할 것인가?**

새로운 공급자를 찾을 것인가? 외주용역을 고려할 것인가? 외주 주던 것을 가져올 것인가?

- **어떤 전술을 사용할 것인가?**

인수를 고려할 것인가, 파트너십을 고려할 것인가?

- **어떤 시장 접근방식을 이용할 것인가?**

완벽하지 않은 샘플 제품으로 시장 테스트를 할 것인가?

〈그림 1-2〉 목표와 범위

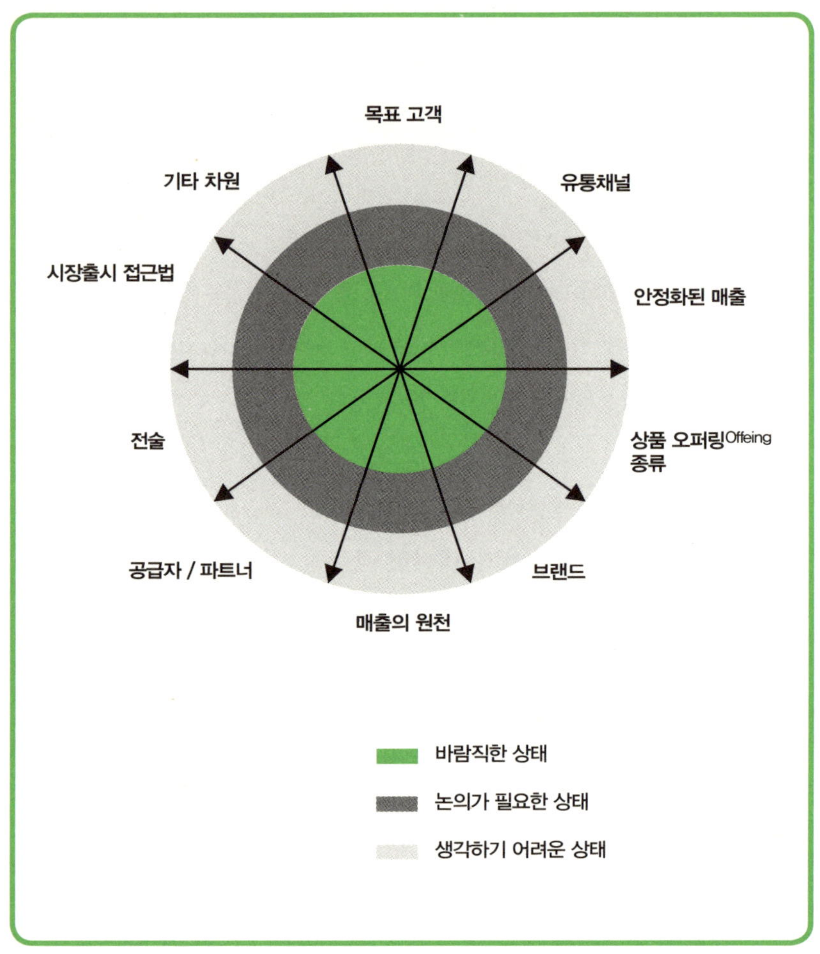

산업마다 특성 때문에 앞서 설명한 것 외에 다른 것을 생각해야 할 수도 있다. 제약회사는 약의 효능에 이의를 제기하는 클레임(예를 들어 이미 알고 있는 혜택에서부터 의학적 증명에 이르기까지)에 대해 생각하고 싶을 것이다. 화학회사는 환경에 영향을 미치는 정도(예: 전혀 없는 수준, 관리할 만한 수준, 심각한 수준)의 허용치를 생각할 수 있다. 미디어 회사는 광고를 어느 영역까지 도달하도록 할 것인지(예: 지역 수준, 전국 수준, 국제적 수준)를 고민할 것이다.

어떤 회사든 중요하게 해야 할 일은 무엇이 바람직한지, 원하는 것은 무엇인지, 깊이 고려해 논의할 만한 것은 무엇인지, 범위에서 벗어나 생각할 필요가 없는 것은 무엇인지를 알아내는 것이다. 처음부터 이러한 변수들을 명확히 한 상태에서 새로운 정보가 유입되며 생기는 변수들을 수정해나가면 팀이 올바른 방향으로 나아가는 데 도움이 될 것이다.

〈그림 1-2〉는 회사가 추진하는 혁신의 목표와 범위의 개념을 간단히 도식화한 것이다.

5단계 성장 사업 영역 선택하기

성장을 위한 작전 계획의 마지막 단계는 혁신에 성공할 잠재력이 높은 사업 영역Growth Domains을 목록화하는 것이다. 우선순위가 높은 사업 영역을 찾아내는 것은 혁신 기업이 일찍부터 선택과 집중을 하게 하는 중요한 메커니즘이다. 물론 초기에는 목록에 빠져 있던 사업 영역에서도 매우 훌륭한 성장 사업이 나올 수 있다. 그렇지만 자원의 한계를 살펴 우선순위가 높은 사업 영역에 집중하는 것이 좋다.

처음에는 잠재력이 높으면서 아직 개척되지 않은 사업 영역은 잘 보이지 않을 것이다. 이때 도움이 되는 한 가지 방법은 기존 사업과 인접한 사업이나 시장 중 적극적으로 뛰어들지 않았던 곳을 살펴보는 것이다. 새로운 성장의 토대를 쌓기 위해서는 기존 핵심 사업의 역량과 자산 그리고 현재의 지식을 지렛대로 활용할 수 있는 근접 시장을 상세히 분석할 필요가 있다. 이와 동시에 매우 어려운 작업이겠지만, 여러분이 새로운 사업기회를 찾아 시장에 뛰어든다는 소문이 퍼졌을 때 기존 경쟁자들이 머리를 긁으며 이해하기 어렵다는 반응을 보일 수 있는 사업을 찾는 것이 좋다. 인도의 한 수송회사가 남몰래 자동차 기술을 개발하기 위해 휠체어 시장 공략에 나선 것이 그런 경우다.

또한 2장에서 논의될 비소비라는 개념도 유용하게 활용할 수 있다. 제품원가나 가격이 비싸서 혹은 제품이 복잡해서, 구매하거나 사용하기가 불편해서 소비가 발생하지 않는다면 도대체 얼마나 비싸고 복잡하고 불편한 것일까를 생각해보라. 그렇게 하면 성장 사업 영역을 찾는 데 도움이 될 것이다. 한 예로 미국에는 건강보험에 들지 않은 사람이 무려 4,700만 명 이상이나 된다. 이런 관점에서 보면 건강보험상품 시장은 무궁한 파괴적 성장 잠재력이 있는 것으로 평가할 수 있다.

토양이 비옥해 농사를 잘 지을 수 있는 땅과 그렇지 못한 땅을 구분하는 데는 물론 판단이 큰 역할을 한다. 기업이 속해 있는 시장에서 정상적인 기회를 넘어 그 이상의 기회를 얻으려는 기업이라면 고위 임원들의 지혜를 외부 관점과 잘 섞어야 한다. 외부 관점을 혼합하는 사고과정에서 임원들은 그동안 관심을 두지 않았던 시장의 주변부에서 성장을 도모해야겠다는 생각을 하게 될 것이다.

1990년대 후반 새로운 성장 동력을 모색하던 존슨앤드존슨사는 중국을 기회의 땅으로 보았다. 상급관리자들은 중국에서의 기회를 직접 두 눈으로 확인하기 위해 팀을 이뤄 중국을 방문했다. 그리고 직접 기회의 원천을 확인하는 일은 그들에게 새로운 방식으로 기회를 꿈꾸게 했다.[8]

성장을 위해 적합한 사업 영역(영토)을 선택하는 일은 놀라울 정도로 섬세한 균형 감각을 요구한다. 하버드 경영대학원의 하워드 스티븐슨Howard Stevenson교수는 이용 가능한 자원과 상관없이 기회를 추구하는 것이 기업가 정신Entrepreneurship이라고 정의했지만, 기업은 시장에서 승리하려면 일정한 자격이 필요하다. 물론 미래의 가능성은 현재의 가능성과 매우 다를 수 있다. 하지만 기회의 땅을 선택하기 위해서는 성장 잠재력과 이용 가능한 자원 간의 균형이 매우 중요함을 명심해야 한다.

마지막으로 강조하고 싶은 것은 사업에 대한 현재의 정의가 미래의 성장 기회를 조망하는 데 많은 영향을 미친다는 점이다. 이미 40여 년 전에 테오도르 레빗 교수가 "그들은 어떤 사업을 벌이고 있는지도 제대로 알지 못한다"며 많은 기업을 질타한 바 있다.[9] 그는 자사를 철도회사라고 생각하여 자신들이 실제로는 수송산업에 몸담고 있다는 것을 깨닫지 못한 회사를 예로 들었다. 이 회사는 이러한 착각 때문에 항공산업과 물류산업으로 확장해나갈 기회를 놓쳤다. 회사는 흔히 자신들의 핵심 사업을 상품의 범주나 상품 및 서비스의 주요 속성 정도로만 생각한다. 그러나 소비자에게 왜 여러분 회사가 제공하는 상품이나 서비스를 구매하는지를 묻는다면 "현재 우리 회사는 어느 산업에 속해 있는가 What business are we in?"라는 질문에 더욱 정확하고 폭넓은 답을 내놓을 수 있을 것이다.

크레스트의 예를 살펴보자. 1990년대 초반만 하더라도 크레스트 사업부는 자사 제품을 '용기에 담긴 불소 성분의 치약'으로 정의했다. 그 결과 크레스트는 용기에 담길 치약의 새로운 향과 특성을 개발하는 데 주력했다. 그러나 1990년대 중반 이들은 소비자들이 '건강한 치아와 함박웃음'을 위해 자사 제품을 구매하고 있다는 사실을 깨달았다. 이후 크레스트는 구강 세척제, 치실, 진동 및 보통 칫솔, 치과의사로부터 공인받은 치아미백제, 기타 미용제품을 내놓으며 사업영역을 확장했다. 소비자들이 자사의 상품이나 서비스를 왜 구매하는지 진정으로 이해한다면 새로운 성장 영역을 발굴할 수 있다(이는 4장에서 자세히 다룰 것이다).

또한 리걸시푸드Legal Sea Foods의 사례를 살펴보자. 보스턴 지역의 해산물 애호가들에게 리걸시푸드 레스토랑은 오랫동안 훌륭한 음식을 제공하는 곳으로 사랑받았다. 최근 리걸시푸드는 동부 해안 지역을 따라 30여 개 이상의 점포를 내며 사업영역을 확장했다. 리걸시푸드 레스토랑에서 식사한 사람들에게 이 회사에 대해 묻는다면 대부분은 레스토랑 체인이라고 답할 것이다. 그러나 이 회사의 경영진은 해산물 사업으로 정의하고 있다. 레스토랑은 리걸시푸드의 가장 주요한 형태의 유통망일 뿐이다. 이 같은 사고 때문에 리걸시푸드는 단지 레스토랑만 짓는 수준을 벗어나 새로운 유형의 유통망을 모색했다. 브랜드명을 붙인 해산물 제품을 슈퍼마켓에서 팔거나 유럽 시장에 해산물을 유통하는 식으로 사업을 확장해나갔다.

3 자원 배분 과정에 통달하라

혁신 기업의 딜레마 중에서 가장 어려운 부분은 어떻게 하면 효과적으로 자원을 배분할 수 있는가 하는 것이다. 특히 대기업은 많은 조직에 자원이 배분되기 때문에 그 배분 과정을 완벽히 이해하기가 매우 어렵다. 자원 배분 과정을 효과적으로 통제하는 것은 매우 어렵지만 그럼에도 이는 혁신을 성공시키기 위해 반드시 해야만 하는 작업이기도 하다.

자원 배분 과정에 통달하기 위해 기업이 해야 하는 가장 중요한 일은 인력, 자금과 같은 자원을 성장 사업별로 관리할 수 있도록 개별 자원 풀pool을 만드는 것이다. '여러분 회사의 혁신 포트폴리오는 균형이 잡혀 있다'라고 얘기하는 것은 아무런 의미가 없다. 중요한 것은 각 유형의 혁신 사업에 자원을 적절히 배분하는 것이다. 여기서 기억해야 할 것이 하나 있다. 그것은 회사의 전략이 어떻게 자원을 배분할지를 결정하는 것이 아니라, 어떻게 자원을 배분할지가 회사의 전략을 결정한다는 것이다. 다시 말하면 시간과 돈을 '사용하는 방식'이 회사의 우선순위를 결정한다는 얘기다. 따라서 자원을 적절히 배분하지 않은 채 혁신이 중요하다고 공표하는 것은 무의미하다.[10]

성장 사업별로 각 자원의 풀을 만들고 이를 관리하는 것은 매우 중요하다. 혁신에 들어갈 자원을 한곳에 집중하면 위험이 낮은(저수익률) 핵심 사업이 성장 잠재력이 높은 고위험 투자를 가로막는 경우가 종종 발생하기 때문이다.

얼마나 많은 자원을 배분해야 하는가?

위에서 설명한 성장을 위한 작전 계획 수립 분석에는 성장을 위해 필요한 자원의 양을 어떻게 할당할 것인가가 제시돼야 한다. 다음의 4가지 요소는 효과적인 자원 배분에 도움을 준다.

- **핵심 사업의 성장률** 핵심 사업의 성장률이 감소하면 새로운 사업에 더 많은 자원을 배분해야 한다는 암시다.
- **핵심 사업의 경쟁 강도 변화** 회사의 근간이 되는 핵심 산업의 경쟁이 치열해지거나 치열해질 조짐이 보이면, 새로운 성장 사업에 더 많은 자원을 할당해야 한다. 특히 근간 산업이 성숙기로 접어들면 더욱 그렇다.
- **새로운 성장 사업을 창출할 회사의 전문 지식** 이전에 회사가 새로운 사

업에 성공한 적이 한 번도 없다면 상대적으로 새로운 사업에 자원을 더 많이 할당해야 한다. 생소한 영역에서는 필연적으로 실수하기 마련이니 말이다.

- **기존 사업보다 잠재력 있는 새 사업의 자본 집중 비율** 자산 집중도가 꽤 높은 사업에는 더 많은 자원이 필요하다.

처음 막 시작하는 회사이거나 손쓸 수 없는 내리막길을 걷고 있어 현금 확보와 현 상태 유지가 목표인 회사를 제외하고 일반적인 기업이라면 새로운 사업의 시작에 일정 비율의 자산을 할당해야만 한다. 그러나 그와 동시에 새로운 성장 사업에 지나치게 많은 자원을 할당하는 것도 주의해야 한다. 기업은 핵심 사업의 유지와 새로운 사업의 시작 사이에서 균형을 잡아야 한다. 한쪽으로 지나치게 기울면 회사에 돌이킬 수 없는 화를 불러올 수 있다.

새로운 사업에 대한 투자를 소홀히 하면 지지부진한 문제가 몇 년간 지속적으로 발생할 수 있다. 한편, 핵심 사업에 대한 강조가 부족하면 몇 분기 지나지 않아 곧 문제가 발생할 수 있다. 반면 성장 사업에 지나치게 투자하면 회사가 주저앉을 수도 있다. 새로운 일을 시작할 때 가장 확실한 것은 새로운 일이 잘못된 방향으로 갈지도 모른다는 사실 뿐이다(이 문제는 7장에서 자세히 언급할 것이다). 지나치게 많은 자원을 투입한 팀은 잘못된 방향에서 오랫동안 빠져나오지 못할지 모른다. 하지만 제한된 자원을 투입한 팀은 중요한 가설을 재빨리 시험해보고, 여러 가지 실험을 하여, 제품이 올바르게 적응하도록 할 수 있다.

요약하면, 자원을 제한하는 것이 혁신을 추진하는 데 더 효과적이라는 얘기다. 이것은 또 이제 막 혁신을 추진해 자원이 부족하고 비용 절감에 신경 써야 하는 회사에도 좋은 소식이 될 것이다. 혁신을 추진하는 초반에 회사가 해야 할 가장 큰 투자는 시간을 만드는 것이지 돈을 만드는 것이 아니다. 경영자가 새로운 성장 사업을 찾고 그것을 양육하는 과업에 몰두한다면 (사업 초기에는) 얼마 안 되는 투자금만 가지고도 충분히 혁신을 추진할 수 있다.

시간이 가장 소중한 자산이다

혁신 사업에 자산을 배분할 때 재정적 자원만큼 인적 자원을 할당하는 데에도 소홀함이 없어야 한다. 사실 많은 회사는 시간이 돈보다 더욱 귀중한 자산이다.

스티브 실버맨Steve Silberman은 캘리포니아 주 팜 스프링스California Palm Springs의 신문사 〈데저트선Desert Sun〉 지의 책임편집자이다. 2006년 데저트선사는 혁신을 회사의 최우선 과제로 정했다. 실버맨과 〈데저트선〉 지의 발행인 미셸 크란스Michelle Krans는 전체 경영진에게 4개월 동안 일주일의 하루는 혁신 업무에 매진하라고 지시했다. 경영진은 지역 레스토랑과 젊은 소비자를 겨냥한 (쿠폰을 발행하는) 새로운 웹사이트를 오픈했으며 이러한 혁신을 계속해서 추진할 수 있는 내부 조직을 갖추었다.[11)]

4개월이 지날 무렵, 실버맨은 그간의 경험을 다음과 같이 술회했다. "사실 기존의 핵심 업무에 드는 시간이 너무 많았기 때문에 별도로 혁신 업무 시간을 정하지 않았다면 혁신을 시도할 수 없었을 것이다. 과거 언젠가 우리가 가졌던 생각이 떠오른다. 현업에서 한 발짝 물러나 우리는 자신에게 다음과 같은 질문을 던졌다. '지금 하는 업무에서 시간을 조금 떼어내면 큰 곤란을 겪을 것인가?' 대답은 아니라는 것이었다. 반면 혁신을 위해 별도의 시간을 내지 않는다면 곤란을 겪을 것인가라는 질문의 대답은 그렇다는 것이었다."

인적 자원을 혁신 과제에 할당하려 할 때 기업은 늘 근본적인 선택에 직면한다. 3M이나 구글처럼 각 부서나 사업의 조직원들이 각자 자신이 가진 시간 중 일부를 떼어내 혁신을 위한 시간으로 활용하도록 할 것인가? 아니면 혁신에 전력을 다할 수 있는 사람들을 모아 별도의 작은 그룹을 만들 것인가?

항상 그렇듯, 어떤 시스템이 객관적으로 더 우월한지를 구분하기 위해 이런 질문을 하는 것은 아니다. 오히려 회사 고유의 환경과 상황에 따라 어느 쪽이 더 적절한지를 가리기 위해 질문하는 것이다. 즉, 개별 직원들에게 혁신적인 아이디어를 창출하고 추진할 만한 역량이 있다면 개인들이 각자 자신의 시간을 조금씩(소위 '10퍼센트 계획') 할애하는 것이 좋을 것이다. 나아가 이런 방법은 조직이 혁신에 성공한 적이 있으면 더 적합할 것이다. 혁신에 성공했던 조직은 무엇이 좋고 나쁜 아이디어인지를 가려낼 집단적 직관을 계발할 수 있기 때문이다.

별도의 팀을 만드는 것은 회사가 이제 막 혁신에 발을 들여놓았거나 새로운 규범을 개발할 필요가 있는 단계(9장에서 상세히 서술)일 때 적합할 것이다. 또한 이 방법은 핵심 사업과 거리가 먼 혁신 사업을 일으키는 게 목표일 경우 더욱 유용하다. 새로운 상품 개발이 주변 업무라면, 대부분 경영자들은 이전에 작업했던 내용을 살펴보지 전적으로 새로운 접근방식을 시도하지는 않을 것이기 때문이다. 이들에게 일정한 시간을 혁신에 할애하라고 아무리 말해봤자 핵심 사업의 긴급함 때문에 이를 실천할 수 없다.

요약하자면 '10퍼센트 계획'은 경영자들에게 마음의 안정을 주는 것은 분명하지만(우리는 자원을 배분해 혁신을 추진하고 있다!), 의미 있는 결과로 이어지는 경우는 매우 드물다. 다른 조건이 모두 같다면, 5개 자원을 100퍼센트 혁신에 쏟는 것이 100개 자원의 10퍼센트를 쏟는 것보다 낫다고 생각한다.[12]

상급관리자의 처지에서는 핵심 사업을 맡고 있던 관리자를 혁신 사업 쪽으로 차출한다는 결정을 내리기가 매우 어렵다. 새로운 성장 사업을 성공시킬 만한 역량을 갖춘 관리자들은 보통(항상 그런 것은 아니지만, 8장 참조) 핵심 사업에서도 매우 중요한 역할을 할 때가 많다. 그럼에도 혁신을 이루고자 하는 기업이라면 핵심조직의 인력을 효과적으로 줄이거나 아니면 중요한 자리를 필요한 만큼 채워 넣는 법을 찾아야 한다.

투자를 자본지출처럼 취급하라

다양한 신규 사업마다 지속적으로 자금을 제공하고 인력을 배치하는 것은 대단히 어려운 일이다. 핵심 사업이 문제에 직면하면 그 문제를 해결하기 위해 장기적으로 추진했던 벤처사업에 할당된 자원을 차출하고 싶어 지는 게 보통이다. 그러나 단기적으로 보면 이런 유혹에 넘어갈 수도 있지 하고 넘겨버릴 수 있지만, 장기적으로 보면 이는 재앙이 될 수 있다.

신규 사업에 자원을 배분할 때 상급관리자들은 그 비용을 운영비가 아닌 자본지출로 여겨야 한다. 즉, 혁신을 위한 노력을 예산에 편성하면 잘못된 결과를 낳을 수도 있다. 예산 편성과 사용의 오류는 내년에도 그만큼의 돈을 받기 위해, 할당된 예산을 전부 쓰려 할 때 발생한다. 이는 사용한 만큼 예산을 편성하는 환경에서, 쓰지 않으면 그만큼 예산이 날아간다는 인식 때문이다. 특히 불확실성이 높은 사업 영역의 조직이라면 이러한 문제가 더욱 심각할 수 있다. 물론 성장을 목표로 하는 집단 중 돈을 낭비하길 바라는 곳은 없을 것이다. 따라서 좋은 해결책은 기회가 생길 때마다 돈을 적절히 사용하도록 하는 것이다.

우리는 회사가 어려워지면 새로운 사업에 들어가는 돈을 줄인다. 그러나 혁신성장 사업부문에 들어가는 투자를 운영비가 아닌 자본지출로 여긴다면, 어려운 때라도 그 사업을 추진할 수 있다.

현장관리자를 위한 조언

이번 장에서 논의된 많은 주제는 매우 전략적이며 상급관리자의 결단과 리더십을 필요로 한다. 현재 여러분의 회사가 혁신을 추진하는데 전제조건이 부족하거나 혁신 추진의 전례가 없고 여건이 무르익지 않은 상황이라면 아래의 단계를 고려해보는 것이 좋다.

1 반나절 가량 시간을 내서 상급관리자들과 성장과 혁신에 대해 토의할 기회를 마련하라. 각 집단에 다음과 같은 질문을 하고 답을 이끌어내라.

- 앞으로 5년간 성장 목표는 무엇인가?
- 성장 목표를 달성하기 위한 우리의 능력에 얼마나 자신감을 갖고 있는가?
- 경쟁자와 비교할 때 우리는 혁신을 잘 추진하고 있는가?
- 다른 산업분야에서 세계적 수준인 혁신 기업과 비교할 때 우리는 혁신을 잘 추진하고 있는가?
- 앞으로 5년 안에 우리가 속한 시장과 산업이 엄청난 변화를 맞이하리라고 믿는

이유가 있는가? 그러한 변화에 우리가 잘 대응할 수 있을 것으로 생각하는가?

- 앞으로 5년 안에 우리의 사업수익이 20퍼센트 이상 감소한다면 어떠한 조건 때문일까? 그 같은 조건이 발생할 조짐이 있는가?

- 우리의 혁신 사업 포트폴리오 중 몇 퍼센트가 핵심 사업과 비슷한 유형의 혁신에 해당하는가?

2 비슷한 생각을 하는 경영자들과 집단 토의를 시작하라. 혁신에 대한 '조용한 캠페인whisper campaign'(스폰지에 물이 스며들 듯, 처음에는 조용한 모임이지만 그 영향력이 점차 커질 수 있는 캠페인 _옮긴이 주)을 개발할 수 있도록 광범위한 연합군을 만들어라.

3 저녁과 주말에 파괴적 혁신 프로젝트를 수행할 작은 팀을 만들어라. 자본집중적인 산업에서는 효과가 덜하겠지만 대체로 작은 팀은 정해진 시간 안에 큰 발전을 이룰 수 있다. 차별화된 접근방식이 보여주는 가치 있는 결과는 큰 반향을 불러일으킬 것이다.

상급관리자를 위한 조언

혁신을 막 시작한 기업이 당장 성과를 내기는 힘들다. 사실 우리는 《성장과 혁신》을 통해 새로운 성장 사업을 창출하려는 기업이 수익에 안달하지 않고 인내심 있게 성장을 추구하는 방법에 대해 살펴보았다.[13] 이는 기업이 실천하기 어려운 조언이다. 특히 크게 한 방 터뜨리길 바라는 기업이라면 더욱 그렇다.

그럼에도 이러한 조언과 원칙을 고수하려면 상급관리자, 특히 CEO

나 사업본부장이 큰 역할을 해야 한다. 상급관리자들은 성장에 적합한 환경을 만들기 위해 내부와 외부의 기대를 모두 관리해야 한다. 상급관리자의 역할은 혁신의 당위성에 대해 직원들과 충분히 의사소통을 함과 동시에 새로운 성장을 위한 노력이 성과를 거두려면 많은 관심과 보살핌이 필요하다는 사실을 끊임없이 강조하는 것이다.

TNT, TBS, CNN, 카툰 네트워크Cartoon Network, 트루tru TV, 터너 클래식 무비스Turner Classic Movies를 보유한 타임워너 그룹의 자회사로 케이블 방송업계를 선도하며 수십억대 매출을 올리고 있는 터너 브로드캐스팅Turner Broadcasting사의 CEO 필 켄트Phil Kent와 경영진은 회사의 전략을 추진하는 데 있어 혁신을 필수사항으로 결정하면서 각 부서를 찾아가 '터너Turner 2.0'이라 명명한 발표회를 열었다. 여기서 그는 과감한 혁신에 의해 이루어진 터너사의 역사와 급변하는 미디어 환경에서 성공하려면 어떻게 혁신해야 했는지를 설파했다. 이러한 노력은 신상품 그룹과 플랫폼 연구개발 그룹을 만들어 재원을 투입한다는 결정과 함께 혁신이 단지 뜬구름 잡는 소리가 아님을 명확하게 만들었다. 또한 켄트는 모든 노력이 성공을 거두지는 않을 것이며 노력이 가시화된 성과로 나타나는 데에는 상당한 시간이 걸릴 것이라는 점을 분명히 했다.

외부 투자가에게 혁신의 가치를 입증하는 것은 더욱 어려운 일이다. 특히 핵심 사업과 다른 수익 구조를 가진 사업을 추진하며 이윤을 내는 경우에는 더욱 그렇다. 사업 추진 초기 소규모 투자로 접근하는 것이 현명한 이유는 투자가 적을 경우 주식 시장의 일반적 시선과 논평에서 상대적으로 쉽게 벗어날 수 있기 때문이다. 대규모 투자를 하려면 정밀한 조사가 필수적으로 수반되고, 이러한 조사는 하면 할수록 성공을 불가능하게 만드는 기대를 조성하게 될 것이다. 이럴 때 기업이 택하는 유용한 방법은 적당한 규모의 사업이나 기업을 인수하는 것이다. 아니면 새로운 성장 사업을 위해 분사를 하거나 독립된 자회사를 설립하는 방법도 있다.

분석전문가와 주주들에게 성장에 대한 확신을 심어주는 일도 고위 경영진의 중요한 업무이다. 2005년부터 2006년까지 이노사이트는 파괴성이 높은 경쟁 매체의 등장으로 고군분투하던 미국 신문 업계를 돕기 위해 미국언론연구소American Press Institute와 함께 일했다. 이때 많은 신문사 임원들은 투자자와 분석전문가가 압박을 가하기 때문에 자신들이 옳다고 생각하는 사업을 추진할 수 없었다고 불평을 늘어놓았다. 특히 임원들은 외부의 압력 때문에 이익이 제대로 나지 않는 신규 사업은 시작조차 할 수 없었다고 말했다. 새로 시작한 사업 대부분이 기존의 신문 사업에 견줄 만한 이익을 내지 못했기 때문에 구조적으로 쇠퇴기에 있는 기존의 핵심 사업을 꾸려나갈 수밖에 없었다는 얘기였다. 반면 분석전문가들은 신문사가 신문 사업의 쇠퇴를 어떻게 막을지에 대한 방안을 설득력 있게 설명하지 못했다고 지적했다. 분석전문가들이 잘 훈련받은 회의론자임을 고려해 명확한 성장계획으로 설득했더라면 그들은 분석전문가들의 지지를 받았을 것이다.

더 생각해 보기

- 5년 전 회사의 전략 계획을 뒤돌아보라. 당시 성장 목표는 무엇이었나? 이를 달성했는가? 달성했다면 어떤 방법으로 달성했는가?
- 작은 그룹을 만들고 그 그룹이 자원을 적게 들이고도 살아남을 수 있

는 10개 사업을 제안하게 하라(주의사항: 이 자원은 새로 마련되는 것이 아니고, 기존 자원이 혁신을 위해 재배치되는 것임을 유념해야 한다).

- 경영 팀에 한 달 정도의 시간을 준 뒤 시간을 구체적으로 어떻게 사용했는지를 매일 기록하고 그 결과를 분석하게 하라. 성장과 혁신에 할당된 시간 비율이 어땠는지 살펴보라. 어느 쪽에 시간을 들였는지는 우선순위가 어디인지를 반영한다는 것을 명심해야 한다.

실무 조언

- 여유 능력 또는 자원은 발견되는 대로 바로 작업에 투입되기 마련이다. 따라서 새로운 자원을 마련하지 않는 한, 혁신에 자원을 성공적으로 배분하면 기존의 어떤 업무는 중단된다.
- 목표 대비 현재의 성장 격차를 산정할 때, 문제의 잠재적 크기를 명확히 알아내려면 그럴듯한 '최악'의 시나리오를 만들어야 한다.
- 의사소통은 많이 할수록 좋다. 상급관리자들은 혁신에 대한 집중 의지와 확신을 자주 그리고 명확히 전달해야 한다.

^{1부} 사업기회를 발견하는 법

혁신을 추진하는 데 필요한 전제조건을 유념한 상태에서, 이제부터 이어지는 7장에서는 파괴적 혁신 사업을 개발하는 3단계 과정을 설명할 것이다. 첫 번째 단계는 사업의 기회를 포착하는 것이다. 새로운 기회를 발견하기 위해서는 새롭게 사고하고 행동해야 한다. 새로운 사고와 행동을 위해 이 책은 3가지 방법을 심도 있게 논의한다. 먼저 2장에서는 요구가 많아지는 고객 대신 어떤 이유 때문에 소비활동을 할 수 없는 고객을 대상으로 삼는 방법을 알아본다. 3장에서는 기존 제품이 제공하는 많은 기능이 별로 필요하지 않아 다른 해결책을 모색하려는, 즉 다른 제품이나 서비스를 찾는 요구수준이 가장 낮은 고객에게서 기회를 발견하는 방법을 논의한다. 4장에서는 고객이 원하는 해결책이 무엇인지를 묻는 대신 그들이 지금 해결하지 못하는 문제(해결 과제)를 이해하는 방법을 다룬다.

여러분 회사는 이러한 방법을 활용한 분석 결과를 통해 목표 고객을 정의하고, 그들이 느끼는 불만을 파악한 뒤 잠재적인 해결책에 대한 가설을 만들어야 할 것이다. 물론 성급하게 결론 내리는 일은 피해야 한다. 잠재 고객을 깊이 생각하고 또 생각하며 그들이 가진 문제를 진정으로 이해한다면 이전에는 생각하지 못했던 성장 아이디어가 '눈앞에' 떠오를 것이다.

"파괴적 혁신 이론은 노력을 집중할 시장을 찾는 데, 우리가 개발하려는 상품 특성의 조합을 결정하는 데, 다음 목표로 삼고 건너려는 디딤돌을 찾는 데 큰 도움을 주었습니다. 기존 사업자가 우리 회사 상품을 좋지 않다고 얘기했을 때, 이것은 오히려 우리가 그들 고객을 공략할 기회가 있다는 의미였습니다. 경쟁자들이 우리 상품을 좋지 않다고 보았을 때 우리는 이를 긍정적으로 받아들였습니다. 왜냐하면 우리가 공략해야 할 틈새 시장이 존재한다는 사실이 명확해졌기 때문입니다."

바누 보스Vanu Bose, 바누Vanu의 창립자 겸 CEO

비소비자에게서 사업기회 포착하기

성장 사업을 창출하려면 소비하지 않는 사람을 목표로 삼아야 한다는 개념은 분명히 쉽게 와 닿지 않는다. 그러나 파괴적 혁신은 소비하는 데 제한요소를 가지고 있던 사람들에게 다가가는 것이 시장을 크게 확장할 수 있음을 보여주었다. 사실 비소비자를 사로잡는 것은 위기를 기회로 만드는 최고의 방법 중 하나이다.

많은 사람이 파괴라는 말을 들으면 조지프 슘페터Joseph Schumpeter의 '창조적 파괴' 즉, 낡은 것을 파괴하고 새로운 것을 창조하는 행위를 떠올린다. 그러나 비소비자를 상대로 사업하는 것은 창조적 파괴가 아니라 창조적 건설로 가는 길이다. 비소비자를 대상으로 하면 경쟁자들의 견제를 최소화할 수 있다. 신참이 시장지배자의 손길이 미치지 않는 소비자를 대상으로 사업을 한다면, 시장지배자 또한 별 피해를 보지 않기 때문이다.

　통상적인 시장조사에서는 시장 내에 존재하는 비소비의 정도와 양이 세세히 다뤄지지 않는다. 따라서 비소비자에게서 사업기회를 발견하려면 몇가지 기술적인 요소를 포함해 체계적인 사고가 필요하다. 이번 장에서는 비소비자를 정의하는 방법, 유형화된 사고과정을 통해 소비 제약요인을 발견하는 방법, 비소비자에게 다가가기 위한 아이디어 개념화 방법을 살펴본다.

비소비란?

《미래 기업의 조건》에서 비소비는 '소비의 부재'로 정의된다. 일반적으로 비소비란 특정 장애요인 때문에 소비를 제한받는 상황을 말한다.[1] 비소비자는 이런 상황과 마주한 사람이다. 장애요인에 직면한 비소비자는 기존에 나와 있는 다른 상품이나 서비스를 이용해 문제를 해결할 수 있는 선까지 해결하거나 아니면 그대로 내버려두는 '부적절한' 선택을 한다. 이러한 선택으로 비소비자는 불편을 느끼는데 성공하는 혁신기업이 발견하게 되는 시장이 바로 이런 상태의 비소비시장이다.

　기업이 비소비자에게 관심을 갖기 시작하면 시장 잠재력은 상당히 커 보이고 그 기업의 현재 시장점유율은 매우 작아 보인다. 복합 미디어기업 미디어 제너럴Media General의 최고운영책임자(COO)이자 부사장인 리드 애시Reid Ashe가 버지니아 주 리치먼드에서 진행한 사업을 살펴보자. 리치먼드에는 미디어 제너럴 계열사에 광고를 싣고 싶어 하는 1만 6,000개 잠재 고객이 있었다. 하지만 2006년에 실제로 광고를 실은 업체는 3,500개에 불과했다. 남은 1만 2,000여 업체가 한 최선은 업종별

전화번호부인 옐로 페이지Yellow Page에 광고를 싣는 것이었다. 업체들은 이런 방식의 광고가 사업에 큰 도움이 되지 않는다고 생각했지만 어쩔 수 없었다.

그렇다면 이들은 왜 미디어 제너럴의 광고상품을 이용하지 않았을까? 이유는 지나치게 비싸거나, 광고를 실어도 목표 고객들에게 도달되지 않거나, 이용하기가 너무 복잡하고 어려웠기 때문이다. 만약 미디어 제너럴이 이 비소비자들을 포섭할 방법을 찾는다면 커다란 성장 기회를 잡는 것이다.

비소비자를 잘 분석하고 정의하는 것은 침체기로 접어든 시장에서 새로운 성장 동력을 찾는 기업들에 매우 중요한 일이다. 2005년, 대형 케이블 방송사를 대상으로 한 강연회에서 이 책의 저자 중 한 명이 비소비의 개념을 설명하고 있을 때, 한 청중이 손을 들고 다음과 같은 질문을 던졌다. "미국 주부 중 90퍼센트 이상이 케이블 텔레비전을 신청해 시청하고 있습니다. 비소비라는 개념이 우리에게 무슨 소용이 있는지 모르겠군요." 이 발언을 들은 저자는 다음과 같이 대답했다. "주부들이 집안의 텔레비전 앞에 앉아 있지 않을 때, 그들은 과연 여러분이 만든 프로그램을 얼마나 볼까요?" 잠시 침묵이 흘렀다. 질문한 사람을 포함해 대다수 청중은 자사 상품이 소비되는 상황을 지나치게 좁게 보고 있었던 것이다. 2년여 세월이 흐른 뒤, 개인용 컴퓨터나 휴대전화와 같은 새로운 기기에 영상을 담는 것과 같은 제품이 등장하기 시작했다. 즉 지금까지 소비되지 않았던 상황에 영상을 넣게 되면서 케이블 방송사는 존재하지 않는 것으로 보았던 시장에서 성장이 도출된 것이다.

비소비를 분석하고 정의하는 과정에서 기업이 흔히 저지르는 2가지 실수가 있다. 첫 번째 실수는 소비하지 않는 사람이 소비를 원하고 있다고 가정하는 것이다. 소비자가 관심이 없다면 말 그대로 그냥 관심이 없을 수 있다. 또 어떤 소비자는 특정 문제를 해결하거나 특정한 일을 한다는 것 자체가 자신에게는 별로 중요하지 않기 때문에 소비하지 않는다. 단순히 흥미가 없는 것을 소비가 제한된 것이라 착각하면 기업은 목표 소비자를 잘못 설정하는 우를 범하게 된다.

1990년대, 컴퓨터를 구매하지 않은 미국인에게 저가 컴퓨터를 판매하려 했던 한 기업의 예를 살펴보자.[2] 저가 컴퓨터 제조업체는 컴퓨터가 지나치게 비싸서 사람들이 아직 구매하지 않은 것이라고 생각했다. 그러나 일부 소비자들은 컴퓨터로 해결해야 할 일이 없어서 구매하지 않았다. 이들은 컴퓨터가 아무리 싸도 그것을 이용할 일이 없는 사람들이었다(이 책의 저자 중 한 명은 조부모에게 선물한 컴퓨터가 종이를 고정하는 문진으로 사용되고 있었다고 회고했다).

두 번째 실수는 자사의 상품을 사용하지 않는 비소비자는 다른 상품 또한 소비하지 않을 것으로 가정하는 것이다. 한 신문사의 임원들은 브레인스토밍을 끝낸 뒤 즉시 10대 청소년을 비소비자로 간주했다. 물론 여러 설문조사 결과를 보면 신문을 읽는 10대 청소년의 비율이 10년 전보다 훨씬 낮아진 것은 사실이다. 그러나 신문을 보지 않는다는 것이 10대 청소년들이 생활 속에서 필요한 정보와 재밌거리를 신문에서 찾지 못했다는 것을 의미할까? 전혀 그렇지 않다. 사실 10대 청소년이 정보를 얻는 대체 수단은 부지기수다. 텔레비전 쇼, 온라인 네트워킹 사이트(마이스페이스, 페이스북), 유명 웹 콘텐츠 사이트(야후Yahoo!), 문자서비스 등 10대 청소년들은 그들이 원하는 정보를 얻을 수 있는 적절한 수단을 찾아 사용하고 있었다. 즉 10대 청소년은 이러한 수단을 신문보다 훨씬 더 편하게 여기고 있었다.

우리는 이 사례를 통해 신문사가 10대 청소년을 대상으로 하는 혁신 사업으로는 성장을 모색할 수 없을 것이라는 점을 얘기하려는 것이 아니다. 다만 10대 청소년 소비자를 전통적인 비소비자와 혼동한다면 혁신 에너지를 엉뚱한 곳에 쏟게 될 수 있다는 점을 지적하고 싶었다.

기존 기업들이 소비의 장애요인을 등안시함에 따라 성장 잠재력이 높은 이 비소비자 그룹은 자신의 문제에 꼭 맞는 해결책을 얻을 수 없어 좌절하고 있는 것이다.

소비를 막는 장애요인 4가지

일반적으로 소비를 제약하는 요인은 기술, 부富, 접근성, 시간 이 4가지다. 각각의 요인은 별개의 방식으로 소비를 제약한다. 지금부터 각 제약요인을 좀 더 상세히 살펴보자.

기술 제약요인

사람들은 종종 필요한 기술을 찾지 못해 소비하지 못하는 경우가 있다. 이때 그들은 문제를 해결해줄 전문가를 찾아가거나, 그럴 수 없을 때는 그냥 포기하고 살아간다. 기술 제약요인은 서비스 산업에서 흔히 발견된다. 자기 자신을 가르칠 수는 없으므로 교사를 찾고 스스로 병을 진단하고 치료할 수 없어서 의사를 찾는다.

또한 기술 제약요인은 신기술 중심 산업의 형성 초기에 흔히 발견된다. 1970년대 초반, 컴퓨팅 기술을 쓰는 사람은 그다지 많지 않았다. 업무를 위해 메인프레임(대형컴퓨터)과 소형컴퓨터를 사용하려면 특별한 훈련을 받아야 했다. 이런 훈련을 받지 못한 대부분 관리자들은 컴퓨팅 혜택을 제대로 받을 수 없었다. 물론 운영시스템과 프로세서 기술의 발전으로 오늘날의 개인용 컴퓨터는 아찔할 정도로 복잡했던 과거와 결별했다. 컴퓨팅 서비스의 소비량은 기하급수적으로 늘어났다.

생산 관련 기술의 부족 B2B 상황에서 기업이나 전문가가 자신에게 필요한 것을 스스로 생산할 수 없을 때 기술 제약요인이 발생한다.

헬스케어healthcare 산업에는 이런 '비생산' 사례가 여럿 있다. 크리스텐슨 교수는 하버드 의대에서 파괴적 혁신이 헬스케어 산업을 어떻게 변화시킬지에 대해 강의했다.[3] 특히 파괴적 혁신 이론의 시사점으로 헬스케어 산업에서 나타나는 과잉충족 서비스와 서비스 평준화가 의료산업의 범용화를 촉진할 수 있다는 가능성을 제시했다.

강연장에는 여러 의학전문대학원의 원장들이 참석하고 있었다. 한 명이 바로 질문을 던졌다. "당신은 지금 의사들의 서비스가 범용화될 수 있다고 말하는 겁니까?" 크리스텐슨 교수가 그렇다고 답하자 강연장은 몹시 소란스러워졌다. 그때 저명한 한 정형외과 의사가 자리에서 일어났다. "의사의 서비스가 범용화될 수 없다고 생각한다면, 돌아서서 날 보세요. 나의 서비스는 지금 범용화되고 있습니다." 곧이어 그는 엉덩이와 무릎 임플란트 수술을 하던 초창기에는 임플란트 제조사에 돌아가는 수익보다 의사에게 돌아가는 몫이 더 많았다고 한다. "당연히 그럴 만했습니다. 임플란트에 성공하느냐 마느냐는 전적으로 의사의 경험과 판단, 기술에 달렸으니까요. 하지만 임플란트 제조사들은 계속해서 자사제품의 가치를 높였습니다. 제품을 단순화해서 어떤 의사라도 완벽하게 수술을 할 수 있게 한 거죠. 수술을 단순화하고 수술기구의 문제점을 해결하면서 그들은 수술 서비스를 범용화했습니다." 그는 2004년, 마침내 임플란트 제조사에 돌아가는 수익이 의사의 몫을 넘어섰다고 덧붙였다.

이러한 예는 의료산업에서 일어나는 일반적인 패턴이다. 의료기구 회사들은 훈련을 덜 받은 의사라도 최고 수준의 의료 서비스를 제공할 수 있는 상품을 개발하며 성장했다. 본질적으로 이들 기업은 고도로 훈련된 전문의만 보유했던 감感(art)을 상품에 반영해 어떤 의사라도 그 감을 발휘할 수 있게 했다. 이 기업들은 비생산, 즉 생산할 수 없었던 것을 대상으로 경쟁했던 것이다.

또 다른 예로, 심폐소생기defibrillator 시장의 발전을 살펴보자. 많은 의학드라마를 통해 '심폐소생기'라는 말을 한 번쯤은 들어봤을 것이다. 헬스케어 전문가들은 환자가 심장마비를 일으켰을 때 이 기구를 사용한다. 의사가 기계를 켜고 외친다. "자, 이제 갑니다(Clear)!" 그러고는 기계에 연결된 패들paddles을 환자의 가슴에 갖다 대면 멈춘 심장을 다시 뛰게 할 강력한 전기충격이 가해진다.

의학드라마에서는 극적인 음악이 깔리며 환자의 심장이 다시 뛰기 시작한다. 그리고 응급실은 곧 평정을 되찾는다. 그러나 드라마가 아닌 현실에서는 생명을 구하는 이 기술혜택을 제때 받지 못하는 경우가 다반사다. 미국 심장협회는 하루에 심장마비로 목숨을 잃는 미국인의 수가 1,000명에 달한다고 추산했다. 심장마비가 일어났을 때 바로 심폐소생기의 도움을 받지 못한다면, 살아남을 확률은 매분 7~10퍼센트씩 떨어진다. 일분일초도 지체할 수 없는 상황이다.

그런데 이제 휴대가 가능한 자동 심폐소생기Automated External Defibrillators(AEDs)가 등장해 응급실뿐 아니라 구급차, 운동경기장과 쇼핑몰에서도 심폐소생 치료를 받는 게 가능해졌다. 필립스Philips는 1990

년대 후반 처음으로 휴대용 자동 심폐소생기를 선보인 이래 15만 개 이상을 팔았다.

현재는 휴대용 자동 심폐소생기의 다양한 버전이 출시돼 훈련 목적으로 사용되거나 대형항공기에서 사용되고 있다. 가장 최신 버전은 2002년에 출시된 필립스의 가정용 심폐소생기 하트스타트HeartStart이다. 하트스타트는 OTC over the counter로 약국이나 다른 소매점에서도 살 수 있다. OTC는 이 기구를 사기 위해 의사들에게 처방을 받을 필요가 없다는 뜻이다. 처음 하트스타트의 가격은 1,500달러(약 165만 원)였으며 심장마비 우려가 있는 가족을 둔 가정에서 구매했다. 간단하게 정리한 도표와 음성안내가 들어 있어서 비전문가도 쉽게 이용할 수 있었다.

기술 제약요인의 발견 기술 제약요인을 발견하려면 상품이나 서비스가 생산되고 소비되는 가치사슬을 잘 살펴봐야 한다. 문제가 발생한 뒤 해결되기까지 기간이 오래 걸린다면 기술과 관련하여 제약요인이 있다는 얘기다. 다시 헬스케어 산업을 살펴보자. 오늘날 환자들은 1차 진료기관을 찾아가고 필요에 따라 이 곳 의사들이 다른 전문의 또는 더 세분된 분과전문의를 소개해준다.

이렇게 문제 해결 기간이 길다면 문제가 해결되는 방식이 변하거나 변할 수 있는 지점을 자세히 들여다봐야 한다. 문제 해결 방식이 원칙을 기반으로 한 방식rule-based regime이라면, 비전문가가 원칙을 따르면서 스스로 문제를 해결하도록 하는 간단한 방법을 만들어서 기회를 창출할 수 있다('파괴의 법칙' 박스 참조).

파괴의 법칙

사람들은 새로운 일에 맞닥뜨리면 무턱대고 해보는 '에디슨식' 시행착오 방법을 따른다. 따라서 빨리 문제를 해결하려 한다면 전문가의 판단에 의존할 필요가 있다. 현상의 원인과 결과를 잘 모르기 때문에 전문가의 지식이나 과학적 기법을 매우 높이 평가하는 경향이 있다.

예를 들어 은행직원이 대출을 받으러 온 사람의 신용도를 판단해야만 하는 상황이라고 생각해보자. 은행 직원은 자신의 판단에 따라 해당 고객이 대출금을 갚으리라고 확신할 근거를 찾을 수밖에 없다. 직원은 고객의 지난 금융거래 내용을 살펴보고 고객에 대한 리스크 판단을 위해 개별 인터뷰를 할 것이다. 그 고객이 대출해주어도 되는 사람인지를 판별하기 위해 실험을 하는 것이다.

그러나 시간이 지나면서 실험을 통해 패턴이 밝혀진다. 대출심사자는 위험이 적은 사람을 판별하는 지표를 발견하기 시작한다. 대출 적격자와 부적격자를 판별하는 데는 4가지 요소가 기준이 된다. 현재 주거지에 거주한 기간, 현재 직장의 근무기간, 연 수입, 과거 지급 성과기록.

전문가가 이런 패턴을 인식하는 능력이 있으면 문제를 더욱 손쉽게 풀 수 있다. 전문가들은 다음과 같이 말한다. "이 변수는 위의 것 중 하나에 속합니다. 따라서 나는 이 패턴을 보면 결과가 어떻게 나올지 자연히 알 수 있습니다." 패턴 인식은 다른 직원들과 전문지식을 공유하도록 했고, 그들도 같은 패턴을 살펴볼 수 있게 되었다. 이 시점까지는 아직 파괴가 일어나기 어렵다. 발생하는 문제를 해결하려면 사람들에게는 일정한 지식 체계가 필요하다.

패턴 인식이 암묵적인 통찰 상태에서 벗어나 잘 정의되고 코드화된 명확한 규칙으로 발전할 때 우리는 커다란 진전이나 비약적인 발전을 이룰 수 있다. 즉 규칙에 근거한 세칙을 창출할 때 혁신가들은 진정한 파괴적 혁신 상품을 만들어낼 수 있다.

1956년, 페어 아이작Fair Isaac이라는 회사가 위험을 사전에 예측하는 표준 도구를 만들었다. 개인의 패턴 인식에 의존하는 대신, 이 상품은 '신용 점수'를 계산하는 통계적 알고리즘에 4가지 변수를 넣도록 했다. 특별한 지식이 없는 사람도 대출신청자를 평가하기 위해 알고리즘을 이용할 수 있었으며, 별로 중요하지 않은 요소로 흐리멍덩하게 판단하는 소위 전문 대출심사자 부럽지 않게 대출신청자를 평가할 수 있었다.

신용 점수 계산 방법이 지속적으로 개선되면서 은행업은 지각이 흔들릴 만한 분화와 파괴의 변화를 겪어나갔다. 규칙의 발전으로 대출 결정은 최종 소비자 쪽으로 더욱 가까이 다가갔다. 이 때문에 다양한 형태의 대출업체들(신용 평가에 대한 전문적인 지식이나 대출심사를 담당할 인력이 부족한 전문업체 혹은 2005년 350억 달러에 아메리카 은행Bank of America에 인수된 MBNA 같은 전문 신용카드 회사들)이 충분히 만족할 서비스를 제공하고 고객을 더 많이 유치하는 게 가능해졌다. 이러한 전문 업체들은 자동차 대출, 주택 모기지, 최근에는 소규모 기업 대출에서도 사업을 추진하고 있다.

기술 제약요인을 찾고 있다면, 전문 지식은 부족하지만 새로운 시장에 진입하는 것은 기뻐할 생산자를 찾아보라. 예를 들어 부유한 고객을 단골로 둔 스파와 살롱은 그들의 브랜드를 비누나 샴푸 같은 건강 상품으로 확장할 수 있다면 반색할 것이다. 그러나 이들 중 다수는 그들의 고급스러운 평판에 걸맞은 상품을 만들어낼 전문적인 생산 능력을 갖추지 못했다. 그렇다면 이러한 업체들은 별 볼 일 없는 제품을 만들거나 아예 제품을 만들지 않는 방법을 선택할 수 있다. 실리콘 업계의 선두주자인 다우코닝은 이들을 공략할 좋은 방법을 찾아냈다.

역사적으로 다우코닝은 실리콘에 여러 성분을 섞어 최종 생산물을 만드는 P&G와 유니레버Unilever 같은 제조업체에 실리콘 원자재를 판매하는 회사였다. 다우코닝이 질 좋은 실리콘 원자재를 제공하더라도 P&G와 유니레버로서는 여러 공급업체 중 하나일 뿐이었다. 다우코닝의 실리콘은 높은 가격을 받을 수 없었고 이에 따라 이윤도 그다지 크지 않았다. 다우코닝은 다른 제조업체로부터 첨가 성분을 받아 스파와 살롱, 기타 비생산자들을 위한 맞춤형 제품을 만들기로 했다. 이 결정은 새로운 고객을 확보했을 뿐 아니라 P&G 납품업체로 얻을 수 있는 수익보다 훨씬 더 높은 수익을 얻을 새로운 사업을 창출했다.[4]

부와 관련한 제약요인

상품이나 서비스를 누릴 금융자산이 부족하다는 것은 소비하는 데 명백한 제약요인이다. 역사적으로 보면 상품과 서비스의 가격을 극적으로 낮추면 상류계층에서 대중까지 판매 범위를 넓혀 소비를 크게 늘릴 수 있었다.

이러한 경우의 고전적인 예는 자동차 산업에서 찾아볼 수 있다. 20세기 초반, 고가의 자동차를 구매할 수 있는 사람들은 특이한 기계를 취미 삼아 사모으는 부유층이었다. 헨리 포드는 자동차 가격을 낮추기 위해 전혀 다른 방식의 생산 모델을 도입했다. 가격을 극적으로 낮춘다면 더 많은 사람이 자동차를 구매할 것이라는 전제하에 부단한 노력을 기울인 포드는 자동차를 싸게 생산하여 자동차 소비를 크게 늘리는 데 성공했다.

포드의 자동차 생산 혁명 이래 70년이 지난 후, 사우스웨스트항공사 Southwest Airlines는 포드의 생산 모델을 그대로 따라 했다. 초기에 사우스웨스트항공사의 가장 중요한 경쟁상대는 다른 항공사가 아니었다. 이 항공사의 가장 큰 경쟁상대는 다름 아닌 항공권이 너무 비싸 항공기를 이용하지 않으려는 사람들이었다. 항공권 가격을 싸게 하여 사우스웨스트는 항공기 시장을 크게 키웠다.

일반적으로, 많은 개발도상국에는 돈이 없어서 소비하지 못하는 사람이 많다. 이러한 사람들은 상대적으로 단순하고 저렴한 제품이 존재한다면 이를 소비할 가능성이 매우 크다. 미시간대학의 프라할라드C. K. Prahalad 교수도 이 소비자들의 중요성을 지적하면서 기업에 '소득 피라미드 맨 아랫단의 부富'를 탐색하라고 주문했다.[5]

미국에 기반을 둔 엔진, 발전기 제조업체 커민스Cummins가 이런 방법을 통해 성공을 거둔 기업이다. 여러 해 전 커민스는 상대적으로 단순하고 싼 발전기를 인도에 선보였다. 소매상, 농부, 지방 병원과 같은 소비자들이 이 회사가 출시한 100킬로와트 발전기 세트를 이용하기 시작했다. 이 구매층은 악명 높은 인도의 전기 공급에 대비해 예비 전력을 확보할 목적으로 이 발전기 세트를 구입했다. 이 제품은 기존 커민스의 발전기가 제공했던 전력의 20퍼센트만 제공했지만 적절한 가격에 적절한 정도의 전력을 안정적으로 공급받기를 원했던 소비자들을 만족하게 했

다. 커민스의 전력 발전기 판매는 2003년과 2007년 사이 3배 이상 늘어났다.[6]

부 관련 제약요인의 발견　먼저 부와 관련한 비소비에 맞서 기회를 창출할 수 있는지 살펴보기 위해 소비 피라미드를 만들어보자. 이 피라미드를 그린다는 것은 구매력에 따라 시장을 세분한다는 의미다. 피라미드를 그린 후 피라미드의 각 층에 상품이나 서비스가 얼마나 침투해 있는지 살펴보라. 피라미드 윗부분에 더 많이 침투해 있고, 아랫부분에 적게 침투해 있다면 기회가 존재한다는 사실을 시사한다.

예를 들어 2006년까지 선진국에서 휴대전화의 침투율은 인구대비 100퍼센트를 넘었다. 그러나 개발도상국에서는 침투율이 상대적으로 낮았다. 특히 저소득계층의 침투율이 매우 낮았다. 모토로라는 이들을 공략하려고 2006년, 저가 모토폰Motofone을 출시했다.

피라미드에 세계의 모든 소비자를 포함할 필요는 없다. 특정한 지역 시장의 피라미드를 만들 수도 있고, 여러분 회사가 기업을 상대한다면 목표로 삼은 고객기업에 대한 수입을 기본으로 여러분 회사가 목표시장에 얼마나 침투했는지 살펴볼 수도 있다. 만약 소규모 기업층에 대한 침투율이 낮다면 이는 간단하고 적절한 해결책을 마련함으로써 시장 기회를 창출할 수 있음을 의미한다.

사실 지난 몇 년간 구글이 보여준 놀라운 성장은 적절하고 효율적인 광고서비스로 소기업을 사로잡은 데서 나왔다. 대중에 기반을 두고 사업했던 전통적인 미디어 기업은 소기업에 맞는 서비스를 제공할 수 없었다. 구글은 간단한, 텍스트 기반의 광고와 사용자 입찰 방식의 키워드 검색 광고로 시장을 비약적으로 키워놓았다.

피라미드 맨 아래층을 대상으로 사업기회의 잠재성을 평가할 때는 실제로 소비를 제약하는 요소가 무엇인지 확실히 이해해야 한다. 그러한 요소들은 가격일 수도, 비소비자들이 해결해야 할 더 큰 문제일 수도 있다.[7] 다음과 같은 비즈니스 격언을 항상 주의해야 한다. "우리가 만들면 그들(소비자들)은 올 것이다If we build it, they will come."

접근성 제약요인

세 번째 소비 제약 유형은 접근성에 관한 것이다. 우리가 상품과 서비스를 소비할 때, 소비는 오직 특정 공간이나 환경에서만 일어난다. 1970년대, 전화는 집이나 사무실에서만 걸거나 받을 수 있었다. 유선전화가 없는 곳에서는 전화를 이용할 수 없었고 기술적 제약 때문에 특정 공간을 벗어나면 소비가 제한되었다.

이와 유사한 사례로 한 세대 전에 존재했던 복사 센터를 떠올려보자. 제록스Xerox가 판매한 대형 복합 복사기는 회사의 중앙사무실에 놓여 있었다. 이 경우 빠르고 간단한 복사 작업을 필요로 하는 사람들은 불편을 겪을 수밖에 없었다. 그러나 휴대전화 제조업체들과 캐논Canon, 리코Ricoh 같은 복사기 제조업체들의 혁신으로 이러한 장애요인은 제거됐으며 새로운 시장이 창출되었다.

인터넷은 정보에 대한 접근성을 대중화하는 데 커다란 역할을 했다. 인터넷이 등장하기 전에 정보는 중심 지역에 집중되어 있거나 전문가들의 머릿속에만 들어 있었다. 검색엔진이 등장하면서 풍요로운 정보의 세계에 누구나 접근할 수 있게 되었다.[8] 또한 인터넷은 정보의 생산 면에서도 대중화 바람을 불러일으켰다. 구텐베르크가 금속인쇄술을 발명하기 전에는 매우 적은 수의 사람들이 인쇄물을 생산할 수 있었다. 인쇄기가 발명된 이후에도 인쇄물을 생산하는 사람은 소수였다. 비용효율성이 높아지긴 했지만 그 비즈니스 모델을 감당할 수 있는 사람은 많지 않았다. 인터넷의 부상으로 대중은 콘텐츠 소비자에서 **콘텐츠 생산자와 분배자**가 되고 있다. 과거에 사람들은 일기를 쓸 수 있었지만 그 일기를 세계 여러 사람들과 공유하는 것은 불가능했다. 오늘날, 대부분 10대들은 온라인 도구를 사용해서 자신의 일상을 재미있는 방식으로 보여주는 데 익숙하다. 컴퓨터와 전송용량의 처리능력이 발전하면서 영상 생산 부분도 발전하고 있다. 화면을 찍고 편집해 수준 높은 단편 비디오를 만드는 작업은 가히 혁명적이라 할 정도로 쉬워졌다. 영상 생산의 대중화는 영화 제작사와 텔레비전 방송사의 비즈니스 모델에 큰 영향을 미치고 있다.[9]

접근성 제약요인의 발견　접근성 관련 제약요인을 발견하기 위해 2가지 질문을 던져보자.

[1] **현재 나와 있는 상품을 소비하고 싶지만 소비할 수 없는 경우가 있는가?** 원하는 소비와 가능한 소비 사이에 차이가 있다면 이는 비소비를 공략할 기회이다. 예를 들어 제너럴밀스General Mill's가 내놓은 고거트Go-Gurt(야외에서 먹을 수 있는 짜먹는 요구르트)의 최근 성장을 살펴보자.[10] 지금 사람들은 집에서 아침 식사를 하면서, 일하러 가는 차 속에서, 방과 후 축구 경기를 하면서 어디서든 요구르트를 먹을 수 있다. 그러나 10여 년 전만 해도 요구르트는 집에서만 먹는 것으로 생각했다. 요구르트는 변화가 없는, 별로 흥미롭지 않은 상품이었다. 제너럴밀스나 다농Danone같은 선도 기업이 계속해서 새롭

고, 더 맛있고, 다양한 제품을 내놓긴 했지만 변화는 미미했다.

그러다가 1999년, 제너럴밀스가 아이들을 대상으로 한 고거트를 내놓았다. 제너럴밀스는 상품의 특성을 바꾸는 대신 상품이 전달되는 방식을 바꿨다. 한 손으로도 먹을 수 있게 튜브에 요구르트를 넣었다. 아이들은 앉아서 숟가락으로 요구르트를 떠먹는 대신, 상표명이 제시하듯 밖에서 뛰어놀며 고거트를 짜먹었다.

고거트는 사실 쉽게 만들어진 제품이 아니었다. 제너럴밀스는 아이들이 입에 상처를 입지 않고 먹을 수 있도록 포장에 각별히 신경을 썼다. 쉽게 먹을 수 있으려면 우선 포장은 열기 쉬워야 했지만 그렇다고 너무 쉽게 열려서도 안 되었다. 가방 안에 넣고 갈 때 터지거나 새는 일이 없어야 했기 때문이다.

제너럴밀스의 노력은 많은 성과를 거두었다. 고거트는 첫해 1억 달러(약 1,100억 원) 이상 팔려나갔다. 이를 통해 요구르트 시장은 활기를 되찾았으며, 제너럴밀스가 다농을 제치고 시장의 선두로 올라섰다. '마시는 요구르트'(한국 시장과 달리 미국 시장에서는 액상 요구르트라는 제품 개념이 소비자의 머릿속에 존재하지 않았다_옮긴이 주)와 같은 또 다른 혁신상품을 통해 미국의 요구르트 판매는 1998년과 2003년 사이 60퍼센트나 늘었다.

2 **소비자들이 원하지만 쉽사리 접근할 수 없는 경우가 있는가?** 일반적으로 보면, 소위 롱테일long tail 비즈니스 모델('결과물의 80퍼센트는 조직의 20퍼센트에 의해 생산된다'라는 파레토법칙에 배치되는 것으로, 80퍼센트의 '사소한 다수'가 20퍼센트의 '핵심 소수'보다 뛰어난 가치를 창출한다는 이론이다. 즉 어떤 기업이나 상점이 판매하는 상품을 많이 팔리는

순서대로 가로축에 늘어놓고, 각각의 판매량을 세로축에 표시해 선으로 연결하면 많이 팔리는 상품들을 연결한 선은 급경사를 이루며 짧게 이어지지만 적게 팔리는 상품들을 연결한 선은 마치 공룡의 '긴 꼬리'처럼 낮고 길게 이어지는데, 이 꼬리 부분에 해당하는 상품들의 총 판매량이 많이 팔리는 인기 상품의 총 판매량을 압도한다는 것이다. 이는 인터넷이 발달함에 따라 전시비용 및 물류비용이 저렴해지는 등 유통구조가 혁신된 데다 소비자들이 검색을 통해 자신이 원하는 제품의 정보를 찾고 다른 소비자들과 의사소통을 함으로써 제품에 대한 다양한 정보를 공유할 수 있게 되면서 선택의 폭이 크게 확대된 데에 기인한다. 이러한 조건들이 결합되어 종전에는 비용대비 저효율로 소비자의 눈에 띌 기회조차 얻지 못했던 제품들이 전체적으로 인기상품을 압도하는 결과를 낳아 새로운 비즈니스 모델로 떠오르게 되었다. 크리스 앤더슨의《롱테일 경제학》참조_옮긴이 주)은 접근성과 관련한 장애요인을 제거할 수 있다.

오프라인 소매점이라는 물리적 제약요인을 제거하면서 아마존 Amazon, 애플의 아이튠스, 넷플릭스의 DVD 대여 사업은 무한할 정도로 다양한 책과 음악, 영화를 제공하고 그 대가로 수익을 얻을 수 있었다. 이런 비즈니스 모델이 만들어지기 전에는 소비자가 주류 시장에서 소외당한 틈새 상품에 접근하는 것은 매우 어려웠다.

시간 제약요인

마지막 제약요인은 시간이다. 상품이나 서비스를 사용할 능력이 있음에도 번거롭고 시간을 잡아먹는다는 이유로 소비하지 않는 경우가 이에 해당한다. 이러한 제약을 보여주는 2가지 좋은 예로는 수집품을 사고파는 경우와 신문을 읽는 경우다.

1990년대 초만 하더라도 작은 아이템 수집광들이 활발한 거래를 하는 일은 매우 드물었다. 옆집 창고에서 열린 중고판매장을 발이 닳도록 뒤지거나 다른 수집가들과 함께 각종 컨벤션, 쇼에 가더라도 같은 생각을 하는 수집가를 찾는 데는 시간이 오래 걸렸다. 그 결과 작은 수집물 거래는 매우 제한적으로 이루어졌다.

그러다 온라인 경매사이트인 이베이가 등장했다. 이베이는 비니 베이비스Beanie Babies 인형이나 페즈 디스펜서Pez dispenser 같은 상대적으로 작은 수집물을 거래하는 소비자 장터를 표방했다. 이는 이전까지 수집물을 사고팔 효율적인 방법을 찾지 못했던 소비자들을 매우 기쁘게 했다. 이베이는 시간이 흐를수록 값싼 수집품부터 고급 자동차까지 온갖 물품을 거래하는 유통의 강자로 부상했다. 이베이에서 물건을 사고파는 것을 직업으로 삼아 돈을 버는 이들도 무수히 생겨났다.

이와 유사한 사례로, 지난 몇십 년간 신문 구독률이 계속해서 떨어지고 있는 이유는 사람들이 바빠지면서 여유 있게 한두 시간씩 신문의 모든 지면을 꼼꼼히 훑어보기 어렵게 되어서였다. 많은 신문사는 이 문제에 대응하기 위해 섹션을 추가하는 조처를 하기도 했다. 하지만 이는 신문을 읽는 데 더 오랜 시간을 소비하게 하였을 뿐이다.

몇몇 기존 신문사와 신규 신문사는 시간에 허덕이는 소비자를 공략하기 위해 이와는 다른 접근방식을 택했다. 스웨덴의 뉴스 공급자인 메트로는 독자가 빠르게 소화할 수 있는 간단한 기사로 구성된 무료신문을 내놓았다. 이슈를 종합적·심층적으로 전하려 노력하는 대신 메트로는 그 반대방식을 택했다. 그날의 뉴스를 더 쉽고 간단하게 만들었다. 메트로는 출퇴근 망이 밀집된 여러 도시로 퍼져 나갔다. 전철역 주변 중심지역에만 신문을 배포하고 내용은 통신사가 제공하는 뉴스로 채움으로써 원가를 낮추었고, 따라서 무료로 배포되더라도 수익을 낼 수 있었다.

시간 제약요인의 발견　시간 관련 제약요인을 발견하는 데에는 2가지 분석 방법이 도움된다.

1. **그동안 소비를 해오다 중간에 중단한 '소비 중도 포기자'들을 평가하라** 신문을 다 읽기에는 시간이 부족하다는 이유만으로 구독을 중단한 이들이 많았을 것이다. 소비자들이 상품을 소비함으로써 얻는 이익보다 짜증을 더 크게 느낄 때마다, 이러한 소비자들의 문제를 해결해줄 잠재적 기회가 존재한다. 사람들이 삶에서 해결하려는 이슈 그 자체는 그다지 빠르게 변하지 않는다. 어떠한 변화가 이들을 소비하게 할 해결책일까, 어떠한 변화가 이러한 해결책을 제약하는 것일까에 대해 끊임없이 생각해야 한다.

2. **제품을 사용하는 데 필요한 시간의 트렌드를 분석하라** 기업은 지속적으로 상품을 개선해나가면서 상품의 속성을 추가하고 복잡하게 만드는 경향이 있다. 상품이 복잡해지면 소비자는 업그레이드를 위해 더 많은 시간을 투자해야 한다. 상품이 복잡해지면, 어떤 소비자는 상품의 최신 버전을 이용하는 데 너무 많은 시간이 걸린다고 생각할지 모른다.

비디오게임 산업은 이러한 경향을 보여주는 좋은 예다. 이에 대한 자세한 분석은 없지만 지난 수십 년간 새로운 비디오게임을 즐기기 위해 일반 이용자들이 투자해야 하는 시간은 급격히 늘었을 것이다. 전문 기술을 익힐 시간이 없는 일부 이용자들은 새로운 비디오게임 선택에 주저할 수밖에 없다. 그런데 닌텐도의 위와 같은 캐주얼 게임은 게임을 쉽게 이해하게 하는 데 초점을 맞춰 소비를 진작시켰다. 이 같은 변화를 감지하기 위해 기업은 정기적으로 소비자를 조사하고 관찰해야 한다.

이번 장에서 다룬 비소비의 4가지 유형은 종종 겹치기도 한다. 과거에는 경영교육을 받으려면 고가의 수업료를 내고 멀리 있는 오프라인 교육기관에 가야만 했고, 그곳에서 2년 이상 전문가들에게 수업을 받아야만 했다. 여기서 발견할 수 있는 제약요인을 살펴보자. 2년 동안 직장을 떠날 수 없는 사람이라면 시간 제약요인에 직면한 것이고, 수업료가 부담스러운 사람이라면 부의 제약요인에 직면한 것이다. 학교에 갈 수 없는 사람이라면 접근성과 제약요인에 직면한 것이고, 스스로 공부하

<표 2-1> 소비 제약요인의 요약

제약요인의 유형	설명	예	제약 요인 발견을 위한 분석 가이드
기술	문제 해결을 위한 전문지식. 소비자 스스로 할 수 없음	· 19세기 사진 기술 · 1970년대의 컴퓨팅	· 소비까지의 가치사슬 그리기 · 주요한 기술이 없어 시장에서 배척된 생산업자 찾아보기
부	현재 해결책은 비싸서 여유 있는 고객만 상대함	· 1970년대의 비행 서비스 · 구글 검색 광고 이전의 광고	· 소비 피라미드 작성 · 피라미드의 윗부분이 소비하고 있는 해결책이 비싸서 피라미드의 아랫부분은 문제를 해결하고 있지 못한지 평가하기
접근성	소비가 특정 상황에서만 가능. 해결책의 다양성이 제한됨	· 이동전화 이전의 전화서비스 · VOD 이전의 틈새 영화들	· 현재 제품을 소비할 수 없는 상황 분석하기 · 바람직한 해결책이 없는지 분석하기
시간	소비하는 데 시간이 오래 걸림	· 이베이 이전의 골동품 사고팔기 · 닌텐도 위 이전의 비디오게임	· 시간이 없어서 중도에 소비를 포기한 소비자가 없는지 분석하기 · 제품 사용을 위해 투자(예: 새로운 기능 사용 학습)가 요구되는 시간의 트렌드 분석

기를 원하는 사람이라면 기술 제약요인에 직면한 것이다. 물론 이러한 제약요인이 MBA 프로그램이 없는 나라 학생들이 느끼는 제약요인보다 심하지는 않을 것이다. 우리가 직장에 다니면서 받을 수 있는 교육on-the-job training, 즉 온라인 대학의 교육을 밝게 전망하는 이유는 이런 교육이 앞에 설명한 교육의 소비 제약요인들을 제거하고 다양한 사람들에게 교육의 기회를 제공할 것으로 예측하기 때문이다.

비소비 고객에게 다가가는 원칙 3가지

소비 제약요인을 제거하는 경우는 거의 혁신 기회를 제공받는다고 봐야 한다. 제약요인을 발견했을 때 우리는 구체적으로 무엇을 해야 할까? 이에 대한 해답은 뜻밖에 간단하다. 제약요인을 없애는 상품이나 서비스를 개발하는 것이다. 부와 관련한 제약이라면 지금보다 더 싼 제품을 만들고, 능력이나 기술과 관련한 제약이 있다면 이용하기 더 쉬운 제품을 만들면 된다. 접근성과 관련한 제약이라면 접근이 용이한 제품을 만들고, 시간과 관련한 제약이라면 더 빨리 문제를 해결해주는 제품을 만들면 된다.

만약 이미 시장에 참여하고 있다면, 비소비 고객에게 다가가기 위해서 현재 상품을 어떻게 변화시킬 수 있을지 생각해봐야 할 것이다. 그렇게 하기 어렵다면 간단하고 편리한 해결책을 생각해보라. 이것이 아무것도 하지 않는 것보다는 낫다.

비소비 고객을 확보할 방법을 찾는 기업은 다음의 3가지 원칙을 명심해야 한다.

원칙 1 복잡한 것을 단순하게 만들어라

비소비 고객을 끌어당기려면 상품을 '간단하거나, 편리하거나, 더 싸게' 만드는 혁신이 필요하다. 이상적인 해결책은 소비자가 '스스로 해결할 수 있게' 만드는 것이다.

1888년 조지 이스트먼George Eastman이 단순한 '브라우니' 박스 카메라를 출시하면서 사람들은 전문 사진사를 찾아갈 필요 없이 스스로 사진을 찍을 수 있게 되었다. 1세기 후 인튜이트가 퀵큰과 퀵북스 소프트웨어 프로그램을 내놓자 개인이나 소규모 기업이 손쉽게 자금을 관리할 수 있게 되었다. 의료업계의 많은 기업은 개인이 스스로 건강을 관리할 수 있도록 자가진단 제품들을 개발하고 있다.

비소비와 싸우는 것이 기술적으로 쉽다는 말은 절대 아니다. 사실 복잡한 것을 단순하게 하는 것이 기술자들에게는 가장 어려운 일이다. 비소비 고객을 상대로 사업한다는 것은 고객에게 단순하게 다가가야한다는 얘기다. 로드아일랜드 디자인학교의 학장 존 마에다John Maeda는《단순함의 법칙The Laws of Simplicity》에서 다음과 같이 조언한다. "단순함을 얻기 위한 가장 단순한 방법은 충분히 생각한 후 생각을 축소하는 것입니다." 그는 단순함과 복잡함이 서로 상쇄관계를 보이는 것은 당연한 일이라고 설명하면서 다음과 같이 강조한다. "헷갈릴 때는 그냥 제거하세요. 다만 무엇을 제거할지는 신중히 판단해야 합니다."[11]

원칙 2 주류의 걱정과 반대에 흔들리지 마라

〈월스트리트저널Wall Street Journal〉의 평론가인 월터 모스버그Walter Mossberg는 2005년 출시된 필립스의 가정용 심폐소생기 하트스타트에 대해 다음과 같이 평했다.

"가정용 심폐소생기는 디자인도 훌륭하고 사용하기도 편해 일반 이용자들이 큰 부담 없이 사용할 수 있을 것이다. 안내책자를 보거나 자동 음성안내를 따른다면 사용하는 데 아무런 문제도 없을 것이다. 조금 비싼 것이 흠이지만 심폐소생기로 구할 목숨의 가치에 비할 바겠는가."

시장은 대부분 그의 평론에 동의했다.[12] 2006년 초까지 아마존에 올라온 60여 개의 상품 평을 보면 5점 만점에 평점 4.5점을 받았다. 하지만 일부 사람들은 생각이 달랐다. 별 하나짜리 평을 보면 "나는 현재 응급구조원이며 전에는 병원관리자였다. (…) 나는 적절한 훈련도 없이 이런 제품을 사용하라고 부추기는 것은 무책임한 처사라고 본다." 또 어떤 이는 다음과 같이 적었다. "이 제품은 훈련을 받지 않은 사람이 사용하면 매우 위험할 수 있다."

이렇게 다른 의견이 나오는 이유는 무엇일까? 부정적인 평을 쓴 사람들은 대체로 '심장마비 환자에게 응급 처치하는 법'을 배운 노련한 전문가들이었다. 이들은 심폐소생기만 사용하는 것은 적절치 않으며, 심폐소생기를 사용하기 전에 심폐소생술을 해야만 하는 경우가 많다는 사실을 알고 있었다.

전문가들은 자신의 경험을 통한 지식에 근거해 이 상품을 평가했기 때문에 이 제품을 열등하다고 보았던 것이다. 이런 의견은 물론 타당하다. 모든 이가 올바른 치료법을 정확히 알고 있고, 신속하고 안전하게 치료받으려고 훈련받은 전문가를 찾아갈 수 있다면 참으로 이상적일 것이다. 그러나 그렇지 못한 상황이 더 많은 것이 현실이다. 만약 전문가가 도착하기 전에 이 하트스타트가 시간을 벌어주었다면 그것만으로도 이 기계는 제 몫을 다한 것이다.

아마존에 평을 올린 이들 간의 논쟁은 더욱 단순하고, 편리하고, 저렴한 상품을 출시하려는 기업들의 내부 회의에서 일어나는 논쟁과 비슷하다. 이러한 논쟁에서는 대부분 규모가 크고 이윤을 많이 내는 사업을 관장하는 사람들이 새로운 해결책을 옹호하는 사람들을 몰아낸다. 그 결과 파괴적 혁신 제품이나 서비스는 세상의 빛을 보지 못하는 경우가 많다.

여러분 회사 사람들이 파괴적 혁신 제품에 부정적인 반응을 보인다면, 그런 의문을 품는 이들에게 소니의 트랜지스터라디오가 1950년대에 어떻게 10대들을 매료시켰는지를 상기시켜주어라. 트랜지스터라디오의 음질은 거실에 놓여 있는 라디오와도 비교될 수 없는 수준이었다. 그러나 아무것도 없는 것보다는 있는 게 나은 법, 이는 당시 10대들의 사고와 행동을 지배하는 기준이었다.

어떤 회사는 주류의 비판을 피할 방법을 적극 모색했다. 2003년, 가정용 치아미백제품인 크레스트 화이트스트립스를 출시했을 때 P&G는 치과의사들이 이 상품을 비웃으리라고 예견하고 치과의사들에게 전문가 버전의 상품을 제공해 비판을 사전에 막기도 했다.

원칙 3 혁신하라, 그러나 강요하지 마라

비소비에 맞서는 기업은 현재 자사의 상품을 비소비자들에게 강요해서는 안 된다. 그들이 원하지 않는다는 것을 보여준 상품(비소비한 것)을 소비하라고 설득하는 것은 좋은 성장전략이 아님을 명심해야 한다. 대신 기업은 고객이 해결할 수 없는 문제를 짚어내고 소비를 방해하는 장애물을 제거해야 한다. 이러한 접근법에는 종종 현재 상품의 '라이트lite' 버전을 만드는 것이 포함될 수도 있지만, 이보다는 비소비자의 필요에 맞춰 아주 다른 제품을 만드는 것이 더 좋을 것이다.

더 생각해 보기

- 회사의 핵심 상품이나 핵심 서비스에 대해 동료와 얘기하라. 이러한 상품 또는 서비스와 관련해 어떠한 종류의 제약요인이 소비를 제한하는가?
- 식품점에서 구매한 물품을 살펴보라. 과거보다 더 많은 지역에서 소비할 수 있게 된 물품의 목록을 작성해보라.
- 작년에 의사를 찾아갔던 경우를 목록으로 만들어라. 의사의 전문적인 도움이 꼭 필요하지 않았던 경우는 어떤 때였는지 생각해보라.

실무 조언

- 여러분은 고객을 우선으로 하는 관점을 택해야 한다. 여러분이 진정으로 비소비자 관점에서 문제를 바라본다면 이미 문제에 대한 해결책이 존재했음을 발견하거나 크게 생각했던 문제가 그다지 중요하지 않음을 알게 될 것이다.
- B2B 상황의 경우, 어떤 소비가 집중되어 있는지를 찾아보라. 혹은 주고객이 오직 크고 자원이 풍부한 사업 고객뿐일 경우를 살펴보라.
- 비소비 상황과 지역을 잊지 마라. 비소비 상황과 지역도 비소비 고객 집단만큼 성장을 이끌어낼 잠재력을 보유하고 있을 수 있다.

과잉충족 소비자에게서 사업기회 찾기

파괴적 혁신 이론의 개념 중에는 '과잉충족overshot'이 중요한 위치를 차지한다. 과잉충족이란 특정 그룹의 소비자에게 지나치게 많은 기능을 제공한다는 의미다. 파괴적 혁신이 전제하고 있는 사실을 다시 한 번 생각해보자. 파괴적 혁신의 주요한 주장 중 하나는 기업이 존속적 혁신 상품 즉, 업그레이드된 상품을 출시할 때 사람들이 이 상품을 수용하는 속도보다 기업의 존속적 혁신 속도가 훨씬 빠르다는 것이다. 과거에는 그저 그런 상품이나 서비스를 제공했던 기업도 부단한 혁신 노력을 통해 상품이나 서비스를 완벽한 수준으로 끌어올릴 수 있다. 하지만 이런 혁신은 어떤 고객 집단에는 필요치 않은 과한 혁신일 수 있다.

과잉충족 개념에는 중요한 전략적 시사점이 있다. 첫째, 기업은 이전에는 중요하게 여기지 않았던 측면(편리함이나 고객맞춤화 같은 측면)을 강조함으로써 기존의 경쟁 규칙을 바꿀 수 있다. 둘째, 이전까지 거대 기업과 경쟁을 할 수 없었던 소규모 기업도 성장의 기회를 창출할 수 있다. 나아가 파괴적 혁신을 통해 새로운 시장에 진입하는 기업은 저가전략의 새로운 비즈니스 모델로 성장을 도모할 수 있다.

한편, 기존의 사업자는 과잉충족 신호가 발견될 경우, 혁신을 추진하는 데 사용할 자원을 어떻게 배분해야 할지를 신중히 고민해야 한다. 과거의 투자 방식을 고수하면 돌아오는 성과에 실망할 수밖에 없다. 어느 순간부터는 필요 이상으로 성능이 향상되어가는 제품을 구매하지 않는 고객들이 늘어날 것이기 때문이다.

이번 장에서는 먼저 과잉충족의 개념에 대해 알아보고, 과잉충족 신호를 발견하는 데 도움을 주는 분석방법에 대해 살펴볼 것이다. 그리고 끝으로 과잉충족이 일어날 때 기존 사업자와 신규 사업자가 택할 수 있는 전략적 선택을 논의할 것이다.

무엇이 과잉충족이고 무엇이 아닌가

먼저 《미래 기업의 조건》에서 정의했던 과잉충족 고객에 대해 살펴보자. 과잉충족 고객이란 '현재의 상품이나 서비스를 더는 부족함이 없다고 느낄 정도로, 이미 지나치게 좋게 인식하는 특정 고객'을 의미한다.[1] 개념 그 자체는 꽤 간단해 보이지 않는가! 상품이나 서비스가 고객이 필요로 하지 않는, 그래서 가치를 부여하지 않는 성능을 제공할 때 바로 과잉충족이 일어난다. 만약 여러분이 한 출판사와 소설을 내기로 계약했는데 편집자가 여러분에게 다음과 같은 제안을 했다고 상상해보자.

"선금 대신, 선금의 두 배에 해당하는 금액으로 수백만 달러의 크레이Cray 슈퍼컴퓨터를 사 드리겠습니다."

　슈퍼컴퓨터에 관심을 둘 작가가 과연 얼마나 될까? 슈퍼컴퓨터가 놀라운 기능을 가진 것은 맞지만, 간단한 워드 작업 정도만 할 사람에게는 무용지물이다. 이 경우 슈퍼컴퓨터는 작가가 필요로 하는 작업을 과잉충족시키는 것이다.[2]

　그러나 과잉충족이라는 개념 자체는 고객이 더 개선된 상품이나 서비스를 거부한다고 주장하는 것이 절대 아니다. 슈퍼컴퓨터가 골치 아픈 문제를 해결해주는 프로그래머의 서비스와 함께 공짜로 제공된다면 여러분 또한 이를 마다하지 않을 것이다. 즉, 일반적으로 고객은 개선된 상품을 받아들인다. 그러나 여기서 중요한 것은 이 같은 성능 개선 제품에 고객이 추가로 요금을 낼 의향이 있느냐 하는 점이다. 과잉충족은 추가적인 성능 개선이 고객에게 더는 의미 있는 이득이나 혜택을 제공하지 못해 고객이 지갑을 열지 않는 경우 발생한다. 경제학적으로 이야기하자면, 고객이 향상된 성능에 대해 더는 한계효용을 얻지 못하는 경우를 의미한다. 과잉충족이 더 나쁜 결과를 가져오는 경우는, 기업이 상품을 추가로 개선해나가는 과정에서 더욱 많은 자금과 노력을 투자할 때이다.[3] 요구되는 투자의 규모는 더 늘어가는데 시장에서 얻는 이득은 줄어든다면 혁신자의 딜레마는 깊어갈 수밖에 없다.

　이제부터는 우리의 경험 사례를 통해 과잉충족된 고객 집단과 이들이 과잉충족을 느끼는 성능에 대해 명확히 정의해볼 것이다. 이는 과잉충족을 발견하기 위한 필수적인 과정이다.

먼저 고객집단의 특성을 파악하라

　제일 먼저 우리가 명심할 점은 모든 시장은 최고의 제품에도 만족하지 못하는 까다로운 고객부터 최소한의 품질에 만족하는 매우 낮은 요구수준을 가진 고객까지 다양한 고객층이 존재한다는 점이다.

얼마나 다양한 고객들이 어떻게 휴대전화를 사용하는지 생각해보자. 새로운 모델이 나올 때마다 휴대전화를 바꾸는 사람은 휴대전화로 전화도 하고, 이메일도 보내고, 웹서핑도 하고, 문자도 보내고, 파일도 편집하고, 음악도 듣고, 사진과 동영상을 찍어 친구들에게 보내기도 한다. 이들이 선호하는 휴대전화는 거의 모든 기능을 갖췄지만 그럼에도 몇몇 제약을 가질 수밖에 없다. 예를 들어 기능을 많이 사용하면 할수록 배터리가 빨리 나간다. 혹은 때때로 휴대전화가 먹통이 되기도 한다. 그리고 이러한 기능을 제대로 사용하려면 손재주도 좋아야 한다. 오늘날의 휴대전화 사용자들은 높은 수준의 각종 기능을 이용할 수 있지만 대신 간편함과 사용의 편리함은 포기해야 한다. 물론 예외적으로 애플의 아이폰iPhone이나 다른 몇몇 기기들은 양립하기 어려운 휴대전화의 두 측면(높은 수준의 기능성과 사용의 편리성·간편성)의 상쇄관계를 해결하고자 노력하고 있다.

반면 이처럼 성능이 향상된 휴대전화로 무엇을 해야 할지 모르는 사용자들도 많다. 이들은 휴대전화를 단지 전화를 걸고 가끔 문자를 보내는 정도로만 사용할 뿐이다. 따라서 성능이 개선된 휴대전화의 복잡한 기능을 달갑게 여기지 않는다.

이제 전화통화만 하려고 휴대전화를 사용하는 중년 이상의 고객들, 즉 단순한 기능의 제품을 원하는 이들을 생각해보자. 큰 자판, 누르기 쉬운 버튼, 매우 간단한 메뉴는 이들의 필요를 만족시킨다. 여러분은 이 중 어느 집단에 해당하는가?

시장이 과잉충족되고 있는지를 판단할 때는, 먼저 과잉충족되고 있는 시장의 경계선을 명확히 정의해야 한다. 앞서 이야기한 슈퍼컴퓨터의 예로 다시 돌아가서 만약 작가가 아닌 생화학자가 슈퍼컴퓨터의 수혜자였다면 어땠을지 생각해보자. 수십억 개의 분자 결합 가능성을 평가하는 생화학자라면 슈퍼컴퓨터 제공 제안에 반색하지 않았을까?

성능의 '적합한' 수준이 어디인지 파악하라

만약 완벽한 세계가 존재한다면, 기업은 모든 기능을 갖춘 적절한 가격의 상품을 만들어낼 것이다. 그러나 현실 세계에서 이를 실현한다는 것은 거의 불가능하다. 기업은 상품의 어떤 측면을 증진하고 어떤 측면은 무시해야 할지를 정해야만 한다.

즉 모든 측면에서 고객이 만족하는 상품이나 서비스를 발견하기는 어렵다. 따라서 상품과 서비스의 어떤 측면이 지나치게 좋은지, 어떤 측면이 부족한지를 알아내는 것은 기업에 매우 중요한 과제이다.

휴대전화시장에서의 또 다른 예를 생각해보자. 버라이즌Verizon이 2004년에 실시한 "지금 내 목소리가 들리나요?"라는 광고 캠페인은 미국의 휴대전화 사용자들이 통화품질에서는 아직 만족하지 못함을 시사한다. 사실 그 당시만 해도 대부분의 미국인은 휴대전화 사용 도중 통화가 끊어지거나 심한 잡음으로 목소리가 들리지 않는 문제 때문에 분통을 터뜨렸다. 그 당시 휴대전화 서비스의 통화품질은 성능 측면에서 부족한 수준이었던 거다.

수업시간 중에 크리스텐슨 교수와 학생이 벌였던 토론은 상품과 서비스는 고객에 따라 부족하거나 과잉충족되어 제공됨을 더욱 잘 보여준다. 크리스텐슨 교수는 직장 내 기업교육on-the-job corporate training을 하버드 경영대학원에 대한 파괴적 혁신 위협으로 설명했다. 직장 내 기업

교육이 하버드의 교육만큼 수준이 높지 않을 수 있지만 훨씬 편리하고 고객맞춤화되어 있음을 지적했다. 그러자 한 학생이 다음과 같이 반문했다. "전 어째서 직장 내 기업교육이 하버드의 경영교육에 파괴적 위협이 될 수 있는지 모르겠습니다. 파괴는 기업이 특정 고객 집단의 필요를 과잉충족시켰을 때 발생할 가능성이 크다고 배웠습니다. 외람되지만, 전 선생님의 가르침에 아직은 과잉충족되지 않았습니다. 선생님의 강의는 들으면 들을수록 배울 것이 더 많다는 생각이 들거든요."

크리스텐슨 교수가 강의에 기울이는 노력을 생각하면, 강의 품질면에서 과잉충족이 일어나기란 거의 불가능할지도 모르겠다. 그러나 교육 프로그램의 강도, 기간, 범위 측면에서 생각해보면 하버드 경영대학원의 교육이 특정 집단의 사람들에게는 과잉충족으로 느껴졌을 가능성이 매우 크다. 2년 동안 직장을 떠나 회계의 기초부터 전략적 사고, 운영관리 등을 모두 배워야 한다는 하버드 경영대학원의 방침은 특정 주제만 빨리 배우기를 바라는 학생들의 실질적인 요구를 훨씬 뛰어넘는 과잉충족 상태라 할 수 있다(지역 유선전화 회사의 매출 구호 참조).

이론 다시보기

지역 유선전화 회사의 매출 구호

여러분이 동료에게 이 사례에 등장하는 지역 유선전화 회사의 신상품을 팔려고 한다면 과잉충족의 개념과 의미를 확실히 이해할 수 있을 것이다.

대다수 선진국의 유선전화서비스는 매우 훌륭한 편이다. 1990년대에 스프린트Sprint사는 자사의 전화를 이용하면 핀이 떨어지는 소리까지 들린다고 광고했다. 치열한 경쟁은 통화품질을 향상시켰고 그 덕분에 오늘날 전화의 통화 음질은 꽤 좋다. 소위 '파이브 나인스five 9s'라는 용어는 99.999퍼센트의 통신 네트워크 신뢰성을 의미한다. 즉 유선전화서비스는, 1년 중 전화기가 제대로 작동하지 않는 시간이 평균 5분밖에 안 된다는 것이다. 심지어 갑자기 정전이 되더라도 '라인 파워링line powering'이라는 기능은 순간적으로 전화 작동에 필요한 전력을 공급한다.

이러한 상황에서 한 지역 유선전화 회사가 다음과 같은 광고를 냈다고 상상해보자. "고객 여러분을 위해 우리 회사가 매우 가치 있는 상품을 준비했습니다. 옛날에 핀이 떨어지는 소리까지 들을 수 있다고 했던 광고를 기억하시나요? 이제는 핀이 떨어지며 내는 바람 소리까지 들을 수 있습니다. 1999년에는 파이브 나인이었습니다. 그러나 이제 우리 회사는 식스 나인을 선보입니다. 1년 중 전화기가 제대로 작동하지 않는 시간은 30초도 안 될 겁니다. 어떠한 상황에서도 전화작동에 문제가 없도록 전력 공급의 안정성도 보장합니다. 이 모든 서비스를 누리는데 한 달에 몇 달러만 더 투자하시면 됩니다."

이제 동료에게 이같이 개선된 상품을 사용하기 위해 추가로 몇 달러를 낼 의향이 있는지 물어보라. 아마 대부분은 그 제안을 거절할 것이다. 현재의 전화서비스도 성능과 신뢰성 차원에서 이미 고객의 필요를 과잉충족하고 있다. '코드가 없는' 그러나 상대적으로 통화품질에 대한 신뢰성이 떨어지는 휴대전화나 스카이프, 보니지Vonage 같은 인터넷 전화로 돌아서는 고객이 늘어나고 있는 것은 기존 전화회사의 서비스가 고객의 요구를 과잉충족하고 있음을 보여주는 명확한 신호이다.

과잉충족을 발견하는 방법

기업이 자사의 상품과 서비스가 과잉충족의 영역에 들어섰는지를 정확히 판단하기는 그리 쉽지 않다. 왜 그럴까? 첫 번째 이유는 과잉충족이 전체 고객이 아니라 특정 고객층에서 시작되기 때문이다. 서로 상충하는 증거들(만족하는 고객과 더 많은 요구사항을 표출하는 고객, 과잉충족을 이야기하는 고객이 동시에 존재)이 나타남에 따라 과잉충족 상태나 시점을 발견하기가 어렵다. 또 다른 이유는 시장 반응을 알아내기 위해 수집한 데이터와 증거들이 이미 일어난 과거의 일만 반영한다는 것이다. 한 예로, 몇 년 만에 구매가 일어나는 긴 구매 사이클을 가진 산업의 경우, 시장점유율에 관한 보고서는 이미 수년 전의 결과이다. 이런 보고서는 미래의 시장점유율을 결정하게 될, 현재 행해지는 의사결정과 선택의 효과에 대해서는 제대로 알려주는 바가 없다.

일반적으로 과잉충족의 신호는 혼합되어 나타나기 때문에 과잉충족을 정확히 해석하기 위해서는 경영진의 판단력과 직감이 중요하다. 따라서 과잉충족을 제대로 발견하고 싶은 혁신가라면, 결론을 내기 전에 여러 조각의 증거를 통합적으로 분석하는 법의학자의 자세를 취해야 한다. 그러려면 성능이 개선된 상품을 사지 않으려는 고객이 증가하고 있음을 알려주는 신호를 잘 살펴야한다.

이런 신호를 발견하는 3가지 접근도구가 있다. 이제부터 이 방법들을 자세히 살펴보자.

1. 고객과의 직접적인 상호작용
2. 마진, 가격, 점유율 분석
3. 신제품 출시 분석

고객과의 직접적인 상호작용

고객의 직접적인 피드백은 과잉충족의 신호를 즉각적으로 알 수 있는 방법이다. 예를 들어 고객을 만나고 온 영업사원이 다음과 같은 이야기를 한다면, 이는 고객이 과잉충족 상태에 있는 것으로 해석할 수 있다. "내 고객은 오로지 가격에만 신경 써. 나는 계속 더 좋은 상품을 제시했는데 여기에는 신경도 쓰지 않는 것 같아. 계속 '더 싸게 해주실 순 없나요?'라고만 말한다니까."

이노사이트가 조언했던 한 회사는 영업사원을 대상으로 과잉충족에 관한 교육 및 훈련을 시행했다. 교육과 훈련을 통해 영업사원이 과잉충족의 신호를 감지했을 때 이 사실을 즉각 담당 상품 관리자에게 알리도록 했다. 대부분 영업사원들은 고객과 상호작용하는 최전방 요원이다. 영업사원이 무엇을 주시해서 봐야 할지를 알고 있다면, 과잉충족의 신호를 매우 일찍 발견할 수 있다.

또한 시장조사는 어떠한 고객층에서 과잉충족이 일어났는지를 알아내는 데 큰 도움이 된다. 예를 들어 한 의료기기 회사는 과잉충족된 부분과 아직 부족한 부분을 발견하기 위해 정량조사를 시행했다. 일련의 상품에 대해 소비자의 수용 여부를 물음으로써 소비자가 비싼 가격에도 특정 측면이 개선된 상품을 살 것인지를 알아보았다. 높은 가격을 지불하면서까지 개선된 상품을 살 의향이 없다면 고객은 이미 과잉충족된 것이다.

"고객님께서는 저희 상품에 과잉충족되셨습니까?"와 같은 질문에 그렇다고 대답할 사람은 아무도 없을 것이다. 그럼에도 소비자들이 돈을 더 주고 성능이 개선된 제품을 살 것인지는 반드시 알아내야하는 부분이다. 고객이 관심을 보이는지, 전혀 관심을 보이지 않는지 잘 지켜볼 필요가 있다. 고객의 무관심은 과잉충족이 일어났음을 알리는 강력한 신호이다. 얘기하지 않아도 소비자의 행동을 보면 과잉충족되었는지 그렇지 않은지 알 수 있다. 충성도가 떨어지거나 구매과정이 길어지는 현상은 소비자의 과잉충족 때문에 일어난다고 할 수 있다.

마진, 가격, 점유율 분석

과잉충족을 발견하는 또 다른 방법으로는 마진, 가격, 점유율에 대한 분석이 있다. 일반적으로 특정 고객층에서의 고객당 마진과 가격이 내려가는 경향이 나타난다거나, 또는 저가 제품 사업자들이 고가 제품 사업자들의 시장을 빼앗아 간다면 이 또한 과잉충족이 발생하고 있는 것으로 해석할 수 있다.

이러한 경향을 알아내기 위한 분석 작업이 간단하다고 생각할 수도 있지만, 사실 여기에는 매우 미묘하고 복잡한 부분이 있다. 인텔의 예를 살펴보자. 인텔은 1990년대에 자사의 마이크로프로세서가 지불 의향이 1,000달러에도 못 미치는, 저가시장의 수요층을 과잉충족시키고 있음을 발견했다. 인텔이 저가제품을 생산하고 있던 AMD나 사이릭스 같은 경쟁자에게 지고 있다는 한 가지 명백한 신호가 있었다. 저가시장에서의 점유율이 90퍼센트에서 30퍼센트로 주저앉았던 것이다. 인텔이 전체적인 총 마진만 살펴보았다면 과잉충족 신호를 놓쳤을 것이다. 실제로 인텔은 저가시장에서만 점유율을 잃고 있었고 전체적인 평균 마진은 증가하고 있었다.

그러나 총 마진의 증가는 종종 과잉충족을 알려주는 신호가 되기도 한다. 특히 매출이 그대로 이거나 줄어들고 있을 때 이런 경우가 많이 발생한다. 총 마진이 증가하는 경우는 회사의 최저 가격, 그리고 최저 마진의 소비자가 떨어질 때이고 이때 회사의 **평균** 마진이 늘어난다. 총 마진이 증가하는 걸 보면 기분이 좋을지도 모르지만 이때는 인텔의 CEO인 앤디 그로브의 말을 떠올릴 필요가 있다. "오늘 저가 소비자층을 잃는다면 내일은 고가 소비자층을 잃을 것이다."[4]

과잉충족 신호를 발견하는 가장 쉬운 방법은 특정 시장을 집중적으로 분석하는 것이다. 기업마다 사정은 다르겠지만, 가장 낮은 요구수준을 가진 시장층을 분석하는 게 어렵게 느껴지지 않는 기업들이 있을 것이다. 반면 다양한 상황에 맞게 다양한 상품을 판매하는 기업은 하나의 특정 시장만 집중적으로 분석하는 작업이 그리 쉽지 않을 수 있다.

예를 들어 살펴보기로 하자. 한 화학회사는 자사 상품을 다양한 용도로 사용하는 1만 명의 다양한 고객이 있었다. 이 회사는 상품라인과 사용 용도별로 세세하게 나누어 3년 동안의 매출을 분석했다. 세분시장별로 지불가격과 마진의 트렌드를 분석한 것이다. 상세 분석 결과 가격과 마진이 떨어지는 경향을 보이는 12개의 세분시장을 발견할 수 있었다.

이 회사는 여기서 멈추지 않고 더 나아갔다. 가격과 마진이 감소하는 이유를 찾으려고 상품개발자, 영업사원, 고객을 대상으로 인터뷰를 진행했다. 그리고 절반가량의 세분시장에서 가격하락 현상에 '그럴 만한' 이유가 있었음을 발견했다. 어떤 경우에는 지나치게 많은 재고를 최저가격으로 방출했기 때문에 가격과 마진이 내려갔다. 또 다른 경우에는 한 경쟁자가 시장석권을 제1전략으로 삼아 저가전략으로 밀어붙였기 때문에 가격과 마진이 떨어졌다. 경제학에서 오랫동안 이어져 내려온 이야기가 예견하듯, 경쟁 심화 때문에 가격과 마진이 내려가고 있었던 것이다. 이러한 메커니즘을 이해하는 것은 물론 중요하다. 하지만 재고방출과 경쟁심화가 시사하는 바와 과잉충족이 시사하는 바는 다르다는 사실을 명심해야 한다.

이 화학회사는 이같은 집중 분석을 통해 수백 개의 세분시장 중 과잉 충족 신호가 확실하게 나타난 5~6개의 세분시장을 추려낼 수 있었다. 그리고 이러한 발견 덕분에 회사는 자원을 효과적으로 재배분할 수 있었다. 이미 과잉충족된 성능의 개선을 모색하고 있던 연구 개발자들을 잠재성과 혁신투자성과가 높은 영역으로 재배치할 수 있었다.

한편, 가격과 마진 데이터가 잘못 해석될 수도 있음에 주의를 기울여야 한다. 한 소비재 회사는 자사의 핵심 제품이 몇몇 시장계층을 과잉충족시키고 있다는 느낌을 받았다. 그럼에도 지난 몇 년에 비해 상품의 총판매와 마진은 안정적이었고 어떤 경우에는 높아지기까지 했다. 다양한 각도에서 데이터를 분류해 살펴보아도 각 시장층에서의 가격과 마진은 양호해 보였다. 총 점유율은 다소 떨어졌지만, 회사에 타격을 입힐 정도는 아니었다.

그렇다면 상대적으로 양호해 보이는, 그래서 모호한 가격과 마진 데이터를 가지고 이 회사는 과연 어떻게 과잉충족의 징후를 확인했을까? 데이터를 더욱 자세히 들여다본 이 회사의 프로젝트 팀은 회사가 저가시장에서 밀리고 있다는 사실을 발견했다. 약 10년 전부터 이 시장에서는 자체상표Private-label 제품이 출시되고 있었다. 자체상표 제조업자들은 이 회사의 마진과 가격에 별 영향을 끼치지 못했으며, 전체시장에서 차지하는 점유율도 10퍼센트에 못 미쳤다. 그러나 현재 저가시장에서 자체상표 제조업자들의 점유율은 50퍼센트나 되며 중가시장에서도 차차 점유율을 높여나가고 있었다.

시장점유율의 변화를 분석할 때는, 여러분 회사가 시장에서 중요하게 생각하는 성능면에서 한참 뒤떨어지는 상품을 내놓는 회사에 밀리고 있는건 아닌지를 매우 주의 깊게 살펴봐야 한다. AMD나 사이릭스의 저가 마이크로프로세스를 '적합하다'고 평하는 고객이 늘어나는 것은 과잉충족이 발생하고 있다는 증거다. 또한 고객이 브랜드 상품보다 자체상표 상품을 선호한다면 성능이 좋은 상품에 더 많은 돈을 지불할 의향이 없다는 얘기다.

대체곡선 분석 소비재 생산회사가 자사의 상품 범주 안에서 자체상표 제품이 출현할 것이라는 사실을 일찍 알아챌 수 있었을까? 기업은 많은 산업에서 대수롭지 않게 보이던 새로운 해결책이나 제품이 갑자기 폭발적으로 성장해 주류시장을 형성하는 것을 보고 경악하기도 한다. 따라서 큰 의미가 있는 새로운 진보나 발전 상황들을 일찍 발견하는 것은 매우 중요하다.

새로 떠오르는 해결책(제품)을 주류가 되기 이전에 감지할 수 있는 유용한 기법의 하나로 '대체곡선'[5]이라는 분석기법이 있다. 〈그림 3-1〉은 미국의 유·무선 전화 사용시간에 대한 대체곡선을 보여준다. Y축은 유선전화의 시장점유율 대비 무선전화가 차지하는 상대적 시장점유율을 로그화한 측정치이다.[6] 1.0은 무선전화의 상대적 시장점유율이 50퍼센트라는 뜻이다. 0.1은 무선전화가 9퍼센트 정도의 상대적 시장점유율을 차지하고 있음을 의미한다. X축은 1년 단위의 산술적 시간을 나타낸다. 이 기법을 사용하면, 시장점유율이 미미해 대수롭지 않게 보일 때에도 떠오르고 있는 해결책(제품)의 미래 시사점을 알아낼 수 있다(〈도구 3-1〉 대체곡선 분석 참조). 또한 이 기법은 크게 만개할 해결책(제품)과 그냥 작은 존재로 남을 해결책(제품)을 구분하는 데에도 도움을 준다. 그리고 다음과 같은 오만한 주장을 물리쳐주기도 한다. "우린 이 친구들에 대해 걱정할 필요 없어. 시장점유율을 보라고. 문제가 되기에는 너무 작잖아."

〈그림 3-1〉 유선 대 무선전화 대체곡선

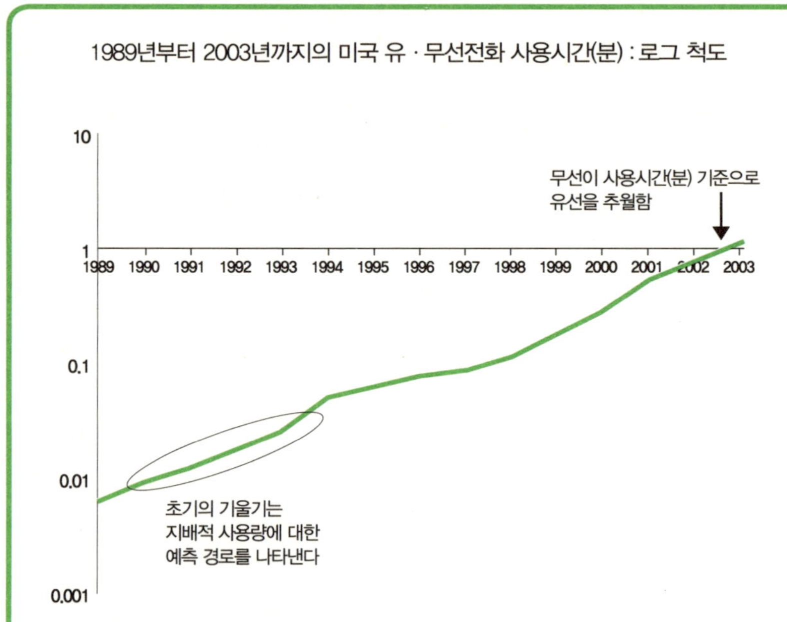

연도	무선 사용시간(분) (단위: 10억)	유선 사용시간(분) (단위: 10억)	유선 대비 무선 점유율
1989	2	321	0.006
1990	3	342	0.010
1991	5	405	0.013
1997	63	648	0.097
2003	830	613	1.354

자료원: 연방 커뮤니케이션 위원회Federal Communications Commission ; CTIA ; 이노사이트 분석

〈도구 3-1〉 대체곡선 분석

설명

A와 B열을 최소한 5기(일반적으로 1년 단위)에 걸쳐 완성하라. C에서 E열을 계산해 완성하라. E열의 숫자로 아래 도표에 점을 찍어라. 점들을 수직선으로 연결하라.

그 직선이 0.01에 해당하는 수평선을 만나면 새로운 기술의 시장점유율이 대략 1퍼센트임을 의미한다. 그 직선이 0.1 수평선을 만나면 새로운 기술의 시장점유율이 약 9퍼센트이다. 그 직선이 1 수평선을 만나면 새로운 기술의 시장점유율이 약 50퍼센트이다. 만약 엑셀이나 파워포인트를 이용해 그래프를 만든다면, 반드시 로그 척도를 사용해야 한다.

기간	A 새로운 기술의 매출(량)	B 기존 기술의 매출(량)	C 새로운 기술 점유율 [A/(A+B)]	D 기존 기술 점유율 [B/(A+B)]	E 기존 기술 대비 새로운 기술 점유율 [C/D]
1					
2					
3					
4					
5					

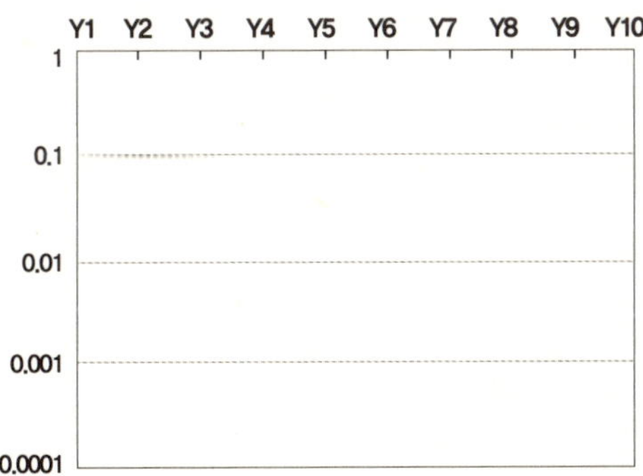

예: 미국 시장에서의 하이브리드 자동차

기간	A 하이브리드 자동차 판매대수 (단위: 1,000만)	B 하이브리드가 아 닌 신규 자동차 판매대수* (단위: 1,000만)	C 새로운 기술 점유율 [A/(A+B)]	D 기존 기술 점유율 [B/(A+B)]	E 기존 기술 대비 새로운 기술 점유율 [C/D]
2001	0.02	8.40	0.2%	99.8%	0.0024
2002	0.04	8.06	0.5%	99.5%	0.0050
2003	0.05	7.56	0.7%	99.3%	0.0066
2004	0.09	7.42	1.2%	98.8%	0.0121
2005	0.22	7.45	2.9%	97.1%	0.0295
2006	0.25	7.53	3.2%	96.8%	0.0332

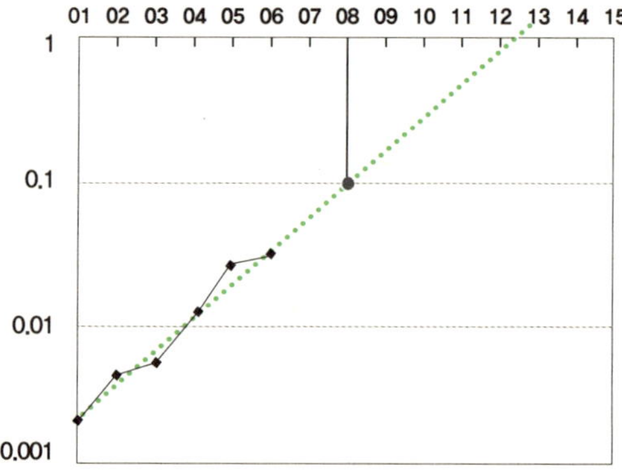

* 경차 제외
자료원: 미국 자동차 딜러 협회; Hybridcars.com

신제품 출시 분석

과잉충족을 발견하는 마지막 방법은 신제품 출시 분석이다. 특히 제품에 대한 리뷰와 출시 후의 추이를 분석해야 한다.

몇몇 산업에서는 신제품이 출시되면 의미심장한 관심과 리뷰를 받는다. 전문가와 사용자 커뮤니티의 리뷰를 분석하면 과잉충족 신호를 발견할 수 있다. 리뷰 작성자들이 공통으로 신제품의 새로운 특성에 대해 하품이나 하듯이 평가한다면 이는 회사가 시장의 필요를 과잉충족시키고 있다고 해석해야 할 것이다. 2007년, 마이크로소프트사가 운영시스템의 최신 버전인 비스타Vista를 출시했을 때를 살펴보자. 논평가들은 개발자가 수년간 공들였을 많은 새로운 특성들에 거부감을 보였다. 이러한 평가는 마이크로소프트가 적어도 일부 시장을 과잉충족시키고 있다는 신호였다. 성장하고 있는 블로그 세계는 과잉충족 신호를 발견할 수 있는 (마치 사건을 수사하는 법의학 분석가가 활용할 수 있는 새로운 분석 기구 같은) 새롭고 강력한 도구다. 신제품에 대한 시장의 반응을 알아보려면 블로그에 올라있는 해당 제품 리뷰를 꼭 읽어봐야 할 것이다.

또 다른 분석 영역은 신제품 출시 후의 추이가 어떤지 살펴보는 것이다. 기업은 자사의 신제품이 크고 지속적인 성공으로 이어져 높은 가격 프리미엄을 얻을 수 있기를, 미래의 지속적인 성장의 기틀이 되기를 희망한다. 그러나 과잉충족이 발생하면 신제품은 과거와는 달리 시장에 큰 영향을 미치지 못하게 된다. 판매가 약간 증가할 수는 있겠지만 이러한 현상은 길게 지속되지 못할 뿐 아니라 과거의 성공사례와는 달리 높은 가격프리미엄을 유지하는 것도 불가능해진다.

앞서 예로 들었던 한 화학회사는 이 문제를 체계적으로 살폈다. 그 결과 몇몇 세분시장군에서는 신제품에 책정했던 높은 가격이 유지되지 못하고 하향 추세에 있으며 경우에 따라서는 대폭 할인된 가격으로 팔리고 있었다. 이러한 현상은 과잉충족이 일어났음을 보여주는 명확한 신호이다. 이와 유사한 사례로, 한 소비재 회사는 지난 수십 년간 출시되었던 신제품의 출시 후 판매 상황을 자세히 분석했다. 1980년대와 1990년대 출시된 제품들은 출시 후 5년 동안 안정적인 판매실적을 보였다. 그러나 1990년대 후반과 2000년대 초반에 출시된 신제품들은 시장에서 큰 영향력을 발휘하지 못하고 짧은 기간 판매가 증가하다 곧 매출이 급격히 줄어드는 경향을 보였다. 이에 대응하기 위해 회사는 더욱 많은 신제품을 출시했다. 이러한 대응은 회사의 재무성과 목표를 달성하기 위해 취한 조처였다. 그럼에도 이런 대응은 본질적으로 고객은 그다지 신경 쓰지 않는 제품들을 시장에 쏟아붓는 행위에 지나지 않았다.

〈그림 3-2〉는 신제품 출시 분석의 몇 가지 예를 보여준다. 이와 비슷한 분석 작업을 행함으로써 회사의 제품이나 서비스가 어떤 세분시장군을 과잉충족시키고 있는지 알아낼 수 있을 것이다. 마지막으로 사례 하나를 살펴보자.

인슐린 사례

더 순도 높은 인슐린을 만들기 위해 노력했던 일리 릴리Eli Lilly의 실패 사례는 과잉충족의 파괴력을 보여준다.[7] 많은 당뇨환자는 적절한 혈당 수치를 유지하려고 매일 인슐린을 사용한다. 역사상 인슐린은 소와 돼지의 췌장을 빻아 만들었다. 인슐린 제조업체들은 20세기

<h2 align="center">〈그림 3-2〉 과잉충족 분석</h2>

징후 1: 가장 요구수준이 낮은 시장Low-end에서의 낮은 점유율

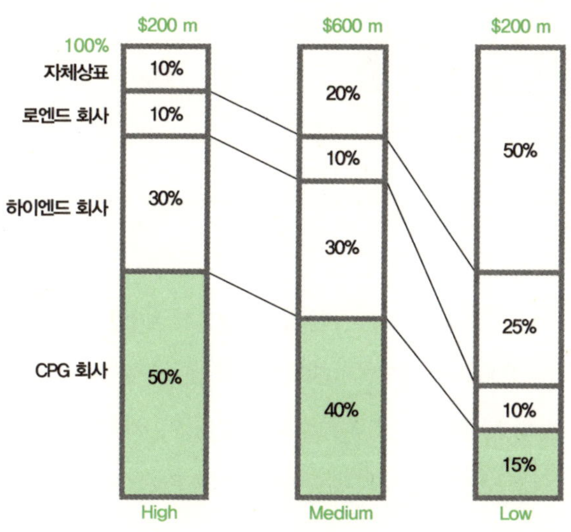

징후 2: 출시된 신제품의 마진 감소

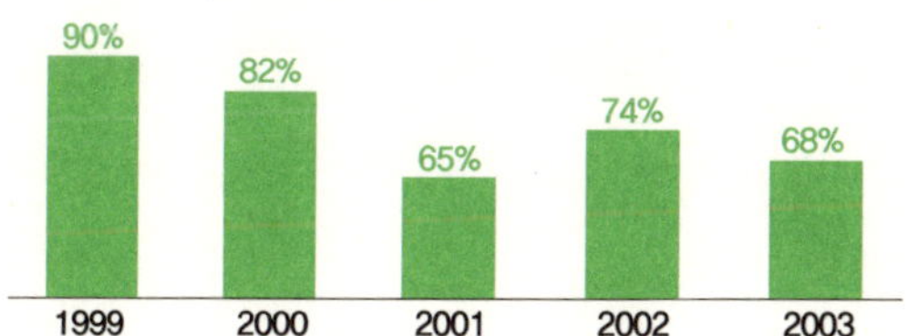

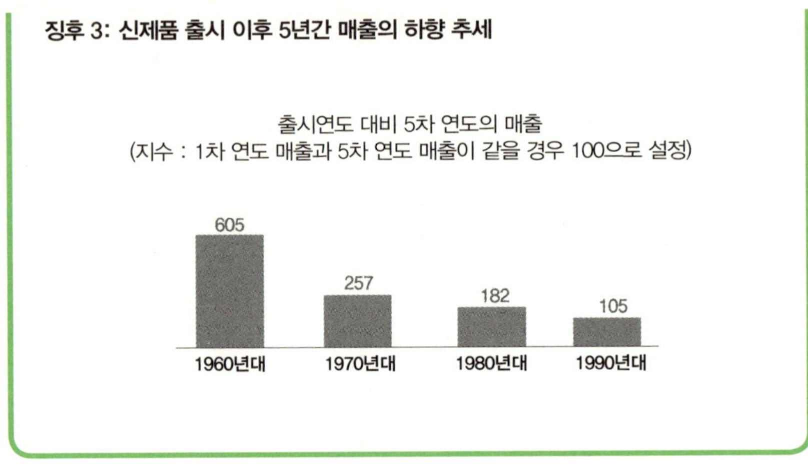

대부분을 인슐린의 순도를 높이는 데 집중하며 보냈다. 1925년에 불순물 수치는 5만 피피엠ppm이었고, 1950년 무렵에 이 수치는 1만 피피엠까지 떨어졌다. 그리고 1980년에는 불순물 수치가 겨우 10피피엠밖에 안 되었다. 이는 세계적인 인슐린 제조업체 일리 릴리의 투자와 연구 결과였다.

일리 릴리는 높은 순도의 인슐린을 만들어냈지만, 여전히 동물의 인슐린은 인간의 인슐린과 미세하게 달랐다. 당뇨병 환자 중 1퍼센트 는 동물 인슐린에 거부반응이 있었다. 이에 일리 릴리는 인간의 인슐린과 같은 순도 100퍼센트의 인슐린 단백질을 만들려고 제네틱Genetech과 계약을 맺었다. 거의 10억 달러(약 1조 1,000억 원)를 투자해 제품 개발에 성공한 일리 릴리는 다른 제품보다 25퍼센트 비싼 가격에 '휴물린Humulin'을 출시했다.

그런데 웬일인지 시장은 휴물린에 무덤덤한 반응을 보였다. 판매 신장 속도는 실망스러울 정도로 더뎠고, 결국 일리 릴리는 가격을 유지할 수 없게 되었다. 일리 릴리의 한 연구자는 다음과 같이 말했다. "지금 뒤돌아보면, 사람들은 돼지 인슐린에 심각할 정도로 불만을 품지는 않았어요. 사실 꽤 만족했죠."[8] 일리 릴리는 고객의 요구를 과잉충족시키는 상품을 만드는 데 막대한 투자를 했던 것이다. 인슐린을 사용하는 대부분의 고객은 더 안정성이 높은 제품을 원하거나 필요로 하지 않았다. 기술적으로는 앞서 있지만 몸 상태를 유지하는 데는 별 의미가 없는 인슐린 제품에 비싼 돈을 내려 하지 않았던 것이다.

휴물린의 판매는 실망스러운 결과로 나타났지만, 규모가 훨씬 작은 덴마크의 인슐린 제조사 노보 노디스크Novo Nordisk는 기존 제품이 충족시켜주지 못하는 부분을 정확히 짚어냈다. 그것은 바로 편리함이었다. 노보 노디스크는 인슐린 펜 제품을 개발했는데 이는 당뇨병 환자들이 훨씬 쉽게 인슐린을 주입할 수 있도록 했다. 그전까지 당뇨병 환자는 주사기를 들고 유리병에서 필요한 만큼의 인슐린을 정확히 빼낸 후 바늘을 치켜들고 공기를 제거하기 위해 주사기를 여러 번 흔들어야 했다. 그러고는 또 다른 인슐린을 넣기 위해 이와 같은 과정을 똑같이 반복해야 했다.

노보 노디스크가 만든 펜은 이 과정을 단순화했다. 2가지 형태의 인슐린이 혼합된 카트리지와 연결된 펜을 꺼내 주입하고자 하는 인슐린의 양이 표시된 숫자에 작은 다이얼을 맞춰놓은 후, 펜의 바늘을 피부에 찌르고 버튼을 누르기만 하면 되었다. 이전에는 1~2분 정도 걸렸던 과정을 노보 노디스크는 10초로 줄여주었다. 매일 혹은 하루에도 여러 차례 인슐린을 주입해야 하는 당뇨병 환자에게 의미 있는 개선이었다.

노보 노디스크는 다른 인슐린에 비해 30퍼센트 비싼 가격을 받을 수 있었다. 펜과 사전에 다른 인슐린을 혼합한 카트리지 제품의 성공으로 노보 노디스크는 높은 수익을 낸 것은 물론 세계시장 점유율을 비약적으로 끌어올렸다. 펜 제품의 간편함은 더 많은 당뇨병 환자를 (특히 유럽 시장에서) 인슐린 시장으로 끌어들였다. 일리 릴리와 노보 노디스크는 인슐린 순도에 대한 고객들의 요구를 만족시켰으며, 규제 당국은 두 브랜드의 안전성을 인정했다. 안전성에 대한 시장의 요구가 충족된 후, 경쟁의 축은 편리함 쪽으로 옮겨갔으며, 이에 따라 더 편리한 상품을 내놓은 회사가 이득을 얻었다.

다른 많은 경우처럼 과잉충족은 기회와 위협을 동시에 준다. 특히 과잉충족 상황에 놓여 있는 기존의 사업자는 제품의 다른 특성에 투자를 모색하거나 시장내 과잉 공급을 해결하려고 합병을 고려한다. 새로운 성장 사업의 창출을 모색하는 기존 업체나 신규 업체 모두는 과잉충족된 고객의 필요를 잘 분석해 이를 만족하게 할 혁신적 비즈니스 모델을 개발함으로써 경쟁의 규칙을 바꿔야 할 것이다.

기존의 성능과 다른 것에 투자하라

과잉충족이 일어난 상황이라면 기존 사업자는 해당 성능에 대한 투자를 줄여야 한다. 고객들이 성능이 개선된 상품에 무관심 하여서 기업은 기울인 혁신 노력에 비해 충분히 보상받지 못한다. 특히 이런 경우의 투자 제안서에는 과거 신제품 개발을 통해 큰 성공을 거두었던 데이터가 수반되기 때문에 회사는 신중하게 검토해야 한다. 그러나 이러한 성공 데이터는 과거의 상황을 반영할 뿐 미래에 일어날 일은 예측하지 못한다.

2000년대 중반, 닌텐도가 게임 시장에 어떻게 접근했는지 살펴보자. 2006년, 3대 게임 콘솔 제조사는 각각 새로운 게임 시스템을 출시했다.

소니와 마이크로소프트는 게임산업의 전통적인 방식(그래픽을 개선해 게임광들을 사로잡는 방식)에 충실했다. 소니의 플레이스테이션3 PlayStation3 와 마이크로소프트의 엑스박스360 Xbox360 은 이전에는 볼 수 없었던 선명한 그래픽을 자랑하는, 발전된 게임이었다. 그러나 새롭고 진보된 게임 콘솔이 나올 때마다 게임은 일반 소비자들이 즐기기에는 너무나 복잡해져 갔다. 과거에는 컨트롤러를 들고 바로 게임을 시작하면 됐지만, 근래 게임은 익숙해지는 데 몇 주가 걸릴 정도였다. 게임광들은 반색했지만 일반 소비자들은 "왜 이래 복잡해?"라는 반응을 보였다. 선명해진 그래픽과 복잡한 게임 방식이 일반 소비자들을 놓쳤다는 증거는 미국에서 게임 콘솔을 보유한 가구 비율이 여러 해 동안 33퍼센트 선에서 정체되어 있는 것을 보면 알 수 있다.

이러한 신호를 포착한 닌텐도는 게임 시장에 다른 방식으로 접근했다. 2006년에 출시된 위는 멋진 그래픽 제품에 주는 어떤 상도 받지 못했다. 대신 닌텐도는 즐기기 쉽고, 여러 명이 함께 할 수 있는 게임 개발에 주안점을 두었다. 닌텐도의 최우선 해결 과제는 게임 플레이를 쉽게 하는 혁신적인 컨트롤러를 개발하는 것이었다. 그리고 그 결과 현재 닌텐도 위는 조이스틱을 움직이거나 정신없이 버튼을 누르는 대신, 무선 컨트롤러를 휘두르기만 하면 게임을 즐길 수 있다. 테니스게임을 하기 위해, 컨트롤러를 라켓처럼 휘두르면 화면 속 라켓이 움직임에 맞춰 똑같이 움직인다.

과잉충족되었던 그래픽보다 이전까지 경시되었던 사용의 편이성에 초점을 맞춤으로써 닌텐도는 엄청난 성공을 거두었다. 닌텐도의 주식은 위를 출시한 후, 1년간 50퍼센트나 올랐고 2007년 상반기 일본에서는 플레이스테이션3의 판매를 6배 차이로 앞질렀다.

합병을 모색하라

과잉충족이 발생하면, 시장에서 과잉 공급되고 있는 제품이 늘어나는 것을 막기 위한 합병의 기회가 발생한다. 기업은 가장 강력한 경쟁자를 흡수하고 침체한 시장에서 지배자로 우뚝 설 수 있다.

기업 소프트웨어업계의 강자 오라클Oracle은 2000년대 중반 이러한 과정을 충실히 따랐다. 오라클의 CEO인 래리 엘리슨Larry Ellison은 2003년, 경쟁사인 피플소프트PeopleSoft를 적대적으로 인수합병하여 실리콘 밸리를 놀라게 했다.[9] 그때만 해도 많은 분석전문가들은 적대적 인수합병을 성장이 침체된 전통 산업에서나 사용하는 방식으로 보았으며, 혁신적이고 변화가 빠르고 성장 잠재력이 큰 소프트웨어 산업에서는 제휴나 순수한 경쟁이 일상적인 방식이라 생각했다. 그들에게 적대적 인수합병은 사용할 수 있는 최후의 수단으로 생각되었다.

이 장에서 설명한 개념들을 떠올리면 엘리슨이 왜 그 같은 전략을 취했는지 알 수 있을 것이다. 오라클의 사업영역에서도 몇 년 동안 과잉충족 신호가 명백하게 나타나고 있었다. 경제 상황이 좋지 않은 때에, 대규모 소프트웨어 업그레이드에 드는 비용과 번거로움에 질린 기업들은 보유한 제품을 가능한 한 오래 사용하려 했다. 따라서 오라클은 소프트웨어 업그레이드를 유도하기 위해 여러 차례 큰 폭의 할인을 해야 했다. 오라클의 소프트웨어를 사용하던 기업들은 다음과 같이 말하고 싶었을 것이다. "난 아직도 당신네 제품의 마지막 버전을 다 이해하지 못했소. 모든 기능의 사용 방법을 알기 위해 머리를 싸매고 있단 말이오. 그런데 지금 업그레이드를 시켜서 그 고통을 다시 한 번 느끼라고? 난 그렇게 하기 싫소."

일부 고객사들은 세일즈포스닷컴 같은 회사가 제공하는 간단하고 값싼 소프트웨어로 전환했다. 오라클의 제품을 감당할 재무적 여력이 부족한 회사들은 리눅스에 기반을 둔 오픈 소스 데이터베이스인 MySQL을 사용하기 시작했다. MySQL은 오라클의 제품보다 기능은 떨어졌지만 유연성과 낮은 가격때문에 웹 로그Web logs와 금융 웹사이트 같은 웹 애플리케이션 제품으로는 매우 매력적이었다. 2004년 당시 MySQL은 오라클에 영향을 미칠 수 없을 정도로 작은 회사였으나 그간 마련해놓은 발판은 앞으로 오라클에 커다란 위협이 될 것임을 예상할 수 있게했다. 2008년 초반 선 마이크로시스템스Sun Microsystems는 1억 달러(약 1,100억 원)에 MySQL을 인수했다(2010년 1월 오라클이 선 마이크로시스템스를 인수함으로써 그 위협을 제거했다_옮긴이 주) .

2006년, 오라클의 주가가 다시 오르기 시작하면서 오라클의 합병 전략은 효력을 발휘할 조짐을 보이기 시작했다. 사실 오라클의 성장이 부진하다든가, 파괴적인 경쟁자들이 주변 시장 세분군에서 기반을 다진다든가 하는 과잉충족 신호는 몇 년 전부터 나타나고 있었지만, 오라클은 그 신호를 발견하지 못하고 너무 늦게 전략을 수정했다. 그럼에도 오라클의 이 합병 전략은 거센 경쟁 환경 속에서도 높은 주가를 유지하도록해주었다.

가장 매력적인 전략은 아니겠지만 인수합병 전략도 부가적 가치를 만들어낼 수 있다. 1999년에 있었던 엑슨Exxon과 모빌Mobil의 합병 사례를 보자. 1990년대 후반, 석유가격은 폭락하고 있었다. 분석전문가들은 대형 석유회사가 성장할 시대는 끝났다는 의견을 내놓았다. 그런데 미국의 두 거대 석유회사가 합병함으로써 세계에서 세 번째로 큰 회사가 출범했다. 합병 후 2년 동안 약 50억 달러(약 5조 5,000억 원)가 절약되었다. 1999년과 2004년 사이에 엑슨모빌Exxon-Mobil은 750억 달러

(약 82조 5,000억 원)의 순이익을 거두었고 1,000억 달러(약 110조 원) 이상의 현금흐름을 창출했다. 두 회사의 성공적인 합병으로 업계에는 합병의 물결이 이어졌다. 브리티시 페트롤리엄British Petroleum은 아모코Amoco 그리고 애틀랜틱 리치필드Atlantic Richfield와, 셰브론Chevron은 텍사코Texaco와, 필립스 페트롤리엄Philips Petroleum은 토스코Tosco와 합병했다. 합병으로 출현한 거대기업들은 규모의 경제가 갖는 이점을 활용하려고 운영을 통폐합하여 비용을 크게 절감하고 시장점유율을 확장함으로써 수익성을 높였다.

은행업계와 통신업계에서도 유사한 경우를 찾아볼 수 있다. 은행업계에서는 씨티뱅크Citibank가 트래블러스Travelers를, 아메리카은행이 플리트Fleet를 흡수·합병했다. 통신업계의 경우, SBC가 AT&T를, 버라이즌이 MCI를 인수했다. 이들 업계에서도 포화한 시장에 개선된 제품을 밀어 넣는 방식으로는 성장 목표를 달성하는 데 한계가 있음을 알게 된 것이다. 규모의 경제를 실현하기 위해 인수합병을 추구, 대형화하는 방법이 더 큰 이익을 얻기 위한 유일한 방법일 것이다.

그럼에도 합병 전략의 한 가지 약점은 큰 숫자에 길들여지면, 앞으로 폭발적으로 성장해 신규업체들의 발판이 될 작은 시장에 집중하는 능력이 떨어질 수 있다는 점이다. 덩치가 크면 그림자도 크듯이, 큰 숫자에 길들면 잠재성이 높은 성장 기회를 놓칠 개연성도 높아진다. 수입이 수백억 달러에 달하는 경우, 규모가 작은 성장 사업을 지원하기가 어려울 수 있다. 수십억 달러 규모의 성장을 모색하는 대형회사가 1년 수입이 단지 22만 달러(약 2억 4,200만 원)밖에 안 되는 사업을 포기하는 것은 충분히 이해할 만하다. 작은 시작에 초점을 맞추긴 어렵겠지만, 대단한 성공담을 쓴 많은 회사의 시작은 모두 미약했음을 대형회사들은 명심해야 할 것이다. 참고로 구글의 첫해 수입은 22만 달러였다.

합병 전략의 또 다른 문제는 합병을 통해 성과가 일시적으로 반짝할 수는 있지만 합병 자체가 업계의 역학을 근본적으로 바꾸지는 못한다는 점에 있다. 합병을 통해 반짝 거둔 효과가 사라지고 나면, 합병회사는 지속적으로 더 큰 성장을 창출해야 한다는 과제에 직면하게 된다. 재무 성과에 의미 있는 영향을 미칠 수 있는 소재를 찾아 합병 이후에도 지속적으로 성장 목표를 달성하는 것은 시간이 흐를수록 어렵고 더 큰 비용과 투자를 동반한다는 사실 또한 명심해야 할 것이다.

비즈니스 모델 혁신으로 판세를 바꿔라

과잉충족이 발생하면, 기업은 새로운 비즈니스 모델을 도입해 시장의 판세를 바꿀 기회를 얻게 된다. 새로운 비즈니스 모델은 충족이 덜 된 성능을 '적합한' 수준으로 만들어 저가에 공급함으로써 수익을 거두도록 하는 것이다.

몇 년 전에 혁신 회의를 지켜보던 청중 한 명이 당시 소매업계의 거대 기업이던 베스트바이의 전략기획실장 칼 페이틀Kal Patel에게 나쁜 고객 문제에는 어떻게 대처하느냐고 물었다. 페이틀은 "나쁜 고객은 없습니다. 나쁜 비즈니스 모델이 있을 뿐입니다"라고 대답했다. 과잉충족이 발생하면 '적합한' 해결책은 저가에 공급하는 새로운 제품과 비즈니스 모델의 변화에 달려 있다. 1장에서 살펴본 것과 같이, 실리콘 업계의 거대기업인 다우코닝은 온라인 비즈니스 채널 자이어미터를 도입해 과잉충족 상황에 대처했는데 이것이 바로 비즈니스 모델 혁신 방식이다(비즈니스 모델 혁신은 5장에서 다시 자세히 살펴볼 것이다).

더 생각해 보기

- 컴퓨터나 텔레비전과 같이, 여러분이 매일 사용하는 제품에 대해 생각해보라. 이 제품의 성능 중 더는 높은 가격을 지불하고 싶지 않은 부분이 무엇인지 이야기해보라.
- 여러분 회사에서 최근 출시한 신제품을 돌아보라. 여러분의 예측을 충족시켰는가? 그렇지 않다면 왜 그런가?
- 동료와 함께 여러분이 '최악'으로 여기는 고객에 대해 얘기해보라. 왜 그들이 최악의 고객인가? 이 고객과 관련한 상황을 고려할 때 이를 어떻게 도전과제가 아닌 기회로 만들 수 있을지 이야기해보라.

실무 조언

- 과잉충족을 알아내기 위해서는 직감과 판단력이 필요하다. 신호라는 것은 무언가 조처를 하기에는 너무 늦은 뒤에야 분명해지는 경향이 있음을 명심하자.
- 고객 집단과 성능 차원에 대해서는 매우 정확하고 상세하게 정의해야 한다. 모든 고객이 모든 부분에서 과잉충족되는 경우는 매우 드물다.
- 과잉충족을 보여주는 명확한 증거는 거의 없음을 기억하라. 여러 개의 파편으로 나뉜 증거들을 잘 모아서 신중히 분석하는 법의학자처럼 행동해 결론을 내려야 할 것이다.

해결 과제 발견하기

'해결 과제'는《성장과 혁신》에 나온 개념 중 가장 흥미롭다.[1] 소비자가 생활 속에서 발견하는 과제를 해결하기 위해 제품과 서비스를 사용(고용)한다는 개념은 직관에 들어맞는, 매우 쉽게 이해할 수 있는 개념이다(이론 다시보기: 해결과제 참조). 그렇지만 이 책에서 소개하는 사례들(출근길의 지루함을 달래기 위해 밀크셰이크를 '고용'하는 고객이 얼마나 많은지를 보여주는 사례와 시간을 '죽이기 위해' 블랙베리BlackBerry를 사용하는 사례)을 통해 이야기하고자 하는 바는 우리의 직관과 어긋날 것이다. 우리가 제시하는 해결책은 간단하다. 새로운 성장을 창출할 '기회'를 발견하려면, 소비자가 적절히 해결하지 못하는 중요한 '과제'를 먼저 찾아야 한다는 것이다.

해결 과제의 개념은 간단하다. 하지만 이 개념은 새로운 기회에 대한 생각과 시각을 극적으로 바꾸어줄 것이다. 이 개념은 철저하게 고객의 관점에서 세상을 바라볼 수 있도록 도와주고, 고객이 어떠한 행동을 하는지가 아니라 왜 그러한 행동을 하는지를 이해할 수 있도록 도와준다. 제대로 된 제조과정이 제품의 변형을 철저히 막을 수 있듯이, 고객이 해결하고자 하는 과제를 깊이 있게 통찰한다면 혁신의 결과에 대한 예측력을 높일 수 있다.

한 가지 주의할 점은, 이 개념은 이해하는 것보다 실행하는 것이 매우 어렵다는 것이다. 우리와 함께 작업했던 많은 회사가 이 개념을 실행으로 옮길 때 곤경에 빠지곤 했다. '해결 과제' 개념은 이해만 하기에는 매우 매력적이지만 실행에 옮기는 것은 상당히 어려울 수 있다. 이 장에서는 '과제'가 무엇인지 자세히 설명하고 과제를 기반으로 기회를 발견하는 방법에 대해 설명한다. 또한 기업이 혁신수명곡선(라이프 사이클)을 성공적으로 통제·관리하는 데에 이러한 과제 개념이 어떻게 도움이 되는지도 설명한다.

해결 과제에 기반하여 시장 보기

기초적인 수준에서, 고객의 해결 과제라는 개념은 간단하다. 고객이 풀어야 할 문제나 달성하고자 하는 업무로 생각하면 된다. 이것은 마케팅의 대가 테오도르 레빗이 이미 오래전 한 말 때문에 생겨났다. "사람들이 원하는 것은 4분의 1인치 드릴이 아니라 4분의 1인치 구멍이다." 드릴은 목표를 위한 수단일 뿐이다. 목표는 구멍이다. 고객이 해결하고자 하는 문제는 바로 그 구멍인 것이다.

해결 과제

해결 과제 개념은 《성장과 혁신》 3장에 소개되어 있다[a]. 이 개념에 따르면, 소비자는 제품을 구매하는 것이 아니라 과제를 해결하기 위해 사용(고용)한다. 이에 따라 새로운 성장 기회를 발견하려면, 우선 사람들이 처리하지 못하는 중요한 '과제'를 찾아야 한다.

예를 들어 인튜이트의 퀵북스 소프트웨어는 소기업의 중요한 과제(현금이 모자라지 않도록 현금관리를 확실하게 해주는 것)를 쉽게 해결하는 게 주목적이다. 이 같은 인튜이트의 혁신제품이 나오기 이전에는 연필과 종이, 엑셀을 사용했는데, 이런 방법은 만족스럽지 않았고 전문가용 회계 소프트웨어는 지나치게 좋고 불필요한 기능이 너무 많았다. 즉 소기업을 운영하는 고객 집단은 퀵북스를 사용함으로써 과제를 더 원활히 처리할 수 있었고, 이에 따라 퀵북스 사용은 이 영역에서 대세로 자리 잡았다.

해결 과제 개념은 간단하지만 강력하다. 이 개념은 고객이 해결하지 못하고 있는 근본적인 문제에 초점을 맞춘다. 이 개념은 행동을 예측하는 데 별다른 도움이 되지 않는 인구통계학적 소비집단 분류, 행동에 영향을 미칠지도 모르는 소비자 태도, 더 나은 해결책이 없어서 소비자가 현재 취하고 있는 행동 등을 분석하는 대신 사람들이 해결하려고 애쓰는 과제를 둘러싼 환경과 제약조건들에 주목한다. 해결 과제 개념은 다른 어떤 세분시장 분류방법보다 고객에게 최선의 해결책을 제공할 수 있다.

요약하자면, 해결 과제 모델은 혁신의 청사진을 제시한다. 즉 이 모델은 현재의 해결책이 불만스러워 짜증을 느끼고 있는 고객을 찾고 이들이 느끼는 불만과 짜증의 뿌리에 초점을 맞춰야 함을 주장한다.

다른 개념과 해결 과제 개념의 차이점

해결 과제 개념에 대한 정의를 명확히 이해하는 것이 중요하듯이, 해결 과제 중심의 사고방식이 고객을 분류하는 다른 고객세분 방식과 어떻게 다른지를 이해하는 것도 매우 중요하다. 흔히 기업들은 나이, 성별, 소득수준과 같은 인구통계학적 특성이나 제품 카테고리 또는 제품 특성에 따라 시장을 세분한다. 두 접근방식 모두 단점을 가지고 있다. 필요나 요구 중심의 세분화needs-based segmentation는 미묘한 차이만 빼면, 해결 과제 중심의 사고방식과 가장 밀접한 개념이다.

인구통계학적 분류 거의 모든 회사는 고객을 인구통계학적 카테고리로 구분한다. 하지만 고객은 인구통계학적 분류상 '평균'인 사람들의 성향에 맞게 구매 결정을 내리지 않는다.

이전까지 휴대전화를 사용하지 않은 고객을 목표로 했던 보다폰 그룹Vodafone Group PLC의 경우를 살펴보자[b]. 2005년, 보다폰은 세분되어 있는 다양한 휴대전화 시장에서 휴대전화 침투율이 100퍼센트 (어떤 세분군은 100퍼센트를 상회)에 이르렀다고 판단했다. 이전까지 아무도 접근하지 않았던 새로운 시장을 목표로 한 보다폰은 '보다폰 심플리Vodafone Simply'라는 신제품을 출시했다.

보다폰은 심플리를 통해 그동안 사용하기가 너무 복잡하다는 이유로 휴대전화를 구매하지 않았던 고객층을 사로잡으려 했다. 심플리는 스트리밍 비디오(동영상)나 웹 브라우징 같은 시끌벅적한 특징 대신 커다란 글자와 함께 이해하기 쉬운 메뉴를 장착했다. 예를 들어, 프랑스 기업 사젬Sagem SA이 만든 휴대전화는 배터리가 나갔을 때 '충전하세요'라는 메시지가 화면에 나타났다.

인구통계학적 관점에서 보면 나이 많은 고객들이 심플리의 목표 시장이다. 그러나 해결 과제 중심의 관점에서 보면 기능이 복잡하다는 이유로 휴대전화를 사용하지 않는 이들이 모두 심플리의 목표고객이 된다. 대체로 사용자들의 나이와 단순한 제품에 대한 관심 사이에는 상관관계가 있다고 보는 게 옳겠지만, 오직 나이 많은 사람들만 단순한 제품을 사용하고 젊은이들은 단순한 제품을 아예 사용하지 않을 것이라 여기는 것은 잘못된 생각이다.

나이에 따라 목표 시장을 정의하는 것은 2가지 위험을 가져올 수 있다. 첫째, 보다폰은 단순함에 관심 있는 젊은 고객을 놓침에 따라 심플리의 판매 잠재력을 스스로 제약하는 우를 범할 수 있다. 더 심한 실수는 보다폰이 최신 기술에 관심 있는 나이 많은 고객을 경쟁자의 품에 밀어 넣는 결과를 가져올 수 있다는 것이다. 심플리가 고전한 이유는 아마도 보다폰이 해결 과제 중심의 관점을 취하지 못했기 때문일 것이다.

물론, 경우에 따라 인구통계학적 분석과 고객의 해결 과제가 겹치기도 한다. 예를 들어, 대학입학시험을 준비하는 수험생에게 도움이 되는 제품(부모가 구매한 제품일 수도 있겠지만)은 10대들이 사용할 것이다. 그러나 일반적으로 고객의 해결 과제와 인구통계학적 집단 사이의 상관관계는 약하다고 보는 것이 옳다.

제품의 범주 분류 제품의 범주에 따라 시장을 정의할 때도 위험이 따른다. 고객은 어느 한 제품의 범주 안에서만 제품을 선택하지 않는다. 이를 망각하는 기업은 기회를 놓치고 경쟁사로부터 위협을 받을 수 있나. 코카콜라의 경우, 탄산음료 시장점유율은 몇십 년째 별 변화가 없었다. 이는 코카콜라의 핵심 사업이 건강히다는 의미다. 그럼에도 코카콜라는 1990년대와 2000년대 초반까지 고전을 면치 못했다. 이렇게 상반된 두 상황을 어떻게 이해해야 할까?

소비자의 해결 과제를 좀 더 손쉽게 해결해주는 방법이 나타나면, 이 방법은 완벽히 새로운 제품의 범주를 창출한다. 만약 기업이 그들의 핵심 고객이 자사 제품을 사용해 해결하려는 과제를 이해하지 못한다면 새로운 성장 기회를 놓칠 수 있다. 하지만 이보다 더 나쁜 상황은 새로운 경쟁기업이 핵심 시장을 침범하는 것이다.

코카콜라가 고객이 해결하려는 핵심 과제를 갈증해소로 정했다고 가정해보자. 코카콜라는 그들의 시장점유율을 사람들이 갈증을 해결하는 방식과 비교해 측정할 수 있다. 즉 생수, 과일 음료, 커피, 기타 음료수 등을 명백한 경쟁자로 바라봤을 것이다. 만약 코카콜라가 이들을 경쟁자로 정의하고 시장점유율을 측정했더라면, 점점 추락하는 점유율 때문에 발 빠른 전략 변화를 모색했을 것이다. 이미 '위에 대한 점유율share of stomach'에 초점을 맞추었던 펩시는 생수와 기타 새로운 음료, 스낵류를 맹렬히 출시하며 움직여나갔던 반면, 코카콜라는 경쟁업체 뒤를 쫓아가기에 급급했다.

필요·요구에 따른 분류 해결 과제 중심의 관점은 고객의 근본적인 욕구wants와 갈망desires을 파악하고자 하는 필요 중심의 고객 분류 관점과 매우 유사하다. 해결 과제 중심의 관점은 고객의 과제를 둘러싼 환경에 초점을 맞추지만 필요 중심의 관점은 고객 그 자체에 초점을 맞춘다는 것이 두 관점의 미세하지만 중요한 차이점이다. 따라서 일부 필요 중심의 분석은 "왜?"라는 질문을 하는 데 실패하기도 한다. 만약 필요의 뿌리와 근본을 이해하지 못한다면 잘못된 문제를 목표 해결 과제로 삼을 수 있다는 위험이 존재한다. 그럼에도 우리의 경험으로는 고객의 필요를 철저히 분석하는 기업은 매우 중요하고 실행 가능한 통찰력을 얻으며, 쉽게 필요 기반의 분석을 해결 과제 중심의 사고방식으로 보완한다.

a Clayton M. Christensen and Michael E. Raynor, *The Innovator's Solution* (Boston: Harvard Business School Press, 2003).

b Innovator's Insights #45: "Simply on Target?" September 6, 2005. Available at http://www.strategyandinnovation.com/insights/insight45.pdf.

그러나 새로운 성장 기회를 찾아내려는 혁신가에게는 더 많은 정보가 필요하다. 다음의 5가지는 정보를 얻는데 도움이 되는 질문이다.

1 고객이 해결하고자 하는 근본적인 문제는 무엇인가?

해결 과제 개념을 사용하려면 제일 먼저 고객이 생활하면서 부딪히는 문제를 이해해야 한다. 해결 과제는 최대한 상세하게 묘사할수록 도움이 된다. 나중에는 더 일반적으로 표현하게 되겠지만, 문제를 분석할 때는 특정 고객에게 초점을 맞추어 그녀나 그가 해결하고자 하는 특정 문제를 상세히 밝히려 노력해야 한다. 다음과 같은 과제 · 문제 해결 문장을 만들어보자.

[어떤] 고객이 [어떤] 상황에서 [어떤] 문제를 해결하고 싶어 한다.

상황을 발견해 정의하는 것은 특히 중요하다. 예를 들어, 비행기를 타고서 최신 뉴스를 접하는 것은 집의 텔레비전 앞에 앉아서 또는 출근 길에 최신 뉴스를 접하는 것과 근본적으로 다르다. 집에서 음악을 듣는 것, 차에서 음악을 듣는 것, 운동하며 음악을 듣는 것은 각기 다른 행동이다. 마찬가지로 방송사의 텔레비전 쇼를 보는 것은 친구가 찍은 동영상이나 유튜브에 올라 있는 동영상을 보는 것과 전혀 다른 것이다. 두 행동 모두 움직이는 이미지가 담긴 완성품이 필요하지만 영상 이미지 품질, 시작·정지·복귀 기능, 반복 재생 능력 등의 측면에서는 공통점이 거의 없다. 다시 말해 상황은 여러분이 해결책을 찾는 행위와 찾은 해결책을 어떻게 평가하는지에 막대한 영향을 미친다.

고객의 '경험'을 중시하는 기업은 해결 과제 개념을 친근하게 받아들일 것이다. 예를 들어 휴대전화 회사들은 "간편하고 믿을 수 있는 통화를 여러분의 품안에" 또는 "간단한 이메일 접속의 제공"과 같은 고객의 경험에 대해 생각하고 있을 것이다. 고객이 제품을 경험하는 상황에 초점을 맞춘다면 과제·문제 해결 방식은 고객의 경험을 풍부하게 알고 그것을 표현하는 데 도움을 준다. 그 이후의 질문들은 경험의 밑바탕에 깔린 동기가 무엇인지를 밝혀내는 역할을 한다.

2 해결책을 평가할 때 고객은 어떤 목표를 고려하는가?

해결책을 선택·결정할 때 고객이 생각하는 목표를 이해하는 것이 매우 중요하다. 목표는 비교적 명확해야 하며, 가능한 한 더 깊이 들여다볼 필요가 없을 정도로 자세하게 분석해야 한다. 일반적으로 해결 과제는 제품을 사용함으로써 해결할 수 있는 고객의 근본적인 문제와 관련이 있지만, 목표는 고객이 제품이나 서비스를 어떻게 사용하는지와 관련되어 있다. 예를 들어 다른 10대 친구들과 사귀는 것이 해결 과제라면 이 과제를 해결하기 위한 10대의 목표와 해결책은 매우 저렴하고, 친구들에게 깊은 인상을 남길 수 있으며, 즉각적인 교류가 가능한 방법으로 친구사귀기가 될 수 있다.

나아가 기능적인 목표를 넘어 감정적, 사회적인 목표까지 고려해야 한다. 예를 들어 10대는 '쿨'하게 느껴지는, '부모 세대의 테크놀로지가 아닌' 해결책을 원할 수 있다.

향료나 소스 같은 요리보조제를 고르는 인도네시아 주부의 목표를 생각해보자. 보조제가 음식을 어떻게 맛있게 하는지, 사용하는 데 시간이 얼마나 걸리는지 등과 같은 기능적 특성은 분명히 중요한 목표가 된다. 그러나 보조제의 외양, 냄새, 소리와 같은 감각적 측면 또한 중요한 목표가 될 수 있다. 그리고 사회관습적인 요소가 매우 큰 영향을 미치기도 한다. 주부는 엄마의 역할이라는 사회적 규범에서 벗어나는 것을 민감하게 받아들일 수 있다. 따라서 주부들은 '엄마의 손길'을 앗아간다고 생각할 정도로 지나치게 기능적인 보조제는 구매하고 싶어 하지 않는다.

3 해결책을 제한하는 장애요인은 무엇인가?

목표의 반대 측면을 생각하면, 몇몇 해결책을 고려대상에서 제외하게 하는 장애요인들이 나타난다. 예를 들면, 양손으로 다른 일을 하며 휴대전화를 사용해야 할 때가 있다. 10분 안에 식사를 준비해야 할 때도 있다. 장애요인들은 보통 기능적이기 때문에 설명의 여지를 거의 남겨두지 않는다(2장에서 설명한 개념들은 장애요인을 발견하는 데 도움을 줄 것이다).

즉 장애요인 때문에 소비할 수 있는 상황이 제한된다. 따라서 장애요인을 명확히 함으로써 혁신을 위한 노력을 전체 시장의 크기를 확장하는 데에 집중할 수 있다. 예를 들어 목소리로 작동되는 혁신적인 인터페이스는 손으로 잡지 않고 휴대전화를 사용할 수 있게 한다. 이러한 혁신은 더욱 다양한 상황에서 휴대전화를 사용하게 하며 이는 결과적으로 전체 휴대전화 사용량을 늘려 놓을 것이다.

4 고객들은 어떤 해결책을 고려하는가?

고객들이 과제를 해결하는 다양한 방식에 주목하라. 얼마 전까지 10대들은 휴대전화를 '고용'해 친구에게 문자를 보내거나 10대 대상 잡지를 읽거나 쇼핑사이트에 들르곤 했다. 이제 그들은 휴대전화나 컴퓨터를 통해 마이스페이스와 페이스북, 기타 친목 목적의 네트워킹 사이트에 접속한다. 이 사이트들은 기존의 해결책보다 고객의 목표 달성을 수월하게 했기 때문에 성공을 거두었다.

해결책의 후보에는 제품, 서비스, 대체행동(과제를 적절히 해결할 방법이 없어서 고객이 택하는 차선책)이 포함된다.

5 혁신적 해결책을 위해 어떠한 기회가 존재하는가?

소비자가 원하는 것과 현존하는 해결책 사이의 격차를 찾아보라. 만약 해결이 안 되고 있는 과제를 집어낸다면, 여러분은 이미 혁신의 기회를 발견한 것이라 할 수 있다.

경험의 공유 사례

사진을 찍는 사람이 해결해야 할 과제가 무엇인지 살펴보기 위해 다음과 같은 질문을 던져보자. 사람들은 왜 사진을 찍을까? 물론 많은 이유가 있겠지만 하나의 과제·문제 해결 문장으로는 "가족, 친구들과 함께 해온 즐거운 경험을 공유하기 위해 사진을 찍는다"라고 표현할 수 있을 것이다. 그렇다면 어떠한 특정 해결책이 과제를 해결하는 데 적절한 것인지 평가하는 고객들의 평가기준(목표)으로는 어떤 것이 있을까? 다음과 같은 '평가기준(목표)들'을 생각해볼 수 있을 것이다.

- 경험을 공유하는 데 있어서의 명확성 정도
- 경험을 공유하는 데 있어서의 편의성 정도
- 경험을 포착하는 속도

- 경험을 전송하는 속도
- 경험의 '본질'을 포착하는 능력
- 경험의 상황·배경을 포착하는 능력
- 과정이 주는 즐거움
- 경험을 공유한 결과가 사회적 소통에 부합되는 정도 또는 능력

경험을 포착하는 데 몇 초가 걸리거나 경험을 공유하는 데 5분이라는 시간이 걸린다면 이는 소비를 제한하는 치명적 장애요인이 될 것이다.

해결 과제, 목표, 장애요인을 살펴봤으니 이제 과제를 해결하기 위해 사람들이 선택할 수 있는 대안을 생각해보자. 이메일로 사진을 주고받을 수 있는 디지털 기술이 개발되기 이전에는 경험을 공유하기 위해 스틸 사진을 찍거나 편지를 쓰거나 이야기하는 전통적인 방식을 사용했다.

각각의 해결책에는 나름대로 단점이 있었는데, 사진은 현상해야하는 번거로움이 있었고, 지리적 거리를 초월해 많은 사람과 공유하기에는 비용이 많이 들었다. 편지는 복사할 수 있고, 우편으로 멀리까지 보낼 수 있었으나 쓰는 데 시간이 너무 오래 걸렸다(경험을 포착하는 속도가 낮음). 이야기하는 것은 사회적 소통에 잘 들어맞지만 널리 유통하기에는 한계가 있었다.

목표에 대한 각 해결책의 접근방식을 나타낸 〈그림 4-1〉은 왜 디지털 사진이 지난 20년 동안 큰 성공을 거둘 수 있었는지를 잘 보여준다. 다른 어떤 해결책보다 디지털 사진이 과제를 잘 해결했던 것이다. 그럼에도 아직 존재하는 장애요인을 넘어 디지털 제품을 계속 향상할 방법은 있다. 사진을 컴퓨터에 넣고 이를 친구들과 공유하는 과정은 여전히 부담스럽고 재미없다. 그리고 디지털 사진을 여러 사람이 모인 데서 돌

려보기는 어렵다. 이미지를 신속하고 쉽고 재미있게 공유할 수 있다면 디지털 사진의 성장은 계속 이어질 것이다.

<그림 4-1> 디지털 사진: 해결 과제

	스틸 사진	편지 쓰기	이야기하기	초기의 디지털 카메라
경험을 공유하는 일의 명확성	●	☑	●	●
경험을 공유하는 일의 편이성	●	☒	●	☑
경험을 포착하는 속도	☑	☒	●	☑
경험을 전송하는 속도	☒	☒	☒	☑
경험의 '본질'을 포착하는 능력	●	☑	☑	●
경험의 상황·배경을 포착하는 능력	●	☑	☑	●
과정이 제공하는 즐거움	☑	●	☑	☑
경험을 공유한 결과가 사회적 소통에 부합하는 정도 또는 능력	☑	☒	☑	●

☑ 양호　●보통　☒ 미흡

과제 트리 만들기

모든 환경에서 많은 소비자가 '해결하길 원하는 하나의 진정한 과제'를 찾을 수 있다면 그보다 바람직한 일도 없다. 하지만 고객이 해결하고자 하는 과제는 매우 많다. 많은 과제를 이해하는 방법으로는 과제 트리

Jobs Tree를 만드는 방법이 있다. 트리의 맨 꼭대기에는 고객들이 해결하고 싶어 하는 근본적인 문제를 적는다. 예를 들어, 가게 주인이라면 생계를 유지하기에 충분한 돈을 벌고 싶어 할 것이다. 그러려면 이윤을 늘려 투자를 극대화하는 것은 물론 현재의 투자 대비 수익 또한 높여야 한다. 그리고 이윤을 극대화하려면 직원의 이직을 최소화하고, 가게를 찾는 고객의 수를 늘려 이들의 구매를 이끌어내야 한다. 간단한 트리를 만드는 작업은 해결 과제의 계층구조와 과제들 간의 연결고리를 파악하는 데 도움이 될 것이다.

여러분은 과제 트리에서 어디쯤 위치하는지 알 수 있는가? 자신이 이 과제 트리의 꼭대기에 있다는 것을 어떻게 알 수 있을까? 이에 대한 답은 계속 "왜?"라는 질문을 던지면 찾을 수 있다. 예를 들어 가게 주인이 해결해야 할 과제가 광고의 효율성을 높이는 것이라는 가설을 세워보자. 왜? 더 많은 고객을 가게로 끌어들이고 싶으니까. 왜? 고객이 늘어나면 가계의 이윤이 늘어나니까. 왜? 이윤이 늘어나면 가족들에게 더 많은 것을 줄 수 있으니까. 왜? 왜냐하면! 더는 '왜?'라는 질문이 나오지 않고 '왜냐하면'으로 끝나는 시점이 되면 여러분은 과제 트리의 꼭대기에 올라온 것이다.

과제 트리는 세밀한 곳까지 파고들어 과제를 해결할 수 있는 실질적인 방법을 알아내는 데 도움을 준다. 〈그림 4-2〉는 질병이나 부상 예방과 관련한 간단한 과제 트리의 예다. 흔한 질병, 심각한 질병, 부상, 부정적인 환경의 영향을 피하는 것 모두 중요하지만 '유연성 증진'은 더욱 직접적으로 성취할 수 있는 과제이다.

〈그림 4-2〉 질병 · 부상 예방 과제 트리

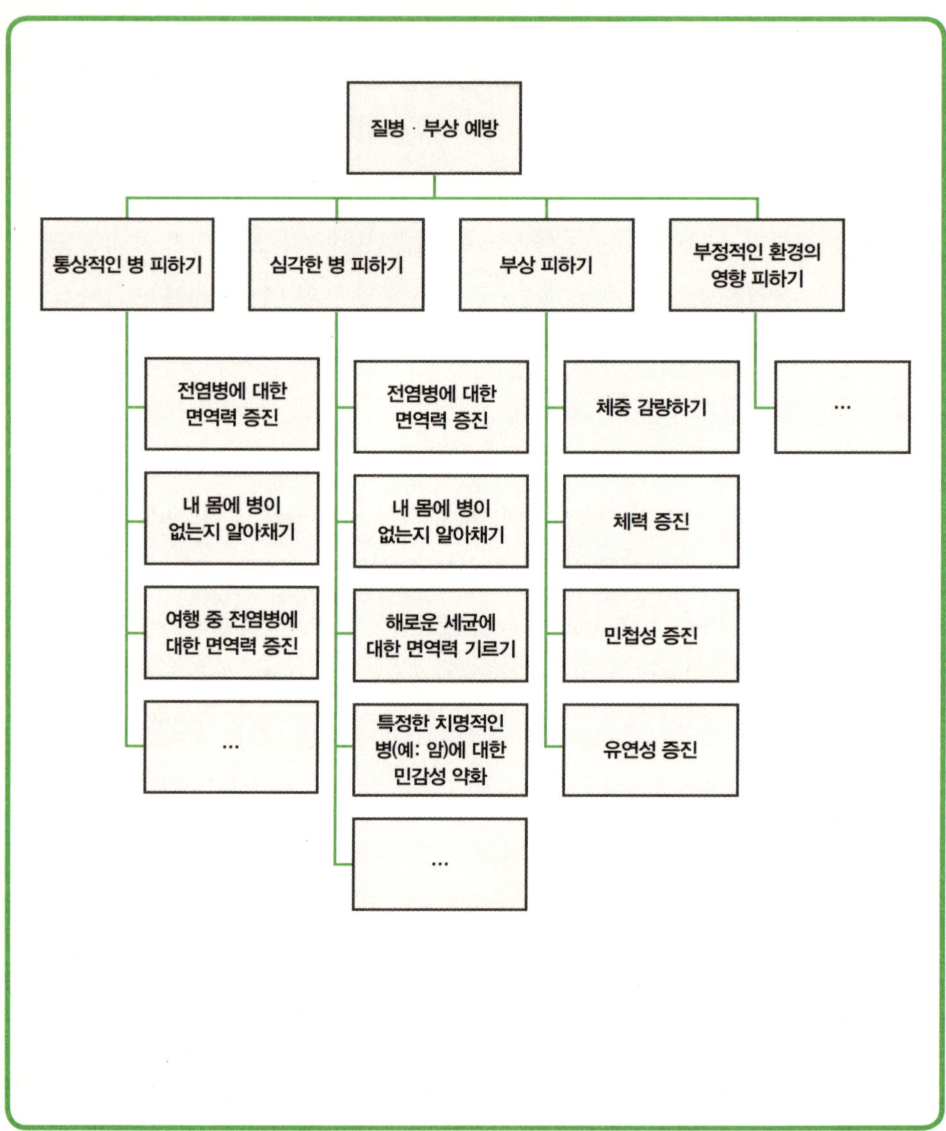

해결 과제 찾는 법

해결 과제가 무엇인지, 해결 과제를 알아내려면 무엇을 살펴봐야 하는 지 깊이 이해했다면, 그다음으로는 성장 잠재력이 높은 최우선 해결 과 제들을 밝혀내야 한다. 혁신가가 직면한 문제는 이런 과제에 대한 시장 조사 자료가 많지 않다는 것이다. 따라서 직접 현장에 나가 스스로 정보 를 창조해내야 한다.

이제부터는 해결 과제를 밝혀내는 데 도움이 되는 다양한 대안들(내부 사람들의 브레인스토밍부터 외부인에 대한 관찰 등)을 논의할 것이다. 여기서 논의되는 기법 상당수는 전통적인 시장조사 방식이다. 좋은 소식 아닌 가? 우리의 경험으로 볼 때, 해결 과제 개념을 사용하면 급진적인 새로 운 시장조사 기법이 필요없다. 유효성이 증명된, 신뢰할 수 있는 기법을 적절히만 사용한다면 혁신의 기회를 가져다줄 해결 과제에 대한 큰 통 찰을 얻게 될 것이다.

팀 브레인스토밍

해결 과제를 발견하는 작업은 뜻밖에 쉽게 시작할 수 있다. 동료를 한 자리에 모아 놓고 해결 과제 개념에 대해 설명하라. 그리고 새로운 성장 기회가 될, 잠재성이 높은 해결 과제를 알아내기 위해 대화를 시작하라. 앞서 설명한 '해결 과제에 기반하여 시장 보기'에서 제시했던 질문들을 사용해 논의를 이끌어나가라.

이노사이트가 경험했던 예를 살펴보자. 이노사이트는 무선기기에 대 한 전략을 마련하려는 미디어 회사를 도운 적이 있다. 이 프로젝트를 맡 은 팀은 90분 동안 고객이 중요하게 생각할 것이라 여기는 30개의 해결 과제 목록과 이러한 과제를 해결하기 위해 고객이 사용할 방법 12개를 도출했다. 분명히 이때 나온 해결 과제 관련 아이디어들은 다음에 좀 더 확인하고, 다듬고, 우선순위를 매겨야 했지만 이 팀이 만든 초안은 앞으로의 논의를 매우 능률적으로 만들었다.

브레인스토밍 시간에는 배경에 대한 같은 이해를 공유하기 위해 시작점을 확보하는 게 좋다. 예를 들어 특정 고객 집단, 기술, 상황과 같은 사항들이 만들어낼 수 있는 조합으로부터 논의를 시작하는 것이 좋다. 이런 종류의 기반을 탄탄하게 만들어놓지 않는다면 논의는 목적지를 잃고 표류하게 될 가능성이 매우 커진다.

논의의 뼈대를 만들고 브레인스토밍이 원활히 이루어지도록 하는 데 도움을 주는 좋은 자원들[2]이 많은데 우리에게 도움이 되었던 몇가지 방식을 소개한다.

- **자극을 제공하라** 브레인스토밍을 시작하기 전에 사전정보를 주어라. 예를 들어 시장조사보고서, 도발적인 기사, 새롭게 떠오르는 신상품에 관한 정보 같은 것 등을 생각할 수 있다. 일부 고객과의 인터뷰를 비디오로 촬영해 이를 보여줄 수도 있다.
- **다양한 내부 집단을 모이게 하라** 혁신의 세계에서 통용되는 오래된 믿음 중 하나는, 혁신은 '교차점'에서 일어난다는 것이다.[3] 다양한 내부 집단을 함께 뒤섞는 것은 이 같은 교차점과 교류를 증진하고 창의적인 사고를 촉진하는 데 도움을 준다.
- **엄선된 외부 인사들을 참여시켜라** 경영자들은 '기업비밀'이 공개되는 것을 꺼리기 때문에 외부 인사들이 개입되면 논의가 진전되지 않을 수도 있다. 그러나 엄선한 고객과 공급자, 파트너 등은 논의과정에

서 매우 가치 있는 관점을 제시한다. 버지니아 주의 지역신문사 리치먼드 타임스 디스패치The Richmond Times-Dispatch는 작은 기업체 소유주 4명을 점심에 초대했다. 그리고 그들에게 매일 겪고 있는 문제가 무엇인지 물어보았다. 이날 점심 시간에만 혁신 잠재성이 높은 6개의 아이디어가 나왔다. 이와 같은 방식으로 관련 전문가, 미래전문가, 관련 산업 종사자들은 혁신 추진 팀이 놀라울 정도로 기발한 통찰력을 얻는 데 도움을 줄 수 있다.

몇 년 전, 모토로라의 엔지니어들과 마케팅 담당자들은 잠재적 사업기회에 대해 논의하기 위해 버튼 스노보드Burton Snowboards사를 방문했다. 첫 만남의 목적은 단지 두 회사가 협업할 영역이 있는지를 살피는 것이었다. 그날 만남의 결과, 두 회사는 스포츠 마케팅 제휴 협정을 맺은 것은 물론, 함께 일련의 상품을 만들어내기로 합의했다. 모토로라 전화기의 사용을 기술적으로 최적화시킨 버튼 사의 재킷과 블루투스 장치가 내장된 스노보드 헬멧 제품 등이 그것이다.

포커스 그룹과의 상호작용

포커스 그룹 인터뷰는 고객에게 피드백을 얻고 시장에서 해결할 과제에 대해 더 많은 것을 알 수 있는 가장 믿을 만한 방법 중 하나이다. 이 방법은 본질적으로 고객과 혁신에 대해 논의를 시작하는 큰 돈 들지 않는 방법이다. 포커스 그룹 인터뷰는 브레인스토밍 회의에서 나온 많은 해결 과제를 명확히 정의하고, 몇 개의 과제를 목록에 추가하며, 대략 어떤 해결 과제가 가장 혁신 가능성이 높은지를 파악하고, 특정 아이디어에 대한 직접적인 피드백을 얻는 데 특히 유용하다.

그러나 포커스 그룹 인터뷰에 지나치게 많은 것을 기대해서는 안 된다. 특히 고객이 해결책을 내놓을 수 있다고 기대해서는 안 될 것이다. 고객은 자신들이 일상에서 겪는 문제점은 잘 설명하지만 그 문제에 대한 해결책을 내놓는 능력은 갖추고 있지 않다. 나아가 고객은 이미 존재하는 해결책을 기반으로 생각하고 응답하므로 새로운 해결책을 깊이 있게 생각하기는 어려울 수밖에 없다.

또한 새로운 제품을 설명할 때 고객에게 많은 주의가 요구된다. 특히 신상품이 이전 상품과 현저히 다를 경우 될 수 있으면 신상품을 눈에 보이는 형태로 (완성품까지는 아니더라도) 만드는 것이 바람직하다. 한 예로 P&G가 미스터 클린 매직 이레이저Mr. Clean Magic Eraser라는 혁신제품을 개발하던 때를 살펴보자. 이 제품은 크레용 등 지우기 어려운 벽의 낙서를 그야말로 '마법처럼' 지워주는 것이었다. P&G는 제품의 크기만한 나무토막을 고객들에게 보여주며 "이 나무토막으로 무엇을 할 수 있을지 상상해보세요"라고 말했다. 아무리 다듬어지지 않은 기본 표본이라도 고객들이 상품을 시각화하는 데 도움을 준다.

포커스 그룹 인터뷰 이상으로, 고객과의 일대일 심층 인터뷰는 기업이 특정 영역을 상세히 파악하는 데 도움이 된다. 인터뷰나 포커스 그룹 토의를 할 때는 특히 다음과 같은 상세한 질문들을 염두에 두면 유용하다.

- 여러분이 겪고 있는 문제는 무엇입니까? 그 문제를 해결하는 데 왜 신경을 쓰고 있습니까(왜 중요합니까)?
- 그 문제를 풀기 위해 지금 어떤 방법을 쓰고 있습니까?
- 문제를 해결하는 데 그 방법 말고 어떤 다른 방법을 생각할 수 있습니까?
- 여러분이 현재 사용하고 있는 옵션을 선택한 이유는 무엇입니까?

- 현재 옵션에서 어떤 점이 좋습니까?
- 현재 옵션에서 어떤 점이 좋지 않습니까?
- 그 문제의 해결을 방해하는 장애요인으로는 무엇이 있을까요?
- 그 문제를 해결하는 과정에서 여러분 말고 관련된 다른 사람들은 누가 있나요? 여러분과 그 사람들의 관계는 어떠한 특성이 있습니까?

최종 고객으로 생각하는 사람과의 인터뷰가 전부는 아니다. 고객들과 상호작용하거나 최종 소비자에게 상품과 서비스를 전달하는 사람들에 대해서도 생각해봐야 한다. 예를 들어 휴대전화 제조사라면 실제로 최종 소비자와 관련을 맺는 휴대전화 통신사, 유통업자, 판매자를 생각할 필요가 있다. 각 집단은 무시될 경우 문제를 일으킬지도 모르는 다양한 해결 과제를 가지고 있을 수 있다.

휴대전화 매장에서 휴대전화를 판매하는 10대들은 고객이 구매를 결정하는 데 큰 영향을 미치며 어떤 휴대전화가 최고로 잘 팔리는지에도 명확한 관점을 갖고 있다. 10대 판매자는 더 많이 팔기 위해 고객이 가장 문제없이 사용할 수 있는 제품을 추천할 것이다. 버라이즌이나 티모바일T-Mobile 같은 통신사의 구매담당자는 다양한 소매가격대에서 제시할 수 있는 휴대전화의 전체 포트폴리오를 구성하는 데 관심이 많을 것이다. 다양한 소매가격대에서 제시할 휴대전화 혹은 영향력 있는 판매사원이 선호하는 휴대전화는 고객에게 초점을 맞춰서는 알 수 없는 사항들이다. 즉, 각각의 영역에 대한 종합적인 그림을 그리도록 항상 노력해야 한다.

모토로라는 전략수립과 제품 개발 과정에서 포커스 그룹, 인터뷰, 패널 그리고 기타 시장조사 방법을 사용하고 있다. '고객에 관한 통찰과 지혜Consumer Insights and Intelligence'라 불리는 집단은 시장 모니터링, 조사계획 수립, 신상품 조사(사용 후기 조사 또는 인체공학적 사용 조사 등), 시장의 영향력을 조사하는 데 중심적인 역할을 한다. 포커스 그룹 조사 외에도 브랜드, 소매, 광고 조사와 같은 다른 트렌드 조사가 보완적으로 실행되고 있으며 상품기획자와 마케팅 담당자를 돕는 여러 방법론 또한 활용되고 있다.

고객 관찰하기

고객은 자신이 생활 속에서 겪고 있는 불편을 말로 정확히 표현하지 못하는 경우가 많다. 대신 고객은 미처 자신도 인식하지 못한 방식으로 자신이 느끼고 있는 불편을 해결하고 있을지도 모른다. 고객을 자세히 들여다보는 것(또는 고객 다이어리와 같은 관련 기법을 사용하는 것)은 이처럼 말로 표현하기 어려운 고객의 해결 과제를 알아내는 중요한 방법이다.

예를 들어, 많은 건강보험회사는 건강보험에 가입하지 않은 4,700만 명의 미국인을 유치할 방법을 찾기 위해 고심하고 있다.[4] 이 회사들이 특히 난처해하는 대상은 금전적 여유는 있지만 보험 상품을 구매하지 않는 젊은 고객이다. 많은 보험회사는 젊은이들이 보험에 가입하지 않는 이유를 그들이 보험이 필요 없을 만큼 건강하리라고 잘못 생각하고 있기 때문이라고 가정한다.

블루 크로스 오브 캘리포니아Blue Cross of California사는 젊은이들이 보험에 가입하지 않는 이유를 좀 더 상세히 알아보기 위해 20대 보험 미가입자 12명에게 여러 달 동안 건강관리와 관련해 내리는 결정을 기록하게 했다. 이 자료를 분석한 결과 몸이 건강할 것이라는 믿음이 건강보험 미가입에 대한 진짜 이유가 아님이 밝혀졌다. 오히려 현재 보험 상품들이 너무 복잡하고, 상품 내용이 20대들에게 별 혜택을 제공하고 있지 않다는 것이 진짜 이유였다.

따라서 이 회사는 '적극적인 미가입자'를 겨냥한 '토닉Tonik' 상품라인을 출시했다. 이 상품라인은 '위험추구형Thrill-Seeker', '위험계산추구형Calculated Risk-Taker', '파트타임족형Part-time Daredevil'과 같은 패키지로 구성되었다. 이 패키지들은 모두 기본 보장을 제공하고, 몇 번의 건강진단을 지원하며, 재앙으로 말미암은 피해도 보장했다. 나아가 이들 상품은 고용인의 부담을 높이는 방향으로 설계되었으며, 임신 관련 보장 같은 특약 조건은 제외되었다.

또 다른 관찰 기법 중에는 철저히 고객의 입장을 경험해보는 것도 있다. 크레디트스위스Credit Suisse's 은행 본사는 상급관리자들에게 '고객 관점의 몰입 경험'을 해보도록 했다. 상급관리자들이 은행 지점을 직접 방문해 고객들을 관찰하고, 일반 고객들처럼 직접 거래를 해보는 것이었다.[5] 이 과정을 통해 고객의 불편함을 경험한 상급관리자들은 크레디트스위스의 고객들이 겪고 있는 문제에 깊은 통찰력을 얻을 수 있었다.

깊이 있는 관찰을 수행하는 것은 비교적 비용이 많이 들고 복잡할 수 있다. 그러나 반드시 그런 것만은 아니다. 한 휴대전화 제조업체는 소매업자를 대상으로 한 상품의 잠재성을 평가했다. 회사 측 직원들은 전문가와 함께 세 곳의 가게를 뽑아 자세한 평가 작업을 진행했다. 그리고 이 과정을 통해 평가 작업을 학습한 직원들은 다른 가게에서는 스스로 평가 작업을 해냈다. 이들은 약 한 달 동안 2만 5,000달러(약 2,750만 원)의 조사비용으로 이 작업을 완수할 수 있었다.

나아가 고객 관찰을 회사 문화의 한부분으로 만들면 혁신적인 통찰력을 얻는 데 드는 추가 비용을 크게 줄일 수 있다. 금융 소프트웨어 제조사인 인튜이트는 고객을 직접 방문해 고객이 자사의 소프트웨어를 어떻게 사용하고 있는지 점검하는 것으로 유명하다. 이 방식을 처음 도입했을 때는 복잡하고 비용도 많이 들었다. 그러나 이제는 자연스러운 회사의 문화가 되어 누구도 귀찮다고 생각하지 않는다. 여러분의 회사가 특정 고객 집단과 정기적으로 상호작용을 한다면 고객의 피드백을 조직적으로 얻을 수 있는 정기적인 메커니즘과 방법론에 대해 생각해봐야 할 것이다. 예를 들면 신입사원들을 전화상담센터에 배치해 고객의 목소리를 직접 듣도록 해보라. 이는 고객의 고통을 직접 들을 수 있는 간단하고 빠른 방법이다.

대체행동 분석하기

문제를 만족스럽게 해결해주는 해결책이 없어 고객들이 '대체행동'을 택하거나 차선책을 택하는 상황을 찾아보라. 이것은 새로운 해결 과제 공간(또는 기회)을 발견하는 좋은 방법이 될 수 있다. 제품을 제품의 본래 용도가 아닌 다른 용도로 쓰는 고객이나 여러 개의 제품을 섞어 쓰는 고객들을 유심히 살펴보라. 이러한 대체행동은 고객이 속 시원히 과제를 해결해주는 최적의 상품을 갖고 있지 못하다는 신호이다.

1980년대 중반, 조지나 테리Georgena Terry는 여성들이 자전거를 고쳐 쓴다는 사실을 발견했다. 그 당시의 자전거는 여성들의 목과 어깨에 통증을 유발하는 구조로 되어 있었다. 자전거의 안장이 남성들에게는 편안하지만 여성들에게는 맞지 않았기 때문에 젤라틴 소재의 안장을 놓는 등 여러 종류의 대체행동을 하고 있었다. 테리의 회사인 테리 바이시클스Terry Bicycles는 여성 소비자에게 맞는 자전거를 개발해 성공했다.

또 다른 예로 지방신문에 안내광고를 싣는 지방업체의 대체행동을 생각해보자. 신문사는 이 업체들을 '광고주'라 부른다. 그러나 이들 회사가 진짜 해결하고 싶은 문제는 무엇일까? 사실 이들이 해결하고 싶은 문제는 광고가 아니다. 이들은 "내 브랜드가 굳건할 수 있도록 날 도와줘", "내 사업을 보다 안정적으로 만들어줘", "직원들을 뽑고 유지할 수 있도록 내 능력을 키워줘"와 같은 문제들을 해결하고 싶었다. 광고 자체는 해결 과제가 아니라 바로 대체행동인 것이다.

고객 사례 조사

고객의 해결 과제에 관한 놀라운 사실을 밝혀내는 방법으로는 제럴드 버스텔Gerald Berstell과 데니즈 니터하우스Denise Nitterhouse가 명명한 '고객 사례 조사customer case research(CCR)'가 있다. 고객 사례 조사는 고객의 제품 구매 결정에 초점을 맞춘다. 구매과정은 풍부한 정보의 원천이다. 왜냐하면 버스텔과 니터하우스가 언급한 것처럼 '사람들의 구매과정속에는 언제나 이야기가 있기 때문'이다.[6]

고객 사례 조사는 고객들에게 "무엇이 구매를 결정하게 했습니까? 어떤 다른 대안을 고려해보았습니까? 왜 그런 선택을 하셨습니까?" 등과 같은 질문을 던짐으로써 고객이 결정해온 구매과정에 대해 심층적으로 인터뷰한다. 버스텔과 니터하우스는 조사자들은 이야기의 밑바닥을 캐내는 기자처럼 행동해야 한다고 조언한다.

훌륭한 고객 사례 조사는 매우 놀라운 사실을 밝혀낸다. 한 예로 타이어를 교체 구매한 100여 개의 사례에서는 구멍이 나서 새 타이어를 구매한 경우는 극히 소수라는 결과가 나왔다. 오히려 타이어가 내는 소음이 최근에 새로 산 고급 카스테레오나 카폰으로 음악을 듣는 데 방해가

돼 교체한 경우가 많았다. 조사를 의뢰했던 자동차 타이어 제조사는 그 전까지 새로운 오디오 기기에 걸맞도록 자동차의 음향 환경을 개선해야 한다는 해결 과제는 생각해본 적도 없었다.

성공요소 2가지

지금까지 설명한 방법들을 사용하려면 다음의 2가지 성공요소를 기억해야 한다.

1. 해결 과제에 대한 단서를 종합하고 밝히기 위해 다양한 기법을 사용해야 한다. 즉 심층기사를 쓰는 기자처럼 행동해야 한다.
2. 해결돼야 할 과제 모델과 일관된 질문을 던져라. 고객의 문제점은 정보 방정식의 중심, 즉 핵심에 놓여야 한다. 고객들에게 던지는 질문은, 제시하는 해결책에 대한 고객의 반응을 알아내는 것보다 고객의 문제점을 이해하는 데 초점을 맞추어야 한다.

P&G는 혁신의 기회를 발견하는 데는 세계적인 명성을 자랑한다. CEO인 A. G. 래플리는 고객들의 해결 과제가 무엇인지 이해하기 위해 고객이나 소비자와 시간을 보내는 것이 매우 중요하다며 다음과 같이 말한다. "우리가 하고 있는 B2C 비즈니스(물론 B2B 비즈니스에서도 비슷하리라 생각합니다만)에서 소비자나 고객은 자신들이 무엇을 원하는지, 무엇이 필요한지 말로 잘 표현하지 못합니다. 이러한 점 때문에 우리는 고객, 소비자들과 함께 굉장히 오랜 시간을 지내야만 합니다. 고객이나 소비자들이 말로 표현하기 어려운 요구사항들을 우리가 이해해야 하는 것입니다."

해결 과제의 우선순위 매기기

해결 과제 목록을 길게 작성하는 것 자체가 목적이 아님은 여러분도 잘 알고 있을 것이다. 해결 과제 중심의 사고방식을 권하는 이유는 새로운 성장전략을 창출할 잠재력이 큰 사업기회를 발견하기 위해서이다. 어떠한 해결 과제가 성장의 발판이 될 수 있을까? 이에 대해서는 아래와 같은 3개의 간단한 질문이 도움을 줄 것이다.

- 해당 해결 과제가 고객에게 중요한가?
- 해당 해결 과제가 상대적으로 자주 일어나는 편인가?
- 현재의 방법으로 해결 과제를 잘 처리할 수 없어 짜증과 불만을 느끼는가?

각 질문에 '예'라는 대답이 나오면 여러분은 새로운 해결책을 절실히 필요로 하는 해결 과제 영역을 찾은 것이다(더 체계적인 등급평가체제에 관심이 있다면 〈도구 4-1〉 참조). 그런데, 앞의 두 질문(중요성과 빈도)에는 '예'라는 대답이 나오고 마지막 질문(고객의 짜증과 불만)에는 '아니오'라는 대답이 나온 상황이라면 좀 더 주의를 기울여야 한다. 해결 과제가 아무리 중요하더라도, 고객이 과제를 해결하고 있는 자신의 현재 능력에 만족하고 있다면 지금의 해결책을 바꾸게 하기는 매우 어렵다. 다시 말하면, 이미 만족한 고객(설사 전혀 소비하고 있지 않더라도)을 대상으로 사업기회를 찾으려는 기업은 더 신중해야 한다. 흔히 기업은 자사의 시장 침투율을 보고 성장을 쉽게 생각하기도 한다. 소비하지 않는 사람들이 많으니 이 사람들을 설득해 소비를 권하면 된다고 여기는 것이다. 그러나 기업이 제시한 해결책으로 해결 가능한 문제 자체가 별로 중요하지 않기에 소비하지 않는 사람들이 존재한다는 것을 명심해야 한다.

〈도구 4-1〉 해결 과제 점수표

설명

해결 과제: 특정 상황에서 소비자가 안고 있는 근본적인 문제

중요도: 문제를 해결하는 것이 고객 관점에서 얼마나 중요한가.

1점(전혀 중요하지 않음)~5점(매우 중요함)의 척도로 평가

발생 빈도: 소비자의 일상에서 해당 문제가 발생하는 빈도.

1점(거의 발생하지 않음)~5점(매우 자주 발생)의 척도로 평가

짜증 및 불만: 현재의 해결책에 대해 소비자가 느끼는 짜증 또는 불만 수준.

1점(매우 만족)~5점(매우 짜증 또는 불만)의 척도로 평가

점수: (중요도+발생 빈도) × 짜증 및 불만 점수의 범위는 최소 2점에서 최대 50으로 산출됨

순위: 해결 과제의 우선순위(해결 과제 리스트상의 다른 과제들과 상대적으로 비교)

해결 과제	중요도	발생 빈도	짜증 및 불만	점수	순위
1.					
2.					
3.					
4.					
5.					
6.					
7.					
8.					
9.					
10.					

위에서 언급한 3개의 질문은 해결 과제 목록을 빨리 정리하는 데 큰 도움이 된다. 그러나 어떤 환경에서는 해결 과제의 우선순위를 정확히 매기고 고객들이 다양한 해결 과제들 간의 상쇄관계를 고민한 뒤 내린 선택을 규명하는 데 도움이 되는, 상세하고 양적인 조사가 필요하다. 정량 서베이리서치 시행을 도와주는 전문 회사는 많다. 다음은 정량 조사를 하려는 이들에게 도움이 될 조언이다.

- **목표 고객이 이해할 만한 방식으로 해결 과제를 기술해야 한다** 예를 들어 고객이 의사일 경우 '고객의 결제를 신속하게'라는 과제 서술문에는 쉽게 반응하겠지만 '내 의료비의 해당일 외상채권을 극소화할 수 있도록'이라는 과제 서술문은 이해하기 어려울 것이다.

- **가장 중요한 고객 이외의 사람들과도 인터뷰하라** 여러분의 가장 중요한 고객은 거의 문제가 되지 않는다. 문제는 여러분 회사의 제품에 행복해하지 않는 고객 그리고 여러분 회사의 물건을 전혀 구매하지 않는 비고객층이다. '어차피 우리 제품을 구매하지 않는 사람들'이라고 생각해 이들을 무시해서는 안 된다. 오히려 그들이 왜 행복해하지 않으며 여러분이 어떻게 하면 그들을 행복하게 해줄 수 있을지에 대한 답을 얻도록 노력해야 한다.

- **해결 과제의 목표가 무엇인지 물어보라** 해결 과제에 대해서만 묻지 말고, 과제를 더욱 잘 해결해주는 신상품이나 새로운 서비스의 특성, 즉 해결 과제의 목표에 대해서도 물어보아야 한다.

- **고객이 고민하는 서로 다른 해결 과제 간의 상쇄관계를 이해하도록 노력해야 한다** 군집(클러스터) 분석과 결합(컨조인트) 분석은 이러한 고객의 상쇄관계를 명확히 발견하는 데 도움을 주는 통계방법이다.

- **현재 존재하지 않는 시장에 대해 마케팅 조사를 할 때에는 신중을 기해야 한다**
  존재하지 않는 시장은 측정될 수 없고 분석될 수 없음을 명심하자. 이러한 환경에서는 종종 질적 조사가 양적 조사보다 더 신뢰성 있는 데이터를 제공한다.

정량 조사를 통해 도출한 데이터의 양이 압도적으로 많긴 하지만, 그 분석결과는 실행 가능한 전략으로 이어질 수 있다. 한 의료기기 회사의 사례를 살펴보자. 이 의료기기 회사는 자사의 고객들이 가진 해결 과제를 이해하고 싶었다. 이 회사의 고객들은 자사의 기기를 사용하는(몇몇은 사용하지 않는) 의사들이었다.

4개월 동안 조사팀은 40개 이상의 해결 과제를 알아내어 해결 과제의 우선순위를 매겼으며 그 같은 과제를 제대로 해결할 수 있는 구체적인 전술대책 30개를 찾아냈다. 그리고 3개의 고객 집단을 알아냈다. 첫 번째 집단은 최첨단 기능을 갖춘 최고급 제품을 선호했고, 두 번째 집단은 간단하고 사용하기 쉬운 제품을 선호했다. 세 번째 집단은 새로운 아이디어나 방법을 실험해보는 것을 좋아했다.

회사가 세 집단과 이들의 인구통계학적 정보를 교차분석한 결과 놀라운 사실이 드러났다. 세 집단 중 나이나 교육 수준 같은 전통적인 인구통계학적 분류와 연관성을 갖는 집단은 하나도 없었다. 대신 고객 집단은 해결해야 할 공통의 과제를 공유했거나, 교육과 상관없는 다른 특성(기기를 사용해 수술한 횟수)과 연관되어 있었다. 이러한 조사를 통해 회사는 개선할 상품의 우선순위를 알게 되었을 뿐 아니라, 시장을 세분하는 새로운 방법을 찾아내어 소비를 크게 늘릴 전략을 개발할 수 있었다(이 장의 도입부 '이론 다시보기:해결 과제'에서 언급한 '다른 개념들과 과제 개념의 차이점'은 과제 기반의 세분화 방식과 다른 세분화 방식의 관계를 깊이 있게 다루고 있다).

혁신의 수명 곡선에 통달하기

이 책은 주로 새로운 성장 사업을 창출하는 데 초점을 맞추고 있지만, 해결 과제 개념은 혁신의 수명 곡선 전반에 적용되는 개념이다.[7] 혁신이 성공하려면 시장의 수요가 있어야 한다. 그래서 혁신하려는 기업은 수요 공략 방법을 찾아야 한다. 혁신 수명 곡선의 초기 단계에는 혁신을 최적화하는 것이 혁신 기업의 주요 과제이다. 이후 혁신 기업은 수익성 있게, 지속적으로 가치를 창출하기 위한 창의적인 방법을 찾으려고 노력한다. 시장은 진공상태가 아니므로 혁신에 성공하려는 기업은 떠오르는 경쟁자를 반드시 물리쳐야 한다. 혁신 수명 곡선의 마지막 단계, 즉 혁신의 효과가 약해져 시장이 성숙기로 접어들 때에는 성장을 재활성화할 수 있는 새로운 방법을 찾아야 한다. 해결 과제 중심의 사고는 이와 같은 혁신 수명 곡선의 각 단계마다 혁신 기업에 도움을 줄 수 있다.

1단계 수요 발견하기

해결 과제 중심의 사고는 시장에서 혁신의 기회를 발견하는 데 도움을 준다. 이미 자세히 설명한 것처럼, 혁신 사업의 기회는 기본적으로 존재하지 않는 해결 과제를 발견하거나 현재의 해결책이 비효과적일 때 나온다. 다음으로는 어떤 사람이 새로운 기술이나 상품을 사용하고 싶어 하는지 살펴보아야 한다.

〈그림 4-3〉은 해결책에서 시작하는 것이 사업기회를 찾아내는 것과 어떻게 연결되는지를 보여준다.[8] 즉 혁신을 시작하기 전에 기업들은 시장을 이해하기 위해 많은 노력을 기울이기도 하지만 경우에 따라서는 이러한 과정이 반대로 진행되기도 한다. R&D 분야에서는 실험실에서 퇴근한 과학자가 다음 날 아침 출근해보니 이전에 본 적 없는 새로운 혼합물질이 생겨나 있었다는 이야기를 흔히 접하곤 한다. 많은 기업은 누가 자사의 상품에 관심을 두고 있는지 알고 싶어 한다. 그리고 동시에 많은 기업은 우연이든 필연이든 자사가 이미 보유한 상품이 수용될 만한 시장과 고객을 발견해야 하는 과제를 안고 있다.

이런 상황에서는 자신이 보유하고 있는 해결책의 성능을 질서정연하게 (가치 판단 없이) 정리하는 것에서부터 혁신을 시작할 수 있다. 우리가 보유한 해결책으로 무엇을 할 수 있을까? 무엇을 할 수 없을까? 해결책을 통해 가능하거나 개선될 행동 혹은 활동에 대해 생각해야 할 것이다. 이러한 행동과 활동을 묘사할 때에는 구체적인 동사를 사용하는 것이 좋다. 그런 후, 해결책을 통해 극복할 수 있는 장애요인과 해결책을 통해 이룰 수 있는 목표가 무엇인지 평가한다. 그리고 마지막으로 이러한 목표들이 특별히 관련성을 갖는 환경과 이러한 환경에서 누가 해결책을 채택할 수 있을지를 브레인스토밍해야 한다. 열린 마음으로 위와 같은 과정을 수행한다면 다양한 기회와 함께 몇 년간 시장에서 유효할 해결책까지도 도출할 수 있다.

아칸소Arkansas소재, 위탁업체 그레이스 매뉴팩처링Grace Manufacturing의 사례를 살펴보자. 1966년에 설립된 이 회사의 핵심 사업은 반도체 업계에서는 흔한 에칭 기법을 사용해 복잡한 금속 부품을 제조하는 것

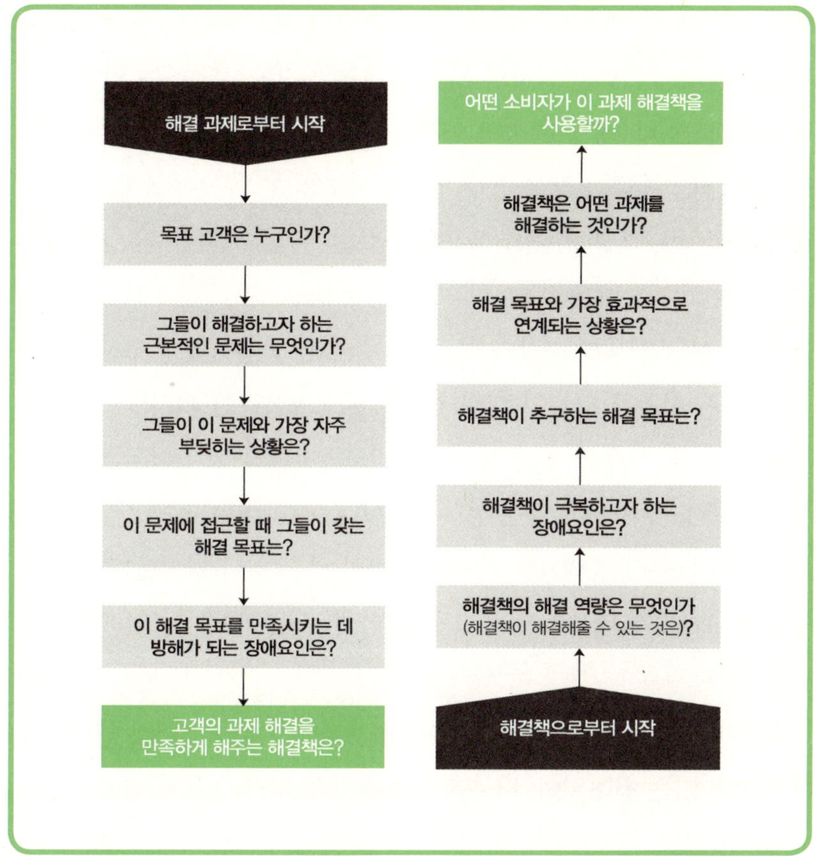

〈그림 4-3〉 서로 다른 시작점에서의 사업기회 발견

이었다. 광화학 에칭 기법은 디자인대로 모양을 내면서 얇은 막layer에 있는 금속을 제거할 수 있는 기술이다. 그레이스의 이 기술은 자칫 깨지기 쉬운 재료를 상하게 하는 기계의 힘을 사용하지 않고도 얇은 금속 부품을 만들어냈기에 금속 버어(burr: 표면의 꺼칠꺼칠함) 없이 부품을 생산할 수 있었다. 따라서 그레이스의 고객들은 이 기술을 필요로 했다. 그러나 광화학 에칭 기법에도 한계는 있었다. 이 기법은 두꺼운 재료에는 잘 맞지 않았으며, 이 기법으로 만든 부품은 다루기 어려울 정도로 모서리가 날카로웠다.

1990년 그레이스는 자사의 기술을 다른 시장에 적용하는 방법을 모색하기 시작했다. 해당 기술의 역량(금속 레이어를 제거해 가공한 부품을 만드는 것), 해당 기술이 극복할 수 있는 장애요인(얇은 금속도 오차가 거의 없게 작업하는 것), 해당 기술이 유용하게 쓰일 수 있는 환경(금속 버어 없이 부품을 만들고자 할 때, 날카로운 모서리가 수용 가능할 때)을 근본적으로 이해한 뒤, 회사는 섬세한 절삭과 다듬기가 가능한 응용기계에 초점을 맞추기로 했다. 이러한 결정에 대해 회사의 공동소유주인 리처드 그레이스Richard Grace는 다음과 같이 말했다. "지금까지는 금속이 너무 날카로워서 사용자가 주의를 기울여야만 했습니다. 우리는 이렇게 생각해봤습니다. '저기, 우리가 뭔가를 자르려 한다면 무슨 일이 일어날까? 도구는 얼마나 날카롭게 만들어야 하고, 이러한 도구는 어떠한 쓰임새가 있을까?'"9)

이러한 호기심이 오늘날의 '마이크로플레인 파일Microplane File'을 탄생시켰다. 이는 원래 손수 나무를 자르고 다듬을 수 있도록 설계된 도구였다. 꾸준한 연구와 우연한 발견이 거듭되면서, 마이크로플레인 제품 라인은 전자 목공장비를 위한 샌딩 디스크, 주방에서 사용하는 치즈 강판, 각질 제거를 위한 생활용품 등 각종 소비재 영역에까지 확장됐다.

그레이스는 자사의 기술이 유용하게 쓰일 다양한 환경을 생각해냄으로써 완전히 새로운 시장으로 확장해나갈 수 있었다.

2단계 해결책 최적화하기

혁신 성과를 달성하기 위해 기회를 발견하는 것만으로는 충분하지 않다. 기업은 혁신적인 제품을 출시하고자 할 때 중대한 도전과제에 직면한다. 사람들이 사고 싶어 하는 제품을 제대로 전달하기 위해선 가격과 특성 사이의 균형을 잘 잡아야 한다.

전통적인 마케팅 기법에서는 '고객들이 실제로 원하는 것이 무엇인지'를 알아내기 위해 서베이리서치나 포커스 그룹 인터뷰를 활용한다. 그럼에도 마케팅 조사 결과, 성능은 뛰어나지만 지나치게 비싸서 아무도 찾지 않는 제품이 선택되는 경우가 많다. 고객이 가치를 매기는 방식을 이해한다면, 고객이 가격과 특성 사이에서 망설이는 이유를 잘 알 수 있다.

한 대형 건강제품 생산업체는 해결 과제 개념을 영양 상품에 적용하는 과정에서 큰 통찰을 얻었다. 이 업체는 조사를 통해 심장질환이나 암 등 심각한 병을 치료하는 것부터 기초 건강을 유지하는 것까지 고객들이 만족하지 않는 해결 과제가 어떤 것인지 알아내길 원했다. 그래서 이들의 초창기 대응방식은 '모든 과제를 해결하기 위해 사용할 수 있는' 제품을 만드는 데 맞춰져 있었다. 그러나 조사가 계속되면서 고객이 원하는 것은 각각의 상황에 맞는 개별 제품이라는 것을 알았다. 만능 제품은 어떤 측면에서는 지나치게 많은 성능을 발휘했지만 다른 측면에서는 그렇지 못했다. 이 점을 알아낸 회사는 특정한 제품을 만드는 것으로 개발방향을 바꾸었다.

3단계 가치 수확하기

새로운 제품이 기존 고객들이 만족하지 못했던 과제를 해결하는 데 성공하면, 많은 기업은 전통적인 가격책정전략인 원가 가산 표적 마진 cost plus target(제품의 원가에다 업계에서 통용하는 마진을 더해 가격을 책정하는 것을 말한다_옮긴이 주)이상의 가치를 수확한다. 해결 과제를 깊이 이해하면 기업은 더 종합적인 관점에서 제품의 가치를 수확하기 좋은 (시장의) 위치에 자리 잡을 수 있다.

라텍스 화합물을 생산하는 세계적인 화학회사의 사례를 살펴보자. 이 회사는 전통적으로 제지업계에 톤 단위로 제품을 팔아왔다. 비유해서 이야기한다면 이 화학회사는 자사의 제품을 업무용 종이를 만드는 과정에서 펄프를 지지하는 바인더 정도로만 정의했다.

그러나 최종 수요자 시장을 신중히 연구한 결과, 고속 복사기를 사용하는 고객들이 2가지 점에서 큰 불편을 겪고 있음을 알았다. 바로 잦은 종이 걸림과 잉크얼룩이었다. 화학회사는 자사의 라텍스 기술이 종이가 부드럽게 넘어가도록, 잉크가 새지 않도록 종이 조직을 바꿀 수 있다는 사실을 알아냈다.

즉, 이 회사는 '종이펄프를 묶는' 정도를 넘어서서 엄청난 가치의 과제를 해결했다. 이는 최종소비자의 사용 경험에 직접적인 영향을 미쳤고, 제지사에는 종이 가격을 올릴 기회를 제공했다. 제지사의 과제 해결을 도움으로써, 화학회사는 현재 자신들이 만들어낸 가치의 대가를 만끽하고 있다.

4단계 시장점유율의 방어

새로운 아이디어가 시장에서 탄력을 받기 시작하면 경쟁자들이 반드시 반응해오기 마련이다. 그러나 해결 과제를 인식한 기존의 사업자라면 그간 사수해온 시장을 포기할 필요가 없다.

한 의료기기 회사는 파괴적 혁신을 도모해 저렴한 가격의 '적합한' 해결책을 내놓은 한 경쟁자의 공격을 받았다. 물론 이 회사는 경쟁자에 대응하는 상품을 내놓을 수 있었다. 그러나 회사는 현재의 자사 제품을 최적화해 고객이 경쟁사의 제품에 끌리지 않게 할 방법을 모색했다.

이를 위해 회사는 의료계 종사자들의 목표 전반을 이해하고 그들이 중요하게 생각하는 임무가 무엇인지를 알아내기 위해 노력했다. 그 결과 이 회사의 제품을 이용하는 의사들이 환자들에게 임상 혜택 이상의 서비스를 제공하고 싶어 한다는 걸 알아냈다. 의사들은 의료기기를 효율적으로 사용할 방법에 대한 훈련과 다른 치료법보다 이 기기를 사용하는 치료가 어떤 장점을 가졌는지를 알릴 수 있도록 회사가 지원해주길 원했다. 또한 기기의 기능을 환자들에게 설명해줄 수 있는 도구를 지원하고 환자들이 치료비를 낼 때 도움을 주는 새로운 체제를 구축하길 원했다.

회사는 이 혁신방안을 추진함으로써 경쟁자들과 명확히 차별화할 수 있었다. 차별화를 이끌어내기 위해 자사의 제품을 혁신할 필요가 없다고 말하는 것은 아니다. 이 회사의 경우는 제품 대신 서비스 모델과 마케팅 메시지를 혁신했다. 회사가 일련의 혁신 해결 과제를 실행에 옮기기 시작한 지 18개월이 지난 뒤 경쟁자는 시장에서 모습을 감추었다.

5단계 성장의 재활성화

뜨겁게 달아오른 분야도 언젠가는 식는다. 해결 과제 기반의 사고는 회사로 하여금 범용화된 시장을 다시 흔들고, 다 죽어가는 제품을 되살릴 기회를 발견하게 함으로써 성장을 재활성화한다.

범용화된 것처럼 보이는 시장 흔들기　범용화라는 말처럼 경영진에게 본능적인 반응을 불러일으키는 단어는 없을 것이다. 모든 경영진은 왕관의 보석과 같았던 제품의 장점이 점차 사라지고 수익이 곤두박질치는 끔찍한 경험 한 번쯤은 있을 것이다. 이렇게 범용화가 진행될 때 혁신에 더 많은 투자를 하는 것은 오히려 문제를 악화시키는 경우가 많다. 제너럴 일렉트릭General Electric의 CEO 제프리 이멜트Jeffrey Immelt조차 범용화에 대해 다음과 같이 말했다. "우리 모두 범용화라는 지옥 같은 곳에서 멀리 떨어져 있지 않다."[10]

그런데 범용화는 정확히 무엇을 의미하는 것일까? 이는 상품의 특정 차원에서 성능이 개선되거나 발전하는 것에 고객이 더는 가치를 부여하지 않는 것을 의미한다. 이러한 사실이 고객이 가치를 느낄 만한 발전사항이 없다는 것을 의미하는 것일까? 대답은 대부분 '그렇지 않다'이다.

병원에 침대를 판매하는 힐롬Hill-Rom이 좋은 예이다. 병원 침대는 범용화된 제품의 특징을 모두 가진 것처럼 보인다. 그러나 1975년부터 1990년 사이, 힐롬은 병원 침대 시장의 점유율을 30퍼센트에서 90퍼센트까지 높였고 병원이 침대를 교체하는 빈도 또한 2배로 증가시켰다.

힐롬은 고객의 사업을 개선하는 방안을 찾아 많은 노력을 했다. 그 결과 병원 운영비의 상당 부분을 차지하는 간호사들이 매우 중요함을 발견했다. 간호사가 환자를 대하는 방식이 의료의 질에 커다란 영향을 미치는데도 간호사들은 환자가 바닥에 떨어뜨린 물건을 주워주거나 환자를 대신해 텔레비전을 켜주는 등 간호와 상관없는 업무에 지나치게 많은 시간을 쏟고 있었다.

힐롬은 간호와 상관없는 업무를 하지 않아도 되게 하는 침대를 만들어 병원이 비용을 절감하게 하는 동시에 자사상품을 차별화했다. 많은 병원들이 성능이 개선된 이 제품에 흔쾌히 더 많은 돈을 지불했다. 이러한 통찰이 시장을 소규모, 중간 규모, 큰 규모의 병원으로 세분한 데서 나온 것이 아님을 명심하라. 이는 병원의 수익성을 높이는 동인動因

에 대한 심층 분석이라는 고객의 과제를 깊이 이해한 데서 나온 결과였다('기업 대 기업 관계에서의 해결 과제' 박스 참조).

힐롬의 사례를 통해 범용화되었다고 여겨지는 시장에서도 차별화를 시도하고 제품에 높은 가격을 매길 만한 여지가 매우 많다는 사실을 배울 수 있었다. 따라서 그 여지를 활용하기 위해서는 현재의 제품이 고객의 중요한 해결 과제들을 처리하는 데 어떤 문제점을 가졌는지를 밝혀내는 신선한 관점이 필요하다.

이론 다시보기

기업 대 기업 관계에서의 해결 과제

해결 과제 개념은 기업을 상대로 하거나 소비자를 상대로 한 판매에 모두 적용될 수 있다. 기업에 판매한다면 1단계 과제는 상대적으로 쉽게 결정된다. 그 과제는 마치 오래된 격언처럼 '기업의 과제는 결국 수익이다The business of business is, after all, business' 라는 말에서 찾을 수 있다. 즉 고객기업이 돈을 벌기 위해 어떻게 조직화되어 있는지를 이해한 후 고객기업의 잠재적 수익을 제한하는 장애요인을 극복할 수 있도록 도와야 한다.

불론 많은 전문가가 말하듯 기업에 제품을 판매한다는 것은 복잡한 작업이다. 기업에는 복잡한 승인 절차 등의 시스템이 존재하기 때문이다. 잠재적인 고객기업을 이해하기 위해서는 그 복잡한 시스템을 더 자세히 들여다보아야 한다. 구매자, 영향을 미치는 사람, 최종 결정자 등을 전부 이해해야 할 것이다. 네트워크를 이루고 있는 각각의 사람들은 각자 다른 해결 과제를 가진 경우가 많다.

다 죽어가는 브랜드 회생시키기 많은 기업은 시간이 흐를수록 브랜드의 힘이 약해지는 것을 목격한다. 한때는 막강했던 브랜드도 핵심 고객이 나이를 먹고 브랜드와 밀접한 관계를 맺지 않은 새로운 세대의 고객이 많아지면 점점 쇠퇴해간다.

해결 과제 중심의 관점은 이렇게 쇠퇴해가는 브랜드를 되살릴 방법을 보여준다. 몇 년 전 P&G는 이 방법을 통해 미스터 클린 제품을 성공적으로 다시 살려냈다.

P&G는 다음과 같이 간단하면서도 강력한 질문을 던졌다. 1960년대와 1970년대, 브랜드가 강력한 힘을 가졌을 때 사람들이 미스터 클린을 사용했던 진짜 이유는 무엇이었을까? 결론은 깨끗하지 않은 것을 마법을 부린 것처럼 *깨끗하게* 만들었기 때문이었다.

이를 이해한 뒤 P&G는 '마법처럼 깨끗하게 할 수 없어' 고객들이 좌절한 환경과 상황이 무엇인지 적극적으로 찾기 시작했다. 그 결과 다음과 같은 경우가 나타났다.

1 우리 집 말썽꾸러기가 하얀 벽면을 예술적 감수성을 펼칠 이상적인 공간으로 삼았네요. 미스터 클린 이레이저는 지우기 어려운 낙서로 가득한 벽면을 깨끗하게 해주겠죠? 마치 마법처럼…….

2 나는 매일 4시간씩 차 안에 있는데 차는 금방 더러워지는 거 같아요. 전문 세차장에 갈 시간도 없고 그러고 싶지도 않은데, 비눗물로는 만족스럽지가 않아요. 하지만 미스터 클린 오토드라이Mr. Clean AutoDry는 그걸 해결해줘요.

3 변기 뒷면, 샤워기 뒤쪽, 싱크대 밑바닥 같은 곳을 청소하는 걸 좋아해요. 하지만 이 때문에 허리가 아픈 것을 감수하기는 어렵지

요. 미스터 클린 매직리치 배스룸 익스플로러Mr. Clean MagicReach Bathroom Explorer는 이런 문제를 말끔히 해결해줘요.

고객에게 미스터 클린을 고용해 처리하려는 과제가 무엇인지 물어봄으로써 P&G는 과제가 제대로 해결되지 못했던 상황을 해결하는 데 혁신 에너지를 집중할 수 있었고, 그 결과 미스터 클린은 과거의 명성을 되찾을 수 있었다.

더 생각해 보기

- 고객이 왜 여러분 회사의 제품이나 서비스를 사용하는지, 여러분의 진정한 경쟁자는 누구인지에 대해 동료와 30분간 토론하라.
- 여러분의 서류가방에서 상품에 관한 자료 몇 개를 꺼낸 뒤, 어떤 상황에서 이 제품들을 사용하는지와 그들이 얼마나 제대로 과제를 해결하는지를 기술하라.
- 고객과의 상호작용을 매일 일상적으로 해야 할 업무로 만들어라. 구체적으로 몇몇 고객을 꼭 방문해 그들의 일상을 들여다볼 수 있는지를 살펴보라. 관찰할 수 없다면 그들이 여러분 회사의 제품을 마지막으로 사용했을 때를 최대한 자세하게 기술하게 하라. 그 외중에 '왜'와 '어떻게'라는 질문을 계속해야 한다.
- 여러분 회사의 제품을 직접 구매하러 가본다. 판매사원들과 여러분 회사의 제품, 경쟁사의 제품에 대해 이야기를 나누고 판매사원이 어느 하나를 더 권했다면 그 이유가 무엇인지를 잘 파악하라.

- 목표에 대해 생각할 때, 감성적이고 사회적인 요인들이 종종 기능적 요인만큼 중요하다는 사실을 명심하라.

- 고객이 누구인지를 명확히 이해하라. 특히 유통망이나 가치사슬상에서 수많은 고객이 존재할 때 고객을 명확히 이해하는 것이 훨씬 중요함을 명심해야 한다.

- 해결 과제의 후보들을 알아내기 위해서는 폭넓게 생각해야 한다. 진정한 경쟁자는 고객이 하고 있는 대체행동이나 고객이 느끼는 간단한 좌절 또는 불만일 수도 있음을 기억하라.

- 해결 과제에 대한 논의를 너무 복잡하게 생각하지 말고 동료들과 대화하는 것처럼 혹은 고객 한 명과 인터뷰하는 것처럼 간단하게 시작하라.

- 항상 "왜?"라고 묻는 습관을 들여라. 이 간단한 질문을 통해 더욱 근본적인 과제가 밝혀질 수 있다.

- 고객과 상호작용하는 직원들에게 해결 과제 개념을 반드시 교육하라. 고객과 만나는 제일선 직원은 사무실 직원이 볼 수 없는 것들을 볼 수 있기 때문이다.

2부 사업 아이디어를 개발하고
구체화하는 법

이제, 발견한 사업기회를 활용하기 위해 혁신 아이디어를 수립하고 구체화해야 한다. 성공으로 가는 길에는 많은 지뢰밭이 있다. 그 과정에서 여러분이 옳은 방향으로 가고 있는지를 '확인할' 상세한 시장 데이터 하나 얻기도 쉽지 않다. 현재의 경쟁자들과 잠재적 경쟁자들은 호시탐탐 빈틈을 노리고 있다. 여러분은 파괴적 혁신에 성공하려면 매우 이상적인 방법을 따라야 한다는 사실을 알고 있을 것이다. 우리 또한 그동안의 경험을 통해 새로운 성장 사업을 창출하고자 하는 기업에는 사업기회를 평가하고 구체화하는 작업이 가장 큰 어려움임을 알고 있다.

2부에서는 패턴 인식이라는 개념에 근거해, 전통적인 방법과는 현저히 다른 접근방식을 취하는 이유를 설명할 것이다. 전통적인 규칙을 따르거나 별생각 없이 그저 열심히 사업을 하면서 좋은 운을 바라기 보다는 과거 사업의 성공과 실패 패턴을 인식하는 것이 훨씬 발전적이다. 5장은 파괴적 혁신의 기본 패턴에 맞춰 아이디어를 도출하는 방법에 대해 설명한다. 6장은 이러한 아이디어를 평가하고 구체화하기 위해 패턴을 어떻게 사용할지를 조언한다. 5장과 6장은 매우 밀접하게 연관되어 있다. 아이디어를 개발하고 평가하는 과정을 통해 제시된 해결책을 구체화하거나 정말 새로운 해결책을 만들어낼 수도 있다.

"우리는 《성공기업의 딜레마》에 나온 개념들을 활용해 2가지 방향에서 초점을 잡았다. 기업 소프트웨어를 파괴한 급진적인 기술(서비스로서의 소프트웨어)을 만들어냈을 뿐 아니라 고객들이 한꺼번에 대금을 내게 하는 방식 대신 구독하는 것처럼 지불하게 하는 매우 새로운 비즈니스 모델을 만들었다. 클레이튼 크리스텐슨 교수의 철학을 활용해 소프트웨어 산업을 근본적으로 파괴할 수 있었다."

마크 베니오프 Mark Benioff **, 세일즈포스닷컴의 설립자이자** CEO

파괴적 혁신 아이디어 개발하기

일부 경영자들은 혁신은 너무나 무작위로 나타나며 예측할 수 없어서 혁신의 최종 목적지로 향하는 길에서 길잡이가 될 만한 것은 아무것도 없다고 생각한다. 만약 혁신이 블랙박스와 같다면, 기업이 할 수 있는 일은 단지 1,000개의 씨앗을 뿌리고 그중 하나가 진정한 성장 사업으로 꽃피기를 앉아서 기다리는 것뿐일 것이다. 이는 컴퓨터로 꽉 찬 방에 1,000마리의 원숭이를 풀어놓고 이들이 셰익스피어 작품을 쓰기를 바라는 것과 같다. 설사 우연히 그런 일이 한 번 일어난다고 해도 다시 일어난다고 확신할 수는 없다.

새로운 성장을 이끌어낸 성공적인 전략들은 특정한 패턴을 보인다는 사실이 지난 20년 동안의 연구 결과 밝혀졌다. 이 책의 서두에서 상세히 설명했던 것처럼 파괴적 혁신에 기반을 둔 전략들은 상업적 성공으로 이어질 가능성이 크다. 파괴적 혁신 전략은 간단함simplicity, 편리함

convenience, 적절한 가격 수용성affordability, 접근 용이성accessibility과 성능 간의 상쇄관계를 조합해 기존 시장을 바꿔놓거나 새로운 시장을 창출하는 제품, 서비스 또는 비즈니스 접근방식을 의미한다.

이 장에서는 파괴적 혁신에 성공하기 위해 고수해야할 주요 원칙과, 파괴적 혁신 아이디어를 개발하는 프로세스에 대해 설명한다. 물론 혁신을 예측하기란 거의 불가능하다. 그러나 머릿속에 주요 원칙을 새기고 원칙이 제시하는 과정을 충실히 밟아간다면 잠재성이 큰 아이디어를 얻을 확률이 매우 높아질 것이다.

파괴적 혁신의 기본 원칙

많은 산업에서 파괴적 혁신에 성공한 사례들이 있는데, 이러한 성공을 만든 신생기업이나 기존 기업은 일반적으로 (암묵적이든 명시적이든) 다음과 같은 3가지 원칙에 충실했다.

1 과잉충족된 고객 또는 비소비자(또는 비소비 상황)를 공략하라.
2 '적합한 것'이 위대할 수 있다.
3 경쟁자들이 매력 있어 하거나 관심을 두지 않는 것을 하라.

이제부터 이와 같은 원칙들을 상세히 살펴보자.

원칙 1 과잉충족된 고객 또는 비소비자를 공략하라

파괴적 혁신은 일반적으로 특정한 고객군에서 시작된다. 소비를 제한하는 장애요인에 직면한 비소비자(2장 참조) 또는 현재의 제품에 과잉충족을 느끼고 있는 고객(3장 참조)들이 그런 고객군이다. 얼핏 보기에 이 고객 집단은 그다지 매력적이지 않아 보인다. 그러나 파괴적 혁신을 추구하는 기업이라면 매력적이지 않아 보이는 시장의 숨겨진 가치(마치 진흙 속의 진주)를 볼 수 있어야 한다.

1970년대에 콘크리트의 장력을 강화하는 강철봉bars of steel 시장을 매력적인 시장이라고 얘기하는 사람은 아무도 없었다. 고객 충성도가 낮고 마진 또한 매우 낮은 상황에서 콘크리트 보강용 강철봉은 범용화되어 있었다. 강철을 통합 생산하는 제철소는 이 시장을 멀리했다. 그러나 뉴코Nucor와 다른 미니밀Mini-Mill 방식의 제철소는 별 볼 일 없어 보이던 콘크리트 보강용 강철봉 시장을 매력적으로 만들 방법을 찾았다. 이들은 저가시장 고객이 만족할 매우 낮은 가격에 제품을 공급할 수 있는, 기존과 전혀 다른 방식의 생산기술을 채택했다. 이 외에도 도요타의 코로나, 사우스웨스트 항공, 델컴퓨터Dell Computer 모두 기존 제품에 과잉충족된 고객들에게 편리함, 낮은 가격, 고객맞춤화 방식으로 접근해 성공한 대표적인 사례이다.

컴퓨터 산업을 보면, 1970년대에 컴퓨터 기술을 선도했던 기업들은 대부분 자사의 뛰어난 엔지니어링 기술을 바탕으로 기업 시장을 목표로 삼았다. 낮은 가격대의 소형 컴퓨터도 20만 달러(약 2억 2,000만 원) 이상이었다. 이처럼 비싼 가격 때문에 컴퓨터 기술은 응용 엔지니어링 업무와 같은 기업 업무에만 사용될 수밖에 없었다. 기업들은 이렇게 비싼 메인프레임 컴퓨터를 거래 자료 처리와 같은 정말 중요한 업무에만 사용했다. 개인용 컴퓨터 제조업체들이 더 간편하고 적절한 가격대로 제품을 내놓기 전까지 가정용·개인용 컴퓨터 시장은 존재하지 않았다.

파괴적 혁신이론의 접근방식을 고려하기 시작한 기존 기업은 '기존의 고객에게 해결책을 제시하는 건 어떨까'라는 유혹에 직면한다. 이러한 생각 자체는 이치상 맞는 것처럼 보인다. 기업은 시장에서 관계를 맺은 고객을 보유하고 있고 새로운 사업이 성공하는 데 도움이 되는 브랜드 또한 보유하고 있다. 그러나 기존 고객에게 적합한 해결책을 제시하려면 성능의 부족함을 만회하기 위한 많은 투자가 필요하다. 이러한 방식의 투자는 파괴적 혁신의 본질에 대치된다. 더구나 기존 시장에 파괴적 해결책을 제시하는 것은 기존 사업의 접근방식을 유지·답습하는 것이었다. 이러한 관행은 기업이 파괴적 혁신 모델에 내포된 새로운 성장 가능성을 보지 못하게 만든다.

파괴적 혁신에 관한 연구결과는 기존 시장에 파괴적 해결책을 '밀어 넣는 것cramming'의 한계를 상세히 보고한다.[1] 인터넷 도입 초기, 대부분 신문사는 기존의 독자와 광고주를 위해[2] 자사의 오프라인 신문을 복사해 온라인에 올려놓았다. 신문사들은 웹에 등장하는 데는 성공했지만 온라인상의 안내광고와 디스플레이 광고는 오프라인 비즈니스 모델을 그대로 답습했다. 그리고 이들은 검색, 경매, 다이렉트 마케팅과 관련된, 매력적인 비즈니스 모델을 만들어낼 기회를 놓쳐버렸다. 이들의 실패는 오히려 새로운 기업들이 온라인 미디어 시장을 장악할 기회를 제공했다. 이 사례에서도 볼 수 있듯이 '밀어 넣는' 비즈니스 모델은 비용만 많이 들고 제대로 된 성과를 내지 못한다.

원칙 2 '적합한 것'이 위대할 수 있다

혁신을 추구하는 많은 기업은 현재의 해결책을 뛰어넘어 크게 성장하기를 원한다. 이때 본질적으로 더 멋진 게임을 펼치기를 바란다. 파괴적 혁신을 추구하는 기업은 게임의 방식이 기존과는 다르다. 파괴적 혁신의 핵심은 '상쇄관계trade-offs'라는 개념에 있다. 파괴적 혁신은 주요 고객이 중시했던 부분에서는 낮은 수준의 성능을 제공한다. 낮은 수준의 성능이란 기존의 고성능에 비해서는 낮다는 의미로 성능이 나쁘다는 것이 아니라 '적합한' 정도를 말한다. 그러나 한 부분에서 낮은 성능을 제공하는 대신 다른 중요한 부분에서 더 나은 성능을 제공함으로써 존재 가치를 인정받는다.

큰 성공을 거둔 DVD 대여업체 넷플릭스는 1998년 혁신적인 비즈니스 모델을 도입했다. 매달 보고 싶은 DVD 숫자를 정하고 그 숫자에 해당하는 월 대여료를 지불하는 방식이었다. 소비자는 넷플릭스의 웹사이트에서 보고 싶은 순서를 매겨 DVD를 고른다. 가장 보고 싶은 DVD를 다음 날 우편으로 받는다. 고객은 DVD를 원하는 기간 동안 가지고 있을 수 있다. DVD를 보고 동봉된 봉투에 담아 반납하면 넷플릭스는 고객이 정한 순서에 맞춰 그다음 DVD를 발송한다.

이러한 방식의 사업은 파괴적 혁신의 전형적인 특징을 그대로 보여준다. 편리함, 적절한 가격수용성, 접근용이성을 구현한 것이다. 넷플릭스의 이 비즈니스 모델은 연체료를 주 수입원으로 삼는 기존의 비디오 대여업자들에게는 매력적으로 보이지 않았다. 혜성처럼 등장한 넷플릭스의 간단한 비즈니스 모델은 엄청난 성공을 거두었다. 월마트Wal-Mart 같은 거대 경쟁사들이 내놓은 경쟁서비스의 위협을 물리치고 10억 달러(약 1조 1,000억 원) 규모의 업체로 성장하는 데 채 10년도 걸리지 않았다.

넷플릭스의 발송 방법은 물론 완벽하지 않았다. 오후 1시에 '오늘 저녁때 DVD를 보고 싶다'는 생각이 든다면 넷플릭스에서는 대여할 수 없었다. 원하는 모든 DVD를 우편함에서 받아볼 순 있었지만, 동네의 비디오 대여점이나 케이블회사의 방송수신기를 통해 주문형 비디오(VOD)에서 얻을 수 있는 즉시 만족 효과는 없었다(현재 넷플릭스는 인터넷을 통한 주문 방식으로 비즈니스 모델을 확장하여 이러한 평가를 바꾸어놓았다). 그러나 넷플릭스의 고객은 저렴한 요금과 다양한 선택권을 취하는 대신 즉시 만족이라는 부분은 기꺼이 희생했다(원하는 차원 간의 상쇄관계).

또 휴대전화에 부착된 카메라를 생각해보자. 휴대전화 카메라의 사진 품질은 고가의 필름 카메라나 디지털 카메라에 비할 것이 못 된다. 그러나 콘서트나 파티에 카메라를 가져갈 수 없는 상황이라면, 콘서트장이나 파티장에 도착했는데 깜빡 잊고 카메라를 가져오지 않은 상황이라면 어떻게 해야 할까? 품질이 낮더라도 휴대전화 카메라로 기꺼이 사진을 찍을 것이다. 휴대전화 카메라로 찍은 사진의 품질은 매우 뛰어나지는 않지만 적합한 정도의 수준은 된다. 사실 다른 누군가와 경험을 공유하고 싶다면 휴대전화로 사진을 찍어 곧바로 친구의 휴대전화나 이메일로 보내는 것이 디지털카메라로 찍은 후, 컴퓨터에 올려 이메일로 보내는 것보다 훨씬 좋을 수 있다.

기업은 흔히 처음부터 무엇이든 할 수 있는 만능 해결책을 추구한다. 그 결과 실제로는 잘 쓰이지 않는, 지나치게 기능이 많고 비싼 제품을 내놓게 된다. 품질은 상대적인 개념임을 명심하라! 고객이 원하는 해결 과제를 완벽하게 이해하기 전에는 상품이나 서비스가 좋은지 나쁜지를 판단할 수 없다. 기술자의 관점에서 완벽하다고 생각하는 해결책이 소비자에게는 복잡하고 성가시게 보일 수도 있다. 반면, 회사가 기준 이하로 여기는 해결책이 간편함과 적당한 가격으로 고객을 기쁘게 할 수도 있다.

물론, 이상적인 세계라면 기업은 기능이 완벽하고, 사용하기 쉽고, 고객 맞춤화가 가능하고, 가격도 저렴한, 완벽한 상품이나 서비스를 내놓을 수 있다. 그러나 현실 세계는 상쇄관계에 놓인 것들로 가득 차 있다. 이에 따라 좋든 싫든 때로는 기능적인 부분을 양보하는 대신 간편함, 적절한 가격수용성, 편리함을 통해 승리하는 새로운 사업 방식을 개발하는 게 가능함을 잊지 마라!

원칙 3 경쟁자들이 하지 않는 것을 하라

많은 경영학 책은 기업이 어떻게 경쟁자를 물리칠 수 있는지를 상세히 서술하고 있다.[3] 파괴적 혁신으로 성공하는 기업은 대부분 강력한 기존 사업자와 정면으로 충돌하려 하지 않는다. 신생기업이 시장지배기업이 매력적으로 생각하는 전략을 좇는다면 곧바로 반격당할 수 있다. 그리고 이 경쟁에서 승리를 거두기는 매우 어려울 것이다. 여러분이 시장에 새로 들어온 진입자라면 파괴적 혁신의 전쟁터에서 승리하기 위해 기존 사업자의 강점을 약점으로 바꿔놓아야 한다.

예를 들어 세일즈포스닷컴은 CRM(고객관계관리) 소프트웨어 시장의 지배기업이 매력적으로 생각하지 않는 방식으로 사업을 했다. CRM 소프트웨어는 기업의 판매 프로세스를 개선하기 위해 활용된다. 세일즈포스닷컴이 등장하기 전에는 SAP, 오라클, 시벨Siebel(후에 오라클에 합병됨)이 CRM 시장을 장악하고 있었다. 이들은 고객별 맞춤화 그리고 고객의 다른 소프트웨어 패키지와의 통합성·호환성을 고려해 설치해야 하는, 상대적으로 값비싼 제품을 판매했다. 여기에 고객들은 설치한 소프트웨어를 유지하기 위해서도 계속 비용을 지불해야 했다.

세일즈포스닷컴은 이와는 확연히 다른 방식을 택했다. 중앙 집중화된 호스트 컴퓨터에 프로그램을 설치하고 이 프로그램에 대한 연계서비스를 판매했던 것이다. 사용자들은 웹을 통해 데이터베이스와 접속하는 비용으로 매달 저렴한 요금을 지불했다. 이처럼 호스트를 통한 방식은 종종 느려지기도 하고 다른 장치와 완벽히 통합되지도 않았지만 그 대신 쉬운 사용법, 낮은 가격, 사용 목적에 따른 유연성(파괴적 혁신의 전형적인 특징)을 제공했다.

세일즈포스닷컴은 경쟁자들이 즉각적으로 대응할 필요를 느끼지 못하도록 몇 가지 전술을 썼다.

- **비소비자를 대상으로 사업을 시작했다** 세일즈포스닷컴이 CRM 소프트웨어를 사용하지 않았던 소규모 기업에 판매를 시작했을 때, 시장 선도 기업들은 전혀 신경을 쓰지 않았다. 비소비자를 목표로 삼는 것은 파괴의 교두보를 마련하는 훌륭한 방법이다.

- **경쟁자들이 탐내지 않는 고객을 목표로 삼았다** 세일즈포스닷컴은 시장에 차츰차츰 침투하면서 기존의 기업들이 수익성이 낮아 별 관심을 두지 않았던 중·소규모 사업자를 고객으로 끌어들이기 시작했다. 매력이 없어 보이는 고객을 대상으로 수익을 거둘 방법을 찾는 것이 파괴적 성장의 열쇠이다.

- **다른 유통방법을 채택했다** 대부분의 기존 기업은 대규모로 설치 작업을 하는 액센츄어Accenture 같은 기업들을 파트너로 삼고 있었다. 따라서 기업 입장에서는 중요한 유통 파트너를 자극하는 일은 꺼릴 수밖에 없었다. 한 예로 컴퓨터 제조업체인 컴팩Compaq은 델컴퓨터의 등장에 대응하려고 온라인에서 직접 제품을 판매하는 비즈니스 모델을 추진했지만 컴팩을 팔던 유통 기업의 거센 반발 때문에 이 새로운 사업 방식을 곧 포기하고 말았다.

- **기존 기업의 주요 수입원에 의존하지 않는 비즈니스 모델을 창출했다** 기존 기업은 고객별 맞춤화와 설치에 대한 대가로 높은 가격을 매겼고, 이에 따라 큰 수익을 얻을 수 있었다. 비싼 요금을 내지 않아도 되는 세일즈포스닷컴의 호스트 컴퓨터 연결 방식은 기존 기업들에는 매력적으로 보이지 않았다. 이와 유사하게 넷플릭스의 비즈니스 모델은 연체료를 받지 않는 방식이었는데 연체료에 크게 의존했던 경쟁자에게는 매력적으로 보이지 않았다.

일반적으로 파괴적 혁신을 좇는 기업은 기존 기업이 매력적이거나 흥미롭다고 여기지 않는 사업 방식을 택한다. 이러한 시장 진입 방식은 경쟁자가 대응할 시간을 최대한 늦추며 대응할 여지 또한 최소화한다.

디지털 비디오 녹화기(DVR) 기술을 개발한 티보TiVo의 사례는 혁신에 대한 경쟁자의 반응을 살피는 것이 얼마나 중요한지를 보여준다. 티보는 의심의 여지 없는 혁신 아이디어를 개발했다. 시청자들이 TV 프로그램과 쇼를 녹화해 언제든지 원하는 시간에 원하는 프로를 시청할 수 있도록 하는 기계였다. 이 사업 아이디어는 완벽히 새로운 시장을 개척하는 것이었다. 그러나 이 DVR 기술은 다른 기업들에도 단번에 매우 매력적으로 보였다. 고객이 원하는 순간에 원하는 프로를 보고 싶어 한다는 것은 케이블 회사들도 금방 알아챌 수 있었다. 케이블 회사들은 티보와 경쟁할 실험적 방법을 모색했다. 그들은 모토로라나 사이언티픽 애틀랜타Scientific Atlanta(현재는 시스코 소유임) 같은 방송수신기 제조사에 DVR 기능을 탑재해 달라고 요청했다. 이로써 케이블 회사들은 티보 제품을 뛰어넘는 장점을 제공하게 되었다. 케이블 TV 월 시청료에 비용을 조금 추가하는 방식으로 DVR 서비스를 값싸게 제공할 수 있었다.

DVR 시장을 개척해 확보하는 대신, 티보는 자사가 창출한 가치를 지키기 위해 자사보다 훨씬 탄탄한 재정과 동기를 가진 경쟁자들의 반격에 맞서야만 했다. 이렇게 어려워진 경쟁 상황에서 살아남기 위해 고심하던 티보는 고객이 정규 방송의 광고를 보지 않고 테이프를 앞으로 넘긴다는 사실에 주목했다. 그리고 프로그램 광고주들에게 고객정보를 가공판매하고 목표 고객별로 맞춤화된 특별 광고를 제공하는 등 새로운 수익원을 모색했다. 이러한 노력이 성공할지는 기다려봐야 알겠지만 티보는 자사가 만들어낸 시장에서 경쟁에 대응하기 위해 큰 비용을 써야만 했다.

혁신의 영향력을 진정으로 이해하려면 항상 시장의 관점에서 사업기회를 평가해야 한다. 도출된 새로운 접근방식에 대해 회사 내의 개인들은 파괴적이라고 생각할 수 있겠지만, 이에 대해 기존의 경쟁자들이 자신의 제품이나 서비스를 상대적으로 쉽게, 그리고 존속적으로 개선할 수 있다고 판단하는 경우엔 혁신 프로젝트의 성공 확률은 매우 낮아질 것이다.

아이디어 개발 3단계

수십억 달러의 수요를 창출할 아이디어를 만들어내는 일은 쉽지 않다. 그러나 우리가 제시하는 3단계 과정은 성공 잠재력이 높은 아이디어를 도출하는 데 유용하다. 이 단계들을 밟는 데 지나치게 오랜 시간을 투자할 필요는 없다. 혁신 기업의 머릿속에서 아이디어가 처음부터 완벽한 형태로 자리 잡진 않기 때문이다. 더구나 많은 조사와 분석을 거친다

해도 그 아이디어가 옳은 것인지를 완벽하게 증명하는 건 거의 불가능하다. 아이디어나 관점을 빨리 개발한 후, 다음 장들에서 언급될 행동을 실행으로 옮기는 것이 중요하다.

매 아이디어 개발 단계의 목표는 구체적인 아이디어를 개발하는 데 있다. 아이디어 개발 단계를 거치면서 다음의 2가지를 얻도록 노력해야 한다. 첫째, 목표로 하는 영역, 의도하는 것 그리고 성공하기 위해 해야 할 일에 대해 30개의 단어를 넘지 않는 선에서 요약하라. 다음에 제시하는 문장은 우리가 이 책에서 지금까지 살펴봤던 파괴적 혁신 성공사례를 몇 개 요약한 것이다.

- **인튜이트의 퀵북스:** 회계의 복잡함을 '덮어버리는' 간단한 제품을 제공함으로써 소기업 회계 소프트웨어 시장에 지각변동을 일으켰다.
- **다우코닝의 자이어미터:** 낮은 가격을 유지하면서도 매력적인 이익을 만드는 범용 실리콘제품의 판매를 표준화했다.
- **닌텐도의 위:** 게임을 하지 않던 사람들에게 비디오게임에 대한 접근성을 높이고, 그들이 쉽게 즐길 수 있는 컨트롤러를 개발함으로써 비디오게임 시장을 대중화했다.

둘째, 여러분의 아이디어를 구체적으로 요약하기 위해 소위 '아이디어 이력서'를 사용해야 한다(〈도구 5-1〉 참조). 〈도구 5-1〉에 있는 예시 질문들은 이 책에서 강조한 중요 개념을 활용해 사고하는 것을 '고정화·습관화'시키고 이 장에 제시된 혁신의 다양한 동인을 고려하는 데 도움을 줄 것이다.

〈도구 5-1〉 아이디어 이력서

아이디어 이력서는 아이디어의 본질을 포착하는 데 도움을 주는 간단한 방법이다.
아이디어 이력서는 4시간 안에 완성하는 것이 좋다.

우리의 전략적 의도는:	
이러한 의도를 달성하기 위해 우리가 사용할 수단은:	
교두보로 삼을 목표 고객은:	
우리 제품의 1.0 버전은(스케치나 그림 포함):	현재의 상품과 비교할 때 적합한 부분: 더 좋은 부분:
우리를 불안하게 하는 현재의 경쟁자 혹은 잠재적 경쟁자는:	
경쟁을 최소화하거나 피하기 위해 우리가 할 수 있는 것은:	
우리의 수익원은:	
우리의 수익 모델은:	
이 사업이 5년 안에 크게 성장하리라고 믿는 이유는:	
고정비를 낮게 유지할 방법은:	
우리는 어떤 제품과 서비스의 가치를 창출할 수 있는가:	
우리는 어떻게 제품과 서비스의 가치를 전달할 수 있는가:	
우리는 어떻게 제품과 서비스의 가치를 마케팅(커뮤니케이션)할 수 있는가:	

1단계 특정영역에 집중하라

특정한 아이디어에 초점을 맞추지 않고 아이디어의 실체를 얻기는 어렵다. 이 책을 순서대로 읽었다면 1장에서 언급한 성장 영역의 목록을 만들고, 2·3·4장에서 설명한 기법을 사용해 선택한 성장 영역에서 기회 탐색을 시작할 수 있다. 만약 이러한 과정을 따르지 않았다면, 여러분과 팀은 탐험할 영역에 대한 확실한 동의 과정을 거쳐야 한다. 올바르거나 잘못된 출발점이란 없다. 다음은 최근 이노사이트가 프로젝트에서 사용했던 출발점들이다.

- **고객 집단의 예** : 미디어 회사가 초점을 맞추었던 '일하는 엄마' 집단
- **지리적 영역의 예** : 산업재 회사가 초점을 맞추었던 '중국'
- **새롭게 출현하는 상품 영역의 예** : 금융서비스업체가 초점을 맞추었던 '역주택담보대출(대출금을 다 낸 사람이 집을 파는 대신 돈으로 받는 상품)'
- **트렌드의 예** : 에너지회사가 초점을 맞추었던 '재생에너지'
- **기술의 예** : 무선 센서

충분한 논의와 모색을 할 수 있을 만큼 폭넓게 영역을 탐구하는 것이 좋지만 동시에 구체적인 논의를 할 수 있을 정도로 영역의 폭이 구체화되어야 한다. 예를 들어, 중국이라는 영역 자체는 지나치게 광범위하다. '중국의 전기모터' 또는 '직원들의 임금을 감당하기 위해 애쓰는 중국 연안의 소규모 기업'과 같은 출발점이 더 적절하다.

목표 영역을 정한 후, 그 시장이 최근 어떻게 변해왔는지를 이해하기 위해 2~4장에서 논의했던 분석방법을 사용해야 한다. 먼저 소비를 제한하는 장애요인들을 발견하고, 현재의 상품과 서비스에 과잉충족된

시장층을 이해하며, 나아가 현재의 해결책으로는 해결하기 어려운 고객의 중요한 해결 과제를 밝혀낸다. 그리고 마지막으로 시장에서 경쟁자들이 어떻게 활동하고 있는지를 이해해야 한다.

첫 번째 단계를 수행한 후에는 목표로 삼은 영역을 한 문장으로 기술할 수 있어야 한다. 또한 목표로 삼을 고객과 그들이 현재의 해결책으로 적절히 해결하지 못하는 해결 과제에 대한 최소한의 예비지식을 터득하고 있어야 한다.

성능 지도로 기회 찾아내기　2005년에 출간된 《블루오션 전략Blue Ocean Strategy》에는 성능 지도performance map라 명명된, 제대로 된 해결책을 도출하는 데 도움이 되는 매우 유용한 기법이 소개되어 있다(《블루오션 전략》에서는 이 성능 지도를 '전략 캔버스'라 명명했다).[4] 파괴적 혁신에 이 성능 지도를 적절히 응용하면, 혁신 기업이 기존 기업과 다른 방식으로 문제를 해결하는 방향으로 상품이나 서비스의 성능을 변화시켜나가는 데 간결하면서도 강력한 지침이 될 수 있다.

〈그림 5-1〉은 영상비디오 서비스에 관한 성능 지도의 예이다. 수평축은 영상비디오의 해결책을 고려할 때 소비자들이 생각하는 목표들을 보여준다(목표에 대한 개념은 4장에서 논의되었는데 해결책이 어떻게 고객의 문제를 해결해주기를 원하는지를 나타낸, 즉 해결책에 대한 고객 요구의 특성을 의미한다). 그림 안에는 목표별로 서로 대안이 되는 해결책이 차지하는 위치가 표시된다. 구체적으로 각각의 해결책이 목표 항목별로 적합하지 못함, 적합함, 수월함, 과잉충족됨의 위치 중 하나를 차지하게 된다.

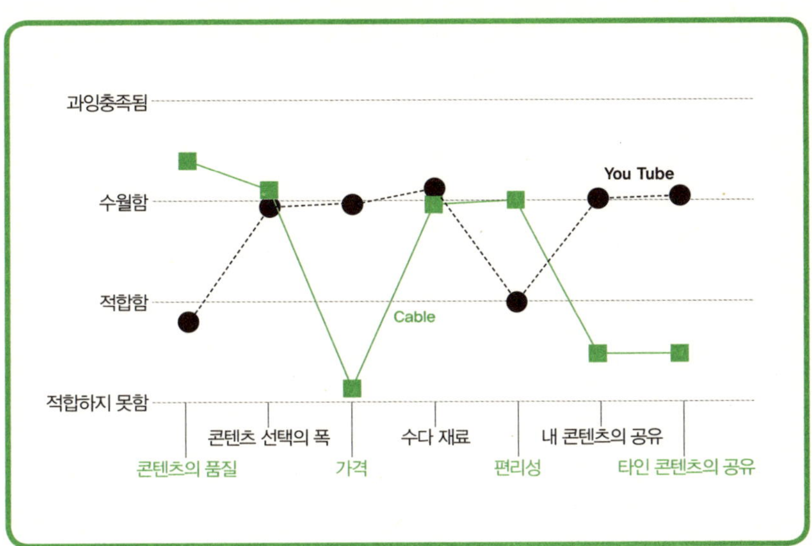

〈그림 5-1〉 영상비디오 서비스의 성능 지도

　예시로 〈그림 5-1〉은 2가지 해결책인 케이블 텔레비전과 유튜브의 각 목표 항목별 위치를 보여준다. 케이블 텔레비전은 전문가가 콘텐츠를 만들고 다양한 프로그램을 제공하지만 값이 비싸다. 유튜브는 개인이 독창적인 콘텐츠를 만든 뒤 온라인에 올려 함께 공유하고 논평하는 새로운 방식이다. 즉, 소비자가 스스로 콘텐츠를 만들고 공급하게 하는, 기존과는 다른 방식으로 가치를 제공하는 것이다. 사용자가 만든 콘텐츠는 품질 면에서는 성능이 떨어지는 반면 빠르고, 자유롭고, 창의적이고, 구체적이며, 나아가 콘텐츠를 공유하고 논평하는 자유로운 상호작용 면에서는 훨씬 우월한 성능을 지닌다. 유튜브의 콘텐츠는 대중매체가 만든 것과는 근본적으로 다르며 기존과 다른 방식으로 전달되고 소비된다.

　〈그림 5-1〉은 유튜브가 어떤 면에서 그저 적합한 성능을 제공하고

또 어떤 면에서 케이블 텔레비전이 제공하는 효용을 극적으로 넘어서는지를 보여준다.

일반적으로, 성능 지도를 완성하는 것은 어떻게 하면 기존과 다른 방식으로 시장에서 경쟁할 수 있을지 그 구체적인 방법을 알아내는 데 도움이 된다. 성능 지도를 활용하려면 먼저 목표 고객이 과제를 해결하기 위해 택할지도 모를 대안 두세 개를 구상해서 지도에 그려보아라. 이때 기억해라. 대체행위나 차선책도 해결책이 될 수 있다. 그리고 게임을 다르게 풀어갈 기회를 찾아라. 간단한 방법은 성능 지도를 뒤집어보는 것이다. 시장을 주도하고 있는 해결책의 거울 이미지를 생각해보라. 현재의 해결책은 어떤 점에서는 이미 뛰어난 성능을 제공하고 있는데 만약 우리가 '적합한' 수준의 해결책을 제공하면 어떻게 될까? 혹은 반대로 현재의 해결책은 적합한 성능을 제공하고 있는데 만약 우리가 뛰어난 수준을 제공하면 어떻게 될까? 그런 후 이런 거울 이미지의 성능 조합을 기꺼이 받아들일 고객 집단이 있을지에 대해 생각해야 한다.

2단계 전략적 의도를 결정하라

목표 영역을 정했다면, 여러분이 기울이는 혁신 노력의 '전략적 의도'에 관해 팀 내 의견을 통일해야 한다. 팀이 달성하고자 하는 것이 정확히 무엇인가? 이 질문에 답하는 데 도움이 되도록 우리가 발견한 4가지 유형의 전략적·의도를 살펴보자. 이 중 3가지 유형은 공격적이며 나머지 하나는 방어적이다.

현재 시장의 변혁 이 의도를 가진 기업은 기존의 시장에서 작동하는 게임의 규칙과는 아주 다른 방법을 찾으려고 노력한다. 예를 들어,

1990년대 초반 인튜이트는 많은 소기업이 피치트리Peach-tree 같은 회사가 판매하는 고급 소프트웨어 패키지의 복잡한 회계 내용에 겁을 먹고 있다는 사실을 알았다. 인튜이트는 퀵북스라는 간단한 소프트웨어 패키지를 내놓았는데, 이 제품은 소기업이 현금흐름을 안정적으로 계산할 수 있도록 한 것이었다. 이와 비슷한 사례로 델컴퓨터는 중간 상인을 거치지 않고 직접 제품을 판매하면서 1980년대 개인용 컴퓨터 시장을 변혁했다. 웹이 등장하기 이전에 델컴퓨터는 카탈로그와 전화로 개인용 PC를 판매했다. 직접 판매 방식과 훌륭한 공급사슬망을 결합해 제품 가격을 낮출 수 있었고, 이를 통해 성공을 거두었다. 기존 시장을 변혁하는 많은 기업은 비즈니스 모델을 혁신하고 있는 것이다.

기존 시장의 확대 파괴적 혁신에 성공할 수 있는 또 다른 방법은 소비가 제한된 시장의 문을 여는 것이다. 예를 들어 1990년대 초반, 치아미백을 원하는 사람들은 치과에 가서 불편한 절차를 거친 뒤 미백 비용으로 1,000달러가량을 내야 했다. 당연히 당시에는 치아미백을 하는 사람이 많지 않았다. 2000년에 P&G는 크레스트 화이트스트립스를 출시했다. 저렴한 가격에, 집에서도 간편하게 치아미백을 할 수 있도록 한 제품이었다. P&G는 제품의 접근가능성을 더 쉽게 하고 가격을 낮추면서 치아미백 시장을 확대했다.

개인용 컴퓨터, 휴대전화, 닌텐도 위, 피닉스 대학의 성인중심 교육 모델과 같은 파괴적 혁신의 많은 성공 사례는 이 의도에 충실한 결과였다.

새로운 시장의 창출 파괴적 혁신에 성공하기 위해 기업이 취할 수 있는 세 번째 방법은 완벽히 새로운 시장을 만들어내는 것이다. 예를 들어 P&G는 커피 가루를 부엌 바닥에 쏟은 여성들이 짜증을 내는 모습을 보고 스위프터Swifter라는 제품의 아이디어를 얻었다. 이 제품 출시 이전에 바닥을 쓸기 위해 '고용'했던 제품으로는 이 과제를 잘 해결할 수 없었다. 빗자루(해결책)로 바닥을 쓰는 것으로는 완벽하게 다 닦이지 않았던 것이다. 또한 단지 커피 가루를 닦는 간단한 일 때문에 무거운 진공청소기를 부엌까지 들고 오는 건 닭 잡는 데 소 잡는 칼을 쓰는 격이었다.

그러나 스위프터의 천 걸레는 정전기를 발생시켜 입자를 천에 달라붙게 했다. 지저분한 것을 흘리거나 쏟았을 때 이처럼 간단하고 쉽게 청소할 방법도 없었다. 이로써 스위프터는 P&G의 성공적인 브랜드로 자리 잡았다. P&G는 고객이 겪는 불편을 세세한 수준까지 알아냄으로써 '빠르고 간단한 청소'를 쉽게 하는 새로운 상품 영역을 창출했다.

유사한 사례로, 리서치인모션Research In Motion이 블랙베리를 만들기 전까지, 사무실에서 멀리 떨어져 있을 때 이메일을 주고받을 수 있는 제품은 없었다. 노트북 모뎀은 지정 전화선이 필요해 사용하기 어려웠고 한 방향 및 쌍방향 삐삐는 성능이 신통치 않았고 책정할 수 있는 가격도 제한적이었다. 서비스와 하드웨어를 결합한 리서치인모션의 해결책은 회사의 폭발적인 성장을 이끌어내며 새로운 상품 영역을 창출했다. 2002년 50만 명 정도였던 블랙베리의 사용자 수는 2007년에 1,000만 명으로 늘어났다.

새로 출현한 파괴적 혁신의 방어 마지막으로, 기업은 자사의 영역을 침범해 들어오는 새로운 혁신 기업에 맞서야 할 때가 있다. 예를 들어 이 책의 앞부분에서 언급했듯, 2000년대 초반 인텔은 AMD와 사이릭스의 파괴적 위협을 방어하기 위해 셀러론이라 불리는, 불필요한 것을 모두 제거한 마이크로프로세서를 내놓았다. 다우코닝의 자이어미터도 그러한 예이다.

설명한 4가지 유형의 전략적 의도는 엄밀히 말하면, 겹치는 부분이 있다. 예를 들어 개인용 컴퓨터는 사업 고객을 대상으로 했던 기존의 컴퓨터 시장을 확장한 것으로 볼 수도 있고, 가정에서 사용할 수 있는 컴퓨터 시장을 새롭게 창출한 것으로 볼 수도 있다. 그럼에도 전략적 의도를 설정하는 과정은 팀 내 구성원들이 자기가 할 일을 명확하게 알고 성공으로 가는 열쇠를 발견할 수 있도록 돕는다. 시장을 변혁하려고 한다면, 현재 시장이 어떻게 작동하는지를 깊이 이해한 후 기존 사업자와는 완벽히 다른 방향의 전략을 세워야 할 것이다. 새로운 시장을 열기 위해선 뿌리 깊은 고객 불만이 실제로 있는지 명확히 확인해야 한다. 고객의 불만이 절실한 정도가 아니라면 새로운 시장은 만들어지지 않는다. 장애요인을 제거하는 것은 시장을 확장하는 데 매우 중요하므로 제대로 된 장애요인을 발견해 제거해야 한다. 여러분 회사가 공격 대신 방어하는 위치에 있다면, 파괴적 혁신 기업의 주요 성공 요인을 알아내 그것을 무용지물로 만들어야 한다.

3단계 전략적 의도에 맞는 실행패턴을 정하라

이제 어려운 부분에 도달했다. 전략적 의도를 달성하게 하는 아이디어를 구체화하는 것은 매우 어려운 작업이다. 많은 기업은 혁신 과제를 적절히 해결하는 것처럼 보이는 일련의 특징이나 기능들을 개념화하는 데서 시작한다. 이는 훌륭한 출발점이다. 그러나 파괴적 혁신의 성공으로 가는 열쇠는 제품의 특징이나 기능 중심의 혁신을 넘어선, 새로운 비즈니스 모델을 개발하는 것임을 명심해야 한다('비즈니스 모델이란 무엇인가?' 박스 참조).

비즈니스 모델이란 무엇인가?

2006년과 2007년, 이노사이트와 SAP는 비즈니스 모델 혁신이 무엇인지, 어떻게 하는 것인지, 왜 해야 하는 것인지에 대한 일련의 연구를 수행했다. 이 연구의 배경에는 비즈니스 모델 혁신이 기업의 성장을 이끌어내는 중요한 원천이 되는 경우가 많다는 인식이 깔려 있었다. 사실 2006년 수행된 IBM의 조사로는 30퍼센트의 CEO가 앞으로 8~10년 안에 비즈니스 모델 혁신이 매우 중요해 질 것이라고 응답했다.[a] 그러나 우리의 경험에 비추어 판단해보면 이들 중 진정한 비즈니스 모델 혁신에 초점을 맞춘 기업은 10퍼센트도 되지 않는다.

주요한 연구 결과 중 하나는 넓게 통용되는 비즈니스 모델에 대한 정의가 없다는 것이다. 많은 정의가 있지만 어떤 정의는 지나치게 광범위해 실행하는 데 문제가 있으며 또 다른 정의는 지나치게 협소해 유용하게 쓰이기 어렵다. 우리는 연구를 통해 기업의 지도자들이 능동적으로 추구하고 실행해 자신들의 기업과 산업을 변혁시키는 데 도움이 되는 종합적이면서 간결한 정의를 내리려 했다.

비즈니스 모델은 사업의 근간이 되는 건축구조로 비즈니스 시스템의 여러 중요 부분들이 어떻게 연계되는지를 총합적으로 서술한다. 비즈니스 모델은 전체 비즈니스 전략의 일부분으로 봐야 한다. 또한 동시에 경영원칙의 독특한 범주로 경쟁전략, 제품이나 프로세스 혁신, 운영, 조직 부문과 관련되지만 같다고는 볼 수 없다. 가장 기초 단계에서, 비즈니스 모델은 서로 맞물리며 상호의존적인 4개의 요소로 구성된다.

- 기업이 자사의 고객에게 일정한 가격으로 전달하는 상품이나 서비스를 정의하는 고객에 대한 가치 제안
- 기업의 주주들에게 경제적 가치를 전달하기 위해 사용하는 수익 시스템이나 회사에 대한 가치 제안
- 기업이 가치를 창출하기 위해 활용하는 주요 자원들
- 운영을 안내하고 구체화하는 중요한 비즈니스 프로세스와 기업이 조직화해 고객과 기업 스스로에 대한 가치 제안을 창출하고 전달하는 실행 활동들

a IBM Global Services, "Business Model Innovation: The New Route to Competitive Advantage," September 2006, http://www-935.ibm.com/services/us/imc/pdf/wp-business-model-innovation.pdf.

파괴적인 해결책을 얻으려는 혁신 기업은 새로운 수익모델 창출, 새로운 수입원과 비즈니스 프로세스 개발, 다양한 파트너와의 협업, 새로운 유통망 사용, 특정한 상업화 방법 따르기와 같은 비즈니스 동인들을 고려해야 한다. 결론적으로 여러분이 내놓은 상품이 그저 새로운 기능의 묶음 정도라 하더라도, 비즈니스 모델의 전체적인 구성요소를 고려했다면 혁신의 성공 확률은 매우 높아질 것이다.

아마존과 자라^{Zara}: 새로운 수익 모델 비즈니스 수익 모델은 일반적으로 비즈니스가 속한 산업에 달렸고, 이에 따라 그 산업의 전통적인 기업(제품)이 혁신 기업(제품)을 이기는 경우가 더 많다. 그럼에도 비즈니스 수익 모델은 진입 전략을 세우고 산업을 파괴하는 데 강력한 도구가 될 수 있다.

예를 들어 아마존은 도서 소매업의 수익 모델을 근본적으로 혁신했다. 전통적으로 책이 판매되는 방식은 서점이 책을 사서 창고에 보관하고 책을 공급한 도매상에 대금을 지불하고 서점에 찾아온 손님에게 책을 파는 것이었다. 출판사가 책을 소매상에 판매하고 대금을 받는 데까지 평균 168일 정도가 걸렸다. 아마존의 비즈니스 모델은 서점에서 책을 받기도 전에 소비자가 결제하도록 하는 것이었다. 이는 당연히 소매상이 출판사에 책값을 지불하기 이전이기도 했다. 출판사와 소비자를 그런 방식으로 연결하자 돈이 곧바로 들어왔다. 아마존의 저비용 모델은 책을 배달하기 전에 독자에게 특정기간에 해당하는 구독료를 미리 받는 잡지사의 모델과 유사한 것이었다. 이는 도서 소매업에서 매우 혁신적인 모델이었다.

이와 유사한 예를 살펴보자. 스페인의 유통그룹 인디텍스^{Inditex}의 유명 소매의류브랜드인 자라는 '빠른 패션'을 제공하며 성장했다. 대부분 소매업자들은 제품을 오랫동안 재고로 보관하는 반면, 자라는 상점이 일주일마다 새 상품을 공급받을 수 있도록 공급사슬망을 설계했다. 소비자는 갈 때마다 새로운 옷을 볼 수 있어서 더 자주 매장을 방문했다. 설사 자라가 적합하지 않은 상품을 매장에 내놨다 해도 일주일 후면 사라질 것이어서 문제가 되지 않았다. 이 혁신적인 모델을 통해 자라는 세계 의류유통을 이끌어가는 선두주자가 되었다.

UPS와 신젠타 Syngenta: **새로운 수입원 모색**　기업이 혁신할 수 있는 또 다른 방법은 새로운 수입원을 발견하는 것이다. 배송업체 UPS의 경우를 보자. 1996년 UPS의 경영진은 수익률이 매우 높았던 소화물 배달 사업이 곧 범용화될 가능성이 크다고 생각했다. 경영진은 성장 기회를 모색하기 위해 일련의 워크숍을 진행했다. 그 결과 UPS는 물품 유동流動 관리에서 얻은 경험과 전문성을 돈과 정보의 유동 관리에서도 활용할 수 있다고 판단했다. 구매자와 판매자가 얼굴을 마주하고 거래하지는 않았지만 UPS는 구매자나 판매자 모두와 나름의 관계를 구축하고 있었다. 이러한 역량을 활용해 UPS는 커다란 성장 사업을 창출할 수 있었다.

UPS의 사례에서 볼 수 있듯이, 기업이 성장을 위해 전혀 알려지지 않은 수원水源 사업에 뛰어들 필요는 없다. 어떻게 하면 기존에 보유한 역량이 새로운 고수익 영역으로 나아가게 할 수 있을지를 고민하는 것이 중요하다(물론 기업의 성장 목표를 위해 새로운 역량을 개발해야 할 때, 또는 현재 보유하고 있는 역량을 활용하는 것이 어려울 때에는 다른 사고와 접근방법이 필요할 것이다_옮긴이 주). 다국적 농업 기업인 신젠타만큼 이 말을 제대로 실천한 경우는 없을 것이다. 신젠타는 2000년, 노바르티스 아그리비즈니스Novartis Agribusiness와 제네카 아그로케미컬즈Zeneca Agrochemicals의 합병으로 탄생한 회사로, 이전까지는 재배자, 유통업자, 과일 및 야채 소매업자들이 원하는 특성(병충해에 강하고 혹독한 날씨에 잘 견디며 유통 기한이 긴)을 가진 종자 개발에 초점을 맞추고 있었다. 유기농산물이 주목받는 시장이 되었을 때, 신젠타가 개발한 종자는 수십억 달러 규모의 후방 시장downstream value을 성장시키는 역할을 했지만, 막상 신젠타는 이 후방 시장에서 어떠한 가치도 수확할 수 없었다. 이를 경험한 신젠타는 2004년 프리미엄 유기농산물 브랜드인 덜신 팜스Dulcine Farms

를 출시하기 위해 기반이 탄탄한 농산물 공급자 타니무라 앤드 앤틀 Tanimura&Antle과 합작했다. 농산물 공급자에 대한 접근성을 확보한 신젠타는 종자를 넘어 새로운 수입원을 얻게 되었다.

존 디어 John Deere**: 새로운 유통망 이용** 이미 탄탄하게 사업 기반을 잡은 기존 기업은 자사의 핵심 사업을 지탱하는 중요한 파트너와의 관계 손상을 우려하여 새로운 대안이 될 만한 유통망을 이용하지 않으려 한다. 이러한 우려를 모르는 바 아니지만, 새로운 유통망 이용이 혁신의 중요한 동인이 된다는 사실을 인지하는 것이 무엇보다 중요하다.

농기계업체 존 디어의 사례는 기존 파트너를 배제하지 않고 어떻게 새로운 유통망을 이용하는지를 보여준다. 2002년 존 디어는 100시리즈 잔디용 트랙터를 판매하기 위해 홈디포Home Depot와 계약을 맺었다. 이는 충성스러운 딜러 네트워크를 통해서만 판매했던 전통적인 유통방식에서 벗어난 것이었다. 또한 존 디어 브랜드를 붙인 잔디용 트랙터를 판매하기 위해 대형 소매점과 맺은 최초의 제휴였다. 존 디어는 딜러 네트워크에서 불거진 반발을 미연에 잠재우기 위해 홈디포에서 판매하는 모델을 일부 제품으로 한정하고 홈디포에서 제품을 구매한 고객도 그 제품에 대한 서비스는 딜러 네트워크에서 받도록 했다. 이 새로운 유통망을 도입한 덕분에 존 디어는 다른 유형의 고객군에 다가갈 수 있었고, 딜러들은 서비스 제공 수입을 얻으며 '풀 서비스full-service를 받으러 오는 장소'라는 명성을 유지할 수 있었다. 홈디포는 잔디 관련 제품의 선택폭과 질을 대폭 향상 시킬 수 있었다. 서로 도움이 되는 결과를 얻은 것이다.

출시된 제품을 새로운 유통망에 단순히 재배치하는 것은 결코 성공을 보장하지 못한다. 새로운 유통 파트너라고 해서 수월하거나 수익을 내는 시장과 고객을 가지고 있다고 장담할 수는 없다. 기존 고객과 다른 고객에게는 다른 제품으로 다가가는 것이 유통에서 겪을 갈등을 최소화할 수 있을 것이다. 이러한 시도가 서로 다른 유통채널의 점유율 경쟁을 막아주고 유통 파트너에게서 올 반발을 피하면서 자기 시장을 더 키울 수 있게 해줄 것이다.

기존의 기업은 이러한 접근방식이 자사가 자리 잡은 브랜드에 미칠 영향에 대해 종종 우려를 표한다. 다른 유통망이 각각의 고객군을 상대한다면, 이러한 우려는 줄어들 것이다. 그러나 고객과 유통망이 서로 겹치는 경우, 기업은 하위 브랜드sub-brand나 새로운 브랜드의 도입을 고려해야 할 것이다.

베스트 바이: 인수를 통한 혁신 기업을 인수하는 것이 성장할 수 있는 확실한 방법이 아닐 수도 있다. 사실, 새로운 성장을 유기적으로 창출하는 것은 확실한 것과는 거리가 멀다. 새로운 사업이 성숙하려면 몇 년이 걸린다. 이러한 점을 고려할 때 인수는 단기간에 매출을 키울 수 있는 상대적으로 안전한 방법처럼 보인다.

그럼에도 많은 연구 결과는 냉혹한 현실을 드러낸다. 인수, 특히 대규모 인수는 실망스러운 결과를 보여주었다. 한 컨설팅 회사가 실시한 연구로는 인수합병 중 70퍼센트 이상이 가치를 창출하는 데 실패하고 50퍼센트가량은 가치를 파괴하기까지 한다.[5] 인수합병 도중에 주도권을 놓고 반목했던 자동차업계의 두 거인 다임러벤츠DaimlerBenz와 크라이슬러Chrysler, 타임워너를 1,800억 달러(약 198조 원)에 인수한 아메리카 온라인America Online의 경우는 인수와 합병이 참담한 결과로 이어질 수 있음을 보여주었다.

작은 규모의 인수는 상대적으로 이득은 적지만, 성과의 범위는 훨씬 광범위할 수 있다. 잘못된 선택을 하면 기대했던 성공이 물거품이 될 확률이 높은 것은 사실이지만, 반대로 계획을 잘만 하면 엄청난 성공으로 연결될 수 있다. 파괴적 혁신 원칙을 따르는 기업의 경우 인수할 때 잘못된 선택을 할 확률이 낮고, 그 결과 잠재 수익율이 증가한다.

소규모 인수를 통해 성공을 거둔 대표적인 기업 사례가 전자기기 소매회사 베스트 바이이다. 2002년 베스트 바이는 미니애폴리스 근처에 있는 긱 스쿼드Geek Squad라는 직원 50명 규모의 회사를 인수했다. 긱 스쿼드는 개인소비자들을 위한 IT 서비스를 제공하는 회사였다. 기술자를 파견해 컴퓨터를 수리하고, 네트워크를 설치하며, 고가의 장비를 설치하고 유지하는 서비스를 제공했다. 긱 스쿼드의 전략은 전통적인 파괴적 접근법에 해당했다. 개인 소비자들이 이전까지는 엄두도 못 낼 만큼 엄청나게 비싼 IT 전문서비스를 간편하고 적당한 가격에 받을 수 있도록 했던 것이다. 베스트 바이는 긱 스쿼드를 인수하는 데 300만 달러(약 33억 원)를 지불했다. 인수 후 4년이 지난 2006년, 분석전문가들은 긱 스쿼드가 1만 명 이상의 직원을 고용해, 10억 달러(약 1조 1,000억 원)에 가까운 매출과 2억 8,000만 달러(약 3,080억 원)가량의 영업이익을 냈다고 보고했다.

긱 스쿼드의 성공으로 부상한 베스트 바이는 2005년, 홈 엔터테인먼트 서비스 회사인 AV 오디오비전스AV Audiovisions(인수가 약 700만 달러, 한화 약 77억 원 상당)와 하월 앤드 어소시에이츠Howell&Associates(인수가 약 100만 달러, 약 11억 원 상당)를 인수해 사업을 확장했다. 2007년까지 베스트 바이는 매그놀리아Magnolia 유통점을 통해 홈 엔터테인먼트 기기 설치 및 디자인 서비스를 제공했고, 퍼시픽 세일즈Pacific Sales를 통해 홈 리모델링 서비스를 제공하기 시작했다. 이 두 서비스는 베스트 바이가 긱 스쿼드를 운영한 방식과 유사하게 매장 내 매장a store-within-a-store concept 방식으로 제공되었다.

2007년 베스트 바이는 DSL 인터넷 기반의 유선전화Voice Over Internet Protocol를 제공하는 스피크이지Speakeasy사를 9,700만 달러(약 1,067억 원)에 인수해 소규모 기업 대상의 서비스를 대폭 확장했다. 즉, 소규모 인수를 통해 개인과 소규모 기업이 적절한 가격에 세계적 수준의 서비스를 받을 수 있도록 파괴적 혁신 상품들을 내놓았다.

이러한 패턴의 또 다른 인수·합병 사례로는 존슨앤드존슨이 1986년 라이프스캔LifeScan을 1억 달러(약 1,050억 원)에 인수한 것, 시스코가 2003년 링크시스Linksys를 5억 달러(약 5,500억 원)에 인수한 것, 뉴스코퍼레이션이 2005년 마이스페이스의 모회사를 5억 8,000만 달러(약 6,380억 원)에 인수한 것, CVS 케어마크CVS Caremark가 2006년 미닛클리닉을 1억 7,500만 달러(약 1,925억 원)에 인수한 것을 들 수 있다. 이 같은 인수 금액이 결코 적은 것은 아니지만 〈월스트리트 저널〉의 1면을 자주 장식했던 메가급 인수·합병에 비하면 아주 적은 금액이었다.

사실, 우리는 파괴적 발전의 조짐을 일찍 알아내는 것이 큰 성과를 내는 방법이라고 믿는다. 파괴적 혁신 기업이 혁신을 시도하는 초기에 시장은 그 잠재성을 낮게 평가하기 쉽다. 리처드 포스터는 대부분 혁신이 따라가는 전통적인 'S-곡선'이 어떻게 미래를 잘못 예측하도록 하는지를 보여준다(〈그림 5-2〉 파괴적 혁신과 예측 실수 참조). 과거의 트렌드를 기준으로 가치를 추정하는 분석전문가는 막 변곡점에 도달한 혁신의 잠재성을 극적으로 낮게 평가하는 경우가 많다. 이들이 이런 실수를 하는 이유는 분석전문가들의 전통적인 평가기법이 존재하지 않는 시장을 측정하는 데 그다지 효과적이지 않기 때문이다. 파괴적 발전 조짐을 빨리 알아내는 기업이 성장 가능성이 큰 기업을 적절한 가격에 인수할 수 있다.

<그림 5-2> 파괴적 혁신과 예측 실수

대부분 파괴적 혁신은 S곡선 모양이다. 과거 데이터의 선형적 트렌드 추론을 근거로 삼는 분석전문가는 심각하게 잘못된 예측을 할 수 있다. 점 A를 지나가는 선형을 근거로 예측하는 분석전문가는 수직 선으로 칠해진 부분을 놓침으로써 혁신에 대한 잠재성을 낮게 평가한다. 점 B를 지나는 선형을 근거로 예측하는 분석전문가는 수평 선으로 칠해진 부분을 고려함으로써 혁신의 잠재성을 과대평가한다.

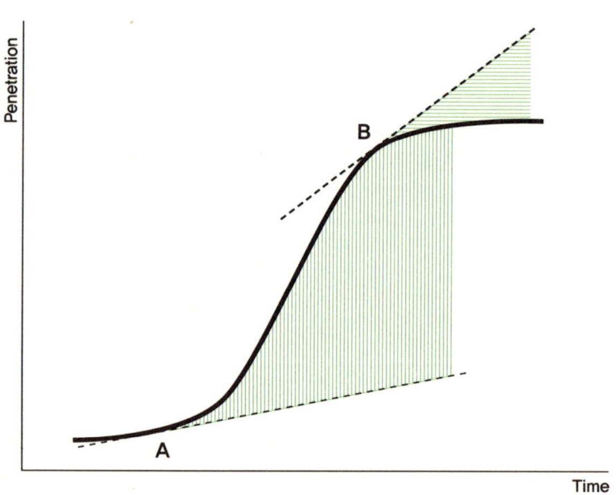

자료원: 리처드 포스터와 사라 카플란Sarah Kaplan, *Creative Destruction* (New York: Doubleday, 2002)의 그림을 변형.

물론 인수와 더불어 혁신적 발전을 추구하기 위해 지분 투자, 신주인수 투자, 합작 투자, 전략적 제휴, 수익공유 협정, 특허사용계약과 같은 기타 관계 전략을 사용할 수 있다.

아이디어 도출 기법

마음속에 사업 아이디어를 그리는 일은 사업을 개발하는 과정 중 가장 어려운 부분이다. 목표 시장과 전략적 의도에 관해 합의를 이끌어내는 것이 도움되긴 하지만, 이 과정에는 창의성과 끊임없는 반복이 필요하다. 다음은 아이디어를 도출할 때 도움되는 기법들이다.

유추법을 사용하라

유추법을 사용하는 것은 해결책을 상상하는 데 큰 도움이 된다. 부동산 시장에서 파괴적 혁신 전략을 적용하려 했던 한 기업의 사례를 살펴보자. 이 기업은 자체 시장조사 결과, 집을 팔 때 중개업자에게 지불하는 수수료가 터무니없이 비싸다고 불평하는 고객이 있다는 사실에 주목했다. 어느 날 아이디어 회의 시간에 한 경영자가 이렇게 말했다. "긱스쿼드가 정보통신 분야에서 시도한 일을 부동산업에 적용해보면 어떨까?" 그 결과 전략개발팀은 IT 분야에서 새롭게 출현한 기업들을 조사했다. 조사 결과, IT 서비스에서 '역경매' 방식을 도입한 많은 기업들이 부상하고 있었다. 기업의 관리자가 이랜스닷컴elance.com이나 온포스닷컴Onforce.com과 같은 웹사이트를 방문해 자사의 문제를 설명하고 이를 해결하는 데 얼마나 지불할 수 있는지 그 비용을 제시하는 방식이었다.

이 기업은 부동산 시장에도 이 같은 모델(사회적 네트워크를 활용하는 역경매 모델)을 도입하면 기회가 생길 수 있음을 포착했다. 여러분이 핵심 문제를 발견했다면, 다른 산업영역에서 혁신 기업이 이를 어떻게 극복했는지 살펴보라. 이것이 성장 아이디어를 도출하는 데 큰 도움이 된다.

아이디어를 마음속에 그리는 동안, 자사의 능력을 감안한 여러분의 주관적인 관점이 아니라 시장의 기회가 아이디어를 창출하도록 하는 것이 중요함을 명심해야 한다. 파괴적 성장을 모색하는 기업이 흔히 빠질 수 있는 함정은 자신만의 렌즈로 모든 것을 바라봄으로써 큰 성장의 기회를 보지 못하고 놓치는 것이다. 창업자나 창업 기업들은 자신들이 통제할 수 있는 자원을 생각하지 않고 기회를 좇는다. 사업 아이디어 도출 초기에 "우리가 이것을 할 수 있을까?"라는 질문은 하지 마라. 대신 "포착되기를 기다리는 큰 기회가 있는가?"라는 질문을 던져야 할 것이다.

집중적인 아이디어 도출 회의체제를 운영하라

이 책에서 설명하는 프로세스는 소규모 팀이 실제로 이 프로젝트에 전적으로 투입되어 몇 주 동안 기회를 모색하고 발전키고 있을 때 적용하기에 좋다. 가장 성공적인 접근방법은 개인의 심층적인 모색과 집단의 사고를 통합하는 것이다. 심도 있고 격렬한 브레인스토밍과 우선순위를 매기는 일련의 회의는 창의적 사고를 촉발하고 팀을 정돈하는 데 유용하다. 몇몇 기업은 별도의 작은 팀을 여럿 만들고 최고의 파괴적 혁신 계획을 구상한 팀에게는 실제로 자금을 지원한다.

일련의 아이디어 도출 회의를 운영하고자 한다면, 평소에 상호작용하지 않는 사람들을 한데 모아라. 혁신은 상호작용의 교차점 속에서 일어난다는 말이 있다. 서로 다른 배경을 가진 사람들의 다양한 관점은 새로운 해결책을 발견하는 데 도움이 된다. 회의에 참석할 사람들에게, 회의에 오기 전 이 책의 주요 부분을 읽고 회의마다 한 개씩 아이디어를 가져오라고 해라. 그리고 그 아이디어들을 가지고 회의를 진행해나가라. 우리의 경험으로 본다면 아이디어 도출 회의 중에 종종 놀라운 발견들이 튀어나온다.

추락한 천사들을 탐색하라

역설적이게도, 새로운 방법을 찾는 회사들에 우리가 처음 하는 조언은 이전에 구석으로 치워버렸던 오래된 아이디어들을 들여다보라는 것이다. 우리는 이를 '추락한 천사'라고 부른다. 기업은 핵심 사업의 필요에 반한다는 이유로 종종 위대한 아이디어들을 무시해버린다. 그 아이디어들을 다시 끄집어내 새로운 시각에서 바라본다면, 사업기회를 발견할 수 있다. 종종 해결책은 '제 시대를 만나기 전에 너무 빨리' 출현하기도 한다. 약간의 수정을 가하면, 여러 해 전에는 말이 안 되었던 아이디어가 지금은 완벽한 해결책으로 변모할지도 모른다.

내부와 외부 제안을 구하라

마지막으로, 회사 내부와 외부 제안을 독려할 시스템을 만들어라. 인간이 뇌의 일부분만 사용하는 것처럼, 대부분 기업들은 직원의 혁신 역량 중 일부분밖에 활용하지 못한다. 간단한 경연대회를 여는 것으로도 더 많은 아이디어 창출을 독려할 수 있다. 외부 시장으로 눈을 돌리는 기업은 고객이 혁신 아이디어를 제안하는 방안을 모색한다. 일례로, 2006년 넷플릭스는 영화 추천 엔진의 정확성을 10퍼센트 올리는 외부의 팀이나 개인에게 100만 달러(약 11억 원)의 상금을 주겠다고 발표했다. 2007년 6월을 기준으로 1만 8,000개의 팀이 아이디어를 냈고, 그 중 최고의 팀은 영화 추천 엔진의 정확성을 7.5퍼센트 끌어올렸다.[6]

그러나 새로운 아이디어 창출을 장려할 때에는 다음과 같은 점들을 유념해야 한다.

- **아이디어 자체가 좋거나 나쁜 경우는 거의 없다** 거의 모든 아이디어는 각각의 관점에 따라 다르게 평가될 수 있다. 아이디어가 진정으로 재미있으려면 어떤 조건이 필요한지를 끊임없이 물어보라. 경쟁자나 고객의 처지에서 아이디어를 바라본다면, 여러분의 관점이 어떻게 달라질지 생각해보라.

- **공통언어는 매우 강력한 힘을 가진다** 중국어를 쓰는 사람이 러시아어를 쓰는 사람과 효율적으로 대화하기는 어렵다. 마찬가지로, 혁신에 대해 다른 언어를 사용하는 경영자들은 제대로 대화를 나누기가 어렵다. 공통언어를 사용하기 위해 노력하는 것은 아이디어를 성공적으로 도출하는 데 중요한 역할을 한다.

- **긍정적 강화를 주어라** 5,000명의 직원을 가진 한 기업이 직원들에게 아이디어를 구한다고 발표했다. 처음 한 달 동안 200여 건의 제안이 몰려들었다. 그러나 회사는 직원들에게 전혀 피드백을 주지 않았다. 놀랄 것도 없이 석 달이 됐을 무렵에는 단 2건의 제안만이 들어왔다. 만약 어떤 이가 별 볼 일 없는 제안을 했다면 그 사람에게 어떤 점이 잘못되었는지를 정중하게 말하라. 그 사람은 피드백을 받고 돌아가 더 생각한 뒤 여러분의 목표에 좀 더 들어맞는 내용을 제안할 것이다. 물론 최고의 아이디어에는 상을 주어 직원들이 더 훌륭한 아이디어를 제시할 수 있도록 사기를 진작시켜야 할 것이다.

- 여러분의 핵심 해결책과 경쟁자의 핵심 해결책을 대조적으로 비교하는 성능 지도를 만들어라. 여러분 해결책의 거울 이미지는 어떠한가?
- 여러분의 산업 내부에서 혹은 산업 주변에서 최근에 일어났던 파괴적인 진전들을 평가하라. 파괴의 본질을 한 문장으로 작성하라.
- 이전(5년 안)에 구석으로 밀쳐놓았던 아이디어를 찾아보라. 기회로 연결할 만한 아이디어가 있는가?

- 파괴는 새로운 상품이나 서비스 그 이상이다. 비즈니스 모델 혁신은 파괴적 성장을 이끌어내기 위해 충분히 이용되지 않은 방식이다.
- 아이디어의 도출과 포착을 원활하게 하려면 '아이디어 이력서' 같은 간단한 기법들을 활용하라.
- 창업가의 관점에서 해결책 창출에 접근하라. 현재 회사에 낡은 인습이나 관습이 없다면, 새롭게 떠오르는 영역을 창출하고 잡기 위해 어떤 전략을 사용할 것인가?
- 머릿속에서 아이디어가 완성되어 나오는 경우는 거의 없다는 사실을 명심하라. 전략을 구체화하고 성공의 기회를 극대화하기 위해 파괴적 혁신 원칙을 따르라.
- 제휴 기회를 고려하라. 파괴적 혁신에 성공하기 위해 함께 일하거나 인수할 만한 다른 회사가 있는가?

성공 패턴에 대한 전략의 적합성 평가하기

새로운 성장전략을 수립해야 하는 프로젝트 팀은 흔히 자신들이 목표 시장을 이해하고 있다는 착각에 빠진다. 이러한 착각은 계열 상품이 계속해서 출시되고 다른 측면의 점진적 혁신이 계속 일어나기 때문에 생긴다. 프로젝트 책임자는 프로젝트 시행 이전에 관련 비즈니스 사례들을 확인해둠으로써 사전 준비를 해두었다. 그러나 새로운 성장은 말 그대로 기업이 완전히 이해하지 못하는 영역에 진입하는 것을 의미한다. 이에 따라 기업은 특정한 성과 측정치 대신 정의된 성공 패턴과 비교해 전략적 접근방법을 평가함으로써 각 접근방법의 장단점을 빠르게 이해할 수 있다. 또한 이러한 패턴 평가 방식은 프로젝트의 잠재성을 알기 전에, 우리가 답해야 하는 질문들을 발견하게 해준다.

이번 장에서는 여러분의 전략이 성공적인 혁신에서 발견되는 공통적 패턴에 얼마나 들어맞는지 평가하는 방법에 대해 자세히 설명한다. 그리고 패턴 분석을 위해 여러분의 기업에 맞는 체크리스트 만드는 법을 설명한 뒤, 패턴을 이용해 전략을 평가하는 3가지 방법을 개괄한다.

어떤 접근방법을 선택하든 성공 패턴을 바탕으로 전략을 분석하는 것이 비즈니스에 대한 실제적인 답을 주는 것은 아니다. 이보다는 정의된 패턴에 따라 여러분의 비즈니스 접근방식을 체계적으로 분석함으로써 커다란 통찰을 얻을 수 있다는 점을 명심하자. 기업이 패턴 분석을 의사결정 도구로 활용해야 한다고 주장하는 것은 아니다. 이러한 분석을 의사결정 도구로 사용하기 어려운 이유는 너무 모호하고 불명확한 환경요인들이 많기 때문이다. 오히려 패턴 분석은 사업기회에 관한 전략적 토론과 의사결정을 진행하기 위한 투입 요소로 활용해야 할 것이다.

체크리스트 개발하기

100여 차례 이상의 파괴적 혁신 사례 분석과 파괴적 혁신 기회를 창출하기 위해 우리와 함께 일했던 12개 회사와의 경험에 따르면 매우 성공적으로 성장한 기업에는 몇 개의 공통요인이 있었다. 〈표 6-1〉에는 크리스텐슨 교수의 연구와 이노사이트의 현장경험이 제시하는 성공적인 성장전략의 12개 핵심 구성요인이 설명되어 있다. 처음 9개 요인은 보편적으로 적용 가능하다. 뒤의 3개는 새로운 성장 사업을 도모하려는 기존 기업에 해당한다. 표에는 각 요인과 이 요인들이 왜 중요한지에 대한 이유가 제시되어 있다.

〈표 6-1〉 성공적인 신 성장전략 구성요인 12

요인	근거
1 기업이 발견한 해결 과제는 목표 고객에게 중요한 것이다.	목표가 되는 해결 과제는 중요해야 한다. 그렇지 않으면 고객은 새로운 해결책을 선택하려 하지 않을 것이다. 이 문장은 과제나 문제에 초점을 맞춘 것이지 해결책에 초점을 맞춘 것이 아니다 (해결책은 나중에 오는 것이다). **4장 참조**
2 고객은 현재의 해결책이 너무 비싸거나, 사용하기 어렵거나, 이용하려면 불편을 무릅쓰고 다른 지역으로 이동해야 하기 때문에 과제를 적절히 해결할 수 없다.	고객이 현재의 해결책으로는 과제를 적절히 해결할 수 없으므로 짜증과 불만을 느끼고 있음을 표현한 것이다. 또한 소비를 제한하는 장애요인이 있는지를 밝혀내라는 의미다. 장애요인은 고객이 현재 자신들이 소비하는 것에 행복을 느낄 수 없게 하거나, 다른 대체행위를 하게 함으로써 계속 '비소비자'로 남게 한다. **2장과 3장을 참조**
3 해결책은 필요에 따라 어떤 부분에서는 '적합'하고, 다른 부분에서는 매우 좋아야 한다.	파괴적 해결책은 근본적으로 다른 성능의 조합을 (기존 시장이 중요시했던 성능면에서는 '적합한' 성능을 제공하는 대신 편리성, 접근용이성, 고객맞춤성, 가격과 같이 전통적으로 소홀했던 측면에서는 우월한 성능을) 제공한다. **3장과 5장을 참조**
4 고객은 과제를 해결할 때 새로운 해결책을 더 우월한 것으로 받아들여야 한다.	이 요인은 해결책 도출을 위한 분석이 고객의 관점에서 이뤄져야 함을 강조한다. 파괴적 해결책이 다르다 할지라도 고객은 파괴적 해결책을 현재의 해결책보다 더 우월한 것으로 생각해야 한다. **4장을 참조**
5 발판이 되는 교두보 시장에 상대적으로 적은 투자로, 상대적으로 빨리 도달해야 한다.	여러분의 첫 번째 전략은 잘못될 확률이 높다. 이에 따라 최초의 디딤돌이 되는 교두보 시장에 재빠르고 값싸게 진입하는 것은 새로운 시장을 추구할 때 큰 프리미엄이 될 수 있다. 만약 상품 개발에 수억 달러가 든다 하더라도 10년 정도가 걸린다면, 이는 위험도가 높은 전략으로 보기 어려울 것이다. 요인을 설명할 때 '상대적으로'라는 말을 두 번 쓴 이유는 다른 시장 진입과 비교하기 위해서다. 초기 시장에서의 실행은 테스트 시장이나 규모가 작은 지역맞춤형 제품출시에서부터 시작될 수 있음을 명심하라. **7장을 참조**
6 선별된 파트너들은 목표 추구를 뒷받침할 동기가 부여되어 있다.	종종 기업은 혁신제품을 뒷받침할 동기부여가 자연스럽지 않은 파트너들(특히 유통채널)에게 파괴적 해결책을 강요하는 덫에 빠지는 경우가 있다. 자연스러운 동기가 없으면 전략을 실현하는 데 빨간불이 들어온다. **5장 참조**

7 강력한 경쟁자들이 즉시 대응할 만큼의 의욕이나 필요성을 느끼지 않아야 한다(매력적이지 않은 마진과 매출 규모).	이상적인 상황은, 강력한 경쟁자가 혁신적인 상품이나 서비스의 출시에 즉각 반응을 보이지 않는 것이다. 마진이 매력적이지 않고, 시장의 성장이 별 볼 일 없거나 회사의 레이더에 포착되지 않을 때 경쟁자는 대응하지 않을 것이다. 여기서 '강력한'과 '즉각'이라는 단어가 중요하다. 어느 시장에나 소규모 경쟁자는 있을 수 있지만, 여기에서의 질문은 강력한 반격을 날릴 수 있는 대규모의 자원이 충분한 기업에 초점을 맞춘다. 또한 아주 매력적인 기회는 항상 경쟁을 부른다. 핵심은 강력한 경쟁자가 대응하기 전에 '고유 영역'을 창출해야 한다는 데 있다. **5장 참조**
8 상품이나 서비스를 창출해 전달하는 것은 대부분 경쟁자가 보유하고 있거나 모방할 수 있는 역량과는 차별화된 다른 것이어야 한다.	경쟁자들이 대응할 동기가 있을 때 회사가 경쟁에서 이기려면 쉽게 모방할 수 없는 역량이 있어야 한다. 그 예로는 브랜드 파워, 유통채널과의 관계, 지적재산권 보호 또는 제조의 수월성 등이 있다. **5장 참조**
9 기회는 단기적, 장기적으로 상당한 가치를 창출할 잠재성을 가지고 있어야 한다.	가장 성공적인 혁신은 다른 혁신을 이끌어내고 부수적·파생적인 상품이나 서비스의 판매를 유도하는 것이어야 한다. 한번 크게 성공을 거두면 불가피하게 경쟁자가 생겨나고, 이럴 때 높은 마진과 성장률을 유지하기 어려워진다. 이상적으로 기회는 상품의 개발파이프라인과 확장 상품으로 연계될 수 있어야 한다. **6장의 마지막 참조**
10 기회는 회사의 전사 전략에 적합해야 하고, 암묵적인 '범위 또는 경계조건'을 위배하지 않아야 한다.	회사가 내부에서 설정하고 있는 범위 및 경계조건을 위배하는 전략은 승인이나 지원을 받을 확률이 낮다. 전략이 회사의 범위나 경계를 넘어서는 경우 '범위 안에' 있도록 수정되거나 매우 능동적인 상급관리자의 지원이 필요하다. **1장 참조**
11 선택된 조직의 프로세스는 새로운 벤처사업의 성공을 위해 극복해야 할 도전과제를 풀 수 있게 설계되어야 한다.	이 요인은 벤처사업을 상업화하기 위해 선택한 '표준 운영방식·절차'가 새로운 벤처사업 성공에 도움이 될지를 점검하는 것이다. 점검해야 할 프로세스에는 상품 승인, 상품 개발, 마케팅, 제조, 판매가 포함된다. **8장 참조**
12 선택된 조직의 우선순위(예 : 원가구조 우선, 성장 우선)가 전략을 지탱해야 한다.	이 요인은 파괴적 혁신 기회가 담당 조직으로부터 자연스럽게 우선순위를 받을 것인지를 점검하는 것이다. 파괴적 혁신 기회는 마진이 매력적이지 않거나 초기 시장이 너무 작아 보이기 때문에 이 테스트를 통과하지 못할 가능성이 크다. 이에 따라 상급관리자의 깊숙한 개입이나 적절한 담당 조직의 배치가 필요하다. **8장 참조**

이러한 파괴적 혁신의 기본적 성공 패턴이 많은 사업에 걸쳐 유효하지만, 기업은 목표로 삼은 시장의 개별적인 특성과 자신들의 역량을 모두 반영하는 그들만의 체크리스트를 개발해야 한다.

성공 패턴을 자사에 맞춰 작성하는 데 도움이 되는 한 가지 방법은 그 기업이 속한 산업의 역사를 뒤돌아보는 것이다. 여러분 기업 또는 여러분의 경쟁기업(들)이 일으켰던 혁신을 10개에서 15개가량 선별하라. 실패한 전략과 비교해보고 성공적인 전략에 공통으로 존재하는 요인들은 무엇인지 살펴보라. 그리고 예외적인 경우는 무엇이었는지도 찾아보라. 즉 모든 사람이 성공할 거라고 확신했던 전략이 실패했다든가 모든 사람이 실패할 거라고 확신했던 전략이 성공한 경우를 찾아보라. 역사적 분석의 결과를 종합해 〈표 6-1〉에 설명된 요인들과 비교해보면 여러분의 기업에 맞는 체크리스트를 만들 수 있을 것이다.

이러한 방식으로 연구를 진행한 에티콘 엔도 서저리Ethicon Endo-Surgery(EES, 존슨앤드존슨의 자회사)의 경우를 살펴보기로 하자.[1] EES는 몸에 칼을 최대한 적게 대는 수술도구, 즉 깊이 절개하지 않고도 수술할 수 있는 의료기구를 판매하는 회사였다. EES의 대표 켄 도블러Ken Dobler는 성장 사업 창출을 목표로 삼았다. 도블러는 아주 새로운 의료기구 아이디어를 만들 12개가량의 혁신을 발견했다. 그는 각 의료기구의 발전사를 추적했고, 그 의료기구의 원천 특허권을 소유하고 있는 발명가를 인터뷰했다. 도블러는 분석을 통해 성공 사례에는 몇 가지 공통적인 특징이 있음을 발견했다. 특히 주목할 부분은 다음과 같다.

- 질병을 조기에 발견하게 했다.
- 환자를 빨리 퇴원하게 했다.

- 치료 장소를 비용이 덜 드는 곳으로 옮길 수 있게 했다.
- 훈련을 적게 받은 의사들이 치료할 수 있게 했다.

EES는 이러한 규칙들을 좇아 성공을 거둔 자사의 사례를 추적했다. EES의 의료기구들은 의사들이 상대적으로 절개를 적게 해 쓸개 수술을 해낼 수 있도록 도움을 주었다. 이렇게 절개 횟수를 줄인 수술 과정 때문에 환자는 금방 회복될 수 있었고, 비용 부담도 줄일 수 있었다.

역사적 분석 결과 밝혀진 패턴들은 꽤 간단하다. 수백 개의 프로젝트 팀과 함께 일했던 대형 소비재회사의 상급관리자는 자신의 경험을 살려 파괴적 혁신 사업을 추진하는 프로젝트 팀이 사용할 3가지 항목의 체크 리스트를 개발했다.

1 고객은 그들이 과거에 사용했던 것과 다르고 더 좋아서 해당 아이 디어를 열렬히 환영할 것이다.
2 우리가 앞으로 기술적 난관을 어떻게 해결할지 생각할 수 있다.
3 팀원들은 다른 업무를 포기할 정도로 아이디어를 찾는 데 열정적 이다.

첫 번째 항목은 팀이 시장 제일의 관점을 취해야 함을 강조한다. 즉 고객이 해결하고 싶어 하는 문제를 발견해야 한다는 의미다. 또한 단순 히 유사 해결책을 제시해서는 안 된다는 점을 강조한다. 두 번째는 성공 으로 가는 길에서 꼭 만나게 되는 기술적 장애물에 대해 *생각해봐야* 한 다는 얘기다. 세 번째는 팀이 아이디어를 추진할 수 있는 *꿋꿋함*을 가져 야 한다고 강조한다.

켄 도블러는 프로젝트 팀원들이 아이디어를 모색하는 데 열정적이지 않을 때, 회사 내의 반발에 맞서 싸우지 못한다는 것을 경험했다. 열정의 부족은 아이디어가 실제로 꽃필 수 있을까 라는 의심이 잠재해 있다는 신호이다. 반면 열정적인 프로젝트 팀은 회사 내의 심한 반발에 맞서 격정적으로 싸운다. 그는 열정적인 팀이 잘못된 방향으로 가고 있다는 증거가 있어 이를 무시하는 독단적인 팀이 되지 않도록 하는 것이 중요하다고 믿었다. 그러나 그는 열정이 부족한 팀보다는 열정이 가득 찬 팀을 선호했다.

초기 분석에서 얻은 점검항목들은 경우에 따라 앞서 살펴본 3가지보다 훨씬 더 늘어날 수 있다. 한 건강기기 업체는 집에서 사용할 수 있는 진단기구를 핵심 성장 영역으로 삼았다. 이 회사는 고객이 직접 진단하는 기구 중 가정용 약물 검사기 같은 것은 고전을 면치 못했지만 임신 키트, 혈당 측정기 같은 것들은 성공을 거둔 이유를 알고 싶었다. 이노사이트는 가정용 진단기구의 역사를 파괴적 혁신 관점에서 분석함으로써, 의료기기 회사의 성공적인 혁신이 어떠한 특성을 공유하고 있는지를 밝히고 신상품에 담긴 아이디어의 잠재성을 평가하는 데 유용한 체크리스트를 개발했다. 다음은 그중 몇 개의 예이다.

- 진단은 고객에게 중요한 과제이다.
- 현재의 진단법은 너무 어렵거나 불편하거나 비싸다.
- 진단 결과는 더 이상의 테스트나 증상 재분류 작업 없이 결론을 주어야 한다.
- 진단의 혁신은 치료 또는 진단 이후 취해야 할 조치와 연계되어야 한다.

- 기술적 발전 측면에서의 장애물이 해결되어야 한다.

- 목표 소비자와 효과적으로 의사소통할 방법이 있어야 한다.

- 영향을 미치는 사람들(의료진, 보험업자)이 그런 진단법을 적극 지지해야 할 것이다.

- 경쟁자들은 현재 이러한 제품을 전달할 능력이 없으며 능력을 쉽게 획득할 수도 없어야 한다.

체크리스트는 기업이 상품과 관련된 모든 기회를 소비자, 경쟁자, 유통망, 규제자의 관점을 포함해 수많은 관점에서 바라볼 수 있도록 한다. 다양한 관점을 통해 회사는 고전적인 함정에 빠지지 않을 수 있다. 이러한 함정은 바로 회사가 안정적인 구역 안에서 근시안적인 혁신에 초점을 맞추는 것을 말한다. 예를 들어, 공학기술에 강한 회사는 기술적인 문제를 풀 수 있는지를 우선하여 보는 경향이 있다. 이러한 방식으로 문제에 초점을 맞추는 것도 중요하지만, 다양한 관점에서 기회를 보는 데 실패한 기업은 앞으로 재앙이 되어 돌아올 중요한 요소들을 놓치는 위험을 겪을 수 있다.

시장 환경요인을 고려하라

이상적인 체크리스트라면 시장 환경요인을 고려해야 한다. 예를 들어 P&G는 시간을 갖고 막강한 유통망을 지렛대로 삼아 새로운 상품 영역으로 진입하는 전략을 즐겨 사용한다. 1999년, P&G는 애완동물 사료 회사 이암Iam을 23억 달러(약 2조 5,300억 원)에 인수했다. 이암이 만들어내던 좋은 상품을 개선해 수천 개의 식품점에서 판매함으로써 P&G는 파편처럼 나뉘어 있던 경쟁자들에 맞서 이 브랜드를 대박 브랜드로 키워냈다. 그러나 1980년대 P&G가 덩컨 하인스Duncan Hines의 '부드러운' 쿠키를 인수하며 포장 쿠키 시장에 진입하려 했을 때는 그 결과가 전혀 달랐다. 포장 쿠키 시장은 파편화되어 있지 않았고, 키블러Keebler와 나비스코Nabisco라는 강력한 경쟁자들이 맹렬히 대응했다. P&G는 경쟁자들의 특허 침해에 이의를 제기했음에도(실제 소송에서 이겼음), 결국 시장에서 철수해야만 했다. P&G의 전통적인 합병과 유통망 사용 방식의 사업 전략은 경쟁자들이 파편화되어 있을 때는 효과를 발휘했지만 기존의 강력한 경쟁자가 대응하는 상황에서는 처참히 실패했다. 잠재 경쟁자들의 영향력에 대한 질문이 포함된 체크리스트가 있었다면 관리자들이 이들의 대응에 대비할 수 있었을 것이다.

사업의 범위·제약 사항을 유념하라

1장에서 논의한 대로, 자사에 맞는 체크리스트를 만들 때 회사가 내부적으로 설정하고 있는 사업의 범위·제약 사항들을 명심하는 것이 중요하다. 예를 들어, 한 미디어 회사는 무선 영역에서 성장 기회를 찾을 때 엄격한 규칙을 정해 게임, 도박, 개인광고는 배제했다. 이 회사는 이러한 범위 설정이 성장 창출 기회를 감소시킬 것임을 알고 있었지만, 상급관리자들이 거부할 것이 확실한 아이디어에 실무자들이 시간을 쏟는 것을 막기 위해 이런 조처를 했다. 즉 실무자는 회사 내부의 제약에서 벗어나 창의적인 에너지에 초점을 맞추어야 한다.

아이디어 평가를 위한 3가지 접근방법

기본적인 체크리스트를 만든 후, 이제 여러분이 제안한 전략이 성공 패턴에 맞는지 평가해야 한다. 여러분의 전략이 성공 패턴에 얼마나 잘 들어맞는지 평가하기 위해 활용할 접근방법 3가지를 살펴보자.

1 단순한 적합성 평가
2 위험 및 숨어 있는 요인들을 밝혀내기
3 다수의 전략 비교하기

어떠한 방법을 따르든, 최대한 종합적으로 상세하게, 다양한 관점에서 평가를 수행해야 한다. 특히 여러분의 평가를 뒷받침하는 증거를 찾도록 노력해야 한다. 물론 혁신의 초기 단계에는 직관이나 추측을 사용하는 경우가 많을 것이다. 이는 나쁜 일이 아니다. 하지만 초기 단계라도 가정과 지식을 구분하는 것(7장 참조)과 중요한 가정을 신중하게 따져보는 것이 매우 중요하다.

마지막으로 전략 평가를 시작하기 전에, 여러분과 팀은 프로젝트의 내용을 명확히 공유하고 있어야 한다. 5장에서 설명한 아이디어 이력서를 논의의 지침으로 삼아라. 팀원들이 아이디어 이력서를 논의하면 종종 팀원들 간의 오해나 의견차이가 물 위로 떠오르기도 한다. 높은 수준의 토론을 하다 보면 뜻밖에 그동안 잠재했던 중요한 의견 차이를 발견할 수 있는데, 이러한 차이는 초기에 해결하는 것이 중요하다.

단순한 적합성 평가

가장 기초적인 수준의 평가는 체크리스트상의 각각의 요인에 대해 단순한 질문을 하고 그것을 평가하는 것이다. 즉, 내 전략이 이 요인에 들어맞는다에 전적으로 동의, 어느 정도 동의, 또는 동의하지 않는다로 평가하는 것이다. 각 대답에 점수를 부여한 후 해당 점수를 더하면, 여러분의 전략이 체크리스트에 얼마나 잘 들어맞는지 재빨리 평가할 수 있다. 이노사이트는 제안된 접근방식이 파괴적 혁신의 기본 패턴에 들어맞는지를 빠르게 평가하기 위해 파괴성 측정표Disrupt-o-Meter라 불리는 단순한 도구를 개발했다.[2] 〈도구 6-1〉이 바로 이러한 측정 도구이다. 여기에는 9가지 분석 영역, 각 영역의 근거, 평가결과(전혀 파괴적이지 않음부터 매우 파괴적임까지) 그리고 혁신 기업이 아이디어의 파괴적 잠재성을 증진하기 위해 취할 수 있는 전략적 선택이 나타나 있다.

물론 이러한 도구는 아이디어 분석을 지나치게 단순화했기 때문에 모든 혁신에 완벽히 적용되지는 않는다. 그러나 이것은 팀이 파괴적 혁신 전략을 추구하고 있는지를 재빨리 확인하는 데는 도움이 된다. 여기서 미묘한 경고를 하나 추가하면 때때로 우리는 파괴성 측정표에 의한 평가 결과가 나쁘게 나왔을 때 혁신을 추구하던 팀원들이 다음과 같이 이야기하는 것을 목격한다. "그래도 최소한 우리는 좋은, 존속적 혁신 전략을 발견한 거야!" 좋은 파괴적 혁신 전략의 반대가 좋은 존속적 혁신 전략은 아니다. 좋은 파괴적 혁신 전략의 반대는 나쁜 파괴적 혁신 전략이다. 아이디어의 존속적 잠재성을 확인하려면 완벽히 다른 질문을 사용해 평가해야 할 것이다.

〈도구 6-1〉 파괴성 측정표

이 도구를 사용하는 방법 :

전략에 대한 각 질문에 답하라. '전혀 파괴적이지 않음'이라는 대답에 0점을, '어느 정도 파괴적임'이라는 대답에 5점을, '매우 파괴적임'이라는 대답에 10점을 부여한다. 파괴성 측정표에서 여러분은 어디에 있는지를 확인하라.

영역	전혀 파괴적이지 않음 (0점)	어느 정도 파괴적임 (5점)	매우 파괴적임 (10점)
우리의 첫해 목표시장은…	매스 마켓	큰 규모의 시장	니치 마켓
고객은 목표 과제가 …라고 생각한다.	더 잘 해결된다	더 적은 비용으로 해결된다	더 쉽게 해결된다
고객은 상품이 …라고 생각할 것이다.	완벽하다	좋다	적합하다
가격은…	비싸다	중간이다	싸다
비즈니스 모델은 …이다.	우리가 이미 사용해온 것이다	살짝 바뀌었다	근본적으로 다르다
시장에 접근하는 채널은 …이다.	100퍼센트 기존 채널이다	최소한 50퍼센트는 새로운 채널이다	아주 새로운 채널이다
경쟁자는 …라고 생각할 것이다.	내일 당장 이걸 할 필요가 있겠어	이걸 신중하게 들여다봐야겠어	신경 쓸 필요가 없어
첫해 매출은…	막대하다	평균이다	작다
앞으로 12개월 동안 요구되는 투자는…	평균 이상이다	평균이다	평균 이하이다

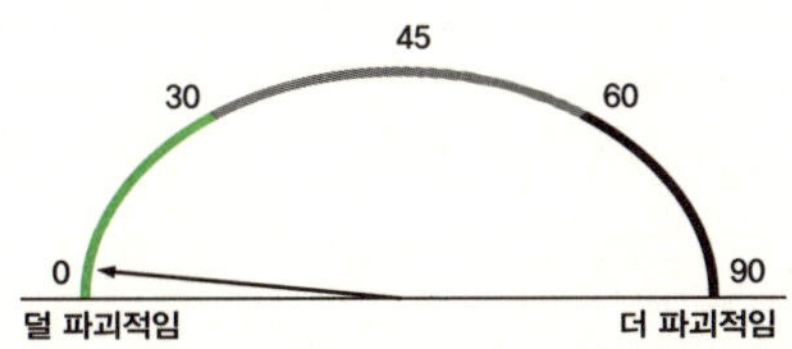

근거	전략적 기회
파괴적 해결책은 대체로 제한적인 교두보 시장에서 시작한다.	· 작은 고객 집단에 초점을 맞춰라 · 새로운 지리적 영역으로 바꿔라 · 새로운 상황을 목표로 삼아라
고객은 간편함이나 편리함 같은 새로운 성능에서 개선사항을 추구해야 한다.	· 더 초점이 맞춰진 해결 과제를 발견하라
고객은 초기에 해결책이 '적합하다'고 생각해야 한다.	· 해결책을 더욱 사용하기 쉽도록 만들어라 · 가격을 낮추기 위해 특성들을 제거하라
가격책정은 복잡하지만 파괴적 해결책은 일반적으로 기존의 해결책보다 싸야 한다.	· 가격을 50퍼센트 낮춰라
파괴적 접근방식은 매우 다른 비즈니스 모델과 연계되어 있다.	· 요소를 추가하라(서비스 같은) · 요소를 제거하라
파괴적 접근방식은 시장에 접근하는 데 있어 기존의 상품이나 서비스와는 다른 독특한 채널을 사용한다(창업은 이 질문과 바로 전 질문들에 대해 산업 내 기존 사업자의 관점에서 대답해야만 한다).	· 새로운 채널을 선택하라 · 고객에게 직접 접근하라
파괴적 해결책은 경쟁자의 약점과 사각지대를 활용해야 한다.	· 비즈니스 모델을 다시 수립하라 · 경쟁사와 세휴하라
지속적인 성장과 이익에 대한 인내력이 필요하며, 느리지만 견실한 출발이 필요하다.	· 테스트 시장으로 시작하라
파괴적 해결책은 일반적으로 공상과학만화에서 다루어지는 것 같은 급진적인 해결책과는 관련이 없다. 앞으로 나아가기 위해서는 상대적으로 평균 이하의 투자가 필요하다.	· 투사를 50퍼센트 줄여라

적용 사례: 보니지 대 스카이프 2005년 가장 주가를 올렸던 두 테크놀로지 회사는 뉴저지의 보니지와 룩셈부르크의 스카이프였다. 두 회사는 인터넷을 통한 전화서비스를 제공했는데 그 방식이 확연히 달랐다. 우선 보니지는 전통적인 전화와 비슷했다. 매우 낮은 가격에, 고속 인터넷 접속기에 기구를 꽂고 전화를 걸고 받을 수 있도록 했다. 반면 스카이프의 방식은 AOL의 인스턴트 메신저와 비슷했다. 공짜로 내려받은 소프트웨어를 사용해 컴퓨터에서 전화를 걸고 받을 수 있게 했다. 스카이프 사용자가 같은 스카이프 사용자에게 거는 전화는 공짜였고, 비사용자에게 거는 전화는 요금을 싸게 책정했다.

이 분야의 산업발전사를 추적한 사람이라면 보니지는 고전을 면치 못했고, 스카이프는 엄청나게 성장했다는 사실을 알 것이다. 이노사이트는 2005년 9월 파괴성 측정표를 이용해 두 회사를 평가했다(〈표 6-2〉 참조).[3]

그 결과 스카이프의 서비스가 보니지의 서비스보다 파괴적 혁신 패턴에 더 들어맞았다. 일찍이 스카이프의 파괴적 잠재성을 알아본 이베이는 (비록 이베이가 2007년 하반기에 인수가격에서 10억 달러 정도를 감자해야 했지만) 스카이프를 26억 달러(약 2조 8,600억 원)에 인수했다. 보니지는 급격히 성장하긴 했지만, 스카이프를 이길 만한 비즈니스 모델을 세우기는 어렵다는 사실을 깨달았다. 2006년 5월 상장된 후 보니지의 주가는 6개월 안에 60퍼센트가 떨어졌다.

〈표 6-2〉 파괴성 측정표 평가(2005년 9월)

영역	보니지	스카이프
우리의 첫해 목표시장은…	집중적인 광고를 통해 보니지는 대량시장을 명확히 조준했다. (0점)	스카이프는 컴퓨터 광이라는 틈새 시장과 싼 국제전화를 찾는 사람에 초점을 맞춰 입소문에 의존했다. (10점)
고객은 목표과제가 …라고 생각한다.	보니지의 고객들은 더 낮은 가격을 찾고 있었다. (5점)	스카이프 사용자들은 장거리 통화에서 쉽고 값싼 옵션을 원했다. (10점)
고객은 상품이 …라고 생각할 것이다.	보니지의 해결책은 유선전화만큼 좋지는 않지만 '적합하다.' (10점)	스카이프의 서비스는 신뢰하지 못할 수도 있지만 '적합하다.' 특히 국제 전화에 높은 요금을 낼 수밖에 없었던 소비자들에게 말이다. (10점)
가격은…	보니지의 해결책은 상대적으로 저렴했지만, 유선전화서비스와 어느 정도 유사했다. (5점)	스카이프 서비스는 공짜였다. (10점)
비즈니스 모델은 …이다.	보니지의 비즈니스 모델은 가격이 저렴하고 돈이 덜 드는 인프라 측면에선 달랐지만 나머지 부분은 전통적인 모델과 비슷했다. (5점)	광고와 값싼 사용료에 기반을 둔 스카이프의 비즈니스 모델은 독특한 것이었다. (10점)
시장에 접근하는 채널은 …이다.	보니지는 인터넷, 베스트 바이 같은 매스 마켓 채널을 사용했다. (5점)	스카이프는 사용자 커뮤니티 개발에 초점을 맞추면서 입소문과 내려받기에 전적으로 의존했다. (10점)
경쟁자는 …라고 생각할 것이다.	보니지는 시장을 지배하고 있는 텔레콤 사업자들의 핵심 시장을 목표로 삼았기 때문에 경쟁자들의 도전을 받았다. (0점)	스카이프는 시장지배적인 사업자들의 레이더로부터 멀리 떨어진 곳에서 사업을 시작했다. (10점)
첫해 매출은…	보니지는 최대한 빨리 성장하려고 했다. (0점)	에스토니아 출신의 개발자와 함께 시작한 스카이프의 낮은 인프라 비용은 사업을 작은 규모에서 시작하도록 했다. (10점)
향후 12개월 동안 요구되는 투자는…	보니지의 기술적 해결책은 많은 투자가 필요하지 않았다. 하지만 마케팅 캠페인은 많은 투자가 필요했다. (5점)	성장하고 있는 스카이프 커뮤니티가 상품을 유기적·자연적 성장 속도로 마케팅함에 따라 스카이프는 마케팅 관련 간접비를 (상대적으로) 낮은 수준으로 유지할 수 있었다. (10점)
최종 점수	35	90

위험과 숨어 있는 요인 밝혀내기

두 번째 방법은 위험과 아직 명확히 알 수 없는 숨은 요인들을 자세히 분석해 이러한 요인들에 대한 종합적인 체크리스트를 개발하는 것이다. 이 방법에 따르면 우리는 각각의 성공 요인에 대해 다음과 같은 3가지 질문을 던져야 한다.

1 해당 요인은 성공을 위해 어느 정도까지 '꼭 필요한 요인'인가? 즉 해당 요인에 대한 접근방식이 성공 패턴과 꼭 맞지 않으면, 성공의 기회가 매우 낮아지는가?(예를 들어 기술적 실행가능성은 흔히 '꼭 필요한 요인'임)

2 제안된 접근방법이 성공 패턴과 어느 정도 맞다고 생각하는가?

3 여러분의 평가를 뒷받침하는 증거는 무엇인가? 다시 말해 여러분의 평가가 유력한 데이터, 직관, 단순한 추측 중 무엇에 의존하고 있는지 따져보아야 한다. 예를 들어 고객이 중요하게 여기지만 해결하지 못한 과제에 대한 유력 데이터로는 고객의 실제적인 구매행위 데이터나 잘 기획된 대규모 표본 시장 조사 데이터가 있을 수 있다(물론 새로운 시장에 대한 조사는 가끔 잘못된 방향으로 갈 수도 있지만). 그리고 직관은 여러분이 유추할 수 있는 유사한 상품 사례 또는 소규모 표본에 대한 포커스 그룹 인터뷰 분석을 통해 발전시키는 경우를 예로 들 수 있으며, 추측은 굳이 설명하지 않아도 알 수 있을 것이다.

이 3가지 질문에 답하는 것은 분석, 평가 대상을 다음의 4가지 중 하나로 분류하는 데 도움이 된다.

1 강점 요인 접근방법이 성공 패턴과 맞아떨어진다는 강력한 증거

2 약점 요인 접근방법이 성공 패턴과 맞아떨어지지 않는다는 증거. 그러나 '꼭 필요한 요인'은 아님

3 잠재적인 '딜 킬러' 요인 접근방법이 성공 패턴과 맞아떨어지지 않는다는 증거. '꼭 필요한 요인'임

4 불확실한 요인 증거가 없어서 접근방법이 성공 패턴과 맞아떨어지는지 그렇지 않은지를 알 수 없음

예를 들어, 여러분이 결론을 내린 '꼭 필요한' 요인으로 고객은 현존하는 여러 대안보다 여러분이 제공하는 해결책을 선호해야 한다고 하자. 매우 호의적인 피드백을 받은 시용 시장 테스트 결과에 근거해, 여러분의 접근방법이 성공 패턴과 맞아떨어진다는 것을 확인했으며, 이를 뒷받침할 만한 데이터도 확보하고 있다. 이는 여러분이 활용할 수 있는 강점 요인이다.

다음으로 여러분은 강력한 경쟁자가 여러분의 접근방법에 대응할 의지를 보일지를 평가하게 된다. 평가 결과 경쟁자들이 반격해오더라도 여러분이 더 강력한 전략을 구사할 수 있다면 경쟁자의 대응은 '꼭 필요한' 요인이 아니라고 결론지을 수 있다. 한 발 더 나아가 최근의 전략적 동향을 살피는 것은 물론 최근에 경쟁사를 떠난 경영자들과의 인터뷰 내용을 분석한 결과, 시장지배자가 대응해 올 것이 확실하다고 분석되었다면, 이 경우 경쟁자들의 움직임은 앞으로 여러분이 신중하게 감시하고 피해를 최소화할 방법을 모색해야 하는 약점 요인으로 분류될 수 있다.

그다음 고려할 세 번째 요인은 여러분의 기술적 접근방식이 실행 가

능한지의 여부이다. '꼭 필요한' 요인 중에서, 시범적으로 만들어본 제품의 견본품이 기술적으로 어느 정도 불확실성을 제공한다고 하자. 이 경우 기술의 불확실성은 잠재적인 '딜 킬러deal killer' 요인(해당 접근방법이 해결되지 않으면 파괴적 혁신 아이디어를 성공시킬 수 없는 요인이다_옮긴이 주)이 된다. 기술이 제대로 작동하지 않는다면, 전략은 아무런 소용도 없게 되기 때문이다.

마지막으로 여러분이 활용하고 싶어 하는 채널 파트너가 여러분의 전략을 지지할지를 아직 확실히 파악하지 못했다고 하자. 이는 여러분이 지속적으로 확인해야 할 불확실한 요인이다.

이러한 평가 과정은 전략을 더 깊게 통찰하고 다음의 행로를 모색하는 데 도움을 준다. 분명한 것은 잠재적인 '딜 킬러' 요인은 즉각적으로 해결되어야 한다는 점이다. 또한 여러분은 불확실한 요인을 확실히 알 방법, 약점을 관찰하거나 약점의 부정적인 면을 감소시킬 방법을 생각해야 한다(〈도구 6-2〉는 이를 위해 고안된 간단한 작업표이다).

몬테카를로 시뮬레이션 모델 같은 복잡한 분석기법은 특정 전략을 더 깊이 이해하는 데 도움을 준다. 이노사이트는 웹 사이트에 이노사이트 기회 평가 시스템이라 불리는 무료판 도구를 공개했다. 이 도구는 성장 가능성을 빠르게 판단할 수 있도록 도와준다.

이러한 접근방식을 따르는 이들을 위해 다음의 2가지를 조언한다.

1 '증거'와 '동의'는 분리되어야 한다. 그리고 '불확실한 요인'과 '증거'를 분리된 2개의 변수로 생각하는 것이 매우 중요하다. 우리는 어떠한 요인을 불확실하다고 평가한 팀들이 강력한 증거가 없는데도 암묵적으로 자신들이 선호하는 아이디어를 따라 일을 추진하는

모습을 종종 보아왔다. 그러나 직감이 빗나가는 때도 있고, 요구되는 해결책이 여러분이 생각한 것 이상으로 더 실용적이어야 하는 경우도 많다.

2 '꼭 필요한 요인'들을 선택적으로 골라야 할 것이다. 〈표 6-1〉에 제시된 12개의 성공 요인 중, 우리는 보통 1번 요인(중요하고, 해결되지 못한 과제), 4번 요인(고객은 더 우수한 해결책을 고려한다), 9번 요인(가치를 창출할 잠재성이 있다)을 '꼭 필요한 요인들'로 생각한다. 다른 요인들도 중요하지만, 우리의 경험을 따르면 이 핵심요인들을 중심으로 평가할 경우, 자신의 전략이 성공의 조건과 잘 맞아떨어지지 않더라도 써먹을 만한 차선책을 만들 수 있다.

〈도구 6-2〉 아이디어 평가표

설명

성공 요인 발견된 점검표의 아이템을 기술함 (예: '중요한 해결 과제를 목표로 함').

꼭 필요한 요인 해당 요인이 만족하지 못할 때 '딜 킬러'가 된다면 서술된 요인 옆에 체크 표시를 함. 즉 이 요인의 조건에 만족하지 않으면 전략이 성공으로 연결되기 어려움을 의미함

동의 전략의 접근방식이 요인과 맞는 정도를 표시함(전적으로 농의, 이느 성도 농의, 농의하시 않음 선석으로 동의하시 않음).

증거 여러분의 평가를 지지하는 증거를 나타냄(데이터, 직관, 추측).

평가 아래의 표를 활용해 해당 요인이 강점 요인인지, 약점 요인인지, 불확실한 요인인지, 아니면 잠재적인 '딜 킬러' 요인인지를 판단함.

다음 단계 더 많은 학습을 위해 아니면 평가를 바꾸기 위해 여러분이 할 수 있는 일은?

성공 요인	'꼭 필요한 요인' ?	동의	증거	평가	다음 단계

● '꼭 필요한' 요인들

| | 증거 | | |
	데이터	직관	추측
전적으로 동의함	강점 요인	강점 요인	잠재적 딜 킬러
동의하는 편	강점 요인	잠재적 딜 킬러	잠재적 딜 킬러
동의하지 않는 편	잠재적 딜 킬러	잠재적 딜 킬러	잠재적 딜 킬러
전적으로 동의하지 않음	잠재적 딜 킬러	잠재적 딜 킬러	잠재적 딜 킬러

● 다른 요인들

| | 증거 | | |
	데이터	직관	추측
전적으로 동의함	강점 요인	강점 요인	불확실한 요인
동의하는 편	강점 요인	불확실한 요인	불확실한 요인
동의하지 않는 편	약점 요인	불확실한 요인	불확실한 요인
전적으로 동의하지 않음	약점 요인	약점 요인	약점 요인

다수의 전략 비교하기

앞의 2가지 접근방식은 개별적인 전략을 평가하는 방법이다. 그러나 여러 전략 포트폴리오를 살펴보는 대형회사에서 일하든 하나의 전략을 실행하기 위해 수많은 방법을 고려하는 소규모 회사에서 일하든, 여러분은 어떤 전략에 초점을 맞출지를 결정하기 위해 여러 전략을 빨리 비교할 수 있어야 한다.

다양한 측면에서 여러 전략을 비교하는 '지도'를 만들면 이러한 작업을 간단하게 해결할 수 있다. 예를 들어 한 방위산업체는 15개로 된 체크리스트를 작성한 뒤 이를 3개의 '통bucket'으로 나누어 분류했다. 첫 번째 통의 질문들은 각 아이디어의 파괴적 잠재력을 평가하는 것이었다. 두 번째 통은 아이디어의 전략적 적합성과 회사가 그 아이디어를 추진할 열정과 능력을 어느 정도 가졌는지 분석하는 것이었다.[4] 세 번째 통은 각 기회의 잠재성이 얼마나 되는지 그 규모를 개략적으로 측정하는 것이었다. 평가자들은 각자 자신이 한 대답에 대한 자신감의 정도를 표시했다. 이러한 간단한 기법을 사용함으로써, 회사는 각 기회를 〈그림 6-1〉처럼 도식화할 수 있었다.

도표의 수평축은 첫 번째 통, 즉 파괴적 잠재력의 정도를 나타낸다. 수직축은 두 번째 통, 즉 기회를 포착하는 회사의 능력과 열정 정도를 나타낸다. 거품같이 생긴 원들은 세 번째 통, 즉 기회의 잠재적 성장가능성이 얼마나 되는지를 대략 측정한 것이다. 원의 명암 정도는 위치와 크기의 확실성 정도를 나타낸다.

이러한 '파괴적 잠재력 지도'는 회사가 잠재적 기회를 빨리 범주화하는 데 도움을 준다. 오른쪽 아래 분면에 위치한 기회는 '계속 진행'이라는 청신호를 받게 된다. 오른쪽 위 분면에 위치한 아이디어(잠재성은 높지만 회사가 바라거나 추구하길 원하는 영역 바깥에 있는), 왼쪽 아래 분면에 위치한 아이디어(회사가 전략적으로 중요하게 고려하는 영역이지만 파괴적 잠재력은 낮은), 왼쪽 위 분면에 위치한 아이디어(파괴적 잠재력이 낮고 회사가 전략적으로 중요하게 고려하는 영역 바깥에 있는)는 거부된다. 회사는 가운데 영역에 있는 아이디어를 신중히 평가하는데, 파괴적 잠재력을 강화하거나 위험을 감소시킬 방법으로 기회를 개선해야 할 것이다.

<그림 6-1> **파괴적 잠재력 지도**

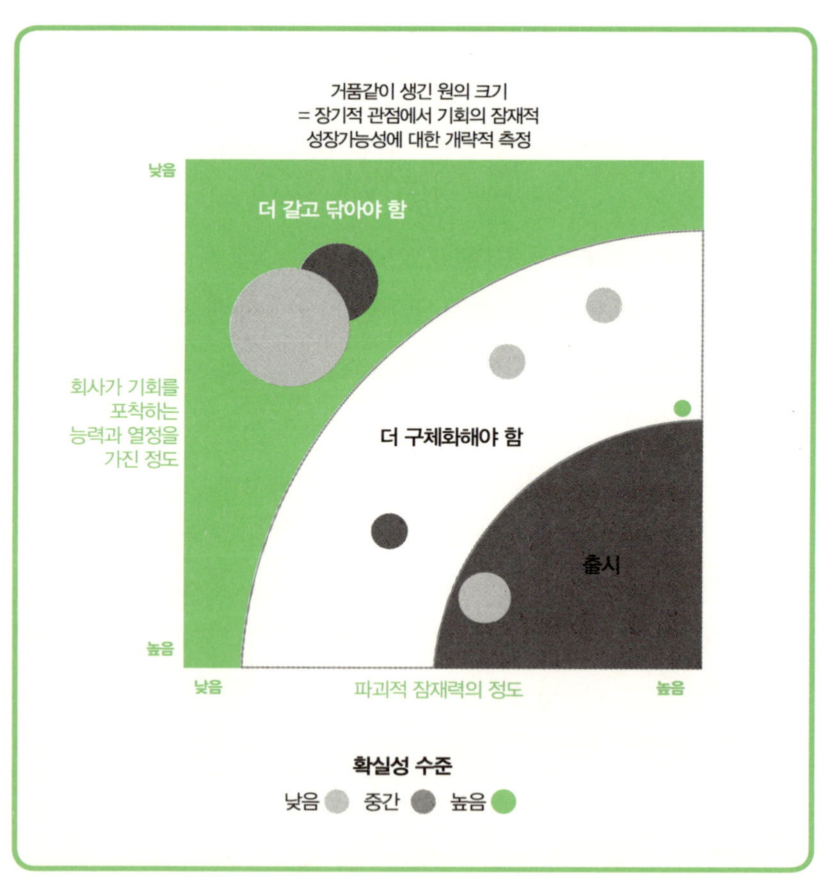

소비재 생산회사 팀이 초기 단계의 파괴적 혁신 프로젝트에서 다수의 출시 전략을 평가하기 위해 이와 유사한 기법을 사용했다. 이 팀은 최종 목표 달성을 위해 똘똘 뭉쳐 있었다. 목표는 복잡하고 성가신 문제를 고객들이 스스로 풀 수 있게 하는 10억 달러(약 1조 1,000억 원) 규모의 사업 브랜드를 만드는 것이었다. 역사적으로 고객들은 문제를 적절히 해결하기 위해 많은 돈을 들여 전문가 집단을 고용하거나 아니면 그다지 효과적이지는 않지만 스스로 처리하며 견뎌냈다. 팀은 자신들이 기획하고 있는 해결책이 제대로 작동한다면 진정 '게임의 법칙'을 바꿀 수 있다고 생각했다. 물론 해당 해결책은 입증되지 않은 기술, 안전성, 회사의 각 부서 또는 기능을 조정해야 할 필요성 등 많은 위험을 수반하고 있었다.

팀은 '파괴적 잠재력 지도'를 사용해 3개의 각기 다른 '교두보가 될 기반 시장'을 검토했다. 첫 번째 시장은 전통적인 대량판매 시장이었다. 이 시장은 회사의 역량과 맞아떨어졌지만, 파괴적 혁신 패턴과 맞지 않았고 큰 위험을 가져올 여지가 있었다. 따라서 첫 번째 시장은 파괴적 잠재력 지도의 왼쪽 아랫면에 위치한다. 두 번째 시장은 하이엔드 서비스 제공자를 목표 고객으로 삼는 시장이다. 이 시장은 회사가 유통파트너에 의지하다보니 전문 솔루션과 비교하면 취약하고 수익도 별로 안 되어 보이는 솔루션에 우선순위를 둘 여지가 없으므로, 지도상 왼쪽 윗면에 위치한다. 세 번째 시장은, 현존하는 하이엔드 솔루션을 제공할 여력이 없는 로엔드 전문가를 대상으로 하는 시장이다.

팀은 회사가 이 시장으로 가려면 이 시장을 감당할 능력을 길러야 하고, 최종 수익 목표를 달성하기 위해서는 이 시장 외에 다른 시장들도 공략해야 하는데, 이러한 접근이 최종적인 DIY do-it-yourself 버전에 지금 당장은 적합하지 않다는 것을 알았다. 그러나 그 당시로써는 파괴적 혁신 성공 패턴의 핵심 요소들에 가장 잘 들어맞고 최초의 상업적 이득을 내는 데 가장 빠른 길을 제공하는 시장이 바로 이 시장이라고 판단했다.

3가지 중요한 교훈

이번 장에서 설명한 접근방식들은 혁신 기업이 안갯 속에 있는 성장전략을 빨리 분명하게 바라볼 수 있게 해준다. 이러한 접근방식을 따른 많은 회사를 도우면서 얻은 3가지 중요한 교훈으로 이번 장을 마무리한다.

교훈 1 모든 평가는 아이디어를 구체화하기 위한 기회이다

정의된 체크리스트에 따라 전략을 체계적으로 평가하는 것은 그 전략의 성공 기회를 높여준다. 예를 들어 P&G의 한 프로젝트 팀은 중국에 자사 브랜드 중 하나를 안착시키기 위해 전략을 평가하고 있었다. 팀은 자사의 제품이 매우 저렴하면서도 소비자들이 중요하게 생각하는 측면에서 적합한 품질을 제공해야 한다는 것을 알았다. 그러나 시장에서 충분히 경쟁할 수 있는 가격 수준으로 상품을 만들기 위해 P&G는 더 큰 도시의 까다로운 소비자들이 중요하게 여기는 기능을 일부 제거해야만 했다. 이러한 평가 과정을 거쳐 P&G는 기능이 제한되어 있지만 가격은 저렴한 1세대 상품이라도 기꺼이 받아들일 수 있는 중국의 작은 도시에서 제품을 출시하는 방향으로 가닥을 잡았다. P&G는 이같은 저가 상품

제조 경험을 통해 피할 수 없는 결함을 해결하고 품질을 높여나간 후 더욱 까다로운 대도시 고객들에게 제품을 판매할 수 있었다.

교훈 2 의도적으로 숫자를 피하는 것이 유리할 수 있다

경험이 풍부한 많은 혁신 기업은 다음과 같은 질문을 할 수 있다. "그런데 숫자는?" 분명히, 숫자는 무시할 수 없다. 그러나 우리의 경험으로 볼 때 대부분 회사는 혁신을 추진하는 팀에 재무 성과를 너무 빨리 요구하는 것 같다. 벤처사업 초기에 재무 추정치가 명확하지 않은 것은 불가피한 일이다. 순현재가치(NPV)나 투자수익률 같은 측정치들은 개략적인 지침으로 사용하는 것이 좋다. 이런 측정치들을 사용해 전적으로 전략의 우선순위를 정하는 것은 무모하다.

이러한 측정치들을 사용해 파괴적 혁신 프로젝트의 우선순위를 매기는 회사는 지금은 작고 미미해 보이지만 앞으로 강력한 성장 기반이 될 프로젝트에 높은 순위를 부여하기가 어렵다. 그 결과, 크고 가늠할 수 있는 시장에서의 프로젝트를 목록의 위에 올리게 된다. 그러나 대규모의 가늠할 수 있는 시장들은 새로운 성장전략에 적대적인 환경임을 명심해야 한다. 신상품들은 의미 있고 차별화된 새로운 이점을 전하는 데 실패하거나 혹은 경쟁자의 무자비한 대응을 가져오기도 한다.

정확한 숫자에 매달리기보다 잠재성의 크기, 즉 '0의 개수'에 주목하라. 기회가 창출하는 매출이 8개의 0을 가진 규모인지(1억 달러, 약 1,100억 원), 5개의 0을 가진 규모인지(10만 달러, 약 1억 1,000만 원) 정도만 판단하라. 그리고 그러한 매출 추정치 뒤에 숨어 있는 중요한 가정들을 점검할 수 있는 방법에 초점을 맞추어라. 이 작업을 할 때는 장기적인 관점에서 생각해야 한다. 성장이 무르익어 그 잠재력이 실현되는 데에는 시간이 걸린다. 다음의 격언을 기억하라. "단기적으로는 적절하게, 장기적으로는 수월하게 사업을 추진하라Adequate in the short term, superior in the long term."

혁신 전략은 점진적인 제품 개선 또는 확장 전략과는 근본적으로 달라서 그에 맞는 적절한 평가 과정이 필요하다. 평가를 처음 시작할 때는 전략이 성공 패턴에 맞아떨어지는지에 초점을 맞춰야 한다. 팀이 자신들의 접근방법을 깊이 이해한 후에야 계량측정치들이 의미 있고 유용해질 것이다.

만약 P&G가 너무 일찍 상세한 성과측정치에 초점을 맞췄다면, 중국 대도시에서 제품을 출시하는 것에 높은 우선순위를 매겼을 것이다. 그러한 접근방식은 5년 동안 엄청난 판매 신장과 순현재가치를 창출하는 것처럼 보였을 수도 있다. 그러나 정의된 체크리스트에 주의를 쏟음으로써 P&G는 그러한 접근방식이 실패로 이어질 것임을 확인했고, 그 후 성공으로 이끌 다른 접근방식을 택할 수 있었다(7장에서 가정을 발견하고 시험하는 내용이 더 자세히 다루어진다).

교훈 3 단기적으로 그리고 동시에 장기적으로 생각하라

패턴 분석을 시작한 팀은 종종 미묘한 쟁점에 부딪힌다. 목표시장을 분석할 때 최종적으로 확보하고자 하는 시장을 분석해야 하는가, 아니면 초기에 확보하고자 하는 '교두보' 시장을 분석해야 하는가? 경험에 따라 우리는 출발점과 종착지를 모두 신중하게 평가할 것을 제안한다.

우리가 함께 일했던 몇몇 회사는 최초의 교두보 시장을 무시하고, 최종 목표시장의 잠재성을 평가하는 쪽으로 곧장 나아갔다. 그러나 혁신의 역사를 살펴보면 한숨에 도약하는 일은 거의 일어나지 않는다. 만약 회사가 최종 도착지로 향하는 도약대를 발견한다면, 곧장 나아가다 실패하는 경우보다 성공 확률을 높일 수 있을 것이다. 다시 말해 회사는 다른 시장으로 진출할 자격을 갖추기 위해 교두보 시장에서 승리를 거둬야만 한다.

그러나 교두보 시장에서 승리를 거두는 것만으로는 충분치 않다. 애플의 아이팟과 P&G의 크레스트 화이트스트립스가 밟아온 서로 다른 행보를 살펴보자. 애플은 카드 한 장만 한 크기의 5기가, 10기가, 20기가의 하드디스크 드라이브에서 출발했다. 그리고 그 후 크기는 더 작은 대신 성능은 낮은 미니 브랜드를 출시했다. 추잉검 크기의 셔플Shuffle, 초소형 나노Nano, 비디오 재생기 터치Touch 등 새로운 상향 및 하향up & down 제품들을 쉴 새 없이 내놓으면서, 애플은 경쟁에서 승리한 것은 물론 경이적인 판매 신장 또한 달성할 수 있었다.

크레스트 화이트스트립스는 처음 출시됐을 때 시장에서 꽤 큰 성공을 거두었다. 집에서도 치아미백을 할 수 있도록 한 이 간단한 제품은 강력한 교두보 시장이 되었고, 첫해 판매가 미국에서만 2억 달러(약 2,200억 원)에 달했다(2002년 애플은 아이팟 판매로 1억 달러를 벌었다). 그러나 P&G는 화이트스트립스 출시 이후 더는 부가·파생제품을 만들지 못했고, 입지가 탄탄한 경쟁자 그리고 자체상표를 출시할 수 있는 경쟁자들이 그 시장에 뛰어들면서 P&G의 판매성장은 느려지기 시작했다.

혁신은 권투 경기와 같다. 첫 라운드를 이기더라도 다음 라운드에서 피할 수 없는 반격을 당하면 경기에 지게 된다. 그러므로 (혁신의 최종 목적지가 여러분의 본래 예상에서 많이 벗어날지도 모르지만) 첫 라운드에서 승리한다면 이후 어떻게 해야 할지에 대한 계획을 반드시 가지고 있어야 한다.

더 생각해 보기

- 웹을 통해 '파괴적 혁신'이나 '파괴적 혁신 기술'을 찾아보라. 그리고 이러한 파괴적 혁신을 이번 장에 나온 기법들을 활용해 평가해보라. 성공 패턴과 맞아떨어지는가?
- 사람들을 소집해 여러분의 회사가 작업 중인 잠재성 높은 혁신 방안 중 하나를 파괴성 측정표를 활용해 평가하라.
- 여러분은 잠재성이 크다는 사실을 알고 있지만 사업의 규모가 작다는 이유로 회사가 거부한 혁신에 대해 동료와 함께 이야기하라.

실무 조언

- 평가에서 여러분이 생각하는 모든 가정에 대한 리스트를 작성·관리하라. 이러한 가정들은 다음 단계를 진행할 때 꼭 필요하다.
- 평가 도중에 많은 추측을 해야 해도 낙담하지 마라. 체계적 평가의 가장 큰 가치 중 하나는 가정과 지식을 분리하는 것이다.
- 숫자에 집착하지 말라. 초기 단계에서의 숫자는 거의 잘못될 수밖에 없다.
- 평가 과정 자체가 결과물만큼 가치 있음을 명심하라. 성공 확률을 극대화하기 위해 전략을 다시 수정하는 것을 오히려 반겨라.

3부 사업을 구축하는 법

기회를 발견하고 포착하는 3단계 과정 중 마지막 단계에서는 아이디어의 구체적 실행 계획을 수립하고 초기 단계의 활동을 실행으로 옮기기 위해 팀을 조직화하여 사업을 구축한다. 7장에서는 아직 불확실한 아이디어를 어떻게 성공적으로 실행할 수 있을까에 관한 방법론을 설명한다. 8장에서는 파괴적 혁신 아이디어를 실행할 팀을 구성하고 관리하는 방법을 알려준다. 7장과 8장은 차례로 서술되어 있지만 이 2가지 활동을 진행하는 데 걸리는 시간은 매우 다를 수 있다. 기회를 파악하고, 아이디어와 전략을 수립·구체화하고, 사업을 구축하는 전반적인 프로세스는 매우 반복적임에 따라 아이디어가 마침내 실행되기 전까지 몇 번은 되풀이되는 것이 보통이다.

"자, 보세요! 우리의 비전은 캘리포니아로 차를 몰고 가는 것입니다. 그러자면 한 닷새 동안은 짐을 꾸려야 할 것이고, 신용카드도 챙겨야 할 것입니다. 그런데 저에게 화요일에 점심은 어디서 먹을 것이냐고 묻지 마세요. 그건 저도 모르니까요."

월리 쉬, 하버드 경영대학원 교수. 디지털이미지 처리 사업을 중심으로
이스트먼 코닥의 혁신을 이끌 때의 접근 전략을 설명하며 한 말

출현전략 이해하기

성공 패턴에 적합하고 파괴성 측정표에서 높은 점수를 받은 전략을 마련했다면 시작은 잘 된 것이다. 그러나 혁신기업이 수행해야 할 일은 이제 막 시작되었다. 이제부터는 지금까지의 평가를 토대로 아이디어를 한 단계 더 발전시키기 위해 구체적으로 실행해야 할 일들을 정해야 한다.

혁신을 위한 여정은 험난하다. 1990년대 초반에 애플이 PDA시장을 개척하기 위해 쏟아부은 노력을 뒤돌아보자. 그들이 만인의 웃음거리가 된 뉴턴Newton을 만드는 데 수백만 달러를 투자했다는 이야기는 이미 유명하다. 그러나 이런 과오는 애플만의 이야기가 아니다. 소니, 모토로라, 휴렛패커드Hewlett-Packard, 그 외에 수많은 선두 기업들 또한 PDA 분야에서 실패의 고배를 마셔야 했다. 이들 모두 시장에서 실패한 전략에 10억 달러(약 1조 1,000억 원)가 넘는 자금을 쏟아부어야 했다.[1] 그렇다면 누가 이 게임에서 승리했을까? 그것은 바로 팜Palm이라는 작은 신생 기업이었다.

새로운 분야에서 소위 잘나가는 기업의 실패율이 높은 것은 그다지 놀랄 만한 일이 아니다. 신규시장에 진입한 기업이 '잘못된' 전략을 가지고 시작하는 경향이 있음을 보여주는 증거들이 너무나도 많기 때문이다. 이 말에는 사실 아주 깊은 의미가 있다. 치명적인 오류가 있는 전략에 자금을 투자하려는 기업은 없겠지만 종종 너무 이른 시기에 전략에 대한 투자를 확대하는 기업은 이러한 실수를 범하기도 한다.

앞으로 소개할 소위 '출현전략'은 기업이 불확실한 아이디어에 수반되는 위험과 미확인요소들을 체계적으로 다룸으로써 성공 확률을 높일 수 있도록 도와줄 것이다(출현전략 참조). 이번 장은 관리자들이 출현전략의 구축과정을 완전히 습득할 수 있도록 다음의 3가지 단계를 설명한다.

1 불확실성이 존재하는 중요 영역을 파악하라
2 현명하게 실험하고 위험 완화 전략을 구사하라
3 실험 결과에 따라 전략을 조정하고 방향을 재설정하라

기업은 이런 단계를 거치며 잘못된 아이디어를 이른 시기에 조정 또는 제거할 수 있고, 이를 통해 궁극적인 성공 확률을 높일 수 있다.

출현전략

출현전략의 중요성을 강조하기 위해 다음과 같은 간단한 시각적 비유를 사용해보자(〈그림 1〉 참조). 그림에서 아치 모양의 선은 혁신자가 고려할 수 있는 모든 전략의 스펙트럼을 나타낸다. 불확실한 시장 상황에 직면한 기업은 종종 '아주 계획적인' 전략을 통해 이 아치를 향해 매우 빠르고 강하게 나아가려 한다. 하지만 애초에 목표한 목적지에 도착했을 땐, 완벽하다고 생각되었던 그들의 전략이 오류를 내포하고 있었음을 발견하게 된다. 이러한 오류 중 일부는 매우 치명적일 수 있다.

〈그림1〉 불확실한 시장에서의 사전적·계획적 접근

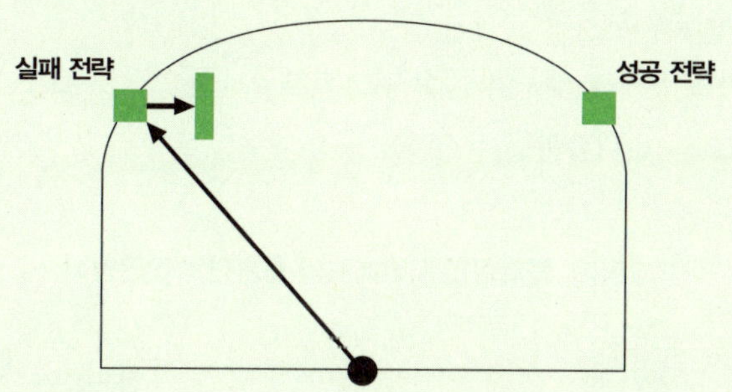

문제는 상당한 시간적·재정적 투자를 하고 난 다음에야 근본적으로 진희 다른 진략을 따라야 한나는 사실을 깨닫는다는 것이다. 예를 들어 애플은 뉴턴 PDA를 개발하기 위해 3억 5,000만 달러(약 3,850억 원)를 투자한 후에야 비로소 소비자들이 원하는 것은 그들의 컴

퓨터를 대체하는 제품이 아니라 보완해주는 제품이라는 것을 깨달았다. 그렇다면 한 프로젝트 매니저가 "나는 내가 무엇을 하고 있는지 모른다는 것을 증명하기 위해 3억 5,000만 달러를 지출했습니다. 만약 당신이 추가로 3억 5,000만 달러를 내게 준다면 뭔가 흥미로운 일을 할 수 있을 것입니다"라고 말했다고 상상해보라.

이런 대화의 끝이 좋을 리가 없다.《성장과 혁신》8장을 보면 앞에서 설명한 것과는 다른 접근방법이 설명되어 있다. 이 접근방법은 로버트 버글만Robert Burgleman, 리타 건서 맥그래스Rita Gunther McGrath, 이언 맥밀런Ian MacMillan, 헨리 민츠버그Henry Mintzberg 등의 연구와 경험을 토대로 아주 불확실한 시장 상황에 처한 혁신가들에게 '출현전략'을 따르라고 제안하고 있다. 마치 제대로 된 전략을 아는 것처럼 사전계획하에 의도적으로 행동하기보다는, 시장에서 올바른 전략이 출현하게끔 유도하는 접근방식을 선택하라는 의미다.[a]

출현전략을 사용하는 혁신가들은 〈그림2〉의 삼각형이 묘사하는 것처럼 이른 시기에 배우고 조정하는 방안을 선택한다. 그들은 조금씩 투자하고 많이 학습하면서 전략을 조정(때로는 여러 번 조정)한다.

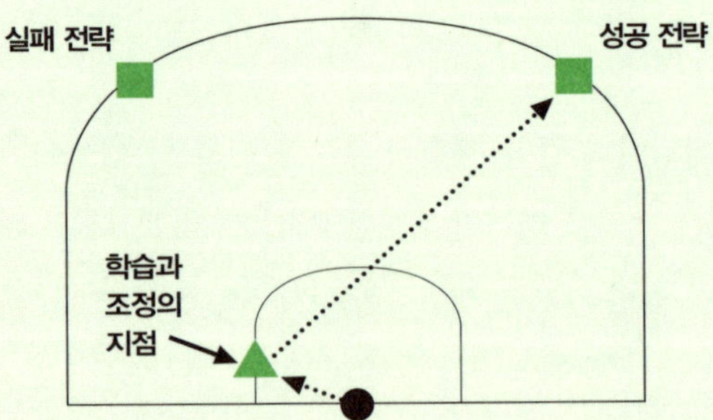

〈그림2〉 불확실한 시장에서의 출현전략 접근방식

a Amar Bhide, *The Origin and Evolution of New Business* (Oxford and New York: Oxford University Press, 2000); Robert A. Burgelman, *Strategy Is Destiny* (New York: Free Press, 2002); Rita McGrath and Ian MacMillan, "Discovery-Driven Planning," *Harvard Business Review*, July–August 1995; Henry Mintzberg and James Waters, "Of Strategies, Deliberate and Emergent," *Strategic Management Journal* 6 (1985): 257.

1 불확실성이 존재하는 중요 영역을 파악하라

새로운 방향으로 사업을 행하기 전에 먼저 장점, 단점 그리고 불확실한 부분에 대한 조심스러운 조사와 판단이 선행되어야 한다. 이 작업을 하기 전에 일반적으로 '좋은' 기회란 어떤 것인지를 먼저 정의해야 한다. 즉 지속적으로 어느 정도의 매출을 올려야만 매력적인 기회라고 판단할 것인가? 총 수익은 얼마나 내야 하는가? 이익에 미치는 사업의 공헌도는 어떠해야 하는가? 어느 시점부터 현금의 순 유입을 만들어내야 하는가? 이러한 질문의 답은 조기에 의견 일치를 봐야 한다.

합의점을 찾은 상태에서는 이러한 기대치를 만족시킬 전략에 적용되는 모든 가정을 신중히 파악해야 한다. 또한 전략을 실현하는 과정에서 발생할 수 있다고 생각되는 모든 위험요소에 대해서도 목록을 작성해야 한다.

출현전략은 답안 그 자체보다는 답안에 사용되는 가정에 초점을 맞추고 있다. 기업은 종종 그들의 분석 목적이 사업기회가 가져다줄 재무적인 예상치를 파악하는 데 있는 것으로 생각한다. 만약 여러분이 재무 모델에 투입되는 정보를 확신할 수 없다면, 재무적 전망에 대해 심도 있는 토론을 벌이는 것 자체가 시간 낭비일 뿐이다. 인튜이트의 설립자인 스콧 쿡의 말을 살펴보자. "우리가 실패했던 모든 사례는 하나도 빠짐없이 완벽해 보이는 재무제표를 가지고 있었습니다."[2] 즉 숫자들의 계산 자체는 큰 의미가 없다. 왜 숫자들이 그렇게 나타날 것인지를 이해하는 것이 훨씬 더 중요하다. 재무적 기대치에 대한 합의점을 먼저 찾고 난 뒤, 어떠한 요인이 그러한 결과를 낳을 수 있는지에 대해 심층적으로 토론해야 할 것이다.

만약 앞의 장들에서 제시된 분석을 정확히 수행했다면 여러분은 이미 훌륭한 가정 목록을 마련한 것이다. 그러한 가정과 위험요소의 목록을 포괄적으로 검토해보는 것은 가치 있는 일이다. 예를 들어 이노사이트가 함께 일했던 포장 소비재업체는 그들이 할 수 있는 모든 가정을 다 검토했다고 믿었다. 실제로 그 팀은 그들의 상품이 성공적으로 시장에 진입하는 데 필요한 15가지 정도의 필수적인 가정과 위험요소 목록을 만들었다. 그러나 이노사이트가 프로젝트에 투입되면서 그들이 수박 겉 핥기식의 조사밖에 하지 않았음이 드러났다. 하루 동안의 교육 과정을 통해 그 팀은 비로소 초기 목록을 목표 고객, 기술, 매출 흐름, 비용, 유통경로 그리고 필수적인 파트너십 등 수많은 범주의 100여 가지 목록으로 확장시켰다. 토론 과정은 팀원들이 생각하는 암묵적인 가정을 물 위로 끌어올리고, 팀 리더가 그 팀이 어떤 부분에서 올바른 방향성을 가지고 있고, 어떤 부분에서는 그렇지 않은지를 판단할 수 있게 했다.

만약 여러분이 이러한 가정을 검토하기 위해 팀원들 간의 브레인스토밍을 예정하고 있다면, 반드시 그 팀을 기능적으로 상호 보완할 수 있도록 구성해야 한다. 왜냐하면 기술 인력은 시장이 무엇을 원하는지를 나름대로 가정하기 마련이고, 마케팅 인력은 또 그들 나름대로 기술적 해법이 무엇을 해줄 수 있는지를 가정하기 때문이다. 이처럼 다른 부문인 력을 조속히 한 팀으로 구성할 수 있다면 문제를 해결하는 데 보다 일관된 접근을 할 수 있다.

기업의 새로운 사업 추진 방향이 기존의 핵심 사업과 동떨어졌을 때는 가정과 위험요소를 더욱 깊이 고민해야 한다. 왜냐하면 기업은 종종 핵심 사업에서 당연하다고 생각되던 암묵적인 가정을 새로운 사업에도 그대로 적용하는 경향이 있기 때문이다. 예를 들어 아침 식사용 시리얼 같은 저가제품을 판매하는 기업은 반품비용을 크게 우려하지 않을 것이다. 대부분 소비자들은 시리얼 한 박스를 반품하기 위해 시간을 허비하고 싶어 하지 않기 때문이다. 하지만 만약 이 기업이 생산비용이 100달러 이상 들어가는 주문형 시리얼을 판매하기 시작했다면 그들은 5~15퍼센트 정도 되는 반품률이 그들의 비즈니스 모델에 어떠한 영향을 미칠지 신중히 검토해야 한다.

유사한 예로, 디즈니Disney사가 유로 디즈니Euro Disney(현재 디즈니 유럽Disney Europe)를 개장했을 때, 그들은 유럽의 소비자들이 다른 시장의 소비자들과 유사한 패턴을 보일 것으로 가정했다. 그러나 유럽의 소비자들은 저렴한 입장료에 익숙해 있었고, 오랜 기간 호텔에 머무는 것을 좋아하지 않았으며, 저가의 기념품을 사는 것을 좋아했고, 음식을 적게 소비했다. 이렇듯 검토해야 할 가정들을 미리 챙기지 못한 디즈니의 전략상의 실수는 결국 엄청난 손실로 돌아왔다.[3]

주요 가정과 위험요소가 포괄적으로 파악되었는지를 검토하기 위해 조금은 고통스럽더라도 아래의 목록에 있는 질문에 대답하는 과정을 반드시 거쳐야 한다. 이러한 질문에 대답하면서 여러분은 자신이 확신하지 못하는 요소(가정들)와 염려하고 있는 요소(위험요소들)를 파악해야 한다.

- **최초** 고객은 누가 될 것인가?

- 고객은 여러분이 제시하는 해결책을 어떻게 알게 될 것인가?

- 고객은 어떤 방식으로 여러분에게 대금을 지불할 것인가?

- 그 밖에 누가 상품 구매에 관심을 보일 것인가? 이유는 무엇인가?

- 여러분이 구상하는 비즈니스 모델이 제대로 작동하려면 고객이 얼마나 자주 여러분의 상품을 구매해야 하는가?

- 고객들이 상품을 다시 구매하는 이유는?

- 여러분의 상품은 어떤 문제에 대한 해결책을 다루고 있는가?

- 여러분의 **목표** 고객은 현재 어떠한 방식으로 문제를 해결하고 있는가?

- 어떠한 관점에서 여러분의 상품이 기존 상품보다 우월한가? 또는 열등한가?

- 소비자가 여러분의 상품이 가진 한계점을 수용할 거라고 믿는 이유는?

- 여러분의 상품을 이용하려면 소비자의 **행동양식**이 변해야 하는가? 만약 그렇다면, 그들의 **행동양식**이 변하리라고 믿는 이유는?

- 여러분만이 할 수 있는 고유한 것은 무엇인가?

- **첫** 번째 시장을 창출하기까지 어느 정도의 고정비용이 발생하겠는가?

- 비즈니스 모델에는 어느 정도의 변동비용이 포함되어 있는가?

- 여러분은 어떻게 매출을 창출할 것인가?

- 제품 홍보를 위해 얼마나 지출해야 할 것인가?

- 여러분은 어떻게 이익을 낼 것인가?

- 누가 여러분의 상품을 판매할 것인가?

- 그들은 왜 다른 상품 대신 여러분의 상품을 판매할 것인가?

- 어떤 브랜드를 사용할 것인가?

- 현재 시장에 어떤 경쟁자들이 존재하고 있으며, 어떤 잠재적 경쟁자들이 등장할 수 있는가? 여러분이 그들과의 경쟁에서 승리할 수 있는 이유는?

- 이 기회는 상당한 장점을 가지고 있는가? 있다면 그 이유는?

- 이러한 접근방식을 통해 여러분은 어떠한 전략적 대안을 만들어낼 것인가?

- 고위관리자나 투자자들이 매력을 느낄 만한 이유는?

- 예상할 수 있는 내부 장벽은 무엇이며 여러분은 이를 어떻게 극복할 것인가?

- 제도적인 승인이 필요한가? 필요하다면 여러분은 이를 어떻게 얻을 것인가?

- 어떤 지리적 위치에서 시작할 것인가?

재무 수치의 역분석

오히려 대답으로부터 가정을 유추해가는 방식이 중요한 재무적 가정들을 부각하는 데 유용할 수 있다. 우선 3년이나 5년 정도의 기간을 잡고 목표수익을 정하는 데서 시작한다. 그러고 난 뒤, 목표치를 달성하는 데 필요한 모든 가정을 파악하기 위해 거꾸로 작업을 진행하는 것이다. 이러한 가정들이 합리적인지를 알려주는 유사사례나 기준을 살펴본다. 또는 여러분의 아이디어가 왜 설득력이 있는지를 보여주는 간단한 계산 방식을 보여준다. 그러고는 그 아이디어가 정말 그럴듯한지를 다시 한 번 검토해본다. 이러한 방법은 중요한 재무적 가정들을 부각하도록 도와줄 뿐만 아니라 여러분의 사업계획 자체를 더 포괄적으로 생각할 기회를 열어준다.

가정과 위험요소의 우선순위 결정

수많은 가정과 위험요소가 담긴 목록은 상당히 부담스러울 수 있다. 이 목록에 우선순위를 부여하기 위해서, 다음의 2가지 질문을 사용해 이들을 분류해보라.

1 특정 가정이 틀리거나, 위험요소를 극복하지 못한다면 어떠한 일이 발생할 수 있는가? 가장 나쁜 결과를 가져올 것으로 보이는 것들을 제일 먼저 분류한다. 그다음, 전략의 전반적인 수정을 가져올 만한 것들을 분류한다. 마지막으로 접근방법상 작은 변화만을 가져올 것으로 보이는 것들을 분류한다.

2 여러분의 가정이 옳은지 그리고 예상되는 위험요소를 극복할 수 있는지에 스스로 얼마나 자신하는가? 우리는 종종 기업의 관리자들이 아주 중요한 가정과 위험요소들에 지나치게 자신있어 하는 걸 본다. 불확실성의 다양한 측면을 이해하려면, 만약 여러분이 틀렸다면 무엇을 포기할 수 있는지도 생각해봐야 한다. 연봉? 주급? 아무것도? 다소 우스꽝스럽지만 이런 질문 과정은 관리자들이 자신이 안다고 생각하는 것보다 훨씬 조금밖에 알지 못함을 빨리 깨닫게 해준다.

〈그림 7-1〉은 가정과 위험을 쉽게 분류할 방안을 보여준다. 먼저, 여러분의 가정과 위험요소가 1영역(즉각적인 검증이 필요한 영역), 2영역(다

음에 검증할 영역), 3영역(마지막에 검증해도 되는 영역) 중 어느 곳에 속하는지를 정해야 한다.

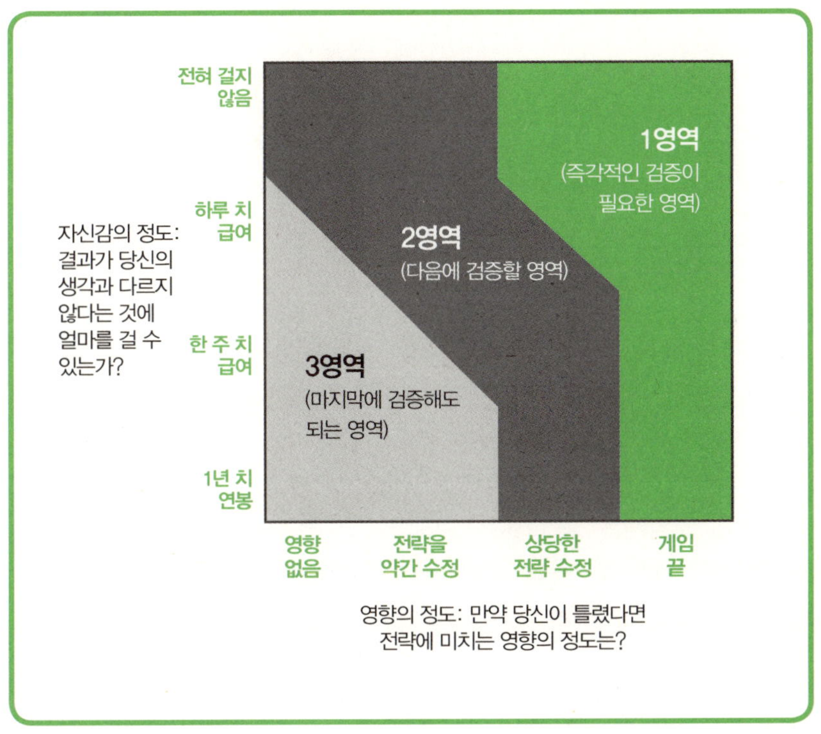

〈그림 7-1〉 가정과 위험요소의 우선순위 설정 매트릭스

고객이 느끼는 문제들, 즉 '해결해야 할 과제'(4장 참조)의 근본적인 원인은 종종 1영역으로 분류된다. 결국 여러분이 주목하고 있는 문제에 대한 해결방안에 고객이 별로 신경 쓰지 않는다면 어떠한 성장도 기대하기 어렵다. 가격을 결정하는 문제는 주로 2영역에서 나타난다. 왜냐하면 각기 다른 가격은 다양한 요인들에 영향을 주기 때문이다. 마지막

으로 매출의 많은 부분을 차지할 것으로 예측되는 지리적인 영역은 3영역에 속한다. 지리적 요인은 마케팅 비용이나 인력충원에 영향을 줄 수 있지만, 한 지역의 결과가 다른 지역에도 적용될 수 있다면 이는 처음의 전략에 큰 변화를 요구하지 않기 때문이다.

이처럼 가정과 위험요소를 분류하고 난 뒤, 각 영역의 가정과 위험에 대해 세 번째 질문을 해야 한다.

3 각 항목의 추가 정보를 얻는 것이 얼마나 쉬운가? 다른 모든 조건들이 같다면, 추가 정보를 얻기가 쉬운 것들을 먼저 다루어야 할 것이다. 이때, 추가적인 정보를 얻기 위한 조사와 실험을 진행하는 데 드는 비용, 정확한 결과를 얻을 때까지 걸리는 시간 그리고 계획된 실험을 진행하는 데 요구되는 경험의 정도 등을 고려해야 한다.

이 3가지 질문을 통해 여러분은 긴 목록 속의 가정과 위험요소 중에서 즉각적인 관심을 기울여야 할 것을 가려낼 수 있을 것이다. 〈도구 7-1〉에 표시된 가정 체크리스트는 이러한 작업을 하는 데 도움을 줄 것이다.

〈페어런팅Parenting〉이라는 잡지를 만든 로빈 월래너Robin Wolaner의 예를 보자. 1980년대 월래너는 〈마더 존스Mother Jones〉라는 잡지의 편집장을 그만두고 새로운 사업을 모색하고 있었다. 그녀는 아이를 키우는 친구들과 대화를 나누던 중 부모를 겨냥한 고품질 잡지를 개발할 수 있겠다고 생각했다. 월래너는 아이디어를 구체화하려면 500만 달러(약 55억 원)가 들 것으로 추정했다. 여러 사람에게 조언을 얻는 과정에서 그녀는 자신의 아이템을 받아들일 새로운 시장이 과연 형성될 것인가에 대

〈도구 7-1〉 가정 체크리스트

설명

가정 사업기회가 제대로 발휘되려면 어떠한 것들이 전제되어야 하는가?

위험 만약 가정이 옳지 않은 것으로 판명되면 어떤 일이 일어나는가? 모든 것이 끝나는가, 아니면 방향 설정을 다시 해야 하는가, 아니면 부분 수정을 해야 하는가, 아니면 아무런 영향도 없는가?

자신감의 정도 가정에 얼마만큼 자신할 수 있는가? 1년 치 연봉을 걸 수 있는가? 한 달 치 또는 한 주? 아니면 아무것도 걸 수 없는가?

테스트 영역 〈그림 7-1〉의 테스트 영역을 활용해 '1영역(지금 검증)', '2영역(나중에 검증)', '3영역(마지막에 검증)' 중 어느 영역으로 분류될 수 있는지 파악한다.

제안된 실험 가정에 대해 더 많은 것을 파악하려면 무엇을 할 수 있는가?

실험의 난이도 실험은 진행하기 쉬운가, 약간 어려운가, 아니면 몹시 어려운가?

순위 이 실험의 진행 순위는 어떻게 되는가?

가정	위험	자신감의 정도	테스트 영역	제안된 실험	실험의 난이도	순위

한 직감 그 자체가 바로 그녀가 고려해야 할 중요한 가정이라는 것 을 확신했다. 그녀가 진행해야 할 다음 과제는 그러한 가정들을 간단하고 저렴한 방법으로 테스트할 방법을 찾는 것이었다(이는 이번 장의 뒷부분에

서 자세히 논의될 것이다).

유사한 예로 이노사이트의 고객이었던 한 헬스케어 회사는 수백만 명의 사람들을 괴롭히고 있는 질환을 치료할 새로운 치료법을 고안해 제품 출시를 고려하고 있었다. 이 회사는 제품의 효과가 얼마나 뛰어난지, 회사가 제도적 규제에 얼마나 잘 대처할 수 있는지, 어떤 유통경로를 확보할 수 있는지, 어떤 가격전략을 취할 수 있는지 등에 대한 수많은 가정을 확보했다.

이 프로젝트 팀은 불확실한 영역에 초점을 맞추어 몇 주 동안 숙고했다. 이 제품이 약국이나 할인매장과 같은 대량 시장의 유통경로를 통해 판매될 수 있을 만큼 장기적이고 안정적인 시장 환경을 유지할 수 있겠는가? 해당 팀은 이 문제를 충분히 해결할 수 있으나 그러기 위해서는 상당한 투자가 필요할 것으로 생각했다. 그러나 회사는 이것이 '중요한' 문제이긴 했지만, 자신들이 생각했던 가정 중 '가장 중요한' 것은 '의사의 추천이 제품의 초기 판매를 주도할 것이며 제품을 사용해본 소비자들은 정기적인 고객이 될 것이다'라는 것임을 알게 되었다.

만약 이 가정이 사실이 아닌 것으로 판명되면, 이 회사는 시장진입을 위한 전략을 대폭 수정하거나, 혹은 그 상품을 포기해야 할지도 모른다. 이 경우 이 제품의 장기적인 시장 안정성은 별로 중요하지 않게 된다. 일단 팀이 가장 중요한 것을 선별해냈다면 그다음에는 이를 저렴하고 시의 적절하게 테스트할 수 있는 현명한 실험 방법을 찾아야 한다.

2 현명하게 실험하고 위험 완화전략을 구사하라

현명한 실험과 위험 완화 전략은 좋은 출현전략을 구축하는 데 핵심적인 역할을 한다. 기업은 위험을 무릅쓰고 불확실한 전략에 자원을 투자하는 대신에, 적은 투자만으로 그들의 접근방식에 존재하는 핵심적인 불확실성에 대해 많은 것을 배울 수 있다.

실험은 소규모 포커스 그룹의 활용과 같은 아주 간단한 것부터 특정 지역의 테스트 시장을 여는 것과 같이 아주 복잡한 것도 있다. 다음의 목록은 상대적으로 실행하기 쉽고 저렴한 것부터 실행하기 매우 어렵고 값비싼 실험들까지 다양한 실험들이다.

내부의 베스트 프랙티스best practice**(베스트 실행) 평가** 여러분이 고민하고 있는 것과 유사한 가정과 위험요소를 다루어본 사람들은 어떻게 했는지 알아보려면 사내 직원들과 대화해보라. 이 정보를 활용해 여러분이 가정과 위험요소의 우선순위를 적절히 매겼는지 평가하라. 여러분이 그들보다 더 잘할 수 있을 것으로 생각하지 않도록 주의하라.

2차 자료조사 초점이 잘 맞춰진 외부 연구는 시장의 발전양태를 신속하게 파악하고 경쟁자들이 취하는 행동을 관찰할 기회를 제공한다. 그러나 아직 존재하지 않는 시장에 대한 연구보고서에 지나친 해석을 시도하지는 말아야 할 것이다('존재하지 않는 시장 측정 평가의 어려움' 참조).

외부 벤치마킹 우리가 겪고 있는 것과 유사한 문제를 외부 기업들은 어떻게 다루었는지 조사할 수 있다. 만약 지금까지 해오던 것보다 더 잘해야만 성공할 수 있다면, 적어도 해당 가정이 합리적인지 다시 생각해야 한다. 특정 산업분야에 정통한 컨설턴트들이 유용한 것처럼, 시장조사 보고서나 분석가들의 보고서 또한 유용한 외부 정보의 원천이 될 수 있다[4](물론 시장조사 보고서는 과거에 일어났던 일을 서술하고 있으며, 전문가도 일반적으로 과거에 일어났던 일-미래에 추진되어야 할 일에 대한 전문가의 능력은 차이가 큼-에 대한 전문적인 지식을 가지고 있다. 사실 진정으로 게임의 법칙을 바꿀 수 있는 접근방식의 시장 잠재력에 대해선 전문가의 예측이 빗나가는 경우가 더 많다).

비즈니스 모델의 구축과 시뮬레이션 재무적인 가정들을 하나로 통합해 여러분의 비즈니스 모델이 어떻게 작동할 것인지를 생각해보라. 가정을 달리해 어떤 일이 일어날지 다양한 시나리오를 개발해보라. 이러한 접근방식을 비즈니스 모델에서의 핵심축을 찾아내는 데 사용하라. 또한 다른 여러 요소에 영향을 주는 기본적인 가정을 찾도록 노력하라.

경쟁과의 전쟁 시뮬레이션 여러분이 경쟁자의 입장이라면 여러분의 접근방식에 어떠한 반응을 보일 것인지 상상해보라. 이것은 여러분의 전략이 경쟁자들에게 매력적으로 보이지 않도록 하는 방법을 이해하는 데 도움이 된다. 또한 경쟁자의 반응을 보다 빨리 파악할 수 있는 시스템을 개발하는 데에도 도움이 된다.

존재하지 않는 시장 측정 평가의 어려움

존재하지 않는 시장을 측정하기 위해서는 다음의 4가지 근본적인 어려움들을 해결하려는 노력이 필요하다.

1. 아직 데이터가 없다. 시장이 아직 존재하지 않을 때는 기초가 될 만한 시장 연구보고서나 분석할 만한 시계열 데이터time-series data(일정기간에 대해 시간의 함수로 표현되는 데이터. 예: 과거 5년간의 연도별 매상액)가 없다.

2. 비교할 만한 상품이 존재하지 않는다. 데이터가 없는 상태에서 참조할 만한 유사한 사례를 찾는 것은 자연스러운 일이다. 그러나 아주 새로운 시장을 염두에 두는 경우에는 시장형성 속도나 시장침투현상을 이해하는 데 도움이 될 만한 사례를 찾아내기 어렵다. 잘못된 사례에 기반을 둔 추측은 잘못된 결론에 이를 수 있다.

3. 기존 고객은 잘못된 데이터를 제공한다. 새로운 제품이나 서비스가 기존 상품의 성능을 상쇄하는 간편성이나 편리함, 낮은 가격과 같은 파괴적 특성이 있을 경우에는, 유사하다고 생각되는 시장의 기존 고객을 대상으로 새로운 시장의 규모를 가늠해보는 것은 매우 위험한 일이다. 기존 소비자는 지금까지 익숙하게 소비해오던 상품이나 서비스를 기준으로 신제품을 비교·평가하기 때문에 새로운 혁신을 저평가할 수 있다.

4. 새로운 고객은 신뢰성이 떨어지는 데이터를 제공한다. 고객은 일반적으로 자신이 아직 사용하고 있지 않거나, 혹은 존재하지 않

는 제품이나 서비스를 어떻게 사용할 것인지에 대해 시각화하는 능력이 매우 낮다. 따라서 새로 출현하고 있는 시장에 대한 소비자 조사의 예측력은 매우 떨어진다. 또한 새로운 시장은 예측하지 못한 방식으로 형성되고 예측하지 못한 고객을 창출함에 따라 데이터가 세내로 된 원천으로부터 수집된 것인지조차 확신하기 어렵다. 마지막으로 현재 그 제품이나 서비스를 소비하지 않는 고객은 제품 평가 시 마음속에 참조할 만한 준거점을 갖고 있지 않기 때문에, 가격 민감도 조사에 대한 신뢰성 있는 반응을 기대하기는 어렵다.

증거

존재하지 않는 시장을 측정하는 것이 얼마나 어려운지를 보여주는 수많은 고전적 사례 연구들이 있다.[a] 그 예를 살펴보면 다음과 같다.

- 《혁신 기업의 딜레마》에서 크리스텐슨 교수는 산업잡지인 〈디스크/트렌드Disk/Trend〉가 5개의 새로운 디스크 드라이브로 수행했던, 신제품 출시 전 4년 치의 출하량 예측전망을 분석했다.
  - 존속적이고 잘 알려진 시장에 출시된 두 제품은 출하량에 대한 예측오차가 각각 8퍼센트와 7퍼센트 정도로 상당히 정확했다.
  - 그러나 파괴적이고 알려지지 않은 시장을 대상으로 한 전망은 일반적으로 크게 빗나가고 있다. 3건의 파괴적 혁신 제품의 출하량 예측치는 각각 265, 35, 550퍼센트 벗어나 있었다.
- 1950년도에 IBM은 제록스의 특허권을 구매할지를 결정하기 위해 아서 리틀Arthur D. Little을 고용해 복사기 시장의 규모를 측정하

려 했다. 마이클 해머Michael Hammer와 제임스 챔피James Champy가 저술한 《리엔지니어링 기업혁명Reengineering the Corporation》에 따르면 아서 리틀은 그 혁신적인 기계가 탄소 제지, 중복 복사 그리고 젤라틴판 복사 (그 당시 문서 복사를 위해 사용되었던 기술들) 시장을 100퍼센트 점유한다 해도 복사기 시장에 진입하기 위해 소요되는 투자비용을 결코 보상받지 못하리라고 결론지었다.

- 1970년대 말 AT&T는 맥킨지에 무선전화기의 잠재적 시장규모를 측정해달라고 요청했다. 맥킨지는 2000년도까지 전 세계에서 90만 대가 판매될 것으로 예측했다. 그러나 2007년까지 18시간마다 90만 대의 무선전화기가 판매되었다. 시장 예측을 잘못했던 것은 맥킨지만이 아니었다. 가장 낙관적인 전망은 총 가입자 시장규모를 1,000만 대로 예측했었다.

- 한 시장조사 회사가 수행한 2002년 5월의 보고서를 보면 2003년에 90만대의 하드디스크 내장형 MP3 플레이어가 판매될 것으로 전망되었다. 그러나 애플은 2003년 한 해에만 혼자서 94만 대의 하드디스크 내장형 아이팟을 판매했다. 하드디스크 내장형 MP3 플레이어의 총 시장규모는 250만 대 이상이었다. 단 1년 전의 시장조사였지만 거의 200퍼센트 빗나간 전망을 한 것이다.

a Clayton M. Christensen, *The Innovator's Dilemma*, 2nd edition (New York: HarperBusiness, 2000), 144–146; Michael Hammer and James Champy, *Reengineering the Corporation* (New York: HarperCollins, 1993); "Cutting the Cord," *The Economist*, October 7, 1999; "From TiVo to the iPod, Hard Disk Drives Penetrate Consumer Electronics Products," *InStat/MDR*, May 2002; "Worldwide Compressed Audio Player 2004–2008 Forecast: MP3 Reaches Far and Wide" *International Data Corporation*, August, 2004.

특허 분석 특허는 신생시장에 관한 풍부한 정보를 담고 있다. 특허 활동이나 제도권 내 허가 신청은 기업이 그들의 전략을 공식 발표하기 전에 시장에 어떻게 접근하고 있는지를 보여준다.

포커스 그룹 포커스 그룹의 활용은 고객과 대화를 시작하는 데 아주 유용한 방법이다. 그러나 단 하나의 포커스 그룹의 의견에 너무 의존하는 것은 주의해야 한다. 큰 목소리를 내는 한 명이 토론을 지배할 수도 있기 때문에 6명 정도로 구성된 하나의 표본에서 결론을 이끌어내려 하는 것은 위험하다. 포커스 그룹이 좀 더 폭넓은 토론을 할 수 있도록 토론에 자극될 만한 요소들을 준비해야 한다.

생각 리더들의 원탁회의 하나의 주제에 관해 다양한 관점을 가진 생각의 리더들이 한곳에 모이면 여러분이 자칫 간과할 수 있는 사항들을 발견하는 데 도움이 된다. 사실 이러한 리더들과 상호작용하는 정기적 메커니즘은 아주 유용한 역량이 될 수 있다.

고객 관찰 4장에서 이야기한 것처럼, 고객 관찰은 사람들이 실질적으로 해결하려는 혁신과제를 발견하는 데 아주 좋은 방법이다. 많은 시간과 비용이 요구될지라도 현장에 나가 사람들이 문제를 어떻게 해결하려하는지 또는 여러분이 제시한 해법을 어떻게 사용하는지 관찰하는 것은 꼭 필요하다.

콘셉트 테스트 콘셉트 테스트는 완전히 구현될 상품개념을 고객에게 묘사한 뒤 그 콘셉트를 구매하려는 고객의 의향을 평가하는 것이다. 닐슨Nielson과 같은 회사들은 상품 콘셉트에 대한 고객의 반응을 측정한 뒤 과거의 신상품들에 대한 반응과 비교함으로써 기술 수용곡선을 모의 실험해보는 서비스를 제공한다. 하지만 이 방법을 사용해 핵심 분야의 개선을 도모해온 회사일지라도 이제 막 변하고 있는 시장에 콘셉트 테스트를 사용할 때는 주의를 기울여야 한다. 많은 전문가에 따르면 아주 새로운 제품이나 서비스에 이 콘셉트 테스트가 적용되면 매우 잘못된 결과를 가져올 수 있다고 한다.

정량적 시장조사 더 세밀한 시장조사는 시장규모와 고객 군집들을 파악하고, 고객들이 새로 개선된 제품의 특성을 어떻게 평가하는지 이해하는 데 도움이 된다. 정량적 시장조사를 계획하고 실행하는 것은 웹 또는 다른 도구들 덕분에 더욱 쉬워지고 있다.

견본품Prototypes 여러분이 얼마나 노력을 쏟아붓든 종이 한 장 위에 적혀 있는 아이디어에 대해 의미 있는 소비자 피드백을 얻어내기란 매우 어렵다. 또한 실제로 제품을 제작해보기 전에는 파악할 수 없는 부품 간의 상호작용이 있을 수 있다. 견본품은 이러한 상호작용을 파악하게 해주는 동시에 고객의 피드백을 수집할 수 있는 실제적인 역할을 한다. 어떤 관리자들은 견본품이 유형의 제품을 만들어내는 회사들과만 관련이 있는 것으로 생각하지만, 웹상의 실험적 화면이나 프로세스 흐름 또한 무형의 상품을 더욱 깊이 이해하는 데 도움을 준다.

테스트 시장 가격, 유통채널과의 관계, 구매자 행동과 같은 중요한 가정들은 여러분이 실제로 시장을 접해보기 전에는 정확하게 실험하기가 어렵다. 특정 지역이나 고객군을 대상으로 테스트 시장을 열어봄으로써 이러한 변수들에 중요한 통찰력을 얻을 수 있다. 경험상, 가능한 한 실제 상황과 가장 유사한 실험을 구사하는 것이 중요하다. 다시 말해 성공할 수밖에 없는 테스트 시장을 구축할 수도 있지만, 이는 장기적으로 볼 때 회사에 도움이 되지 않을 것이다.

지금까지 소개한 실험들과 마찬가지로 다음의 몇 가지 기법들은 위험 요소를 경감시키는 데 도움이 된다.

컨설턴트나 계약직 고용 인력을 고용하는 것은 언제나 위험을 수반한다. 만약 누군가를 정규직으로 고용한 뒤 전략을 변화시킨다면, 그 직원이 변화된 전략을 따라가기를 바라거나 아니면 그 직원을 다른 업무에 배치할 수밖에 없을 것이다. 대부분 전문가들은 작은 회사는 자신들의 비즈니스 모델을 안정적으로 구축한 후에 정규직 CEO를 고용하라고 조언한다. 그렇지 않으면 새로운 CEO는 자신이 전에 가지고 있었던 비즈니스 모델을 이 새로운 회사에 가져올 수밖에 없기 때문이다.[5] 만약 그 비즈니스 모델에 결함이 있다면 그는 이 회사를 망하게 할 수도 있다. 더 유연한 업무 배분은 이러한 결점들을 방지해준다. 그러나 이런 추가적인 유연성을 확보하기 위해 더 큰 비용을 지출해야 할 수도 있다.

특허를 통한 보호 강력한 특허권은 경쟁자의 대응에 따른 위험을 완화하는 데 도움이 된다. 그러나 특정 특허권의 힘을 과대평가해서는 안 된다. 만약 어떤 강력한 회사가 시장진입을 위해 공격적으로 움직인다면, 가장 안전해 보이는 특허조차도 우회해 가는 방법을 마련해내기 때문이다.

파트너 관계의 설정 서로 다른 경쟁력을 가진 기업들에 위험의 의미는 각기 다를 수 있다. 로빈 월래너와 〈페어런팅〉의 예를 상기해보자. 월래너는 창업가로서 주문 수령 또는 생산과 같은 문제들을 큰 위험요소로 생각했다. 그러나 큰 출판사들에 그러한 위험은 아주 사소한 것이었다. 위대한 창업가들은 위험요소를 능숙히 다룰 수 있는 파트너에게 위험을 위임하는 데 능하다. 마찬가지로 지분투자, 수익공유계약, 전략적 동맹 그리고 조인트 벤처는 막대한 자원 투자 없이도 한 분야에 대해 더 많이 배울 기회를 준다.

조건부 계약 조건부 계약은 재무적 옵션과 같다. 계약의 이행 여부는 상황이 어떻게 전개되는가에 달렸다. 조건부 계약은 상황이 더 진전되기 전에 중요 위험요소들을 짚고 넘어가게 하는 역할을 한다.

향후 이정표 '무덤까지 함께 가자'라는 식이 아닌 파트너 관계로 일할 계획이라면 앞으로 일을 진행하는 과정에서 관계 수정이 이루어질 수 있도록 일찌감치 이정표를 만들어야 한다.

성공을 위한 열쇠: 적게 투자하고 많이 학습하자

지식습득의 훈련과정을 설계하고 실행할 때 염두에 두어야 할 가장 중요한 원칙은 모든 과정을 최대한 단순하고 저렴하게 하는 것이다. 다음의 진언을 기억하자! "적게 투자하고 많이 학습하자." 이를 실행하기 위해서는 항상 다음의 사항들을 명심해야 한다.

- 실제로 만들기 전에 먼저 견본품을 만들자
- 착수하기 전에 테스트하자
- 직접 구매해 쓰기 전에 빌려 쓰자
- 고용하기 전에 계약하자
- 직접 생산하기 전에 외부에서 조달하자
- 실행하기 전에 조사하자

라이트Wright 형제가 최초의 비행기를 제작하기 전에 자신들의 가정을 시험했던 방법을 보면 '단순하고 저렴하게'라는 원칙에 집중한 것이 얼마나 가치 있는 일이었는지를 알 수 있다. 그 당시 하늘을 날고 싶어 하던 사람들은 대부분 비행 실험을 할 수 있는 비행기를 곧바로 제작하는 엄청난 선택을 했다. 하지만 만약 그들의 가정에 오류가 있다면 비행기는 추락할 것이고 비행사 또한 죽고 말 것이었다. 라이트 형제는 다른 접근방식을 취했다. 그들은 작은 규모의 모델을 만들었는데 그것은 사실상 오늘날 풍동(항공기의 모형이나 부품을 시험하는 통 모양의 장치)의 전신이다. 이 방식은 라이트 형제가 생명을 담보로 하지 않고도 빠르게 여러 디자인을 실험할 수 있게 했고 이는 작동 가능성이 가장 큰 비행기를 가려내는 데 매우 효과적이었다. 한 경영자는 자신이 라이트 형제의 사례 연구에서 배운 교훈을 이렇게 요약했다. "그렇다. 우리에게도 '더 적은 죽음'과 '더 많은 비행기'가 필요하다."

많은 회사에는 그들이 생각하는 것보다 훨씬 저렴하게 실험 작업을 진행할 수 있는 대안이 있다. 다음의 가능성은 충분히 고려할 가치가 있을 것이다.

- 특정 지역에 한정해 출시하기
- 내부 직원을 활용해 상품 성능 베타 테스트하기
- 회사의 전략에 대한 참여 권리를 주식이라 가정하고 그 지분을 사고팔 수 있도록 하는 '모의 주식시장' 활용하기
- 자신의 아이디어를 친구들이나 가족에게 알리기
- 고객의 입장에서 하루를 보내기
- 웹상에서 공개적으로 접근 가능한 정보 찾기
- 벤처투자가, 산업전문가, 창업가들과 대화하기
- 유사한 사례 조사하기

P&G의 CEO인 A. G. 래플리는 파괴적 혁신을 위한 회사의 노력을 벤처투자가의 포트폴리오에 비유한다. 래플리는 "파괴적 혁신의 성공 확률은 매우 낮아서 벤처투자가들처럼 포트폴리오를 운영해야 한다"라고 말한다. "완벽하지 않더라도 아주 빨리 저렴한 견본품을 만들어 소비자의 관점에서 소비자가 원하는 일이 해결되는지를 알아내는 것이다. 즉 우리는 반복적인 프로세스를 실행하고 있다. 또한 가능한 빨리 소비자가 돈을 내고 새로운 상품 또는 서비스를 사용해볼 수 있는 거래 환경을 만들려고 노력한다."

앞서 소개했던 2가지 예들을 다시 살펴보면서 주요 가정들이 어떻게 실험되었는지 알아보자. 월래너는 〈페어런팅〉을 위한 수요, 즉 시장이

존재한다는 자신의 직감을 확인해야 했다. 그래서 그녀는 대략 15만 달러(약 1억 6,500만 원)의 비용을 들여 우편 설문을 시행했다(물론 오늘날 이와 같은 설문은 웹상에서 아주 적은 비용으로 할 수 있다). 투자 초기에는 이 사업을 대략 50만 달러(약 5억 5,000만 원) 정도의 가치를 가진 것으로 평가했다. 그러나 설문의 응답 결과는 월래너의 기대를 뛰어넘는 것이었다. 고객들은 월래너의 잡지에 관심을 보였다. 월래너는 이 중요한 가정이 유효함을 확인함과 동시에 그녀의 계획을 실현하기 위한 추가 투자자금을 찾기 시작했다. 그녀는 새로운 잡지를 기획하고 있다는 소문이 돌고 있던 타임Time사(현재의 타임워너사)를 찾아갔다. 결국 타임은 이 사업에 투자해 상당한 성공을 거두었다. 그리고 타임사는 1,000만 달러(약 110억 원) 가까운 가격에 월래너의 잡지 사업을 인수했다.

또 다른 예를 살펴보면, 소비자 건강관리 팀은 일부 지역에서 극비리에 제품을 출시하기로 했다. 그들은 온라인에서 상품을 판매했고, 선정한 시장에서 영향력 있는 의사들이 초기 구매를 주도하도록 유도했다. 그런 후 고객들이 어떻게 상품을 사용하고 반복적인 구매 행동을 보이는지 관찰했다. 하지만 놀랍게도 가장 성공적이었던 두 시장은 그 지역 의사들이 아니라 상품에 대해 전해 들은 주요 여론주도층에 의해 달성된 것이었다. 팀은 상품포장의 혁신 또한 고객을 끄는 데 아주 중요한 요소가 될 수 있음을 알게 되었고, 같은 증상으로 고민하고 있는 개인들의 온라인 커뮤니티를 활성화하는 것도 중요한 요소가 될 수 있음을 깨달았다. 팀은 자신들의 지식습득과정 결과를 분석하면서 과정상 아주 중요한 다음 단계인 전략의 조정과 방향 재설정 단계로 나아갈 수 있었다.

3 실험 결과에 따라 전략을 조정하고 방향을 재설정하라

출현전략을 완성하는 마지막 단계는 지식습득훈련에서 배운 교훈을 적용하는 일이다. 전략을 재조정하는 것은 속 쓰린 일이다. 한 방향에 많은 시간과 에너지를 쏟아부은 경영자는 자신의 전략이 틀렸음을 증명하는 명백한 증거 앞에서도 그 길을 고집하는 경향이 있다. 성공하기 위해선 겸손(온 힘을 다했음에도 처음 접근방식이 틀렸다는 것을 인정하는 것)과 자신감(실망스러운 결과 앞에서도 포기하지 않는 것)의 오묘한 조화가 필요하다.

종종 잘 준비된 회사들이 무너지는 이유가 바로 이 마지막 3단계에 있다. 신문사가 웹에 진입하기 위해 기울였던 초기의 노력을 회고하면서 그곳의 한 편집자가 했던 지혜로운 말을 살펴보자. "우리의 사업영역 확장 속도를 고려했을 때 나는 우리가 좀 더 빨리 실수를 경험하고 그로부터 충분히 배웠어야 한다고 생각했다. 문제는 '실험'을 시작하는 데 있었던 것이 아니라, 그것을 종료하는 데 있었다." 본질적인 문제는 회사가 실험으로부터 얻은 교훈을 활용해 실패한 전략을 정리하거나 아직 완전치 않은 전략을 재조정하지 않았다는 데 있다.

이 단계를 제대로 따라가고 있는지를 확실히 하기 위해서는 정기적인 이정표를 세워두고 여러분과 팀이 시스템적으로 접근방식을 재점검할 수 있도록 해야 한다. 그리고 점검의 시간이 되면 새로 습득한 지식이 무엇을 해야 한다고 말하고 있는지를 신중하게 생각해야 한다. 점검 결과로는 아래와 같은 4가지 기본 선택이 있을 수 있다.

- **확신** 지금까지 확보된 정보는 현재의 전략이 명백하며 치명적인 불확실성 없이 성공적일 것임을 말해준다. 따라서 신속하게 나아간다.

- **계속 탐험** 모든 징표가 긍정적이지만, 아직 검증되지 않은 가정들이 존재하므로 계속 실험한다.
- **방향 수정** 지금까지의 조사로는, 현재의 전략은 실행 가능하지 않으나 다른 전략은 가능할 수 있다고 판단된다. 따라서 전략을 수정하고, 실험을 다시 진행한다.
- **정리** 분명한 앞길이 존재하지 않는다. 따라서 현재의 기회를 더 매력적이게 하는 다른 고려사항이 없다면 다른 프로젝트로 관심을 돌린다.

많은 사람은 팜사가 소니 같이 자본이 풍부한 회사들을 상대로 한 PDA 시장 창출 경쟁에서 승리한 것을 알고 있다. 그러나 사람들은 팜의 초기 전략이 잘못됐었다는 사실은 잘 모른다. 팜의 첫 번째 상품인 '줌머Zoomer'는 한 잡지 기사에서 "많은 기능이 있지만, 대부분 어설픈"이라는 평을 받았다.[6] 그러나 팜사는 줌머의 실패 이후에도 성공 가능성이 있는 전략을 새로 시작할 만한 충분한 여유 자금을 소유하고 있었다. 그들은 줌머를 사용하고 있는 고객들과 접촉해 왜 그 상품에 실망했는지를 알아보았다. 소비자들이 진정으로 원하는 것은 컴퓨터를 보완해줄 장치임을 알게 된 후, 복잡하고 에러가 많은 필적인식 소프트웨어에 의존하기보다는 직관적이고 간편히 쓸 수 있는 장치를 개발하는 데 집중했다. 팜 파일럿Palm Pilot은 사용자의 컴퓨터와 빈틈없이 연계되었으며 단일 데이터 저장고를 지원했다. 팜사의 전략적 수정은 성공적이었고 강력한 성장산업을 창출했다.

다음의 4가지 질문에 대한 대답은 여러분의 앞길을 결정하는 데 도움을 줄 수 있다.

1 얼마만큼의 위험요소가 남아 있는가?

2 다음번의 실험을 위해선 어느 정도의 비용이 소요될 것인가?

3 이러한 실험으로 어느 정도의 학습이 가능한가?

4 기회의 긍정적인 잠재력은 어느 정도인가?

남아 있는 위험요소들을 떨쳐낼 수 없고, 추가적인 실험비용은 증가하는데 그로부터 얻을 수 있는 학습효과는 그리 크지 않고, 거기에 기회의 긍정적인 잠재력마저 보이지 않는다면 관심을 다른 프로젝트로 옮겨야 할 것이다. 이럴 때 신속하게 결정을 내리는 것이 중요하다. 우리는 많은 회사가 혁신 기회를 증대하기 위해 수많은 아이디어를 동시다발적으로 진행하는 것을 봐왔다. 물론 많은 아이디어를 갖고 시작하는 것은 중요하지만 성공하기 위해선 가능성이 작아 보이는 것들을 과감하게 잘라내고 잘못된 방향으로 가고 있는 것들을 재조정할 줄 아는 단호함이 필요하다. 만약 기업들이 이런 결정을 내리는 데 너무 많은 시간을 허비한다면 결국 영양가 없는 분야에 자원을 쏟아붓거나 치명적 결함이 있는 전략을 계속 실행하게 될 것이다.

일반적으로 여러분이 계속 추가 정보를 탐색하거나 전략의 방향을 수정하려 한다면 앞서 언급한 첫 단계로 되돌아가야 할 것이다(또는 5장에 언급된 전술과 도구들을 활용해 전략을 재구성해야 할 것이다). 그리고 새로운 가정들을 발견했는지 확인한 뒤, 다시 가정의 우선순위를 정하고 실험을 행해야 한다. 성공할 수 있는 전략이 실제로 출현할 때까지 이 단계들을 반복적으로 진행한다. 다음의 징표들을 통해 성공 가능한 전략이 출현했음을 알 수 있다.

- 모르는 것보다 아는 것의 비율이 늘었다(즉 가정이 줄고 사실이 증대).
- 중요한 가정과 위험요소를 모두 점검했다.
- 유력한 비즈니스 모델을 가지고 있다.

물론 이러한 변곡점(또는 언제 프로젝트를 그만두어야 하는지)을 아는 것은 뛰어난 직관력과 판단력을 요구한다. 그러나 만약 여러분이 진정한 변곡점을 파악했다면 노력의 초점을 실험에서 실행으로 옮겨야 한다. 즉 자신이 올바른 길을 걷고 있다고 확신한다면 더는 이 단계들을 반복할 필요가 없다.

제너럴 모터스General Motors는 지난 수십 년간 수많은 어려움을 겪었지만, 그러면서도 온스타 텔레매틱스OnStar telematics(텔레커뮤니케이션 telecommunication과 인포매틱스informatics의 합성어로 자동차와 무선통신을 결합한 새로운 개념의 차량 무선 인터넷 서비스) 사업을 성공적으로 추진했다. 온스타의 CEO인 릭 왜고너Rick Wagoner는 진행 방향을 기꺼이 바꾸려 했다는 점이 온스타의 중요한 성공 요인 중 하나였다고 믿으며 다음과 같이 말했다.

"새로운 사업을 추진할 때는 전략을 세우고 시작하지만 이 전략은 나흘 뒤에 다시 수정됩니다. 이것이 온스타가 지금껏 운영되어온 방식입니다. (…) 온스타는 놀라운 발전상을 보여주었습니다. 덕분에 나는 다른 사업에서도 새로운 방식으로 기회를 찾기 시작했습니다. 처음부터 100퍼센트 확신할 필요는 없습니다. 옳다는 판단이 서면 일단 시작해보고 도중에 전략을 바꾸면 됩니다."

혁신 촉진제로서의 출현전략

많은 전문가는 혁신의 속도를 높이려면 기업이 진행하고 있는 프로젝트의 수를 줄이라고 조언한다. 이러한 조언에는 반하지만, 이 장에서 다루는 접근방식을 따르는 회사들은 오히려 고려 중인 프로젝트의 수를 늘림으로써 전체적으로 혁신의 속도를 증가시킬 수 있다.

상품 출시 과정에서 가장 지연이 많이 되는 부분은 상품 개발의 첫 단계이다. 일반적인 신상품 개발 과정인 단계-관문stage-gate 과정(단계-관문 과정이란 신 제품·사업의 아이디어 도출부터 제품 출시까지의 과정을 단계별 즉, 아이디어 도출, 타당성 분석, 계획 및 디자인, 개발 및 테스트, 생산 및 출시 단계로 나누어 관리함으로써 신제품 개발의 성공 확률을 높이려는 것이다_옮긴이 주)은 진행할 프로젝트의 수를 제한하기 때문에 이를 결정하는 첫 단계는 매우 중요하다. 따라서 관리자들은 사업계획을 아주 세밀하게 완성할 때까지 프로젝트의 제안을 미루게 된다. 그러나 프로젝트 그 자체는 아직 실제로 존재하는 것이 아니므로 그 사업계획을 완성하는 데 필요한 자원 또한 존재하지 않는다. 결국 그러한 아이디어는 완성되지 못한 채 떠돌게 된다.

첫 시작 단계에서의 요구량을 낮춤으로써, 즉 패턴 인식이나 불확실성의 명확한 인식과 같은 기본적인 분석만을 요구함으로써 상급관리자들은 더 빨리 많은 수의 프로젝트를 평가할 수 있고, 따라서 더 이른 시기에 직원들이 아이디어를 검토하고 더 쉽게 프로젝트를 제안할 수 있도록 한다.

사실 어떤 회사들은 이와 같은 신속한 실험과 조정 패턴을 자사 비즈니스 모델의 핵심으로 설정해왔다. 구글은 구글베이스GoogleBase(구글의 무료 항목별 광고상품)와 구글토크GoogleTalk(즉석 메신저 솔루션) 같은 새로운 서비스를 재빨리 시장에 내놓는 것으로 유명하다. 만약 새로운 서비스가 좋은 반응을 보이기 시작하면 구글은 투자 규모를 늘린다. 그러나 만약 고전을 한다면, 그 분야를 접고 다른 분야로 옮겨간다.

이처럼 빠른 전략 조정 과정에 익숙한 여러 기업은 출현전략의 힘을 활용해 매력적인 사업기회를 개발 할 가능성이 높다.

절실함의 힘, 스터브허브와 프로디지 커뮤니케이션스 사례

혁신에 관한 가장 큰 의문점 중 하나는 창업 기업이 어떻게 대기업과 경쟁해 승리를 얻어내는가이다. 물론 대기업은 큰 몸집 때문에 불리한 점도 있지만 그들의 풍부한 자원은 경쟁을 유리하게 이끄는 힘이기도 하다. 그러나 때때로 그 풍부한 자원이 장애가 되기도 한다. 자금이 지나치게 풍부한 프로젝트 팀은 잘못된 방향에서 너무 오랫동안 헤매곤 한다. 그러나 부족한 자원을 가지고 시작하는 팀들은 새로운 접근방식을 찾아내기 위해 고군분투해야 하는데 이 과정에서 자원이 부족하지 않았다면 생각지도 못했을 접근방법을 찾아내기도 한다.

온라인 티켓 재판매점의 선두주자인 스터브허브StubHub의 경우를 살펴보자. 만약 보스턴 레드삭스Boston Red Sox 대 뉴욕 양키스New York Yankees의 경기를 보려 하는데 티켓이 전부 매진됐다면 여러분은 스터브허브닷컴을 방문해 매진된 티켓을 구매할 수 있다. 스터브허브의 티켓 가격은 항상 정가를 훨씬 웃돈다. 그러나 만약 웃돈을 얹고 구매할 의향이 있다면 가장 인기 있는 어떤 행사의 티켓이라도 구할 수 있다.

2006년 초까지 중요 경기 좌석의 30퍼센트가 티켓 재판매를 통해 구매되었다. 샌프란시스코에 있는 스터브허브는 2005년에 지속적으로 성장 중인 이 시장에서 2억 달러(약 2,200억 원)가 넘는 매출을 기록했다. 2007년 1월, 이베이는 이 회사를 3억 1,000만 달러(약 3,410억 원)에 사들였다.

스터브허브의 창립자이자 CEO인 제프 플러Jeff Fluhr는 스탠퍼드 경영 대학원의 학생이었을 때 이 사업 아이디어를 생각해냈다. 사업계획 경진대회에 참가한 후 플러는 이 사업을 진행하기 위해 학교를 그만두었다. 하지만 닷컴 거품이 꺼지고 난 뒤로는 투자자금을 유치하는 데 애를 먹었다. 그의 초기 전략은 티켓을 거래할 수 있는 시스템을 개발해 마이크로소프트의 MSN과 같은 다른 온라인 포털 혹은 공급자들에게 판매하는 것이었다. 그러나 이런 접근방식에 별다른 성과가 없자, 그는 다른 방식을 택했다. 2003년, 구글에 광고를 게재하여 소비자들이 사이트를 방문해 직접 티켓을 구매하도록 유도했다. 긍정적인 결과를 여러 차례 확인한 후 제프 플러는 이러한 직접 판매 방식이 수익성이 훨씬 높은 비즈니스 모델임을 확신하게 되었다.

이 변화는 그들의 전략에 엄청난 영향을 주었다. 이전에는 이베이에서 그들의 티켓을 판매했다면, 변화된 방식은 이베이와의 직접 경쟁을 의미했다. 이베이가 판매자들에게 수수료를 부과했지만 스터브허브는 티켓 판매가격의 일부분을 자신들이 갖는 방식을 택했다. 판매자들은 고정 가격, 경매, 경기 당일이 다가올수록 가격이 낮아지는 방식 중 자신들이 원하는 것을 선택할 수 있었다. 스터브허브는 판매자에게 판매가의 15퍼센트를 받고 구매자에게는 판매가의 10퍼센트의 요금을 부과했다(배송비 추가).

만약 플러가 대기업에서 일했다면 이런 과정이 어떻게 달라졌을지 상상해보자. 대기업은 초기에 막대한 자금을 투자한 뒤, 관리자들에게 포털 혹은 다른 공급자들에게 판매할 수 있는 티켓거래 엔진을 개발하라고 요구했을 것이다. 그리고 그들의 전략이 잘못되었다는 징표들이 나타날 때에도 전략을 폐기하기보다는 그 전략이 성공하기만을 참을성 있게 기다렸을 것이다. 성장하기 위해선 투자해야 하는 것 아닌가? 이런 사고방식으로 회사는 다른 접근방식을 실험하지 않았을 것이고 다른 방식의 전략이 훨씬 더 좋다는 작은 징표들을 대부분 무시했을 것이다.

이러한 치명적 결함이 있는 전략을 맹목적으로 추구하는 것은 외부의 다른 창업 기업으로 하여금 대기업이 지닌 비즈니스 모델의 구조적 약점을 파악하게 하고, 이를 바탕으로 한 새로운 접근방식을 가지고 시장에 침투하게 한다. 대기업은 이런 창업기업의 출현을 단순히 '신경 쓰기에는 너무 작다'고 치부할 것이다. 하지만 곧 그들의 방식이 잘못되었음을 깨닫고 프로젝트를 그만두거나 막대한 자금을 들여 새로운 전략을 추진하게 될 것이다(또는 성공적인 창업 기업을 사들이거나).

실제로 많은 기업이 자신들을 이보다 더한 곤경에 빠뜨리기도 한다. 때때로 기존 기업은 생산설비나 사무공간과 같은 기반시설에 막대한 고정비용을 지출한다. 그들의 전략에 오류가 있음을 발견했을 땐, 이미 만들어진 기반시설을 달리 어찌하지 못하고 이는 행로를 변화시키는 데 상당한 어려움을 준다.

프로디지 커뮤니케이션스Prodigy Communications의 경우를 보자. 시어스Sears와 IBM은 온라인 서비스 사업을 새로 시작하기 위해 10억 달러 규모의 자본을 이 회사에 합작 투자했다. 그들은 이 자금을 소비자들이 사용할 거라 생각되는, 즉 거래처리 과정이나 정보전달과 같은 서비스를 제공하기 위한 기반시설을 만드는 데 투자했다.

그러나 1992년, 이 회사는 200만 명 정도 되는 고객들이 이 시스템을 주로 이메일을 주고받는 용도로 사용하고 있음을 깨달았다. 프로디지는 이 시스템을 이러한 용도로 개발한 것이 아니었기 때문에 한 달에 30통 이상의 메일을 보낸 고객들에게는 추가비용을 청구하기 시작했다.

《성장과 혁신》에서 언급한 대로 "프로디지는 이메일의 사용을 출현 전략을 위한 신호로 보지 않고 무시하려고만 했다. 왜냐하면 관리자들의 일 자체는 원래의 전략을 충실히 이행하는 것이었기 때문이다. 아메리칸 온라인American Online(AOL)은 운 좋게 고객들이 온라인 서비스를 이용하는 주된 이유가 이메일 때문이라는 것을 발견한 뒤 이 시장에 진입했다. AOL은 메시지 전달 자체에 기술적 인프라를 집중했고, '유브 갓 메일You've got mail'이라는 슬로건과 함께 훨씬 더 큰 성공을 일구어 냈다."[7]

스터브허브와 프로디지가 주는 교훈은 간단하게 요약할 수 있다. 절실함이 창업 기업(가)의 덕목이다. 창업 기업(가)은 선택이 아닌 필요에 의해 민첩하고 창조적일 수 있다. 그들은 자신들의 접근방식이 성공할 수 있는지를 신속하게 파악해야 하고, 성공할 수 없다면 빨리 다른 방식을 찾아봐야 한다. 반면 지나치게 많은 자본은 오히려 기업이 너무 빠르고, 고집스럽게 잘못된 방향으로 가는 것을 오래도록 내버려둘 수 있다.

실패의 성공학

많은 기업이 실패를 묻어두려고만 한다. 실패로부터 얻은 교훈을 연구하거나 다른 방향으로 전략 수정할 기회를 얻게 된 것을 축하하는 대신에 말이다. 심지어 어떤 기업은 실패한 프로젝트 팀에서 일했던 이들을 문책하거나 해당 팀의 관리자들을 공개적으로 따돌리기도 한다. 따라서 높은 잠재력을 가진 관리자들은 실패 가능성이 크다고 생각되는 프로젝트 팀에서 일하는 것을 피하게 된다. 그리고 실패를 두려워하는 기업은 의미 있는 성장을 기대하기 어려운 저위험·저수익 아이디어에 우선순위를 두게 된다.

혁신가는 실패가 주는 교훈을 포용할 줄 알아야 한다. 만약 여러분이 빨리 실패한다면 이는 실패할 사업에 자금을 많이 들이지 않게 하는 것이고, 이는 여러분 회사가 자원을 적절히 사용하게 하는 데 공헌하는 것이다.

혁신의 많은 성공사례는 실패에서 출발하고 있다. 1991년 화이자Pfizer의 실데나필Sildenafil은 협심증 또는 흉통을 크게 줄이는 데 실패했다. 그렇다면 수백만 달러의 개발비는 물거품이 된 것인가? 그렇지 않다. 그들은 실데나필에 기대하지 않았던 부작용이 있음을 알게 되었고, 7년 뒤 화이자는 발기부전치료제로 대박이 난 비아그라Viagra를 출시했다. 실데나필의 '실패'는 결국 엄청난 성공의 밑거름이 된 것이다.[a]

일부 기업은 올바른 실패를 권장하기 위한 메커니즘을 개발하기 시작했다. 머크사의 경우를 보자. 이 제약회사는 고객이 더 건강한 삶을 살 수 있도록 도움을 주는 신약을 개발하기 위해 수천 명의 과학자를 고용하고 있다. 그러나 때때로 과학자들은 성공 가능성이 매우 희박한 연구에 몰두할 수가 있다.

그러한 결단력과 몰입은 간혹 예상치 못한 성공을 낳기도 하지만, 너무 자주 이런 연구에 몰입한다면 철학자 조지 산타야나George Santayana가 정의한 대로, 목적을 상실했을 때 노력을 배가시키는 사람, 즉 '광신자'가 되고 만다.

2007년, 머크사는 이 문제를 해결하기 위해 실패를 일찍 알려주는 과학자들에게 스톡옵션을 부여하기 시작했다.

"진실을 바꿀 수는 없습니다. 다만 그것을 알아내는 데 걸리는 시간을 지연시킬 수는 있습니다." 머크사의 R&D 수석인 피터 킴Peter Kim은 〈비즈니스 위크〉 지와의 인터뷰에서 이렇게 말했다. "만약 당신이 우수한 과학자라면, 당신의 시간과 회사의 자금을 성공할 일에 써야 합니다."[b]

물론 개중에는 절대 보상받지 말아야 할 실패들도 있다. 멍청한 실수 또는 보장되지 않는 위험을 감수한 실수 등은 결코 보상받아서는 안 된다. 그러나 올바른 종류의 실패는 미래의 성공을 위한 씨앗을 품고 있을 수 있다.

그러므로 기업은 실패를 묻어버리거나 잊어버리는 대신 그러한 실패가 왜 발생했고 그것으로부터 무엇을 배울 수 있는지를 이해하려 해야 한다. 실패를 연구함으로써 성장전략에 대한 가치 있는 통찰력을 얻을 수 있다.

a Jena McGregor, "How Failure Breeds Success," *Business Week*, July 10, 2006.

b Arlene Weintraub, "Is Merck's Medicine Working?" *Business Week*, July 30, 2007.

피해야 할 함정들

일부 경영자들은 이쯤 되면 고개를 끄덕이며 이렇게 생각할 것이다. '이제 좀 알겠다. 벤처 투자의 접근방식을 우리 조직 안에 끌어와야 해.' 그럼에도 우리는 '적게 투자하고 많이 배우라'라는 원칙에 따라 회사를 관리하고 있다고 생각하는 많은 경영자가 실제로는 아래의 3가지 고전적인 함정에 빠지는 것을 보게 된다.

1 치명적 결함이 있는 프로젝트를 기꺼이 중단하려 하지 않는 함정
2 초기에 지나치게 많은 투자를 함으로써 잘못된 방향으로 너무 멀리 가게 만드는 함정
3 접근방식이 잘못되었다는 정보가 있음에도 현재의 전략을 고수하는 함정

이 3가지 함정에 빠지는 가장 일반적인 원인은 많은 대기업이 안고 있는 실패에 대한 공포에 있다. '실패의 성공학'라는 박스 글에서 보았듯이 실패에서 배운 교훈은 축하해야 할 것이라는 인식이 기업 사이에서 점차 퍼져 나가고 있다.

여러분이 만약 지금 매우 불확실한 시장에 자금을 쏟아붓고 있다면, 잠시 멈추어라. 물론 올바른 길을 걷고 있는 것일 수도 있다. 하지만 그렇지 않을 수도 있다. 룰렛게임에서 모든 칩을 한 숫자에 배팅했는데, 만약 그 숫자가 회전판에 나타난다면 물론 엄청난 돈을 벌 수 있을 것이다. 하지만 실제로 그런 삶을 살기란 매우 어려운 일이다.

더 생각해 보기

- 널리 알려진 실패 사례를 살펴보라. 그 프로젝트 팀이 설정했던 가정 중 오류로 판명난 가정이 어떤 것인지를 평가하라.
- 여러분이 가진 위험한 아이디어의 뒤에 있는 주요 가정들을 다루기 위해 교차기능cross-functional 팀을 구성하고, 창의적이고 저렴한 실험을 개발하기 위해 브레인스토밍을 해보라.
- 여러분이 속한 프로젝트 팀이 현재 자금의 절반만을 가지고 2배 빨리 시장에 진입해야 한다면 무엇을 어떻게 할지 질문해보라.

실무 조언

- 최소한 50개가 될 때까지 가정을 도출하라. 만약 여러분이 도출한 가정의 수가 이것보다 적다면 마땅히 고려해야 할 부분을 아직 짚어내지 못한 것이다.
- '창업 기업(가)이라면 어떻게 할 것인가?'라는 간단한 질문을 계속 반복하라. 이렇게 도전 방식을 재구성함으로써 숨겨진 해결책을 발견할 수도 있다.
- 여러분이 찾아낸 가정에 신뢰성을 부여하기 위해 다른 산업에서 유사한 사례를 찾아보라. 또는 그러한 가정을 테스트하기 위한 창의적인 방법을 고안해내라.
- 성공뿐만 아니라 실패도 기념하라. 실패도 종종 유용한 교훈을 남기기 때문이다.
- 수중에 1만 달러가 있다고 가정하고 어떤 문제를 해결하기 위해 그 돈

으로 무엇을 할 수 있을지 생각해보라. 또는 무일푼이라 가정하고 생각해보라.

- 결정을 내릴 때 숫자만을 과신하지 마라. 숫자는 기회의 우선순위를 정하는 데 유용한 자료가 되지만 직감이나 판단력 또한 아주 중요한 요소이다.

프로젝트 팀 구성과 관리법

새로운 성장 사업을 창출하고자 하는 관리자들이 직면하는 가장 큰 난제 중 하나는 새로운 성장 사업을 추진할 팀을 구성하고 관리하는 일이다. 이러한 문제에 부딪힌 리더라면 다음과 같은 물음에 답해보아야 한다.

- 팀원 구성 시 '가장 뛰어나고 명석한' 직원과 '가공되지 않은 다이아몬드' 직원 중 누구를 기용해야 하는가?
- 외부 인사를 영입해야 하는가?
- 어떠한 기능별 인력을 팀에 포함시켜야 하는가?
- 팀과 기업 내 다른 조직들을 어떻게 조화시켜야 하는가?
- 나는 팀과 어떤 방식으로 상호 작용할 것인가?
- 팀에게 어느 정도의 자율성을 부여해야 하는가?
- 팀은 누구에게 보고해야 하는가?

팀 구성과 관리는 까다로운 기술적 문제들보다 더 많은 불확실성을 내포하고 있다. 다음과 같은 이분법적 논리에 대해 생각해보자. 6 시그마 원칙은 회사가 제조공정에서 0.00034 미만의 불량률을 지킬 것을 제안한다. 하지만 대부분 관리자들은 네 번에 한 번꼴로 고용 의사결정이 잘못되었음을 인정한다. 기존의 핵심 사업을 잘 꾸려나가고 있던 팀이라도 파괴적인 성장을 달성하는 데는 고전할 수 있다. 또한 시작할 때는 파괴적 잠재력으로 충만해 있던 팀이라도 점차 파괴적 혁신 궤도에서 벗어나 방황할 수 있다. 혁신 잠재력을 실현할 팀의 구성과 관리는 최고 기업조차도 어렵다고 느낄 정도로 눈에 보이지 않는 중요한 장벽이다.

이번 장에서는 상급관리자들이 훌륭한 팀을 구성하고, 높은 잠재력을 발휘하지 못하게 방해하는 '기업 항체corporate antibodies'(기존 핵심 사업의 조직 등이 친숙하지 않은 파괴적 혁신의 실행에 가치를 느끼지 못함에 따라 그 추진을 방해하는 제 현상을 의미한다_옮긴이 주)로부터 그 팀을 보호할 수 있는 지침을 제공한다.

성공을 위한 팀 구성하기

《성장과 혁신》의 10장은 '초기 조건'의 중요성에 대해 설명하고 있다. 만약 프로젝트 팀이 제대로 된 초기 조건을 갖춘다면, 문제에 대한 올바른 해결책은 바로 떠오를 것이다. 하지만 프로젝트 팀이 제대로 된 초기 조건을 갖추지 못한다면 올바른 해결책을 구하기가 어려워진다. 잘못된 초기 조건은 제자리만 맴돌 뿐 진전을 하지 못하는 팀을 만들 수 있다.

불행히도 대부분 조직은 파괴적인 창조와 관련한 프로젝트 팀을 구성하고 책임을 부여하는 것에 대한 **표준화된** 방식이 없다. 성공적인 팀을 구성하고자 하는 상급관리자라면 우선 팀의 목표와 허용된 자율의 정도를 명시한 팀 역할서charter를 만들고, 적절한 유형의 경험을 가진 관리자를 팀에 배치해야 한다.

목표와 자율의 정도 설정하기

새로운 성장 사업 창출 임무를 맡은 팀에게 반드시 필요한 것은 그들의 목표와 허용된 자율의 정도에 관한 지침이다. 제멋대로 할 수 있는, 즉 과도한 자율권을 준 팀은 종종 그들이 할 수 없는 일을 할 수 있다고 가정하고 회사가 감수하려 하지 않는 위험을 증가시키는 우를 범할 수 있다. 하지만 이보다 더 나쁜 경우는 가능한 일을 불가능하다고 생각할 때다. 이런 함정에 빠진 팀은 기존의 것과 별 차이가 없는 참신하지 않은 성장전략을 내놓는 데 그치고 만다. 명확성의 부재는 팀을 마비시키거나 그들이 중요하지 않은 문제를 분석하는 데 많은 시간을 허비하게 한다.

이러한 문제를 해결하기 위해 팀 역할서 만들기를 제안한다. 팀 역할서란 팀을 올바른 방향으로 이끌 수 있는 한 장짜리 간단한 서류이다. 역할서 작성은 팀의 목표부터 시작한다. 여러분은 궁극적으로 성공적인 성장전략이 무엇인지 모를 수 있다. 사실 7장에서 설명했듯이 여러분의 첫 번째 전략이 잘못되었을 확률도 높다. 하지만 여러분은 전반적인 전략목표에 대해 제대로 감을 잡고 있어야 한다. 그것은 발견된 인접시장에서 성장을 도모해야 할 수도 있고, 특정 기술을 새로운 방식으로 활용할 방법을 찾는 것일 수도 있다. 목표가 무엇이든 팀의 전략적 의도를 간단한 한 문장으로 요약하는 것이 도움된다.

전략적 의도에 관한 문장에 이어 팀이 확실히 수행할 수 있는 것, 수행을 고려할 수 있는 것과 수행할 수 없는 것에 대한 설명이 있어야 한다. 1장에서 설명한 기업의 목표와 범위를 바탕으로 목표 고객과 지리적 범위, 유통채널, 안정기의 매출과 마진 목표, 상품의 종류, 브랜드와 전술 등의 요소에 대한 지침을 마련해야 한다. 이러한 변수들을 초기에 명확히 하고 새로운 정보가 들어올 때마다 그것을 기꺼이 바꾸면서 팀이 항상 올바른 활동에 초점을 맞추고 있도록 할 수 있다.

마지막으로 팀 역할서는 팀이 앞으로 몇 개월 동안 집중해야 할 2~4개의 주요한 가정을 담고 있어야 한다. 이러한 가정을 성문화하고 이에 관한 90일과 180일 후의 이정표를 구체화함으로써 팀 활동의 우선순위를 결정할 수 있다. 가장 중요한 것은 프로젝트에 참여하는 최상급관리자가 모든 내용을 일관성 있게 추진하기 위해 팀 역할서를 검토하고 결제하는 것이다. 역할서를 만드는 것이 일회적인 활동에 그쳐서는 안 된다. 대략 6개월마다 목표, 자율의 정도, 주요 가정과 예상 이정표를 재확인할 필요가 있다.

〈도구 8-1〉은 역할서 만드는 훈련을 하는 간단한 작업표이다.

〈도구 8-1〉 팀 역할서 작성 안내서

팀의 목표 (팀의 전반적인 목표를 한 문장으로 표현하라)

자율의 정도

여러분이 속한 산업 내에서 전략 구성에 중요한 요소를 모두 파악해 아래의 표를 작성하라. 그다음에 각 요소가 '바람직함(여러분이 원하는 것)', '논의해야 할 사항(여러분이 고려할 사항)', '생각할 수 없음(한도를 벗어남)' 중 어디에 속하는지 결정하라.

구분	바람직함	논의해야 할 사항	생각할 수 없음
목표 고객			
유통채널			
안정기의 매출			
상품의 종류			
브랜드			
매출의 원천			
공급자와 파트너			
전술(예: 타사 매입)			
시장접근방법(예: 테스트 시장)			

주요 가정

1. ____
2. ____
3. ____
4. ____

90일 목표 이정표

1. ____________________
2. ____________________
3. ____________________

180일 목표 이정표

1. ____________________
2. ____________________
3. ____________________

팀 지도자 서명

선임 후원자 서명

성공적인 팀원 배치

상급관리자들은 팀 역할서를 명확히 구성하는 것 외에도 팀원을 적절히 배치해야 한다. 올바른 팀을 구성하는 것과 관련한 어려움은 큰 조직에 속한 사람이라면 누구나 공감할 것이다. 기업은 때때로 '가장 뛰어나고 명석한' 사람들을 모으려 한다. 우수한 인재를 활용하는 것은 매력적인 일이다. 그들은 논점에 대한 이해가 뛰어나며, 대부분 관리자들과 함께 일한 경험도 있기 마련이다.

그러나 가장 뛰어나고 명석한 인재들은 일반적으로 기업의 기존 핵심 사업에서 절대적으로 필요한 톱니바퀴와 같은 역할을 맡고 있다. 비록 기존 핵심 사업을 지속적으로 돌아가게 할 대체 인력과 주요 프로세스가 존재하더라도, 중요한 일선 관리자를 잃는 것은 핵심 사업을 위험에 빠뜨리는 결과를 가져올 수 있다. 또한 탁월한 인재들이 익숙한 기존 핵심 사업 내 작업 과정과 의사결정 방식이 새로운 환경에서는 제 기능을 발휘하지 못할 수도 있다. 그리고 물리적·재정적으로 원래의 조직과 떨어져 있더라도, 그들의 생각은 여전히 기존의 핵심 시장에 맞추어져 있을 수 있다.

이에 대한 대안으로 '가공되지 않은 다이아몬드' 직원을 발굴해 팀을 구성하는 방법에 대해 생각할 수 있다. 혁신은 차별화된 행동을 요구하므로 남다르게 사고하는 사람을 찾아야 한다고 주장할 수 있다. 그러나 서로 맞지 않는 퍼즐 조각을 맞추려는 방식으로 지속적인 성장을 이끌기는 어렵다. 이러한 팀은 아이디어를 실행에 옮기는 데 필요한 체계화된 규율이 부족하다. 그들은 또한 적절한 내부 자원을 확보하는 데 필요한 조직적 무게감 또한 갖추지 못할 수 있다.

파괴적 혁신을 추구할 때는 팀이 앞으로 부딪치게 될 유형의 난제들과 씨름해보았던 경험을 가진 사람을 선택하는 것이 가장 좋다(기본적인 틀을 이해하기 위해서 박스 자료 '경험의 학교' 참조).[1]

이론 다시보기

경험의 학교

'경험의 학교' 이론에 대한 학문적 배경은 모건 맥콜Morgan McCall 교수의 저서인 《야심가들: 차세대 리더를 키우는 방법High Flyers: Developing the Next Generation of Leaders》에 기술되어 있다.

맥콜에 의하면 기업은 핵심 과제에서 성공을 거둔 '올바른' 관리자를 찾는 대신 새로운 성장 사업을 찾고 육성하는 데 도움을 줄 '적절한 유형의 경험'을 지닌 관리자를 찾을 필요가 있다.

맥콜은 새로운 과제에서 성공을 거두는 사람들의 관리기술과 직관은 그들이 과거에 수행했던 과제 해결 경험을 통해 형성된다고 주장한다. 그러므로 과거에 근무했던 곳은 '학교', 그 안에서 관리자들이 직면했던 난제는 학교에서 제공하는 '커리큘럼'이라고 할 수 있다.

따라서 관리자가 어떤 기술을 보유했는지 또는 보유하지 않았는지 그들이 다양한 경험의 학교에 다니는 동안 어떤 '교육과정'을 들었고, 어떤 '교육과정'은 듣지 않았는지에 크게 의존한다.

Morgan McCall, *High Flyers: Developing the Next Generation of Leaders* (Boston: Harvard Business School Press, 1998).

'경험의 학교' 모형을 사용하기 위해 다음의 2가지 질문에 답해보라.

1 우리가 앞으로 어떠한 문제에 직면할 것이라 생각하는가?
2 조직의 내부 혹은 외부에서 누가 이 문제를 다루어보았는가?

팀 구성에 도움이 되는 경험 유형

비록 팀이 직면할 난제는 천차만별이지만 관리자가 파괴적 혁신 프로젝트를 위한 팀원을 구성할 때 일반적으로 도움이 되는 몇 가지 유형의 경험이 있다.

- **모호성을 다룬 경험** 모호성은 파괴적 혁신 프로젝트의 일반적인 특징이다. 매우 모호한 상황에서 근무해본 관리자들은 대체로 파괴적 혁신 프로젝트에 잘 대비되어 있다. 반면 모호성을 가차없이 제거하거나 최소화해야 하는 직책에 있었던 사람은 파괴적 혁신 환경에 잘 어울리지 않는다.

- **패턴 인식과 판단에 근거해 자신 있게 의사결정을 내린 경험** 파괴적 혁신에는 직관, 판단, 패턴을 인식하는 능력이 필요하다. 반면 핵심 사업에서 중추적인 역할을 하는 관리자는 숫자나 고정된 규칙에 따라 냉정한 의사결정을 내려야 한다.

- **제품 및 서비스를 실험해 보고 고객의 요구를 발견한 경험** 일부 기업은 시장 기회를 발견하기 위해 세심하게 계획을 짜고 연구를 한다. 핵심 사업에 적합하게 연마된 접근법들은 파괴적 혁신에는 맞지 않아 발

견한 사업기회마저 완전히 날려버리게 할 수 있다. 관리자는 고객의 요구가 어디에 있는지 찾으려면 새로운 접근법을 사용하는 데 주저하지 말아야 하며, 팀원들이나 마케팅 리서치 회사에 연구를 맡기는 것이 아니라 스스로 가공되지 않은 자료와 함께 '살아보아야' 한다.

- **장애물을 극복하거나 문제를 해결하기 위해 네트워크를 적극 활용해본 경험**
  몇몇 조직에서 성공을 이루려면 기업의 명령체계를 준수하거나 '외부에서 해결책을 구하지 말 것'과 같은 조직 내의 규칙을 따라야 한다. 파괴적 혁신의 난제를 해결하기 위해선 네트워킹을 통해 장애물을 극복하고, 규칙을 현명하게 변형하거나 해결책을 찾기 위해 회사 외부를 살펴보는 능력이 필요하다.

- **제약이 있는 환경에서 근무해본 경험** 자원이 풍부한, 풍요로운 환경에서 근무하는 관리자들은 차분하게 정해진 과정을 따르며 잘 알려지지 않은 주요 사항들을 조심스럽게 분석하는 호사를 누린다. 하지만 제약이 있는 환경에서 근무하는 관리자들은 성공을 찾기 위해 고군분투해야만 한다. 자금난을 겪고 있는 신생 기업에서 일하는 것 외에도 이러한 경험을 얻을 방법은 많다. 예를 들어 개발도상국에서 일해본 관리자들은 문제를 해결하기 위해 매우 창의적인 방법을 고안해야만 했던 경험이 있다.

- **다음에 조정을 하더라도 일단 행동으로 옮겨본 경험** 대부분 관리자는 주요 의사결정 사항을 조심스럽게 분석하고, 행동으로 옮기기 전 합

의를 이끌어내려 한다. 이러한 접근방식이 핵심 사업에서는 매우 중요하겠지만 파괴적 혁신 아이디어는 이러한 접근방식 때문에 마비될 수도 있다. 첫 번째 전략은 거의 항상 틀린다는 사실을 기억하라. 다음에 조정이 필요하더라도 일단 행동으로 옮겨본 경험이 있는 관리자를 얻어라.

팀이 필요로 하는 중요한 경험의 유형을 찾아내는 것은 팀원을 결정하는 데 매우 유용한 방법이다. 우수한 벤처사업으로 명성을 얻은 사람들은 어렵더라도 이미 잘 알려진 문제를 다루어본 관리자들과는 다르다. 파괴적 혁신을 추구하기 위해서는 기존의 핵심 사업에서 경험했던 것과는 매우 다른 경험이 필요하다. 사실 앞서 살펴본 경험의 유형 중 많은 부분은 경력의 각기 다른 단계를 밟고 있는 관리자들의 경험으로부터 나올 수 있다. 문제를 분석하다 보면 때때로 내부 관리자보다 문제 해결의 가능성이 큰 외부 인사를 불러들여야 한다는 의견이 부각되기도 한다.

ING 다이렉트ING Direct는 1997년 글로벌 투자정보 서비스기관의 강자인 ING에 의해 시작된 순수 온라인 뱅킹 모델이다. 은행 지점을 내지 않아 간접비를 최저 수준으로 낮추고 가격대도 낮게 책정했다(소매은행 업계에서 가격대를 낮춘다는 말은 고객에게 높은 이자를 돌려준다는 뜻이다). 이러한 저가 비즈니스 모델이 큰 성공을 거두면서 ING는 새로운 시장에 진출해 새로운 고객을 확보할 수 있었다. ING 다이렉트의 CEO인 아르카디 쿨만Arkadi Kuhlman은 파괴적인 벤처사업에는 참신한 생각이 필요하다고 믿는다. 그는 다음과 같이 말한다. "사업을 시작할 때는 열정과 사랑을 만들 수 있는 사람들을 불러들입니다. 산업 내의 전통적인 기준으로 보면 약간 다른 사람들을 고용하는 거죠." 적재적소에 배치된 외부 인사는 팀을 뚜렷이 변화시키는 참신한 생각을 주입할 수 있다.

판데식 사례

《성장과 혁신》 7장에는 적합한 경험 유형을 파악할 필요성을 다룬 사례 연구가 나온다. 그 사례 연구는 1997년 기술 분야의 거대기업인 인텔과 SAP에 의해 설립된 판데식Pandesic이라는 합작투자 회사를 다루고 있다.[2]

판데식의 임무는 SAP의 ERP(전사적 자원계획) 소프트웨어의 저렴한 버전을 개발해 중소기업에 판매하는 것이었다. 실제로 판데식의 사업 구상은 매우 파괴적인 혁신 아이디어였다. 역사적으로 SAP는 자사 제품의 초점을 대기업에 맞추었고 액센츄어와 같은 유통 파트너를 통해 제품을 판매했다.

인텔과 SAP는 자사의 핵심 사업을 성공적으로 주도했던 가장 우수한 관리자 중 일부를 판데식 팀에 배치했다. 판데식은 8개월 만에 직원 100명 규모로 성장했고, 재빠르게 유럽과 아시아에 사무소를 냈다.

이후 판데식의 관리자들은 싸고 사용하기 쉬운 자사의 ERP 패키지를 SAP의 대기업용 소프트웨어 유통채널을 통해 시장에 판매하기로 했다. 초기에 '인터넷을 통해 소규모 기업에 제공되는 단순한 ERP 솔루션'으로 기획되었던 제품은 완전히 자동화된 풀 솔루션으로 진화했다.

그러나 그 결과는 불을 보듯 뻔한 것이었다. SAP의 기존 제품을 이용해 큰돈을 벌 수 있는데 굳이 같은 유통채널이 간단하고 저렴하며 설치와 사용서비스 지원이 불필요한 판데식 제품을 팔 이유는 없었던 것이다. 판데식은 참패했다. 1억 달러 이상을 쏟아부었지만 투자비용에 비해 매우 적은 판매량을 기록하고 2001년 2월에 문을 닫았다.

만약 SAP와 인텔이 다른 경험을 가진 관리자를 활용했다면 어떤 일이 벌어졌을까? 그 관리자들은 판데식 제품을 SAP의 핵심 제품과 같은 유통채널에서 판매하는 것이 큰 실수임을 알아차렸을지도 모른다. 만약 그들이 이전에 다닌 '경험의 학교'에서 이와 비슷한 문제와 씨름한 적이 있었다면 잘못의 본질을 명확하게 파악했을 것이다.

물론 판데식의 관리자들은 무능하지 않았다. 그들은 자신의 경험에 근거해 가장 합당한 조처를 했다. 단지 파괴적 혁신 사업과 관련해 제대로 된 질문을 할 수 있는 적절한 경험이 없었을 뿐이다.

팀과 기업 간의 관계 관리

상급관리자가 파괴적 혁신에서 중요한 역할을 한다는 사실은 새삼 놀라운 일이 아니다. 일례로, 몇 년 전 파괴적 혁신 사업에 성공한 한 엔지니어가 클레이튼 크리스텐슨 교수와 함께 한 회의에 참석했다. 그 엔지니어는 자사의 CEO가 어떤 방식으로 사업 착수 단계에 깊숙이 관여했으며 혁신 사업 팀과 긴밀히 일하면서 어떻게 주요 의사결정을 내렸는지를 설명했다. 그때 회의에 참석했던 한 사람이 물었다.

"저는 파괴적 프로젝트를 이제 막 시작하려 하고 있습니다. 그런데 우리 CEO가 프로젝트를 제대로 이해하고 있는지가 확실하지 않습니다. 어떻게 해야 할까요?"

그 엔지니어는 "저 같으면 회사를 그만두겠습니다"라고 대답했다. 이 대답은 조금 무례하지만, 옳은 방향을 시사한다. CEO의 지원 없이 혁신 사업이 장기적으로 성공할 확률은 상당히 낮다. 팀은 회사가 '이해'하기 어려운 계획을 제안하게 될 것이고, 그들은 처리하기 어려운 장애물에 부딪히면서 결국에는 실패하게 될 것이다.

'이해하는 것' 외에도, 팀을 이끄는 상급관리자들은 일을 추진하면서 2가지의 상호작용을 주의 깊게 감시해야 한다. 첫 번째는 상급관리자와 팀 사이의 상호작용이다. 기존 사업 방식과 다르게 행동하려는 기업은 관리자와 프로젝트 팀 간의 상호작용을 극적으로 변화시킬 필요가 있다. 두 번째는 팀과 나머지 조직 간의 상호작용이다. 의식적인 관리 노력이 없다면, 보이지 않는 힘이 프로젝트의 파괴적인 에너지를 천천히 흐트러뜨릴 수 있다. 파괴적 혁신에 전념하고자 하는 상급관리자는 팀이 이러한 기업 항체의 먹이가 되지 않도록 보호해주어야 한다.

관리자와 팀 간의 상호작용

상급관리자들은 파괴적인 방향으로 나아가고자 하는 팀과 대화하는 법을 바꿔야 한다. 점점 더 많은 기업이 혁신을 관리하기 위해 단계-관문 과정(7장의 옮긴이 주 참조)을 도입함에 따라 '그들 대 우리'식의 사고방식이 나타났다. 팀은 상급관리자에게 보고하고, 상급관리자는 관문을 열어 프로젝트를 통과시키거나 팀이 더 나은 수치 혹은 더 많은 근거를 가지고 돌아올 때까지 관문을 잠그는 문지기의 역할을 한다. 새로운 성장의 초반부에는 올바른 전략이 알려지지 않고, 알 수도 없는 경우가 많다. 이때 상급관리자는 독재자가 아닌 문제 해결사가 되어야 한다.

IDEO의 설립자이자 CEO인 톰 켈리Tom Kelley는 그의 저서 《이노베이터의 10가지 얼굴The Ten Faces of Innovation》에서 비판을 위한 비판이 어떻게 혁신을 죽이는지를 설명하고 있다.[3] 우리도 이 의견에 동의한다. 상급관리자들은 비판을 위한 비판을 하면서 자신의 본분을 다하고 있다고 생각한다. 그러나 사실 그들은 본분을 다하고 있지 않다. 사실 비판을 위한 비판을 할 수 있는 자는 널려 있다. 거리에 있는 바보도 참신한 성장전략의 문제점을 10가지 이상 지적할 수 있다. 하지만 이러한 문제를 해결하는 데에는 진정한 기술이 필요하다. 비판을 위한 비판자는 넘치지만 문제 해결사는 드물다.

P&G의 많은 상급관리자처럼 칼 론Karl Ronn 또한 문제 해결을 겁내지 않는다. 론은 가정용품 연구개발부서의 부사장직을 맡고 있을 때 미스터 클린, 던, 스위퍼, 페브리즈 등의 제품 개발을 총괄했다. 팀이 제품라인의 점진적인 확장을 추진할 때, 그는 추진 결과를 정해진 일정에 맞추어 보고받았다. 하지만 P&G가 스위퍼 혹은 미스터 클린 매직 이레이저 같이 아주 새로운 제품을 개발할 때 론은 차별화된 행동을 보여주었다.

합의된 의사결정 결과를 검토하는 대신 그와 사업부서장은 실험실에서 초기 견본품을 살펴보고 온종일 진행되는 브레인스토밍 회의에 참가했다. 이런 깊숙한 참여를 통해 상급관리자들은 새로운 제품을 더 깊이 이해하게 되었고, 그들의 축적된 지식을 팀과 공유할 수 있었다. 론은 "이곳은 중간관리자들이 필요 없다는 식으로 진행되는 연구개발팀이 아닙니다. 오히려 우리는 그들을 돕고 우리가 투자하기 전에 사업에 대해 배워보려고 이 자리에 있는 것입니다"라고 말했다.

일반적으로 새로운 성장전략을 감독하는 상급관리자는 전략을 발전시키고 실행하는 중간관리자들을 자주 만날 필요가 있다. 분기별로만 계획된 회의는 오히려 일의 진척을 늦추거나 상급관리자의 적절한 조언

없이 중요한 의사결정을 내리는 상황을 만들 수 있다.

성장 노력을 뒷받침하는 상급관리자의 역할을 이해하기 위해 텔레비전 시청과 컴퓨터 사용의 예를 들어보자. 텔레비전을 시청할 때는 전형적으로 '뒤로 기대는' 동작을 취하는 반면 컴퓨터를 사용할 때는 '앞으로 숙이는' 동작을 취한다. 상급관리자는 뒤로 기대어 핵심 사업에 관한 보고를 들을 수도 있지만, 성장을 주도하는 일을 할 땐 몸을 앞으로 숙이고 소매를 걷어붙여야 한다. 그렇지 않아도 바쁜 상급관리자들이 지금까지 아래에 위임하던 일들에 시간을 할애한다는 것이 부담스러울 수 있다.

많은 상급관리자가 "나는 이런 일을 할 시간이 없습니다"라고 말하는데, 이럴 때마다 우리는 앞으로 10년간 성공의 원동력이 될 성장 사업의 창출보다 더 중요한 일이 무엇인지 되물어본다. 결국 상급관리자들은 가장 뛰어난 지혜와 전략적 통찰력을 지니고 있기 때문에 그들이 꼭 있어야 할 자리에 있어야만 한다. 그들의 지혜를 새로운 성장 사업에 적용하는 것보다 더 가치 있는 일은 없기 때문이다.

물론 상급관리자가 모든 프로젝트에 깊이 관여할 수는 없다. 만약 프로젝트가 이미 익숙한 시장을 대상으로 한다면 상급관리자는 전통적인 문지기 역할을 하는 것이 적절하다. 그렇다고 팀이 스스로 계속 전진할 수 있을 만큼 업무에 숙달되었는지를 판단해야 할 의사결정자로서의 역할까지 포기해서는 안 될 것이다. 만약 경영진과 팀원 모두 답을 모르는 상황이라면 상급관리자는 '그들과 우리'라는 이분법적인 사고방식에서 탈피해 팀의 문제를 해결하는 데 도움을 줄 수 있도록 전략적 사고력을 발휘해야 한다.

기업은 상급관리자와 프로젝트 팀이 상호작용하는 방식을 변화시키는 과정에서 때때로 흥미로운 발견을 할 수 있다. 이러한 예가 대규모 건강관리 회사가 만든 성장을 위한 협의회 출범 미팅에서 일어났다. 그 회사는 차별화된 성장전략을 개발하기 위해 협의회를 조직했었다. 협의회를 어떻게 운영할 것인지에 관해 논의하던 중, 한 제품 관리자가 긴장하며 CEO에게 말했다. "저, 우리가 다루는 전략 중에는 불확실성의 정도가 매우 높은 것들이 있어서 '정규' 회의 시간에 사용하는 것만큼의 두꺼운 파워포인트 문서를 만들지는 못할 것 같습니다." "그게 왜 문제가 되는가?" CEO가 대답했다. "나는 어차피 그 서류들을 읽지 않네. 사실 자네들은 내가 그걸 중시할 거로 생각해서 만들었겠지만, 내게 한 번도 물어보진 않았지."

다음 몇 달간 그 회사는 혁신과 관련된 몇 개의 근본적인 문제점과 행동계획을 적은 짧은 파워포인트 문서들을 활용해 복잡한 기회에 대해 생산적인 토론을 할 수 있는 업무방식을 개발하기 시작했다.

팀을 위한 제안 아래의 접근방법은 관리자와 팀원들 간의 대화 방법을 변화시키는 시작점으로 활용할 수 있다.

- 모르는 부분에 대해서 팀원들이 어떻게 심사숙고하는지를 보여주기 위해 가정을 설정하는 회의에 상급관리자들을 참여시켜라.
- 상급관리자들이 고객의 눈으로 세상을 볼 수 있도록 포커스 그룹 미팅이나 고객을 관찰하는 자리에 그들을 초대하라.
- 상급관리자들이 새로운 해결방안에 애착을 느낄 수 있도록 그들을 아이디어 창출과정이나 브레인스토밍 회의에 참여시켜라.
- 상급관리자가 실시간으로 일의 진척 상황과 난제를 확인할 수 있도

록 핵심 업데이트 자료를 담은 간략한 이메일을 정기적으로 보내라.
- 프레젠테이션 이후 상급관리자와 충분히 전략적 논의를 할 수 있도록 파워포인트 슬라이드의 수를 의도적으로 제한하라.

또 다른 접근방법은 팀 활동의 중요한 옹호자 역할을 하는 프로젝트의 후원자, 즉 챔피언을 찾는 것이다. 챔피언은 성공으로 가는 길목에 서 있는 장애물을 극복하도록 도와준다. 예를 들어 〈포천〉 100대 기업에 속한 한 팀이 업계의 판도를 바꿀 만한 혁신을 추진하고 있었다. 그 혁신은 여러 나라에 있는 사업부서와 외부 기술공급자 간의 긴밀한 협력이 필요한 일이었다. 그 팀은 자신들의 '이상적인' 챔피언을 다음과 같은 특성이 있는 사람으로 규정했다.

- 다른 사업부서에도 영향력이 있으며
- 회사의 상급관리자들을 효과적으로 다루고
- 일반적으로는 새로운 제품과 혁신에, 구체적으로는 팀의 프로그램에 비전을 갖고 있으며 열정적이고
- 창업가적인 생각으로 위험을 감수하고 기꺼이 다른 방식으로 행동하려고 하며
- 기술직 문제뿐만 아니라 사업을 이해하는 데도 뛰어나고 새로운 기술에 친숙하며
- 외부 파트너들과 일한 경력이 있고
- 한 달에 최소 하루 또는 이틀(개인 시간의 5~10퍼센트)은 프로젝트에 헌신하고자 하며
- 정치적 자산이 풍부하고 그것을 기꺼이 사용하고자 하는 사람

그 팀은 12명의 후보를 평가했고 팀이 직면한 난제를 극복하는 데 도움을 줄 수 있는 조직의 후원자를 찾았다.

팀과 기업 간의 상호작용

핵심 사업에 반하는 파괴적 혁신 사업을 성공적으로 창출하려면 상당한 범위의 조직 자율성이 필요하다는 것을 수많은 역사적 증거들을 통해 알 수 있다. 자주 등장하는 한 가지 예로 소매업을 들 수 있다. 기존의 일반 소매업자들은 할인 소매업으로 전환하는 데 대부분 실패했다. 미니애폴리스에 있는 데이튼 허드슨Dayton Hudson은 타깃Target이라 불리는 분리된 자회사를 만들었다. 오늘날 사람들은 모기업의 이름은 몰라도 이 자회사의 이름은 알고 있다. 휴렛패커드와 IBM 같은 다른 산업의 선두주자들도 파괴적 혁신 사업을 창출하기 위해 비슷한 접근법을 따랐다.

물론 모든 관리자는 이 방법이 단순히 독립적인 벤처사업을 시작하는 것처럼 쉬운 일이 아니라는 것을 알고 있다. 사실 애플의 아이팟이나 P&G의 스위퍼처럼 최근의 가장 강렬한 파괴적 혁신 성공 사례의 일부는 시장 선두 기업의 핵심 사업에서 탄생했다.

일반적으로 핵심 사업과 너무 동떨어진 독립 벤처기업을 구성하면 장기적인 성공 가능성을 높일 수 있는 핵심 역량의 유입을 막을 수 있다. 반면 팀을 단순히 물리적으로 떨어뜨려 놓는 것만으로는 충분하지 않다. 일견 분리된 벤처사업처럼 보일지라도 핵심 사업부의 모습과 정서를 닮아갈 수 있고 이는 파괴적 혁신 잠재성을 무너뜨릴 수 있기 때문이다.

따라서 많은 기업은 파괴적인 성장 프로젝트에 상당한 자율성을 주는 동시에 프로젝트 팀이 핵심 내부 기능들과 상호작용하고 심지어 핵심 사업의 영업 단위 내에서 자리 잡기를 기대하면서 둘 사이에 미묘한 균형을 이루려 한다. 이제부터는 이러한 균형을 유지하려는 기업이 어떻게 잠재적 갈등을 파악하고 분산시키려 하는지 살펴보자.

갈등의 소지를 정확히 집어내기 사업에 성공하는 모든 조직은 성공하기 위해 해야 할 것들을 적절히 할 수 있도록 구성되어 있다. 그러나 사업에 성공하는 모든 조직은 성공하기 위해 하지 않아도 되는 것들을 적절히 할 수 있도록 구성되어 있지 않다. 이 두 문장을 다시 읽어보라. 문장 속에 의도적으로 적용된 순환논리는 역량이라는 칼의 양날을 보여준다. 조직으로 하여금 무언가를 할 수 있게 하는 바로 그 요소가 궁극적으로는 다른 것들을 할 수 없게 만든다. 파괴적인 공격자들이 시장 선두주자와 겨뤄 승리를 거둘 수 있는 이유는 바로 이러한 기존 기업의 약점에 주의를 집중하기 때문이다.

성장성이 높은 신규사업을 빠르게 쇠퇴시키려는 관리자는 존재하지 않는다. 하지만 대기업이 궁극적으로 할 수 없는 것을 하려고 시도할 때 신규사업은 오히려 빨리 실패하게 된다. 다시 말하면 기업은 종종 성공에 방해되는 기업의 '역량'을 가지고 신규사업을 지원하려 한다.

새로운 벤처사업을 적절히 구성하기 위한 첫 번째 단계는 프로젝트 팀과 회사가 할 수 있는 것과 할 수 없는 것을 세심히 구분한 '역량대차대조표capability balance sheet'를 만드는 것이다.[4]

《미래 기업의 조건》과 《성장과 혁신》에 소개된 자원, 프로세스, 우선순위 결정의 간단한 틀은 역량대차대조표를 빠르고 유용하게 작성할 수 있도록 돕는다. 이 틀은 기업의 역량을 3개의 측면으로 구분해 살펴보고 있음을 기억하라.

1 자원 또는 기업의 활용 가능한 유형 자산

2 프로세스 또는 기업이 작동하는 방법을 결정하는 상호작용과 협력의 패턴

3 우선순위(이전에는 '가치'라고 했던) 혹은 기업이 대안적 전략을 선택할 때 사용하는 의사결정의 내재적 또는 외재적 규칙

자원은 세 역량 중에서 가장 유연하다. 자원은 고용할 수도 있고 해고할 수도 있으며, 살 수도 있고 팔 수도 있고, 빌릴 수도 빌려줄 수도 있다. 자원은 내재한 그 유연성 때문에 기업의 역량을 결정하는 가장 큰 요소로 보기는 어렵다. 그럼에도 현금, 특허권, 인력, 유통채널 등의 자원을 기록해두는 것은 가치가 있다.

프로세스는 본질적으로 유연하지 않다. 그것은 특정한 일을 하고 또 그것을 잘하기 위해 고안되었다. 일반적인 프로세스로는 제조, 유통, 제품 개발, 인사 배치, 고용과 교육, 계획과 예산수립, 시장조사 등이 있다. 각 프로세스에 대한 투입물, 프로세스의 작동방식 그리고 프로세스로부터의 잠재적인 산출물을 평가하는 것이 도움된다. 프로세스가 어떤 작업에 적합하고 어떤 작업에 적합하지 않은지 생각해보라.

마지막 역량은 우선순위다. 조직의 우선순위를 평가하기 위해 아래의 질문에 답해보라.

- 총 판매 수익은 얼마인가? 순 판매 수익은? 받아들일 수 있는 투자수익률은?

- 기회가 의미 있으려면 얼마나 커야 하는가?

- 기업의 핵심 목적은 무엇이라고 생각하는가?(예를 들어 한 소비자 건

강관리 회사는 과학에 기반을 두지 않은 소위 '만능 약'이라는 제품을 용납하지 않는다.)

- 고객이 우리에게 바라는 것은 무엇인가? 무엇이 그들로 하여금 반감을 갖게 하는가?

기업자산 또는 역량 중 일부의 어떤 것들은 하나 이상의 카테고리에 속한다. 예를 들어 브랜드는 기업이 팔고, 사고, 라이센싱할 수 있는 자원이다. 하지만 정작 브랜드는 기업의 우선순위가 그것의 사용방식을 제한할 수 있기 때문에 유연성이 뛰어나지는 않다. 또한 팀원들 개개인은 유연할 수 있지만 집단 학습을 받은 팀은 유연할 수 없다.

역량대차대조표를 작성하는 동안 복식부기 회계원칙을 기억하라. 여러분이 할 수 없는 것은 무엇인가? 여러분이 선택한 일이 성공하기 위해 필요하다고 생각하는 것과 여러분이 현재 가진, 가지지 못한 것을 비교해보라. 필요한 역량과 현재 역량 사이의 차이, 꼭 필요한 역량이 빠져 있는 곳이나, 여러분이 성공하는 데 필요한 역량과 반대되는 것들에 초점을 맞춰라. 이러한 것들은 여러분이 추진하려 하는 파괴적 혁신 전략을 틀어지게 할 위험이 있기 때문에 조심스럽게 관찰해야 한다.

무료신문에 대한 역량대차대조표의 작성사례

지난 10여 년간 많은 회사가 무료일간지를 만들어 배포해왔다. 그 시초는 1995년 스톡홀름 지하철에서 최초의 무료신문을 배포한 메트로인터내셔널이다. 그 신문은 타블로이드판 크기에 그날의 주요 사건들에 대한 짧고 생생한 이야기들을 담고 있다. 기사의 상당수는 연합신문과 로이터Reuters에서 나왔다. 나머지 기사의 수준은 전통적인 신문보다 떨어진다. 메트로는 몇 군데 중심지에 이 무료신문을 배포했다. 그 후 북미의 많은 회사들이 그들만의 무료일간지를 만들기 시작했다. 그 예로 시카고에서 발행하는 트리뷴 컴퍼니Tribune Company의 〈레드아이Red Eye〉나 워싱턴 D.C에서 발행하는 워싱턴 포스트Washington Post의 〈익스프레스Express〉가 있다.

만약 가상의 신문사가 무료일간지를 발행하려 한다면 역량대차대조표를 어떻게 작성해야 할까?

신문사들은 유통체계나 우수한 저널리스트, 광고 판매사원 등과 같은 무료일간지 사업에 필요한 자산을 갖고 있다. 비록 오늘날 기존의 신문 비즈니스 모델이 이런저런 비난을 받고 있지만 대부분 신문사는 여전히 새로운 일에 투자할 수 있을 만큼의 충분한 현금흐름을 만들어내고 있다.

일반적인 신문사의 업무 프로세스는 무료일간지를 만드는 데에도 사용될 수 있다. 예를 들어 기존의 제작 프로세스는 소량의 특별한 출판물을 만드는 데 사용될 수 있다.

하지만 2가지 프로세스는 더 깊이 생각해보아야 한다. 그중 하나는 광고 판매 프로세스이다. 무료일간지를 창간하는 이유 중 하나는 일간지를 구독하지 않는 젊은 독자들에게 다가가기 위해서이다. 바bar, 레스토랑 같은 신흥 신문 광고주들은 이 소비자 집단에 다가가는 것에 관심이 많을 것이다. 신문사가 광고 지면을 파는 일반적인 방식은 정규직원들이 기존 고객들에게 연락을 취하는 방식이지만 이 과정은 새로운 사업의 본질과는 잘 맞지 않을 수 있다.

두 번째로 대부분 신문 편집 프로세스는 질이 높고 독창성 있는 내용을 만들게 되어 있다. 비록 통신사를 통해 받은 기사를 사용하기도 하지만 일반적으로 격식 없는 어투의 짧은 이야기들만을 모아놓지는 않는다.

다음으로 신문사는 무료신문을 최고 우선순위에 놓을 것인가? 대부분 신문사는 수익의 30퍼센트를 정기구독자들에게서 얻는다. 메트로는 콘텐츠 창조와 배포에 들어가는 투자비용을 낮추는 색다른 수익구조 모형을 만들었기 때문에 정기구독자라는 기존의 수익구조 없이도 돈을 벌 수 있었다. 전통적인 영업사원들은 신흥 광고주들이 신경 쓰기에는 무료신문의 독자 규모가 너무 작다고 생각할 수도 있다. 끝으로 저널리스트들은 '격이 낮은' 지면에 글을 쓰는 것을 꺼릴 수 있다. 전통적인 신문사가 무료일간지 사업에 최고 우선순위를 두지 않을 것이라는 사실은 분명하다.

이 짧은 분석은 가상의 신문사가 기존 핵심 사업부 내에서 무료일간지를 창간하려 할 때, 상호작용에 영향을 미치는 영역을 최소화하려는 전략수립이 안 돼 있다면 곤경에 처할 수도 있음을 보여준다. 무료일간지를 성공적으로 출판한 기존의 회사들은 이런 문제를 해결하기 위해 새로운 사업부서에 상당한 자율권을 주었다.

갈등 관리 상급관리자들은 잠재적 갈등의 소지를 정확히 파악한 후 핵심 역량을 사용하는 팀의 능력을 최대화하면서 이와 동시에 드러나는 갈등을 최소화하기 위해 부서 간 상호작용을 어떻게 관리할지 생각해봐야 한다.

한 가지 대안은 이러한 갈등으로부터 자유로운 독립 부서를 구성하는 것이다. 하지만 이 접근법은 핵심 자산을 활용하고 조직의 학습 내용을 확산하는 기업의 능력을 방해할 수 있기 때문에 기업들이 만족하지 못할 수 있다.[5] 완전한 자율성을 주지 않으려는 기업은《혁신 기업의 딜레마》의 근본 원인을 어떻게 피할 것인지 결정해야 한다. 혁신 기업의 딜레마란 더 큰 성장 잠재력을 가진 다른 접근법이 있지만 전략을 실행하는 중간관리자들의 의사결정이 과거의 방식대로 이루어지는 경향을 의미한다.

다트머스대학교 비제이 고빈다라잔 교수는 이러한 난제를 다루는 유용한 방법을 제시했다. 그는 모든 신규 성장 사업에서의 핵심은 미래의 성공을 저해할 수 있는 과거의 표준 관행을 잊어버리고 핵심 사업에서 필요한 부분을 선택적으로 빌리는 것이라고 주장한다.[6]

만약 여러분이 잘 운영되고 있는 대기업에 속해 있다면 최대한 많이 빌리고자 하는 욕구가 생길 것이다. 어차피 자원은 거의 모두 무료로 사용할 수 있고, 그것들을 활용할 수 있다는 것은 그러지 못하는 외부 기업에 비해 큰 경쟁력이 될 것이기 때문이다. 하지만 이런 자산 사용에 수반되는 숨겨진 비용을 곰곰이 생각해봐야 한다. 고빈다라잔 교수는 기업이 무엇을 빌리고 무엇을 빌려서는 안 되는지에 대해 아래와 같은 지침을 제공한다.

- 결정적인 경쟁 우위를 얻을 수 있는 것만 빌려라
- 추가적인 비용감소를 이유로 빌리는 것은 정당한 이유가 될 수 없다
- 핵심 사업과 새로운 사업 간의 연결망을 가능한 한 일찍 구축하라
- 이해관계에 대한 첨예한 대립을 삼가라(시장에서 자기 잠식의 위험)

비록 기업들이 이 조언을 따라 조심스럽게 올바른 요소만을 빌리더라도, 상급관리자는 그들이 예전에 하던 방식대로 돌아가지 않도록 주의 깊게 행동해야 한다.

갈등 관리: 3가지 사례 연구　다음의 사례 연구 3가지는 각기 다른 대기업이 파괴적 혁신 전략을 실행하는 과정에서 내재하여 있던 갈등을 어떻게 능동적으로 관리했는지 설명해준다.[7]

첫 번째 기업은 주문형 제품을 시장에 빨리 출시할 수 있도록 넓은 범위의 공급자들과 함께 일하는 새로운 접근방식을 시도하고 있었다. 그 전략은 적은 수의 핵심 공급자들과만 함께 일하던 기존 핵심 사업과는 많이 달랐다.

기업이 기존의 핵심 사업을 수행할 때는 공급자가 높은 품질의 제품을 제공할 수 있는지를 검증하기 위해 매우 엄격하고 긴 프로세스를 개발해 적용하고 있었다. 그 긴 프로세스는 기업이 몇 년간 의존할 핵심 공급자를 선발할 때는 매우 효과적이었다. 하지만 신속한 주문 조립방식에 기반을 둔 새로운 비즈니스 모델에는 맞지 않았다. 전통적인 시스템을 통해 공급자가 최종 선발되었을 때는 이미 기회의 문이 닫혀버린 상황이었다.

이러한 문제를 깨달은 상급관리자들은 팀에 '패스트패스 프로세스' 카드를 주었는데, 이는 놀이기구 앞에 늘어선 긴 대기 줄을 우회할 수 있도록 해주는 디즈니랜드의 인기 프로그램을 모델로 삼은 것이었다. 이 제도하에서는 특정 공급자가 기업을 곤란에 빠뜨리지 않을 것이라는 이해할 만한 증거를 제공하기만 하면, 표준적인 허가 프로세스를 우회하는 것이 가능했다. 다행히 평가 대상인 대부분 공급자들이 산업 내 다른 기업과도 협력관계를 맺고 있었으므로 이 테스트를 통과하는 것은 그리 어렵지 않았다.

두 번째 사례로, 휴대전화 업계의 선두 기업인 모토로라는 초박형 레이저RAZR 폰을 성공시키기 위해 위와 비슷한 전략을 사용했다. 모토로라 경영진은 산업의 트렌드를 거스르는 기회를 감지해냈다. 당시 다른 경쟁사들이 휴대전화에 더 많은 기능을 집어넣는 데 열을 올리는 동안, 모토로라는 기능을 제한하고 형태에 집중했다. 그 결과 시장에서 가장 작고 얇은 휴대전화를 만들어냈다.

모토로라는 통상적으로 새로운 휴대전화를 개발할 때 회사의 각 주요 지사(유럽이나 아시아 등)의 대표자가 그 콘셉트를 평가한다. 이때 각 지역의 대표자들은 자신이 원하는 기능을 휴대전화에 포함시키라고 요구한다. 그다음 각 지역에서 얼마만큼의 수량을 판매할 수 있는지를 예측한다. 모토로라는 통합된 지역별 수요예측을 바탕으로 새로 출시되는 휴대전화에 투자할지 말지를 결정한다.

그런데 이 과정에서 복잡한 일이 벌어질 수 있다. 만약 개발팀이 어느 특정 지역에서 중시하는 속성을 무시한다면 그 지역의 판매 예측치는 낮게 나올 것이고, 낮은 예측치는 프로젝트의 승인을 어렵게 만들 것이다. 디자인 팀은 그들이 각 지역을 만족시키지 못한다면 프로젝트가 열매를 맺어보지도 못하고 실패할 것임을 알고 있었다. 비록 이 시스템이 제품의 성공에 필요한 시장의 피드백을 반영하려고 한 것이라 해도, 그것은 디자이너 모두가 받아들이지만 아무도 만족하지 못하는 타협된 제품을 만들게 되는 결과를 가져올 수도 있다.

다행히 모토로라의 경영진은 그들이 블록버스터급 혁신을 달성하려면 레이저폰 팀을 보호해야 한다는 사실을 정확히 인식하고 있었다. 상급관리자들은 이 프로젝트와 팀을 위해 눈에 보이지 않는 보호막을 쳐 주었다. 관리자들은 이 프로젝트에 한해서는 다른 프로젝트처럼 엄격한 재무계획을 요구하지 않았고, 심지어 부서의 사업계획에도 포함시키지 않았다. 관리자들은 이 제품이 모토로라의 다른 제품 개발 프로젝트와 많이 달라서 전통적인 프로세스에서 분리할 필요가 있다고 생각했다. 레이저 개발 프로젝트를 감독했던 운영책임자 로저 젤리코Roger Jellicoe 는 "이런 종류의 프로젝트는 기존 (표준) 프로세스를 적용시켜서는 결코 안 되는 것이었다"라고 말했다.

상급관리자들은 프로젝트를 정규 프로세스에서 분리함으로써 레이저 폰 팀이 고객을 기쁘게 함은 물론 경쟁자들을 따라잡을 수 있는 새로운 제품을 빠르게 개발할 수 있도록 했다. 레이저폰은 제품 수명 주기 총 매출 예상치를 출시 3개월 만에 뛰어넘었다.

2007년 말 모토로라의 CEO 에드 잰더Ed Zander는 레이저폰을 성공 으로 이끈 이유를 이렇게 말했다. "레이저폰은 고객이나 이동통신사를 배제한 채 사내에서 30명에 의해 진행된 비밀 프로젝트였습니다. 우리 는 어떤 계약이나 확답을 얻을 수 없었지만 2004년 7월 모험을 감행하 고 출시했습니다. 초기 예측 판매량은 60만 대 정도였습니다만 우리는 방금 1억 번째 레이저폰을 판매했습니다."

레이저 제품라인은 확실한 성공을 거두었다. 하지만 계속해서 유사한 성공작들을 만드는 데 실패함으로써 2007년에는 휴대전화 부서가 어려 움에 처하게 되었다. 다음 장에서 설명하겠지만 성공적으로 혁신을 완 성하려면 단발성 히트를 넘어서야 한다. 이를 위해선 혁신과 성장을 체 계화시키는 역량의 구축이 필요하다.

세 번째 사례로 2003년 시스코 시스템즈Cisco Systems가 링크시스를 사들이는 과정에서 내부 갈등을 어떻게 해결했는지 살펴보자. 시스코는 파괴적인 비즈니스 모델을 빨리 구축하기 위해 5억 달러(약 5,500억 원)를 지불하고 링크시스를 인수했다. 시스코는 기업에 최첨단 기기를 판매하지만 링크시스는 개인에게 간단한 솔루션을 판매했다. 시스코는 연구개발과 고급 판매인력 구축에 막대한 투자를 하는 반면 링크시스는 연구개발에 거의 투자하지 않고 소매채널을 통해 제품을 판매했다. 시스코는 70퍼센트의 총 마진율을 내고 링크시스는 40퍼센트의 총 마진율을 내는 상황이었다.

링크시스를 인수한 후 찰리 지안카를로Charlie Giancarlo 부회장은 이 새로운 자산을 어떻게 다루어야 할지 결정해야 했다. 지안카를로는 링크시스를 시스코의 핵심 사업에 통합한다면 최악의 결과를 낳을 것이라는 사실을 정확히 파악하고 있었다. 두 사업을 통합하면 시스코가 구축한 역량이 모두 파괴될 수도 있었기 때문이다. 그래서 지안카를로는 '보호자들blockers'이라는 팀을 구성해 핵심 조직과 새로운 부서 간의 상호작용을 담당하는 접점으로 활용했다. '보호자들'은 링크시스가 시스코로부터 성장을 위해 필요한 자산은 받되 혁신에 방해될 만한 제약은 받지 않도록 해주었다. 예를 들어 시스코는 그들의 엄격한 전략계획 프로세스에 링크시스를 포함시키지 않았는데, 이는 자칫 링크시스로 하여금 시스코의 전통적인 의사결정 규칙에 따르도록 강요하는 결과를 가져올 수 있었기 때문이다.

기업 인수로 파괴적 혁신에 성공한 기업들은 이와 비슷한 과정을 거친다. 예를 들어 베스트 바이는 긱 스쿼드를 샀을 때(5장 참조) 긱 스쿼드의 조직 문화를 보호하려고 조심스럽게 행동했다. 베스트 바이의 CEO인 브래드 앤더슨Brad Anderson은 "우리는 처음부터 긱 스쿼드가 베스트 바이를 인수했다고 생각했지, 베스트 바이가 긱 스쿼드를 인수했다고는 생각하지 않았습니다. 왜냐하면 변화가 필요한 기업은 바로 베스트 바이였기 때문입니다"라고 말했다.

이번 장에서 설명한 기업들은 파괴적 혁신 전략을 무력화시킬 수 있는 기업 항체로부터 팀을 현명하게 보호함으로써 성공을 거두었다. 더 일반화시켜 말하자면 아래의 기법은 기업이 파괴적 혁신 추진 팀들을 보호해 갈등의 소지를 피해 갈 수 있게 하는 데 도움이 된다.

- 장애물을 극복하고 주요한 차이점들을 중재하는 등 중요한 '보호막 air cover'을 제공할 수 있고, 필요할 때 핵심 사업과 연계 역할을 할 수 있는 강력한 상급관리자를 확보하라.
- 성공을 위해 다른 성과기준을 사용하라.
- 팀이 잘 정비된 보고 체계와 주요 자원, 의사결정에 대한 접근권을 가질 수 있도록 상당한 자율권을 부여하라.
- 팀이 갈등을 일으킬 가능성이 큰 프로세스를 피할 수 있도록 '패스트패스' 혹은 다른 해결책을 제공하라.
- 팀이 외부에서 자원을 찾을 수 있도록 허락하라. 내부 자원에 얽매여 있는 팀은 내부 규율을 따를 수밖에 없다.
- 여러 기능면에서 통찰력과 의사결정 자율권을 갖춘 강하고 의사소통 잘하는 리더를 선임하라.

이런 특징의 상당수는 학계에서 소위 '중량급heavyweight 팀'(새로운 사업을 추진하면서 많은 예산과 의사결정권을 부여받은 전사적 추진팀을 말한다_옮긴이 주)이라 부르는 것과 유사하다.[8] 이러한 종류의 팀은 기업이 정형화된 행동패턴을 버리고 아주 독특한 해결책을 빨리 조합할 수 있게 해준다. 이 팀은 일반적으로 매우 헌신적인 팀원들로 구성되어 있다. 팀원들은 기능별 부서의 대표 역할을 하기보다는 팀 자체를 대표한다. 팀은 표준적인 운영절차를 따르기보다 절차를 해체하고 재정의한다. 이러한 접근법은 기능 부서 간의 상호의존도가 높고, 팀이 핵심 사업에서는 용납되지 않는 접근법을 따를 확률이 높을 때 특히 유용하다.

팀을 위한 착륙 지역 선택하기 마지막으로 기업은 새로운 사업이 궁극적으로 기업 내부 어디에 '착륙'할 것인지를 고려해야 한다. 어느 경우에는 착륙 지역이 명백하다. 만약 팀이 기존 핵심 역량과 전혀 맞지 않는 대단히 파괴적인 혁신 전략을 따르고 있다면 독립 사업 단위만으로도 성공할 수 있을 것이다. 그러나 때때로 착륙 지역이 매우 미묘할 수 있다. 프로젝트가 시장에 파괴적인 영향을 끼치는 한편 기존의 사업 단위와 제품 그룹 내 존재하는 프로세스에서의 우선순위와 잘 맞을 수도 있다. 혹은 기존의 제품군을 대체하는 새로운 제품군의 근간이 될 수도 있다.

비록 팀을 당장 최종적인 착륙 지역에 끼워 맞출 필요는 없지만, 일찍 착륙할 수 있도록 계획을 짜는 것은 도움이 된다. 예를 들어 가장 가능성이 큰 착륙 지역의 상급관리자를 프로젝트 챔피언으로 임명하는 방법을 생각해볼 수 있다. 혹은 여러분이 제공하는 것 중에서 최종 착륙 지역이 어디가 되었든 별 영향을 받지 않게 할 수 있는 부분이 있는지 생각해보라.

더 생각해 보기

- 여러분의 경력을 되돌아보라. 여러분이 최근에 갖게 된 경험의 유형을 되짚어보라. 여러분은 파괴적 혁신 프로젝트 업무와 관련한 능력을 향상시키기 위해 어떤 경험을 필요로 하는가?

- 파괴적인 변화의 대응에 실패한 기존 기업을 대상으로 역량대차대조표를 완성하라. 그 기업이 실패하게 된 이유가 어느 부분에 있는지 밝혀보라.

- 프로젝트 팀이 기업의 내부 장벽을 극복한 창의적인 방안에 대해 동료와 이야기해보라.

실무 조언

- 만약 누군가 "내가 비판을 위한 비판을 해보죠"라고 말한다면, "저도 이것이 문제라는 건 압니다만 해결책은 모릅니다. 여러분의 해결책은 무엇입니까?"라고 말하며 전세를 역전시켜라.

- 일정 부분 사용처가 정해진 내부 자원을 적합하지 않은 용도로 사용하려고 할당을 요구하는 성장전략을 조심하라. 이러한 상황에서는 내부 자원을 팀 안으로 끌어들이거나 여러분이 표준적인 운영 절차를 따르지 않을 자유가 있다는 것을 확실히 하라.

- 실험을 해야 하는 신규 사업에 업무 추진력이 뛰어난 집행자를 배치하지 않도록 하라. 기존의 핵심 사업에서 최고 성과를 내는 관리자들이 새로운 사업을 창출할 때는 최악의 관리자가 될 수 있다.

^{4부} 역량을 구축하는 법

혁신을 통한 성장을 모색하는 기업들은 단 한 번의 성공이 아닌 지속 가능한 성장을 이루어내야 한다. 그리고 이를 위해서는 혁신을 제도화해 성장을 향한 노력이 반복적이고 일상적인 것이 될 수 있도록 해야 한다.

4부에서는 기업들의 내부 구조와 프로세스, 외적 교류가 혁신성장 사업을 창출하는 과정에 도움이 되도록 하는 방법에 대해 알아본다. 9장에서는 새로운 성장 사업을 계속해서 촉진하는 조직 구조와 업무 프로세스에 대해 알아볼 것이다. 10장에서는 혁신 친화적 성과측정 기준들을 적용할 수 있는 방법에 대해 설명한다.

"우리는 기존의 핵심 사업을 재창조하거나 파괴하는 사람들을 확실히 분리하려 노력해왔다."

닉 발레리아니Nick Valeriani, 존슨앤드존슨 전략 및 성장 부문 사장

혁신을 위한 조직화 방법

기존 기업이 새로운 성장 사업에 성공한 사례 연구를 보면 단 한 번의 성공에 관해 상세히 분석해놓은 경우가 많다. 한 번 또는 여러 번 성공을 거둔 기업들, 예를 들어 빠르게 성장하고 있는 ING 다이렉트를 만들어낸 ING나 매우 얇은 레이저 폰으로 순식간에 휴대전화 시장을 휘어잡은 모토로라나 스위퍼, 페브리즈, 크레스트 화이트스트립스 같은 아주 새로운 제품을 만들어낸 P&G 등은 존경과 칭찬을 받을 만한 기업이다. 이 성공 신화를 일군 경영자들은 시장주도적인 기업의 위치에서 혁신주도형 성장 사업을 창조하지 못하게 방해하는 세력들을 막아내는 것이 얼마나 힘든 일인지 잘 알고 있을 것이다.

혁신이 힘든 이유는 이러한 어려움이 항시 존재하기 때문이다. 새로운 시장을 개척하면 다른 기업들이 경쟁에 뛰어든다. 위협 하나를 넘기고 나면 또 다른 굶주린 경쟁자가 기회를 엿본다.

따라서 성공하려면 경쟁에서 한 번 이기는 것이 아니라, 기업이 지속적으로 파괴적 위협을 제거하고 새로운 기회를 잡을 수 있도록 그 능력을 배양해야 한다. 이 목표를 성취하기 위해 개별적인 성공을 활용하는 능력을 극대화하고 성공적인 성장 사업을 매년 만들어낼 수 있도록 조직을 구성할 필요가 있다.

이번 장은 기업이 다양한 혁신 과제를 해결할 수 있는 조직을 구성하는 방법, 이 조직의 구조를 적절한 시스템과 사고방식으로 보완하는 방법에 대해 설명한다.

혁신을 위한 조직구조 만들기

'혁신을 위한 조직화'는 간단한 과제가 아니다. 그것은 한 팀이 특정 아이디어를 추구할 수 있도록 충분한 자원을 제공하고 자율성을 부여하는 것 이상의 의미다. 이는 신중하게 조직된 팀들이 일련의 성장 기회를 신뢰성 있게 평가하고, 우선순위를 매기고, 개발하는 데 도움이 되는 환경을 조직하는 일에 관한 것이다.

'혁신을 위한 조직구성'이 'R&D를 위한 조직구성'과 다르다는 사실을 아는 것 또한 중요하다. 혁신은 연구개발을 뛰어넘는 개념이다. 올바르게 구성된 혁신 엔진은 전통적인 기술의 활용방안뿐만 아니라 새로운 비즈니스 모델, 창의적인 재무적 접근법, 독특한 파트너와의 협력전략을 고려해야 한다.

혁신 조직을 구성하는 방법은 셀 수 없이 많다. 한 예로 P&G의 미래사업부서를 들 수 있다. 이 부서에는 회사를 위한 새로운 성장기반을 파악, 개발, 도입하는 것만을 목적으로 충분한 인력이 배치되어 있다. 다른 예로는 거대 화학비료 기업인 신젠타의 학습 및 개발 부서를 들 수 있다. 이 작은 조직의 목표는 기업의 임원 그리고 관리자의 혁신과 리더십 역량을 육성하는 데 있다. 큰 기업은 일반적으로 여러 계층에서 동시에 여러 혁신 구조를 운영한다.

혁신 조직을 구성하는 방법에는 모든 상황에 다 적용될 수 있는 만능열쇠 같은 것은 없다. 따라서 기업은 그들이 만드는 조직구조가 그들이 직면한 혁신과제에 적합한지를 확인해야 한다.

일반적으로, 특정 조직구조는 다음의 4가지 전략목표 중 하나를 달성할 수 있다.

1 인식의 지평을 넓히고 기술을 축적함으로써 혁신을 촉진한다.

2 혁신 노력을 적극적으로 옹호하고, 혁신 아이디어가 성공하는 데 방해가 될 수 있는 장애물을 제거함으로써 혁신을 보호한다.

3 아이디어를 구상단계에서 상용화까지 이끄는 데 필요한 자원과 환경을 제공함으로써 혁신을 주도한다.

4 전략적 연대를 구축하고, 역량을 확보하고, 조직 외부의 혁신 노력에 투자하는 등의 방법으로 혁신을 강화해 성장을 가능하게 한다.

1, 2, 3번의 목표는 조직 내부에 존재하는 혁신 구조와 관련되어 있다. 4번은 외부 파트너들과의 전략적 관계를 통해 앞의 3가지 목표와 그 밖의 기존 조직구조를 강화하는 것이다.

앞으로 이어질 논의에서는 이러한 각각의 전략적 활동에 대해 논하고, 특정 형태의 조직구조를 필요로 하는 상황들을 설명하며, 각 조직구조의 예를 보여줄 것이다. 〈표 9-1〉은 이러한 요소를 요약하고 있다.

〈표 9-1〉 혁신 과제와 구조

혁신 프로세스의 취약점	구체적 혁신 과제	전략적 요구사항	고려할 만한 조직구조
기회의 포착	• 성장 목표 달성을 위한 아이디어의 부족 • 대부분 아이디어가 존속적 성격 • 혁신의 공통언어 부재 • 제한된 외부 관점 또는 인식	혁신 촉진	교육훈련 부서, 외부 자문위원회
기회에 대한 우선순위 설정 및 자원 제공	• 조직의 존속적 사고방식 • 성장 아이디어의 추진력 상실 • 성장 분야에서의 자원 차출 • 기존의 핵심 사업에 집중하기 위해 새로운 성장 사업 포기	혁신 아이디어 보호	성장협의회, 사내 창업 기금
새로운 사업의 구축 및 형성	• 파괴적 전략보다 존속적 접근이 선호됨 • 파괴적 전략의 잠재력을 충분히 이끌어내지 못함 • 불확실성 관리 능력의 부재로 인한 성장 시도의 좌절 • 좋은 아이디어가 좋은 사업으로 연결되지 못함	새로운 성장 사업 주도	인큐베이터 팀, 자율적 성장그룹
사업 개시 및 외부 강점 활용	• 연관 부서의 지원 부족으로 인한 아이디어 고착 • 새 벤처사업의 확대가 어려움 • 역량의 부족이 성공을 제한 • 외부와의 연대와 파트너십이 충분히 활용되지 못함 • 조직의 현재 가치 사슬 구조가 가치 수확을 어렵게 함	외부 혁신 노력 강화	기업벤처링 부서, 사업개발그룹

교육훈련 부서와 자문위원회

혁신을 촉진하려는 기업은 일반적으로 자사의 조직이 혁신 아이디어를 상업화하는 데 적당한 인프라 구조로 되어 있다고 믿는다. 그러나 이와 동시에 기회를 포착하고, 성공적인 성장 사업을 개발할 수 있는 능력의 향상이 필요하다고 생각한다. 혁신을 촉진해야 할 필요가 있다는 구체적 징표로는 설득력 있는 성장 아이디어의 결핍과 혁신에 대한 지극히 내부적인 관점 등이 있다. 조직은 이러한 문제에 대처하기 위해 교육훈련부서 또는 자문위원회를 만들 수 있다.

혁신을 위한 교육훈련부서는 혁신에 필요한 기술과 문화를 구축하는 데 도움을 줄 수 있다. 이를 통해 필요한 기술을 조직적으로 구축하고, 핵심 인력의 사고방식을 변화시킴으로써 내부 혁신을 촉진할 수 있다. 일반적으로 그들은 주요 제품 또는 서비스를 만들어내는 조직의 외부에 속함으로, 조직 내에서 자문 역할을 하는 경향이 있다.

교육훈련부서는 이미 설립된 교육 인프라 구조에 속할 수도 있고, 혁신에 초점을 맞춘 특화된 자율 그룹으로 존재할 수도 있다. 교육부서는 회사 또는 회사가 속한 산업이 필요로 하는 고유의 사례 연구를 통해 혁신 개념과 경영자들을 더욱 밀접하게 연결할 수 있도록 노력해야 한다. 비록 파괴적 성공 신화를 다수 경험해본 기업이 많지는 않지만 모든 기업에는 파괴적 혁신 원칙의 힘을 보여주는 몇몇 사례가 있다. 또한 이 교육부서들은 핵심 조직에 적합한 정보와 도구를 파악하기 위해 외부 자원과의 연결고리 역할도 해야 한다.

우리의 경험에 비추어보면, 교육부서는 혁신 과제와 적극적으로 씨름하고 있는 팀들과 교류할 때 가장 좋은 성과를 보인다. 이 팀들은 새로운 아이디어를 개발하고 상업화하려는 프로젝트 팀일 수도 있고, 일관성 있는 혁신 전략을 개발하려는 상급관리자 팀일 수도 있다. 적극적인 팀은 핵심적인 혁신 개념을 깊이 보유하려 하며 조직 문화에 지속적인 영향을 미치기 때문에 주요 지식을 즉시 활용할 수 있다.

이미 언급했듯이 신젠타에는 관리자와 팀들의 역량 개발을 지원하는 특화된 업무 부서가 있다. 2007년 이 회사는 자사의 팀들이 파괴적인 성장 사업을 성공적으로 개념화하고 상업화하는 것을 지원하는 혁신교육 훈련과정을 만들었다.

혁신 자문위원회는 조직의 혁신 관점을 확장시키기 위한 수단의 역할을 한다. 일반적으로 자문위원회는 10명 이하로 구성된다. 이들은 컨설턴트, 고객, 공급자, 학자, 기타 생각의 리더들을 포함하는 외부인과 소수의 내부 핵심 대표자가 될 수 있다. 이상적인 자문위원회는 비즈니스 모델, 경영 접근법, 기술 등 혁신에 필요한 모든 부분에서 자문을 제공할 수 있는 인물로 구성된다. R&D를 향상하기 위한 수단으로 구성된 그룹들과는 확연히 구별된다. 자문위원회는 아이디어의 교환과 열린 대화를 주도함으로써 비교적 정형화되지 않은 방식으로 회사에 도움을 준다.

엑슨모빌과 셸Shell 이 수십억 달러를 투자한 합작회사인 인피니엄은 외부 트렌드를 파악하기 위해 2007년 소규모 자문위원회를 만들었다. 위원회는 외부 조언자들뿐 아니라 CEO와 회사의 기술, 지적재산, 공급 사슬, 인적자원부서의 리더들로 구성되었다. 위원회는 분기마다 인피니엄의 리더들과 회사의 성장 동력에 대해 비교적 자유로운 방식으로 대화를 나눈다.

때로는 회사 내의 다른 부서 출신 대표자들을 뽑아 위원회를 구성할 수도 있다. 그렇게 되면 위원회는 회사 고유의 정보를 나누는 기구로서의 역할을 할 수 있으며, 훨씬 더 많은 직접적인 관리 능력과 신뢰성을 가질 수 있다. 또한 이 접근법은 사내 다른 부서의 상급관리자들을 혁신 프로세스에 동참시킴으로써 새로운 관점을 가져다줄 수 있다.

성장협의회와 사내창업 기금

내부의 혁신 노력이 고착상태에 빠진 기업들은 혁신을 옹호하면서 혁신 아이디어의 잠재성을 제한하는 장애물을 제거하는 구조를 만들 수 있다. 여기서 설명하는 2가지 '보호' 구조(성장협의회와 사내창업 기금)는 혁신을 양성하고 보호하는 역할을 하는 동시에 개별적 혁신 노력을 주도하기 위한 인력이 필요하다. 이 구조는 일반적으로 조직 내에서 성장 아이디어가 추진력을 잃거나 기존의 핵심 사업에 집중하기 위해 성장 동력이 포기될 때 필요하다.

성장협의회는 혁신의 우선순위에 관한 통일된 견해를 만들어내기 위해 기업의 여러 부서 출신의 고위 관리자들로 구성된다. 일반적으로 성장협의회는 기업의 전략적 관심사항을 식별하고, 초기 단계의 모든 아이디어를 평가해 중요도를 설정하며, 혁신 프로세스 전반에 걸쳐 적극적으로 파괴적 혁신 아이디어를 보호해야 한다.

성장협의회는 주로 내부 대표자들로 구성된다. 그러나 우리는 사내의 모든 고위 관리자들을 성장협의회에 참여시키려 하지 말라고 조언한다. 만약 협의회가 기존 핵심 구조의 축약판이 된다면 그 모임은 핵심 지도자 미팅과 다를 바 없어지기 때문이다. 협의회 구성원들은 파괴적 사고 방식을 공유해야 하며 기존 핵심 사업에서 자신들이 맡았던 역할은 잠시 잊어야 한다. 이 접근법은 다른 조직구조에 비해 구속력이 적다. 비록 협의회가 모든 아이디어를 검토하고, 아이디어에 자원을 할당하며, 수명주기 내내 아이디어를 관리하지만, 어느 특정 업무에 관한 일상적인 관리에는 참여하지 않는다.

제너럴 일렉트릭의 CEO인 제프리 이멜트는 약 12명의 고위임원으로 구성된 커머셜 협의회Commercial Council를 구성했다. 이 협의회는 한 달마다 그리고 분기별로 회의를 하고 사업 책임자가 제안한 혁신과 성장 전략에 관해 논의하고, 우선순위를 결정하며, 자원을 할당한다.

사내창업 기금은 파괴적 혁신 프로젝트에 자금을 분배하고, 보호막을 설치하며, 경영자원을 할당하는 등 성장협의회보다 능동적인 역할을 한다. 일반적으로 상급관리자들은 내·외부의 대표자들로 구성된 소규모 위원회가 배정할 수 있는 기금을 비축해둔다. 그러면 조직 안의 팀들은 기존의 표준적 운영 절차에 적합하지 않은 아이디어를 제안한다. 이러한 아이디어는 지금까지 다루어지지 않은 것이거나 기금 관리위원회가 설정한 특정 과제에 대한 것일 수도 있다.

기금을 조달받는 프로젝트들은 기금 지원을 받는 벤처사업에서 임시 CEO로 활동할 만한 역량을 갖춘 프로젝트 관리자들의 지원을 받을 수도 있다. 사내창업기업 기금은 핵심 조직 구성원들을 혁신 개념에 노출시켜 창업가 정신을 구축하도록 하는 데 도움을 주는 한편, 아이디어를 제시하는 사람들에게는 가치 있는 교육기회를 제공한다.

2006년 초, 스크립스 신문Scripps Newspapers의 수석 부사장인 마크 콘트레라스Mark Contreras는 회사의 기존 핵심 사업인 신문 사업과 맞지 않는 제안들을 수용하기 위해 100만 달러(약 11억 원) 이상의 기금을 조성했다. 콘트레라스는 당시 인터랙티브Interactive사의 사장이었던 밥 벤츠Bob Benz를 기금관리 감독자로 임명했으며, 현재 이 기금은 콘트레라스와 스크립스의 다른 대표자 3명 그리고 외부인 3명(애플의 전직 임원, 인텔의 전직 임원, 이노사이트의 대표자)에 의해 관리되고 있다.

이 기금의 관리인들은 주기적인 모임을 통해 새로운 아이디어를 평가하고 기금을 투자한 아이디어의 진행을 검토한다. 초기 투자금액은 5,000달러로 적은 편이었으나 2007년 10월에 이 기금은 100건에 육박

하는 아이디어를 평가하고 약 15개에 투자했으며, 실제 성장 잠재력 있는 사업 4개를 육성했다.

2006년, 벤츠는 이렇게 말했다. "이러한 투자는 큰 도박이 아닙니다. 이는 제안된 아이디어의 주요 가정들을 테스트하기 위한 작은 지출에 불과하지요. 만약 우리가 실패한다면, 우리의 실패로부터 모두가 교훈을 얻기를 바랍니다. 그리고 만약 우리가 성공한다면, 모두가 이 성공을 활용하기를 바랍니다. 우리는 우리가 장기적으로 모든 답을 알고 있다고 생각하지 않습니다. 하지만 우리가 올바른 방향으로 나아가고 있다는 것을 믿고 있습니다."[1]

인큐베이터 팀과 자율적 성장그룹

때로는 자금 제공과 관리 노력만으로는 적절한 결과를 얻어내지 못할 수 있다. 좋은 아이디어가 좋은 사업으로 이어지지 못하거나 존속적 아이디어가 파괴적 아이디어를 제치고 채택되는 경우 등을 발견했을 때, 기업은 해당 자원을 혁신을 주도하는 데 더 적극적으로 할당하는 방안을 고려해야 한다.

이를 위한 한 가지 접근법은 교차기능으로 구성된 전담 인큐베이터 팀을 조직해 4~8주간 다듬어지지 않은 아이디어들을 완성도 높은 아이디어로 바꾸는 것이다. 인큐베이터의 배경에 있는 이론은 다음과 같다. 일단 집중적인 지원을 받고 나면 파괴적 혁신 아이디어는 다시 핵심 혁신 프로세스로 재흡수될 수 있다.

이상적인 인큐베이터 팀은 사업개발, 마케팅, 전략, 기술 노하우 등에 걸쳐 고유한 기술을 보유하고 있어야 한다. 인큐베이터 팀들은 필요한 경우 사내 주요 기능 분야에서 지원을 받을 수도 있다. 모든 팀 구성원들은 불확실성에 대처하고, 창의적 문제 해결을 추구하며, 장애물을 극복할 수 있는 능력을 갖춰야 한다.

인큐베이터 팀에 들어갈 수 있는 적절한 경험을 가진 사람을 찾는 것은 쉬운 일이 아니며, 조직은 이러한 종류의 특별 팀을 구성하기 위해 외부에서 인재를 찾을 필요가 있다. 일반적으로 인큐베이터 팀 구성원들은 '인큐베이터 역할'을 18개월에서 2년여간 수행하며 그들의 특화된 기술을 다수의 프로젝트에 적용한다.

석유와 가스를 취급하는 거대기업 셸은 아주 우수한 아이디어를 육성하고 촉진하기 위해 '게임체인저GameChanger'라는 프로그램을 개발했다. 이 프로그램을 시작할 때 셸은 "혁신 아이디어의 풍부한 기운이 셸 케미컬스Shell Chemicals 안에 흐르고 있지만 이 아이디어를 표면화하고, 외부의 영향을 고려하고, 개발을 위한 적절하고 체계화된 자금을 제공하기 위해서는 새로운 방법이 필요하다"라고 말했다. 이 프로그램은 실제로 사업을 개발하는 데 초점을 맞춘다. 게임체인저는 '셸의 일상적인 사업들이 가진 제약과 우선순위로부터 자유로운' 프로세스를 따름으로써 셸이 기존 사업의 '외부와 틈새'에 있는 기회를 찾을 수 있도록 만들어졌다.[2)]

자율적 성장그룹에는 인큐베이터 팀보다 더 높은 수준의 비즈니스 구축 역량이 필요하다. 성장그룹의 일반적인 전략적 임무는 새로운 성장사업을 상업화하는 것이다. 이 그룹의 임무는 기존 핵심 사업부서가 관심을 두고는 있지만 가까운 시일 내에는 우선순위를 두지 않을 개념을 찾아내는 것뿐 아니라 기존 핵심 사업에 포함되지 않은 미래 사업 개념을 적극적으로 포착하고 개발하는 것이다.

성장그룹은 일반적으로 독자적인 예산과 의사결정의 자율성을 가지고 있다. 이 그룹은 기업가 정신을 가진 소수의 종합전문가로 구성되며 필요에 따라 업무순환 프로그램을 통해 핵심 사업의 인재풀에서 인력을 뽑아 사용한다. 이 업무순환 프로그램 덕분에 성장그룹의 혁신 에너지를 주 조직으로 되돌려 보내는 것이 가능해졌다. 어떤 그룹은 주 조직에서 파견된 기능별(예를 들어 금융, 정부 규제, 법률) 전문가들로 구성되기도 하며, 반대로 의식적으로 핵심 사업을 전혀 건드리지 않는 그룹도 있다.

다우케미컬은 새로운 성장 사업 창출을 자율적 성장그룹에 완전히 맡긴 경우이다. 이 그룹은 비핵심 사업 개념을 포착하고 개발하는 동시에, 핵심 조직의 요구에 부응해 기존의 익숙한 핵심 사업 영역 밖에 있는 개념들을 탐색한다. 자율적 성장그룹은 이 일에 전념할 수 있는 소수의 혁신 종합전문가로 구성되며, 기존의 핵심 사업 부서에서 일하던 높은 잠재력을 가진 리더들이 1년 또는 그 이상 파견되어 함께 일하게 된다. 또한 이 그룹은 핵심 조직이 부분적으로 배정해주는 기능별 전문가들에게 의존한다.

이 팀에 배당된 독자 예산은 성공을 위한 여러 해법을 빠르게 시험하고, 시장에서 아이디어를 테스트하고, 상업화의 길을 구축할 수 있게 해준다. 일단 사업개념이 뿌리를 내리면 성장그룹은 이를 핵심 사업으로 인두하거나 CEO로부터 추가 지원을 받아 본격적으로 사업을 성장시킬 수 있다.

2003년 모토로라는 기술 상업화와 신규 사업 성장에 초점을 맞춘 '조기단계촉진자Early Stage Accelerator(ESA)'라는 내부 그룹을 만들었다. 이 그룹의 임무는 특정한 신규 성장 기회를 내부 개발과 외부 연대를 통해 추진하는 것이었다. 소수 상급관리자가 운영을 관리하고, 계획된 이정표에 따라 선택된 혁신 프로젝트에 자금을 제공한다. ESA는 시장과 전략 분석, 지적 자산 평가, 사업계획 창출, 환경시스템ecosystem 개발을 통해 소위 '비즈니스 IQ'를 프로젝트에 주입한다. 각 프로젝트를 위한 능동적 '이사회'는 프로젝트의 위험을 줄이고 성숙한 상태로 이끄는 것에 초점을 맞추어 관리하고 지도한다.

ESA 구성원들은 이 책에 나와 있는 도구와 개념을 사용해 주요 위험을 포착하고 이를 완화할 수 있도록 프로젝트를 구성한다. 아이디어는 기존의 모토로라 사업 단위로 옮겨지거나 적절한 방법(다른 기업에 기술 사용허가를 내주거나 독립 사업 단위를 만들어 내보내는 등)으로 외부로 나가게 된다. ESA 프로젝트의 종류로는 새로운 사업기회를 창출하거나 사업 간 교차 노력을 주도하거나 기술 사용허가를 내줄 수 있을 정도의 지적재산을 개발하거나 기술 상업화를 촉진하는 것 등이 있다.

ESA 프로젝트의 예로는 캐노피Canopy가 있는데, 이는 모토로라 연구실과 ESA에 의해 10년 이상 배양된 무선 광대역 혁신 프로젝트이다. ESA는 실제 실험을 위한 견본품 개발을 지원하고, 시장개척 팀을 만드는 데 도움을 주었다. 상업화 프로세스에서 필수적인 이 마지막 단계에서의 지원이 기술의 시장노출을 극대화하는 데 큰 도움이 되었다. 이 기술은 발전을 거듭하여 종국에는 모토로라의 고속 무선 광대역 기술(WiMAX) 제품의 포트폴리오를 구성하는 데 궁극적 기초가 되었다.

기업벤처링 부서와 사업개발그룹

혁신에 도전하는 기업은 고립되어선 안 되며, 일반적으로 그럴 수도 없다. 매우 혁신적인 아이디어라 할지라도 공급자의 지원과 유통채널의 연대 또는 기술 라이센싱 파트너와의 협력이 없다면 성공적인 사업으로 이어지지 못할 것이다.

이 때문에 지금부터 설명할 2개의 조직구조는 기업에 혁신을 위한 외부 환경을 강화할 수 있는 수단을 제공한다. 이 접근법을 채택하는 기업은 기존 핵심 사업을 방해하지 않으면서 내부의 혁신 노력을 강화하려 하거나, 성공을 위해 새로운 기술을 획득하거나 타 기업과 협력해야 한다는 사실을 인지하는 기업이다. 그들은 자사의 강점을 제공하는 동시에 타 기업의 강점을 활용하면서 두 협력 기업의 가치 창출을 위해 노력한다. 나아가 그들의 혁신 노력이 성공으로 이어지면 파트너에게도 이득이 될 것으로 보고, 그들이 창출하려는 가치를 공유하기 위해 잠재적 투자기회를 제안하기도 한다.

기업벤처링 부서는 기존의 핵심 사업 영역 내에서는 주목받지 못했거나 주목받을 수 없었던 아이디어, 지적재산, 성장 기회를 찾아 나선다. 또 타 기업과의 상업적 연대관계를 보완하기 위해 투자자금을 제공한다. 그들의 능력 범위 내에서 외부 기업에 직접적으로 투자할 수 있고, 독립 벤처투자가와 협력관계를 맺을 수도 있으며, 기타 민간투자자와 제휴를 할 수도 있다. 그뿐만 아니라 모기업과 이미 상업적 관계를 맺고 있는 기업에 투자할 수도 있고, 상업적 파트너가 될 잠재력이 있는 기업이나 인수대상 후보 기업에 투자할 수도 있다.

그들이 이렇게 개입하는 것은 때론 완전히 재무적인 이유 때문일 수 있다. 그러나 과거의 기록을 살펴보면 이윤 추구의 목적만으로 접근했던 기업은 긍정적 결과를 얻기까지 기다리지 못했다. 종합적으로 볼 때 대부분 전문가들은 기업벤처링의 최고 접근법은 재무적, 전략적 이득을 모두 기대할 기회를 찾아내는 것이라고 입을 모은다.[3]

이런 맥락에서 기업벤처링 부서는 조직의 전반적 혁신 노력을 몇 가지 방법을 통해 향상시킬 수 있다.

- 벤처 커뮤니티에 참여하는 것은 기존 핵심 사업의 혁신 전략에 직간접으로 영향을 주는 새로운 아이디어, 기술, 사업 전략을 조기에 탐지하게 한다.
- 다른 투자자와 공동 투자하고 좀 더 공식적인 파트너십을 가짐으로써 잠재성은 있으나 확실성은 부족한 사업의 위험분산이 가능해진다.
- 핵심 사업 활동으로부터 이득을 취하는 사업을 지원하는 기업벤처링은 핵심 사업 상품의 수요를 증폭시킬 수 있으며, 핵심 사업의 범위 밖에 있는 고수익 가치 사슬에 참여할 수 있게 한다.

휴렛패커드, 필립스, 허스트Hearst, 모토로라, 인텔과 같은 기업은 잘 알려진 기업벤처링 부서를 운영한다. 특히 인텔 캐피털Intel Capital은 이 혁신 구조가 제공할 수 있는 전략적 이익의 모든 범위를 관할하는 벤처 조직으로 명성을 떨쳤다. 1991년 출범한 이래 인텔 캐피털은 60억 달러(약 6조 6,000억 원) 이상을 1,000여 개 기업에 투자했다.[4] 클리어와이어Clearwire, VM웨어VMware, 랜데스크LANDesk, 그루브네트웍스Groove Networks 같은 대표적인 사례들 외에도 여러 기업에 투자해 성공을 거두었다. 이런 점을 볼 때 인텔 캐피털이 일반적인 이익 목표를 달성한 것은 분명하다. 인텔 캐피털의 임무에는 재무적·전략적 목표가 모두 뚜렷이 제시되어 있다. '인텔 캐피털은 전 세계에서 유망한 기술 기업을 찾아내고 투자한다. 우리는 산업 표준을 개발하고, 전 세계의 인터넷 성장을 주도하며, 새로운 사업용 모델을 촉진하고, 연산 및 통신기반을 진보시킬 수 있는, 기존 또는 새로운 기술 모두에 집중한다.'[5]

이런 접근법의 핵심은 컴퓨터 사용의 확대 및 표준 개발을 통해 인텔의 주력 상품(마이크로프로세서)의 수요를 증폭시키고 인텔의 기술을 널리 적용시려는 암묵적인 목표에 있다고 할 수 있다.

사업개발그룹은 조직의 혁신 노력을 강화하는 다양한 임무를 수행한다. 일반적으로 뛰어난 전략가와 재무분석가로 구성되며 부문 경영진과의 밀접한 협력을 통해, 다양한 방법으로 혁신 성공 가능성을 향상할 관계 구조를 개발한다.

- 그들은 핵심 기술, 기술적 노하우, 기업의 혁신 노력을 가속할 협력관계를 맺은 기업을 찾아내 인수한다. 한 예로 시스코 시스템즈는 기존 상품을 강화하고 새로운 제품 영역으로 진출하기 위해 100건 이상의 기업 인수를 성사시켰다.
- 그들은 조인트벤처나 연대관계의 구축을 통해 파트너업체 각각의 장점을 활용하고, 위험을 분산시키며, 전략적 공급 협정을 보장하고, 독점적 물류계약을 확보한다.
- 그들은 상품의 수용을 촉진하거나 상품의 추가적 수요를 촉진하는 보완재의 개발을 장려하는 '시장 생태계'를 만들려고 노력한다.
- 그들은 지적재산을 보호하며 차별화된 경쟁우위를 제공하는 기술적 합의 또는 라이센싱 계약(법률적 지원을 통한)을 추구한다.

이 목록이 비록 모든 것을 다 포함하고 있지는 않지만 강력한 이들 그룹의 가치는 아무리 강조해도 지나치지 않다. 예를 들어, 영국의 소프드웨어 회사인 심비안Symbian Ltd.은 1998년 휴대전화 업계 주요 기업들의 합작회사로 설립되었다. 사업의 초기 목표는 휴대전화에 쓰일 대체 운영 시스템을 제공하는 것이었다. 수년 동안 기업의 투자자들(기업들),

기술허가를 받은 사람들(기업들), 사업의 상품전략 등이 진화해나갔고, 이 과정에서 심비안은 휴대전화 소프트웨어 운영 시스템 시장의 강자로 부상하게 되었다. 참여 업체들은 협력을 통한 사업체를 구성해 휴대전화 소프트웨어의 혁신을 주도했는데, 이러한 노력이 개별적으로 진행되었다면 매우 어려웠거나 불가능했을 것이다.

유사한 예로, 휴대전화 제조업체들도 주요 휴대전화 프로그램을 개발하기 위해 광범위한 응용 프로그램 개발업체 그룹에 의존한다. 대부분 휴대전화에서 사용되는 게임, 웹브라우저, 메시징 프로그램, 기타 주요 기술 등은 일반적으로 제삼자에 의해 개발되어 휴대전화 제조업자들에게 라이센싱되는 것이다. 사업개발그룹은 종종 적절한 파트너를 선택하고, 협상하고, 기업과의 네트워크를 관리해 핵심 개발팀이 혁신능력을 키우는 데 도움을 준다.

P&G의 다중 구조

기업이 단일 조직구조를 선택할 필요는 없다. 거대 소비재 기업인 P&G는 동시에 몇 개의 구조를 효과적으로 운영한다. '미래의 브랜드 개발'을 목적으로 하는 자율성장그룹인 미래사업부서는, 외부 아이디어와 관점 수집에 목표를 두고 P&G의 사업 시도를 탐구하며 신상품이 지속적으로 파이프라인 흐름을 유지할 수 있도록 돕는다.

P&G의 각 사업 단위 내에서는, 새로운 아이디어를 육성하기 위해 신규 사업개발그룹을 조직한다. 2005년 이 회사는 파괴적 혁신 아이디어를 다루고 있는 프로젝트 팀들과 함께 소규모 '가이드' 팀으로 활동할 교육훈련 팀을 조직했다. 고위 임원들은 사내창업 기금으로 사용될 '기업 혁신 기금'을 조성해 일반적인 우선순위 설정 프로세스에 적합하지

않은 아이디어들에 사용하고 있다. 마지막으로 이 기업의 많은 핵심 브랜드는 주요한 과학적 진보를 시의 적절하게 파악·반영할 수 있도록 외부 자문위원회를 운영하고 있다.

이러한 다양한 혁신 구조는 우수한 아이디어가 샛길로 빠지지 않게 하는 한편, 조직의 혁신능력을 키워주어 P&G에 유연성을 제공한다.

혁신 환경을 평가하라

고위급 임원들이 혁신의 조직구조를 적용하는 일에 관해 가장 흔하게 하는 질문은 필요한 노력의 정도이다. 많은 양의 자원을 투입해야 하는가, 적은 양을 투입해도 괜찮은가? 고위 임원들도 적극적으로 참여해야 하는가, 아니면 적절한 거리를 두고 간접적으로 참여해야 하는가? 이러한 문제와 연관된 기타 쟁점들을 해결하려면 먼저 기업의 내부와 외부 환경을 평가해보는 것이 좋다. 외부 환경에 대해 다음과 같은 질문을 던져보라.

- **여러분이 속한 산업이 초기 단계인가 성숙 단계인가?**[6] 일반적으로 혁신은 초기 단계의 산업에 속한 기업에 더 자연스러울 수 있다. 물론 시멘트 업계의 세멕스CEMEX와 실리콘 업계의 다우코닝이 성숙 단계의 산업에서도 혁신에 성공할 수 있다는 것을 보여주었지만 말이다.

- **여러분이 속한 산업에서 혁신이 진행되는 속도가 빠른가, 더딘가?** 만약 혁신이 천천히 진행되고 있다면, 여러분은 팀원들에게 시간을 가지고 아이디어 안을 개발하고 전략을 구성하라고 지시할 수 있다. 하지만 혁신이 빠르게 진행되어 여러분의 회사가 뒤처지고 있다면 빨리

조직구조를 변화시켜야 할 것이다.

- **자산집약도가 낮은가 높은가?** 자산집약도가 높은 산업에는 종종 조직 체계의 여러 부문에 걸쳐 직접 참여하는 경영이 필요하다. 그 이유는 각종 업무에 따르는 위험도가 높기 때문이다.

다음으로 내부 환경을 평가해야 한다.

- **혁신이 특정 부서 또는 그룹에서 독립적으로 행해질 수 있는가?** (개별 관리인들이 '알아서 할 수 있다') 아니면 조직의 다양한 부문에 걸쳐 세심한 협력이 필요한가? 혁신 노력이 기업 전체에 분산될수록 더 많은 협력이 필요하다.
- **조직 문화가 혁신에 개방적인가?** 아니면 혁신에 대한 관점이 근시안적인가? 조직이 혁신을 부자연스럽게 느낄수록 관리자들은 혁신 전략 개발에 더욱 깊이 관여해야 한다.
- **여러분의 조직 내에 다수의 혁신적 경영인이 존재하는가?** 아니면 혁신 경영인의 수는 적고 그나마도 서로 멀리 떨어져 있는가? 혁신 인재가 드물수록 재능 있는 리더들이 적극적으로 혁신을 주도해야 한다.

산업이 성숙 단계에 있거나, 변화의 속도가 느리거나, 자산집약도가 높거나, 혁신에 협력이 필요하거나, 조직이 혁신에 익숙하지 않거나, 혁신적 인재가 부족할 때 상급관리자들의 직접적인 관여가 필요하다.

〈도구 9-1〉 조직의 혁신 환경 평가하기

방법

다음 사항을 읽고 여러분의 기업이 처한 상황을 가장 잘 나타내는 박스를 선택하라. 각 항목에 대한 여러분의 선택이 왼쪽 열에 있다면 5점을 추가하고, 오른쪽 열에 있다면 5점을 차감하라. 점수의 의미를 평가하기 위해 제시된 점수의 범위를 참조하라.

		더 큰 노력을 요하는 혁신 환경 (+5점)	중립 (0점)	요구되는 노력의 정도가 덜한 혁신 환경 (−5점)
외부 환경	산업 성숙도	범용화의 조짐을 보이는 고도 성숙 시장	성숙의 징조를 보이기 시작하는 시장	불분명한 비즈니스 모델을 가진 초기시장
	경쟁의 변화 정도	빠르게 변하는 산업 또는 짧은 제품수명주기를 가진 산업 (예, 생명공학)	완만히 변하는 산업 (예, 자동차 산업)	변화가 드물게 일어나며 느리게 변하는 산업 (예, 철강 산업)
	자산 집적도	매우 높음. 혁신이 큰 규모의 자본 설비 요구 (예, 제약 산업)	혁신이 상대적으로 적은 자본설비로 가능 (예, 소비재)	낮음. 적은 투자 또는 투자 없이 혁신이 가능 (예, 미디어)
내부 환경	혁신 활동의 범위	사업단위, 기능, 지역 간의 밀접한 협력이 있어야만 혁신 가능	사업단위 내에서 기능 간의 협력만으로 혁신이 가능	최소한의 협력으로 독립된 부서에서 혁신이 가능
	혁신 문화	'운영 중인'상태의 기업. 혁신이 방해로 여겨짐	혁신의 중요성이 인식되지만 모두의 책임은 아니라는 문화	기업가적 문화. 혁신이 기업의 핵심으로 여겨짐
	인재의 폭	10퍼센트 미만의 주요 경영인들만이 꼭 필요한 파괴적 혁신 아이디어를 개발할 능력이 있음	10~30퍼센트의 주요 경영인들이 꼭 필요한 파괴적 혁신 아이디어를 개발할 능력이 있음	30퍼센트보다 많은 주요 경영인들이 꼭 필요한 파괴적 혁신 아이디어를 개발할 능력이 있음

채점표

20~30	혁신 노력이 매우 요구되는 환경: 이 환경에서는 해당 혁신단위에 대한 더 많은 자원할당, 혁신에 대한 구조화된 접근, 상급관리자의 지도, 높은 수준의 전반적인 조직 자율성을 요구해야 할 가능성이 크다.
10~15	보통의 혁신 노력이 요구되는 환경: 이 상황에서는 기업 환경요인 중 1~2개의 주요 사항에 집중해야 한다. 내부 도전을 극복하기 위해 상당히 직접적인 관리가 필요하며, 잠재적 위협을 효과적으로 관리하는 한편 신속한 혁신을 육성하기 위해 잘 조직된 구조와 프로세스가 필요하다.
–15~5	혁신 노력이 적게 요구되는 환경: 여기서는 고위 리더들의 제한적인 방향 설정과 최소한의 투자만으로 혁신에 집중할 수 있다. 시장 상황과 조직 내의 인력이 혁신에 더 유연하고 느리게 접근하는 것을 허용한다.
–30~–20	자연스러운 혁신 환경: 이 상태에서의 혁신은 핵심 문화 안에 내재하는 경향이 짙다. 따라서 혁신은 사업의 중심 흐름에 잘 부합할 수 있으며, 사업 일부분으로서 자연스럽게 일어날 수 있다. 이 상황에서는 지나친 구조화를 통해 과도하게 방향을 설정하거나 혁신을 경직시키지 않는 것이 중요하다.

앞선 질문들에 대한 대답은 복잡한 상황을 단순화시키며 적절한 혁신 구조의 선택·관리·운영에서 유용한 방침을 제공해준다. 〈도구 9-1〉에 제시된 간단한 점수표를 이용해 여러분 조직의 성장 목표를 달성하는 데 필요한 혁신 구조의 경영 방법을 결정해보라. 혁신 환경에 대한 필요성이 높을수록 일반적으로 혁신 노력이 더 많은 자원 배분, 더 구조화된 접근, 더 높은 조직 자율성이 필요하다는 사실을 기억하라.

성공적인 조직 운용을 위한 기본 원칙

앞에서 설명한 많은 조직구조는 고위 임원들이 소그룹을 구성해 아이디어를 검토하고 자원을 할당하는 특성을 가지고 있다. 그 그룹들이 위원회, 협의회, 리더십 팀, 기금관리 위원회 등 무엇으로 불리든, 성공적인 운용을 위해서는 몇 가지 기본 원칙이 필요하다.

- **경청이 쉬운 환경을 조성하라** 사람들이 아이디어 제안을 어렵게 생각하지 않도록 해야 한다. 그렇지 않으면 그들은 절대 아이디어를 제안하지 않을 것이다. 나중에 구체화할 수 있는 대략적 아이디어라도 제출할 수 있도록 격려하는 접근법을 고안하라.

- **투자를 단계화하라** 처음부터 아이디어에 과도한 자본을 제공하지 마라. 대신 팀이 주요 가정을 실험할 수 있도록 적은 금액을 제공하라. 그들이 더 많은 것을 알게 되고, 성공 확률을 높일 수 있는 전략을 가다듬었을 때 투자금액을 한 단계 높여주어라. 과도한 자본의 저주를 기억하라. 과도한 투자는 팀이 순식간에 잘못된 방향으로 나아가게 할 수 있다.

- **외부인을 개입시켜라** 혁신은 일반적으로 다양한 사람들이 다양한 관점에서 아이디어를 들여다볼 때 일어난다. 외부인들은 여러분이 예상치 못한 방식으로 아이디어를 구체화할 수 있다. 성공적인 성장 전략의 발견을 돕는 데 도움이 될 적절한 경험이 있는 기업인 또는 교수 등이 외부 산업전문가 영입을 고려해보라.

- **여러분이 찾고 있는 것이 무엇인지 제대로 인식하라** '좋은' 아이디어가 무엇인지에 대한 광범위한 공감대를 형성하고 소통하는 것은 매우 중요하다. 몇몇 그룹은 3개 항목의 체크리스트를 사용하고, 다른 그룹

은 매우 정교한 선별 도구를 사용한다. 어떠한 도구를 사용하든 의사결정의 주체가 사물을 같은 관점에서 볼 수 있게 그리고 아이디어의 제공자가 평가기준을 잘 이해할 수 있게 하라.

- **즐거운 경험이 되도록 하라** 기금위원회는 아이디어를 혹평하거나 아이디어 제안자를 평가절하하지 않도록 주의하라. 쓸데없어 보이는 아이디어라 할지라도 강력한 성장 사업으로 재구성될 기발한 생각을 담고 있을 수 있기 때문에 건설적인 피드백을 주어야 한다.

기타 지원 시스템과 사고방식

매우 뛰어난 혁신구조라 할지라도 혁신의 사고방식을 지원하는 이들과 여타의 지원 시스템 없이는 혁신을 이끌어내지 못할 수 있다. 이러한 환경을 성공적으로 조성하는 기업은 혁신 사업에 필요한 도구를 개발하고, 혁신에 대한 공통언어를 공유하며, 외부로부터 상당한 도움을 받는다. 또한 사람들이 혁신성장의 길목에 있는 위험을 기꺼이 감수할 수 있게 하는 정책 및 보상 시스템을 만들어낸다.

적절한 도구들

핵심 사업을 경영하는 데 뛰어난 기업은 종종 핵심 사업 또는 존속적 혁신을 관리하기 위해 설계된 도구들이 비핵심 사업 또는 파괴적 성장 사업을 성공적으로 창출하는 데 방해가 될 수 있다는 사실을 알게 된다.

문제는 도구 그 자체에도 있지만 그에 못지않은 문제가 도구의 사용과 결과해석 방법에 있다. 어쨌든 핵심 사업에서 사용되는 도구의 목적은 자원 배분의 관리와 내부 조정에 있다. 정밀한 도구는 기업이 프로젝트를 올바른 방향으로 추진할 수 있게 하고, 공급망을 적절히 관리할 수 있게 한다. 또한 내부 자원을 적당한 비율로 할당할 수 있게 하며 주요 협력업체와 성공적인 관계를 맺을 수 있도록 돕는다.

진정한 혁신은 특히 초기 단계에서 불명확할 수밖에 없다. 너무 이른 단계에 정확성을 강요하는 도구는 큰 기회를 놓치게 할 수 있으며, 흥미를 끌기 위해서는 숫자를 부풀려야 하기 때문에 혁신 기업을 존속적인 방향으로 이끌게 된다.

자사의 도구가 새로운 성장 사업을 창조하는 데 부적합하다고 판단하는 기업은 2가지 선택을 할 수 있다. 첫 번째 선택은 도구를 바꾸는 것이다. 대규모 조사결과로부터 10년 전망을 이끌어내는 대신 정성적 자료를 사용해 고객들이 그 아이디어를 얼마나 바라고 있는지 예상할 수 있다. 또한 고객의 상품구매 요구를 조사하는 대신 고객이 실제로 상품을 구매하고 사용해보게 하는 구매 테스트를 실행할 수 있다.

두 번째 방법은 존재하는 도구를 다른 방법으로 사용하는 것이다. 수량과 순현가의 단일 숫자로 된 추정치를 구하는 대신 시나리오를 만들거나, 대안 시나리오의 발생 가능 범위를 지정할 수 있다. 이 접근법은 '숫자' 위주의 분석방법으로 훈련된 상급관리자에게는 어려운 일이 되겠지만 아이디어의 잠재력을 예측하는 데에는 더 현실적인 방법이다.

공통언어

파괴적 혁신에 성공하기 위해서는 많은 경영인이 친숙하지 않거나 평소에 생각하는 것과는 완전히 반대되는 행동을 해야 한다. 우리의 경험에 비추어볼 때 공통언어는 기업이 '적합한 수준'이 요구되는 상황에서도 무리하게 완벽함을 추구하고, 새로운 시장에 대한 지식을 과대평가하고, 적은 규모로 시작해야 할 때에 큰돈을 쏟아붓는 등 파괴적 혁신의 성취를 방해하는 다양한 사고방식의 함정에 빠지지 않도록 도와준다.

기업의 상급관리자, 중간관리자 모두 이러한 사고방식을 극복해야 한다. 매일매일의 의사결정이 회사 안에서 이루어지기 때문에 늘 하던 대로 일하는 선의의 중간관리자들은 참신한 사고가 필요한 상황에서도 기존 핵심 사업에서 하던 대로 일을 처리하게 될 가능성이 크다. 제대로 된 이해가 없는 상급관리자들은 잘못된 시점에 잘못된 질문을 함으로써 매우 혁신적인 접근법을 망칠 수 있다. 혁신의 공통언어는 기업이 이러한 함정에 빠지지 않도록 도와준다.

만약 여러분이 조직 문화의 변화를 주도하고 조직의 공통언어를 확립할 임무를 부여받았다면 다음의 선택사항을 고려하라.

- **구체적 교육 모듈을 개발하라** 우리는 파괴적 혁신 모델을 학습하는 데 도움이 되는 3가지 차별화된 교육 모듈을 찾아냈다. 첫 번째 모듈에서는 일반적 원칙의 기초를 쌓는다. 두 번째 모듈은 프로젝트의 진행과 관련된 관리기법들(예: 비용이 적게 드는 실험의 진행)을 다룬다. 세 번째 모듈은 리더십과 연관된 기법을 다룬다(예: 불확실성에 대처하는 방법).

- **교육 보조자료를 개발하라** 간단한 안내서(한쪽 짜리 팁, 지갑용 참고카드, 용어사전 등)는 새로 생긴 공통언어를 확립하는 데 도움을 준다. 그리고 우수 관행에 관한 안내서는 프로젝트 팀과 리더들이 예상되는 문제를 다루는 데 도움을 준다. 웹용 동영상 또는 휴대전화용 동영상Podcast을 제작해 경영자들이 자료를 잘 이해할 수 있도록 도움을

주기도 한다.

- **내부 혁신가 간의 네트워크를 개발하라** 모든 조직에는 조직의 내부 혹은 외부에서 혁신에 관한 일반적인 문제들을 성공적으로 극복해본 경험을 가진 사람들이 있다. 이렇게 내부에 존재하는 혁신가 리스트는 매우 큰 도움이 될 것이다.

- **다양한 분야의 경영자들과 아이디어 도출 회의를 운영하라** 이러한 형태의 회의는 혁신의 주제에 그룹 구성원들을 효과적으로 참여시킬 수 있다. 그리고 특정 주제를 주었을 때 더욱 잘 운영되는 경향이 있다. 한 가지 접근법은 사전에 그룹 회원들을 상대로 조사해 혁신적인 해법이 절실히 필요한 3~4개의 당면 문제를 뽑아내는 것이다. 그러면 교육 세션들은 기초 원리의 교육 그리고 현실적 문제에 관한 적용과 토론을 통해 교육적 균형을 맞출 수 있다. '여러분에게 혁신의 의미는?', '혁신의 기회가 어느 곳에 존재하는가?', '우리가 혁신의 기회를 붙잡거나 놓치는 데 있어 갖춘 역량과 갖추지 못한 역량은 무엇인가?' 등과 같은 간단한 질문은 토론을 이끌어가는 좋은 방법이 될 것이다.

이 책의 서문에서 인텔의 센러론 프로세서가 성공하는 과정에서 공통언어가 어떤 역할을 했는지 알아보았다. 비슷한 예로 제너럴 일렉트릭은 혁신의 우선순위 설정 방법과 혁신을 달성하는 데 요구되는 기술을 갖추는 네 필요한 혁신 기업의 리더십 요소를 그들의 크로톤빌Crotonville 리더십 교육과정에 반영했다.

공통언어를 개발하려는 노력이 투자에 대한 즉각적인 보상을 해주는 것은 아니지만 혁신 조직의 중요한 부분임은 분명하다.

폭넓은 외부 관점을 구하려고 노력하라

과거 몇 년간, 기업들은 하스Haas 경영대학원의 헨리 체스브루Henry Chesbrough 교수가 명명한 '개방형 혁신open innovation'의 진정한 힘을 깨닫기 시작했다.[7] 이번에도 P&G가 모범적인 사례로 꼽힌다. 역사적으로 P&G는 매우 고립된 회사로 유명했지만 몇 년 전 A. G. 래플리가 CEO가 되면서 파격적인 도전을 시작했다. 2010년까지 회사가 진행하는 혁신 중 최소 50퍼센트가 어떠한 형태로든 외부와의 연결을 통해 이루어져야 한다는 것이었다. P&G는 연구와 개발 역량을 '연결과 개발Connect & Develop'로 발전시켰다. 2006년 〈하버드 비즈니스 리뷰Harvard Business Review〉의 논문을 보면 P&G는 '여기서 개발된 것이 아닌' 혁신에 대한 반감 문화에서 '다른 곳에서 찾아낸 혁신'에 대한 열망 문화로 기업문화를 바꾸어갔다.[8]

일반적으로 기업은 외부의 관점을 혁신 프로세스에 깊이 포함시켜야 한다. 기업은 그들의 핵심 고객과 주기적이고 반복적으로 교류하기 위해, 현재 고객이 아닌 비소비자들에게 배우기 위해, 진행 중인 산업실험을 주시하기 위해, 떠오르는 신기술을 조사하기 위해, 다른 산업에서 배우기 위해 잘 정의된 방법론을 가지고 있어야 한다. 이러한 종류의 외부 자극들(이전에 설명한 메커니즘을 포함해)을 이끌어내기 위해 정기적인 방법을 마련함으로써 이전에는 보이지 않았던 혁신 기회를 포착할 수 있다.

능력을 부여하는 인적자원 정책을 개발하라

마지막으로 기업은 혁신 친화적이기 위해 그들의 정책과 성과보수 시스템, 개발 방침을 재설계하는 방안을 고려해보아야 한다. 8장에 소개된 바와 같이 기업은 외부 인재를 찾는 데 거리낌이 없어야 한다. 혁신

권한에 대한 동기를 부여하는 것은 기존 기업에도 분명히 어려운 일이다. 신생기업은 벤처기업의 성공 잠재력을 관리자들에게 주식의 형태로 부여할 수 있지만, 같은 접근법을 기존 기업에 적용할 때는 창의성을 발휘해야 한다. 기업은 위기관리를 위해 부담하는 적절한 대가를 급여구조, 보너스, 인정, 경력 개발 등과 연결할 방법을 찾아야 한다. '사내 창업가'가 일반 창업가와 똑같이 성공을 향한 강한 열정을 갖는 것은 흔치 않은 일일 것이다. 하지만 부정적인 생각을 할 위험을 상당 부분 줄이는 측면도 있기 때문에 이들에 대한 차별화는 자연스러운 것이 되어야 한다. 성공 신화가 주목을 받고 있음에도 대부분 신생벤처들은 실패한다. 만약 사내벤처가 실패한다면 관리자들은 새로운 직장을 찾아 떠나는 것이 아니라 그저 사내의 다른 자리로 옮기게 된다.

높은 잠재력을 가진 직원들이 전망이 밝은 성장 사업분야에서 일하는 것에 매력을 느낄 수 있도록 경력 개발 방침을 만드는 것도 고려해보라. 위험이 큰 벤처에서 일하는 것은 떠오르는 리더들에게 매우 좋은 시험장이 될 수 있다. 그 이유는 벤처 프로젝트가 마주칠 많은 도전이 경영에 관한 일반적인 이슈들이기 때문이다.

조직의 혁신 목표를 달성할 수 있게 하는 인적자원 구조를 개발하는 데 있어 순환근무 프로그램이 주는 동기부여와 학습가치를 고려하라. 높은 잠재력을 가진 직원들이나 혁신성장 사업에 필요한 지식을 가진 사업부서의 구성원에게 가능성을 열어주는 것은 새로운 방향의 문제 해결 능력과 의사결정 과제에 대한 새로운 경험을 갖게 해줄 것이다. 최소한 이렇게 일해본 경험은 그들이 나중에 핵심 사업으로 돌아왔을 때 요긴하게 쓰일 수 있을 것이다. 그리하여 여러분은 새로운 핵심 사업의 차세대 지도자를 확보하게 될 것이다.

- 여러분이 속한 산업 내의 경쟁자들이 사용하는 조직 차원의 접근법을 분석해보라. 여러분의 것과 다른가? 만약 다르다면 어떻게 다른가?

- 5명의 동료에게 내부에 아이디어를 제출한 경험이 있는지 물어보라. 만약 있다면, 그 후에 무슨 일이 일어났는지 물어보라. 만약 없다면, 왜 없는지를 물어보라.

- 여러분이 속한 산업과 관련해 2명의 투자가(벤처투자가, 경영에 참여하지 않고 자금만 투자하는 엔젤 투자가, 사모펀드 투자가), 2명의 창업가, 2명의 주요 공급업자, 2명의 주요 고객에게 전화를 걸어 관심을 기울일 가치가 있는 흥미로운 개발 건에 대한 의견을 물어보라. 그중 몇몇에게는 자문위원회에서 일하는 것을 권해보라.

- 작게 시작하라. 거대한 조직에서, 특히 위기관리를 기꺼이 하려는 분위기를 강화하고, 성장을 주도할 새로운 방법을 찾는 등의 변화를 이끌어내는 것은 매우 어려운 일이다. 나아가 가능성 있는 다양한 혁신 노력을 관리할 수 있는 효과적인 혁신 팀을 조직하는 것은 매우 까다로운 일이며, 이것을 제대로 하기 위해선 상당한 시간이 걸릴 수 있다.

- 접근방법 자체를 혁신하라. 새로운 그룹이 자신만의 리듬을 찾기까지는 여러 번의 교류와 접촉이 필요하다. 무엇이 제대로 돌아가고 있으며, 무엇이 그렇지 않은지를 알아가는 과정에서 필요하다면 주저 없이 여러분의 접근법을 바꾸어라.

● Chapter 10

혁신의 성과측정지표 활용법

약 30년 전, 경영학의 권위자 톰 피터스Tom Peters는 '측정되는 것만이 실행된다What Gets Measured Gets Done'라는 사설을 쓴 적이 있다. 피터스가 1982년에 완성한 경영학의 걸작 《초우량기업의 조건In Search of Excellence》을 보면 최고의 기업은 성과지표와 도구를 사용해 직원들이 꼭 필요한 핵심 업무에 집중할 수 있도록 했다.[1]

그의 이론은 간단하다. 직원들의 행동에 영향을 주려는 상급관리자가 활용할 수 있는 가장 효율적인 방법은 성과측정지표라는 것이다. 성과측정지표는 중간 또는 그 이하 관리자들이 앞으로 기업의 혁신 전략을 결정짓게 될 중요한 (자원 배분과 관련된) 결정을 내리는 데 있어 상급관리자의 지시나 명령 이상으로 명확하고 실질적인 이정표가 되기 때문이다.

혁신을 통해 성장하려는 기업의 가장 큰 도전 과제는 그들이 혁신을 평가하기 위해 사용하는 측정지표가 실제로는 회사를 잘못된 방향으로 이끌 수도 있다는 점이다. 기업이 올바른 측정지표를 사용한다 해도 이것을 활용해 혁신을 장려하고 보상하는 과정에는 실패하는 경우가 많다. 그러고는 왜 사람들이 혁신에 우선순위를 두지 않는지 불평하곤 한다.

이러한 쟁점들을 논하기 위해 이번 장에서는 혁신의 성과측정 과정에서 등장하는 주요 함정들과 기업이 사용할 수 있는 15가지 혁신 측정지표를 설명하고 독창적인 측정지표를 활용하고자 하는 경영자들에게 유용한 조언을 주고자 한다.[2]

측정지표의 함정

혁신에 측정지표를 도입한다는 것은 혁신의 복잡성과 모호함을 고려할 때 대단히 어려운 일이다. 상식적으로 옳다고 판단되는 측정지표조차도 종종 장기적인 이익 창출에 반하는 결과를 불러오기 때문이다.

혁신에 모든 투자를 집중하고 있는 기업을 생각해보자. 상식적으로 전혀 문제가 없어 보이지 않는가? 투자 없이는 혁신이 이루어질 수 없기 때문이다. 하지만 단순히 투입된 투자량만으로 혁신을 측정하는 것은 '자본을 과다하게 투입해 프로젝트가 자칫 방만하고 고민 없이 운영되는' 고전적인 혁신의 함정에 빠지는 길이 될 수도 있다. 때로는 혁신에 과도한 자금을 투자하는 것이 가장 어리석은 일이 될 수 있다는 점을 명심해야 한다.

일반적으로 기업은 다음의 3가지 함정을 조심해야 한다. 너무 적은 수의 측정지표를 사용하는 경우와 저 위험·저 보상 활동만을 유도하는 경우, 그리고 산출량보다 투입량에 집중하는 경우이다.

함정 1 특정 측정지표에 집착한다

많은 기업이 한 가지 측정지표에 집착한다. 예를 들어, 어떤 기업은 혁신 활동으로 창출되는 수익률에 초점을 맞춘다. 물론 이 또한 상당히 유용한 방법이지만, 미래 수익의 측정이 비교적 어려운 잠재적 시장을 간과하고 측정이 쉬운 시장만 우선시하는 오류를 범할 수 있다.

목표 대상을 정확히 측정하고 그 결과를 보상 시스템과 명확히 연동시키는 단 하나의 마술 같은 성과측정 방법은 없다. 왜냐하면 혁신에 능한 기업은 다양한 형태의 혁신을 시작하는 능력 역시 뛰어나기 때문이다. 또한 이러한 기업은 좋은 혁신의 결과물을 얻으려면 제대로 된 투자와 제대로 된 프로세스가 필요하다는 것을 알고 있다. 단 하나의 측정지표만으로는 혁신 사업의 중요도와 우선순위를 잘못 설정하기 쉽다.

함정 2 존속적 혁신 행동을 장려한다

여러 측정지표는 암묵적 또는 공개적으로 점진적인 방식으로 수익을 창출하는 존속적 혁신 활동에 더 가중치를 두는 경향이 있다. 이러한 점진적 혁신 활동 자체가 나쁜 것은 아니지만 기업이 진정 성장하는 데에는 부족한 점이 많다.

흔히 많이 쓰는 측정지표 중 하나로 신제품이 공헌하는 매출 비율이 있다. 이것은 상식적인 지표로 생각된다. 결국 혁신 활동의 목표는 실제적인 파급효과를 만들어내는 새로운 제품을 창조하는 것이고, 이 지표는 혁신 과정이 실제적인 결과로 이어지도록 보장해주기 때문이다.

하지만 여러분이 치약을 만드는 회사의 제품관리자라고 가정해보자. 여러분은 신제품의 매출 공헌율을 높이는 것이 연말 보너스와 직결된다는 사실을 알고 있다. 이때 여러분은 다음과 같은 2가지 선택의 갈림길에 서게 된다. 다른 맛의 치약 매출을 대체할 딸기 맛 치약의 개발에 집중하거나, 성장하는 데 5~7년이 소요되는 새로운 치아관리 제품을 개발하는 것이다. 여러분은 무엇을 선택할 것인가?

최근에 출시한 신제품의 매출 공헌 비율에만 집중하는 기업은 그들이 부지불식간에 위험도가 낮은 혁신 과정만을 선호하고 있는 것은 아닌지 조심히 지켜보아야 할 것이다.

함정 3 산출량보다 투입량에 집중한다

모든 기업의 혁신 목표는 궁극적으로 수익성 높은 성장을 이룩하는 데 있다. 투입과 관련된 항목들만 측정하는 기업은 흥미롭기는 하지만 시장에 미치는 영향력은 낮은 프로젝트에만 자원(특히 과학적인 연구개발 자원)을 배분할 위험이 있다.

투입량 측정에 집중하는 경우의 한계를 보여주는 일례로, 2006년 최고의 연구개발비 예산을 가진 기업들을 연구한 사례를 살펴보자.[3] 미국에서는 포드Ford사가 선두인데(그들의 광고비 지출액도 유사하다), 누구도 이 회사를 최고의 혁신 기업이라고 생각하지 않는다.

이와 유사하게 기술집약적인 기업들은 자사의 과학자들이 획득한 특허의 개수를 주의 깊게 측정하기도 한다. IBM은 그 어느 회사보다 많은 특허권을 보유하고 있음을 자랑하곤 한다. 특허권은 경쟁우위의 원천이 될 수 있기 때문에 그 사실 자체는 자랑할 만한 일일 수 있다. 이것은 그 기업이 기술 사회 내의 경쟁을 선도하고 있다는 뜻이 될 수도 있지만 반대로 특허를 위한 특허는 시간 낭비가 될 수도 있음을 명심해야 한다. 발명과 혁신의 분명한 차이점을 기억해두자. 간단히 말하면 산출된 결과물이 중요하다는 것이다.

권장 측정지표

혁신의 측정과정을 전문적으로 연구해온 보스턴 컨설팅 그룹Boston Consulting Group과 같은 조직은 기업의 혁신 관련 활동을 균형 있게 평가할 수 있는 혼합된 측정지표 사용을 권장한다.[4] 우리도 이에 동의한다. 여기서 설명하고자 하는 측정지표는 3가지 그룹으로 분류된다. 투입 중심, 프로세스 중심, 결과 중심이 그것이다. 이러한 측정지표는 이 책에서 논의된 다양한 개념들을 포함하고 있는데, 균형 잡힌 혁신 포트폴리오의 권장, 반복과 학습의 활성화, 혁신에 투입될 자본의 확보 등이 그 예이다.

투입 관련 측정지표

- **혁신과정에 초점이 맞추어진 재무적 자원의 양** 이 한 가지 항목만 보면 다소 위험해 보일 수도 있지만, 혁신에는 자원의 실제적인 투자가 필요하다. 한 가지 조심할 점은 이제 막 혁신을 시작하려는 기업은 큰돈을 투자해서는 안 된다는 것이다. 이러한 접근을 시도하는 기업은 '대범한 투자big bet'의 함정에 빠질 수 있다. 혁신을 시작할 때 반드시 돈이 많이 들어야 할 필요는 없다. 실제로는 예산에 제약을 두는 것이 더 현명한 방법일 수 있다. 제한된 자원 때문에 팀은 중요한 가정에 신속하게 집중하고, 중요한 가정을 테스트하기 위한 지혜로운 방법을 찾아내며, 군살 없고 유연한 조직구조를 형성할 수밖에 없을 것이다. 따라서 꼭 필요한 최소한의 자원으로만 시작하고 이후에 더 확대하는 것이 좋다.
- **혁신에 집중하는 인적자원** 이 측정지표는 사람들의 시간이 혁신 과정

에 쓰일 수 있도록 보장해주는 역할을 한다. 많은 기업에 정말 희소하고 중요한 자원은 돈이 아닌 시간이다. 핵심 운영조직은 때때로 자신들의 인력을 줄여 다른 활동에 사용하곤 한다. 인력이 그들 시간 중 상당 부분을 혁신에 사용하도록 유도할 수 있다면 혁신 노력이 열매를 맺는 데 도움이 된다.

- **비주류분야 혁신을 위한 별도 자원 확보** 앞의 두 측정지표는 기업이 혁신에 자원을 배분하게 하는 일반적인 지표다. 하지만 그러한 자원의 일정 부분은 비핵심적 혁신 업무에 쓰일 수 있도록 확보해놓아야 하며, 특히 경기가 나쁠 때도 이러한 자원을 적극적으로 보호해야 한다. 모든 자원을 하나의 사업에 집중적으로 투자하는 기업은 고위험, 고성장 가능성이 있는 장기투자 사업을 밀어내고 저위험, 저수익 활동에만 집중하는 경향이 있다. 24억 달러(약 2조 6,400억 원)규모의 철강 절삭 및 채굴 설비 생산업체인 케나메탈Kennametal 은 오직 장기적 혁신에만 집중하는 획기적인 기술 그룹을 만들었다. 이 그룹은 새로운 기술과 새로운 시장을 비롯하여 기업이 기존 시장에 획기적 변화를 가져올 방식에 대해 평가, 검토하는 역할을 하고 있다.[5]

- **새로운 성장 혁신을 위해 투입된 상급관리자의 시간** 상급관리자가 새로운 성장 동력 창조에 대해 진지하게 생각한다면, 이러한 혁신에 개인적 시간을 투자함으로써 자신의 의지를 보여주어야 한다. 기존의 것에 비해 큰 변화를 지향하는 혁신일수록 상급관리자의 섬세한 관리와 관심이 요구된다.

- **출원된 특허의 개수** 앞에서 언급했다시피, 이 측정지표 자체만으로는 (비기술적 기업들도 마찬가지로) 큰 의미가 없다. 하지만 다른 측정지

표들과 함께 사용된다면, 새로운 기술을 지속적으로 개발할 수 있도록 해주는 중간 역할을 할 수 있다.

프로세스 관련 측정지표

- **프로세스의 진행 속도** 이상적인 혁신 과정은 아이디어를 개념단계에서 의사결정 단계로 신속하게 진행시키는 특징이 있다. 이 의사결정이 반드시 시상출시를 의미하지는 않는다. 이는 프로젝트의 추가 진행을 중지하거나 실험적 시장에 진입하고자 하는 의사결정일 수도 있다. 이 측정지표의 목표는 당연히 해당 산업의 특성에 따라 다르다. 어떤 산업은 계획에서 테스트 시장 실험까지 몇 주가 소요될 수 있고, 어떤 산업은 의미 있는 견본품을 만드는 데만 수년간의 연구개발 활동이 필요할 수 있다.

- **아이디어 창출 프로세스의 폭** 상급관리자라고 해서 언제나 좋은 아이디어를 제안할 수 있는 것은 아니다. 가장 좋은 아이디어는 때때로 시장과 가장 가까운 곳에서 활동하는 영업사원에게서 나오기도 한다. 예를 들어 스타벅스Starbucks는 고객과 계속 접촉하는 바리스타baristas에게 새로운 제품과 서비스에 대한 소비자 아이디어를 본부로 전달하게 한다. 좋은 아이디어의 창출 프로세스는 소비자, 채널 파트너, 심지어 경쟁자들까지 활용해 폭넓고 깊게 필요한 아이디어를 찾아낸다. 기업 외부에서 생성되는 아이디어의 비율을 측정하는 것은 아이디어 창출 프로세스의 폭을 측정할 수 있는 좋은 지표가 된다. 2009년 P&G는 2010년까지 아이디어의 절반을 기업 외부에서 얻을 것이라고 발표하기도 했다.[6]

- **혁신 포트폴리오의 균형** 좋은 혁신 포트폴리오란 균형 잡힌 것이어야

한다. 균형이란 다양한 측면에서 생각해볼 수 있는데, 그중 개발 단계, 목표 영역 그리고 위험도를 생각해볼 수 있다. 클로록스Clorox 사는 그들의 프로젝트를 3가지 범주(기존 산업을 존속하는 혁신, 기존 산업을 탈피하는 혁신, 기존 산업을 파괴하는 혁신)로 분류해 투자함으로써, 투자가 제품라인 추가에서부터 신제품 카테고리 창출 등 다양한 영역에 걸쳐 균형이 이루어지도록 하고 있다.

- **현재의 성장 격차** 우리는 1장에서 CEO가 설정한 기업의 전략적 목표와 혁신에 투자해 기대할 수 있는 결과 사이의 격차를 측정하는 것이 중요하다고 말한 바 있다. 이 측정 수치는 계속해서 정기적으로 갱신할 필요가 있다. 하지만 분석의 결과는 위험도에 따라 적절히 조정되어야 한다. 만약 모든 프로젝트가 성공 일로에 있다면, 기업은 더 많은 (혹은 더 다양한) 프로젝트 개발을 생각해봐야 할 것이다.

- **다른 유형의 기회에 적합한 프로세스와 도구, 측정지표의 사용** 같은 아이디어라도 보는 시각에 따라 서로 다른 모습일 수 있다. 핵심 사업을 걸러내고 구성하는 도구들은 훌륭하지만 기존 사업과 다른 아이디어를 본의 아니게 배제할 위험이 있다. 기업이 자주 사용하는 단계-관문 프로세스는 기발한 아이디어를 그들의 기존 방식에 맞추어 완전히 변형시키기도 한다. 이 측정지표는 서로 다른 형태의 혁신에 적합한 선별장치, 도구, 지표를 사용하도록 유도한다. 예를 들어, IBM은 개발 기간과 위험도에 따라 기회를 분류하고 기회별로 서로 다른 프로세스를 사용한다.

결과 관련 측정지표

- **새롭게 출시된 신제품이나 새로운 서비스의 수** 혁신 과정이 잘 진행된다면 구체적인 결과를 산출할 수 있어야 한다. 따라서 혁신 과정의 결과물을 측정하면 혁신의 엔진이 올바로 작동하는지를 가늠할 수 있다.

- **기존 핵심 사업 범주의 신제품 매출 공헌율** 앞서 말했듯, 이 측정지표만을 단독으로 사용하면 불필요한 제품을 추가 생산하는 오류를 범할 수 있다. 하지만 이 지표가 다른 지표와 함께 사용되면 성장을 위해 기존 핵심 사업에서 놓치지 말아야 할 결정적 기회를 포착하는 중요한 역할을 한다.

- **새로운 소비자 또는 새로운 제품에서 창출된 이익률** 새로운 성장을 위한 혁신이라면 말 그대로 새로운 성장을 창출해야 한다. 따라서 이 지표는 새로운 소비자를 개발하거나 기존 제품을 새롭게 사용해 생긴 수익률을 계산하는 것이다. 왜 이익인가? 중요한 혁신 추진 동력은 비즈니스 모델에 있다(5장 참조). 이익에 초점을 맞춤으로써 혁신 기업은 더 자유롭게 이익 방정식을 바꿀 수 있으며, 가격을 낮추어 판매량을 늘리거나 가격을 높여 판매 이익을 획기적으로 올릴 수 있다.

- **새로운 제품 범주로부터 창출된 이익률** 혁신적 기업은 새로운 소비자를 만들고, 기존 제품의 새로운 사용방법을 개발하는 것뿐만 아니라 기존에 존재하지 않았던 새로운 범주의 제품군을 만들어낼 수 있어야 한다. 이 지표는 가장 성공적인 성장 사업은 기존의 핵심 사업에서 한두 발짝 떨어진 곳에서 시작되는 것임을 기억하게 하며, 현재의 사업 영역을 넘어서도록 유도한다.

- **혁신투자의 수익률** 투자수익률 또한 그 자체만으로는 위험할 수 있다. 이는 관리자들이 다소 위험도가 높지만 매력적인 계획들을 제쳐놓고 적당한 수익만을 보장하는 보수적인 투자를 하게 할 수 있기 때문이다(이러한 규모의 문제에서 자유로운 순현가 가치 분석 또한 그 자체의 문제점을 가지고 있다). 그렇다고 해서 수익률이 낮은 활동에 혁신 자원을 낭비해서는 안 된다.[7]

상급관리자를 위한 조언

혁신성과지표를 도입하는 것은 결코 쉬운 일이 아니다. 혁신성과 측정지표를 새롭게 도입하려는 경영진은 다음의 조언을 유념해야 한다.

1 **집중, 집중, 집중하라** 고전우화인 《동물농장Animal Farm》에서 조지오웰George Owell은 "모든 동물은 동등하지만, 어떤 동물은 보다 더 동등하다"라고 말했다. 혁신에 관한 측정지표도 마찬가지다. 앞서 언급한 모든 지표가 다 중요하지만, 어떤 것들은 더욱 더 중요하다. 무엇이 더 중요한가는 각 기업이 처한 상황과 역량, 전략적 목표에 따라 매우 다를 것이다.

한 조직의 모든 경영진이 관심을 기울여야 할 측정지표를 결정하려면 기업의 혁신 전략에 대한 합의가 필요하다. 또한 혁신적 성장을 이루는 데 방해가 되는 회사 고유의 장애물들을 파악해야 한다. 쉽지는 않지만 성장 격차를 가늠해보는 것은 이러한 프로세스에 매우 유용할 수 있다.

예를 들어, 한 기술기업이 앞으로 5년간 전략계획상의 성장 격차를 메우기 위해 5억 달러(약 5,500억 원) 정도의 매출 창출이 필요하다고 측정했다고 하자. 이러한 분석적 이해는 그 기업이 혁신에 얼마만큼의 노력을 기울여야 하는지 가늠할 수 있게 해준다. 더 나아가 이러한 분석은 기업 내 다양한 운영부서들에 협력의 필요성을 일깨우며, 기업의 혁신 전략을 기준으로 사업의 진전을 측정할 회사 고유의 성과측정지표를 구축하는 데 도움을 준다.

관리자들은 모든 측정지표를 기준으로 만족스러운 결과물을 내야 한다는 부담감을 느끼지 않아도 된다. 그보다는 한 관리자가 관리해야 할 지표의 목록을 한정해 효과적이고 올바른 의사결정을 내릴 수 있도록 장려해야 한다. 한 관리자에게 너무 많은 지표를 줄 때 관리자 자신의 의견과 판단이 앞서 정말 중요한 것을 놓칠 수도 있다.

2 **상대성을 명심하라** 기업은 지표별 성과가 모두 뛰어나다 할지라도 경쟁자들보다 뒤처진다고 느낄 수 있다. 지표를 사용할 때는 내부적인 성과를 분석하는 것뿐 아니라 외부의 벤치마킹 대상을 기준으로 성과를 측정하는 것 또한 중요하다. 여기서 언급된 측정지표는 대체로 기업 내부의 정보를 활용해야 함으로 경쟁사의 상황을 파악하는 것이 어려운 게 사실이지만, 적어도 노력을 할 필요는 있다.

외부 기업을 분석할 때에도 단순히 그 기업 경쟁자들과만 비교해서는 부족할 수 있다. 예를 들이, 다른 시장에서 활동하고 있는 비슷한 규모의 회사, 유사한 성장욕구를 가진 기업, 최고 사례로 꼽히는 혁신 기업을 분석하는 작업 역시 필요할 것이다. 참고로 표준산업분류가 언제나 최고의 기업분류 방법은 아님을 기억하자.

3 **지속적으로 지표를 재검토하라** 여러 지표를 채택해 사용하는 기업은 지속적인 검토를 통해 지표 갱신작업을 해야 한다. 많은 경우 사후에 올바른 지표가 무엇인지 알게 됨에 따라, 상급관리자들은 채택한 지표를 언제나 수정하고 보완할 준비가 되어 있어야 한다. 이러한 보완작업이 변덕스럽게 일어나서는 안 되겠지만 정형화된 재평가 프로세스를 통해 정기적으로 검토가 이루어져야 한다.

4 **기업의 내부 사슬을 수직으로 정렬하라** 대기업의 한 부서가 본부의 최고 재무관리자가 사용하는 성과지표와 크게 다른 지표를 사용하는 것은 상당히 위험한 일이다. 새로운 방향으로 나아가려던 부서가 결국에는 본부의 정형화된 경로로 되돌아오는 경우가 생길 수 있다. 기업의 워크숍은 내부에서 수직적으로 정렬되는 가치체계를 세우는 데 도움이 된다.

5 **측정지표와 성과측정 시스템을 정렬하라** 측정되는 것만이 실행된다는 말을 기억하자. 만약 측정과정이 업적관리 시스템과 연동하지 않는다면 아무도 관심을 기울이지 않을 것이다. 기업의 전략적 우선순위는 그 기업의 보상체계에 반영되어야 한다. 만약 혁신 활동이 적절한 보상과 인정을 받지 못한다면 결코 전략적으로 우선시되는 활동을 기대할 수 없을 것이다.

뉴스페이퍼 넥스트 사례

모든 상황에 적용되는 보편적인 측정지표는 거의 없다. 가장 효과적인 지표의 선정은 그 기업의 특성과 가치체계, 해당 산업의 특성, 기업이 품고 있는 열망에 따라 다를 수밖에 없다.

이노사이트와 미국언론연구소는 2005~2006년에 격변의 시기를 겪고 있는 신문 산업을 돕기 위해 13개월짜리 프로젝트. 뉴스페이퍼 넥스트Newspaper Next를 진행했다. 이 프로젝트 팀은 수많은 보고서를 검토하고, 직접 인터뷰를 진행하고, 산업 전반의 상급관리자와 중간관리자를 대상으로 설문조사를 하고, 몇몇 미국 신문사를 대상으로 시범 프로젝트를 진행했다.

혁신을 통해 성장 역량을 키우고자 하는 신문사들 앞에 '작전 계획'이란 최종 보고서가 제시되었다.[8] 이 작전 계획을 적용하고 수행하는 것을 돕기 위해, 보고서는 16가지의 특징적인 측정지표를 함께 제시했다. 다음에 제시된 지표들은 투입 관련, 산출 관련, 프로세스 관련 지표들의 혼합 형태이고, 보고서가 제안한 사항에 따라 신문사들이 성과를 거둘 수 있도록 하는 내용으로 이루어져 있다.

- **뉴스페이퍼 넥스트의 혁신 콘셉트에 관해 공식적으로 교육 받은 직원의 비율**
  보고서는 기존의 신문사들에 지금과는 아주 다른 방식으로 혁신을 생각하는 방법을 제안했다. 투입과 관련된 이 지표는 조직 내의 직원들이 혁신에 관한 새로운 사고방식(즉 조직이 앞을 향해 전진하는 데 필요한 공통의 언어)에 얼마나 노출되었는지를 측정한다.

- **소비자의 해결해야 할 과제를 파악하기 위해 인터뷰하고, 설문조사하고, 접촉했던 핵심 제품의 사용자 수** 보고서가 제안한 한 가지 핵심 사항은 소비자 중심의 기업이 되라는 것이었다. 자세히 말하자면 보고서는 신문사가 고객이 불만족스러워하는 부분을 찾아내어 이를 기회로 삼는 프로세스를 시작하라고 제안했다. 이 프로세스 관련 지표는 혁신 프로세스가 적절히 소비자를 포함하고 있는지를 추적하는 것이다(관련된 또 하나의 지표는 신문을 구독하지 않는 비소비자 계층 중 접촉된 사람의 수였다).

- **새로운 매출 모델로부터 창출된 매출 공헌율** 많은 신문사가 현란한 온라인 웹사이트를 구축했지만, 실제로 자사의 특성을 반영한 새로운 온라인 매출 모델을 구축한 곳은 그다지 많지 않았다. 2006년, 온라인 신문사의 수익은 대부분 광고 수익에 의존했다. 무엇이 부족한가? 유료 정보검색, 유행 창출, 경매와 같은 매출의 흐름이 그것이었다. 이러한 산출물 관련 지표는 새로운 매출 모델의 성장을 추적하는 역할을 한다.

이 보고서는 'N²(뉴스페이퍼 넥스트) 성과계기판Dashboard'을 사용하려는 관리자들을 위해 다음과 같은 안내서를 제공했다.

모든 관리자는 기업의 상황과 목표에 맞추어 지표를 변경하고 수정할 것을 어느 정도 감안해야 한다. 예를 들어, 기업 내부의 혁신 아이디어의 흐름을 개선하고자 한다면 아이디어를 제안하는 직원의 수를 수치화해 지표로 사용할 수 있다.

어떤 지표에서는 정확한 데이터를 얻기 힘들어서 어느 정도의 지식을 바탕으로 추정해야 하는 부분이 필요하다. 하지만 중요한 것은 N^2 성과계기판이 개정될 때마다 같은 방법을 사용해야 한다는 것이다. 어떤 조직도 단 한 번에 성과측정지표의 모든 분야에서 똑같은 성과를 거두기는 어렵다. 여기서 제안하는 N^2 성과계기판을 활용해 얻은 답들은 각 분야에서 적절한 목표를 수립한 후 '반드시 해야 하는 작업들must-do areas'과 '가능할 때 할 수 있는 작업들when-we-can areas'을 명시화하는 데 쓰일 수 있다.

(…) 기업이 다양화된 포트폴리오 모델로 전환할 계획이라면 모든 관리자가 함께 모여 현재 사용되는 지표와 1년 후, 3년 후 조직의 목표에 대해 상의하고 협의에 이르는 과정이 선행되어야 한다. 단순한 재무적 목표를 넘어서서 기존의 핵심 성장 부분과 새로운 성장 부분 간의 균형을 이루고, 새로운 소비시장의 구축에 관한 현실적 야망을 세우며, 새로운 비즈니스 모델을 도입하고, 해결책을 홍보할 수 있는 성과계기판을 만들어야 한다.

관리자는 주기적으로(대부분 기업에선 분기단위가 적절하다) 성과를 관찰해야 한다. 매년 새로운 성과계기판이 마련되어야 하며, 여기에는 현재까지의 성과와 이듬해에 얼마만큼의 성과를 기대할 수 있는지 향상된 지식을 반영하도록 해야 한다.

〈도구 10-1〉은 보고서에 상세히 언급된 성과계기판의 예다.

〈도구 10-1〉 뉴스페이퍼 넥스트의 성과계기판

기존 핵심 사업의 최대화	지금	1년 후	3년 후
기존 핵심 상품이 도달하는 통합 소비자의 수			
'소비자의 해결 과제' 정보를 제공한 기존 핵심 상품 사용자의 수			
목표 상품의 수			

혁신 촉진 동인	지금	1년 후	3년 후
혁신에 소요되는 상급관리자의 시간 비율			
뉴스페이퍼 넥스트 콘셉트에 관해 공식적으로 교육 받은 인력의 비율			
혁신에 관한 총지출			

소비자의 개발	지금	1년 후	3년 후
비주류 상품이 도달하는 통합 소비자의 수			
'소비자의 해결 과제' 정보를 제공한 비소비자의 수			
사업 포트폴리오 중 뉴스에 초점을 맞추지 않은 상품의 수			

광고주의 과제 수행	지금	1년 후	3년 후
비전통적 매출 모델*에서 창출된 매출 구성 비율			
최근 2년간 추가된 신규 광고주로부터의 매출 비율			
광고주의 총수 증가 비율			

일반적인 지표들	지금	1년 후	3년 후
온라인 사업 세전 수익비율 EBITA**			
최근 3년간 출시된 신상품 매출 구성 비율			
타 산업의 경험을 가진 인력의 비율			
자사의 모든 상품이 도달하는 통합 소비자의 총수			

* 전통적 매출 모델은 지면광고나 항목별 분류광고의 1,000건 노출당 비용인 CPM을 포함하며, 비전통적 매출 모델은 클릭당 비용·방문자당 비용·탐색 비용·데이터베이스 사용 비용·컨설팅 비용 등을 포함한다.

**기업이 영업활동을 통해 벌어들인 현금창출 능력을 나타내는 수익성 지표로 법인세, 이자, 감가상각비 차감 전 영업이익을 말한다_옮긴이 주.

더 생각해 보기

- 동료와 함께 현재 기업에서 혁신활동을 추적하기 위해 사용하고 있는 측정지표 목록을 만들어보라. 여러분의 기업이 이번 장에서 언급한 측정의 함정에 빠져 있지는 않은가?

- 기업이 이루고자 하는 혁신의 장애물에 관해 생각해보는 브레인스토밍 시간을 가져라. 이러한 장애물을 극복하는 데 초점을 맞출 수 있는 지표들을 만들어보라.

- 서로 다른 산업에 있지만 여러분의 기업과 비견될 만한 매출과 성장 열망을 갖춘 기업을 찾아보라. 인터넷 조사를 통해 그들이 어떻게 혁신을 측정하고 있는지 알아보라.

- 현재 사용하고 있는 지표와 성과측정 시스템이 잘 맞는지 검토해보라. 어떠한 부분에서 잘 맞으며, 어떠한 부분에서 어긋나고 있는가?

실무 조언

- 혁신에 관해서는 언제나 총체적으로 생각하는 습관을 가져라. 그리고 다차원적인 문제들은 다차원적인 해결책을 요구한다는 사실을 기억하라.

- 정성적인 지표 도입을 두려워하지 마라.

- 어떠한 지표는 계량적 측정이 어려울 수도 있다. 단순한 측정방법을 개발하고 절대적 결과보다는 지표 수치의 변화에 더 집중하라.

패턴 인식의 시대

토머스 에디슨Thomas Edison은 파괴자가 되려는 이들에게 많은 가르침을 선사했다. 멘로파크의 마법사The Wizard of Menlo Park(토머스 에디슨의 별칭_옮긴이 주)는 세계를 변화시킨 기다란 발명품 목록을 보유하고 있다. 그 중 주식시세 표시기, 전신 시스템, 납지, 축음기, 백열전구, 형광등, 니켈-철-알칼라인 배터리, 영화 촬영 카메라, 경화 고무 등은 창의적인 아이디어가 상업적으로도 성공한 예이다. 이 모든 발명품은 그의 '발명 공장'에서 탄생했다. 발명 공장은 에디슨과 60여 명 동료가 전기 기구를 착상하고, 확장하고, 향상하고, 끊임없이 고민했던 곳이다.

에디슨은 자신을 창의적인 천재라고 생각하지 않았다. "천재는 1퍼센트의 영감과 99퍼센트의 노력으로 이루어진다"라는 그의 유명한 말이 이러한 생각을 대변한다. 그는 무언가가 의도대로 작동하는 걸 발견할 때까지, 계속 실험하고 실패를 반복하는 집요한 사고의 소유자였다. 그의 다음 말을 보면 그는 분명히 고객을 혁신방정식의 중심에 두었던 것이 틀림없다. "나는 다른 사람에게 유용하지 않다고 생각되는 발명품을 완성한 적이 없습니다. (…) 나는 세상이 필요로 하는 것을 찾아낸 후, 발명하기 시작했습니다." 그리고 에디슨은 실패를 기꺼이 받아들이며 다음과 같이 말했다. "만약 내가 의도한 대로 되지 않는 1만 가지 방법을 발견할 때면, 실패라 여기지 않고 낙담하지도 않습니다. 왜냐하면 잘못된 시도를 버리는 것은 앞으로 한 단계 나아가는 일이기 때문입니다."

이 책에서 우리는 여러분이 자신 안에 있는 에디슨을 발견할 수 있도록 돕기 위한 실용적인 조언과 기법들을 제공하려고 했다. 혁신은 베일에 싸여 있는 것도 아니고, 번개같은 창의성이 필요한 것도 아니다. 이 말은 결코 혁신이 위험하지 않고 창의성이 중요하지 않다는 뜻이 아니다. 위험은 존재하고 창의성은 중요하다. 하지만 일관된 접근방법은 더 일관된 결과를 도출해줄 것이다.

이제 우리는 지금까지의 내용을 정리하고, 혁신의 주요 함정들을 짚어보며 이 책의 결론을 내고자 한다.

이 책의 내용 요약

이 책의 메시지는 올바른 프로세스와 원칙을 활용하면 혁신을 통한 성장 기회를 증진할 수 있다는 것이다. 우리는 새로운 성장산업을 창출하는 가장 신뢰성 있는 방법은 파괴적 혁신을 실행하는 것이라고 믿는다. 간단하고, 저렴하며, 누구에게나 접근 가능하고, 고객의 요구에 맞춘 맞춤형 아이디어가 새로운 시장을 창출하고 산업의 변혁을 가져온다. 파괴적 혁신의 원칙과 패턴은 기존 시장에서 새로운 경쟁방식을 찾거나 내부 프로세스를 발전시키려는 혁신 기업에 안내자 역할을 할 것이다.

이 책은 1장에서는 혁신성장을 위한 3가지 핵심 전제조건을 파악하고 이어지는 7개의 장에서는 새로운 성장 사업을 창출하기 위한 3단계 프로세스를 설명했다.

1 기존의 핵심 사업을 통제하라

2 전반적인 성장 목표, 혁신 사업 포트폴리오 목표, 혁신의 순차적 일
정표, 혁신의 목표와 범위, 선정된 목표 성장사업 영역을 포함한 성
장 작전 계획을 수립하라

3 혁신 프로젝트를 위해 재정적, 인적 자원을 마련하고 지켜낼 수 있
는 자원 배분 과정에 통달하라

1단계 시장 기회를 파악하라. 혁신의 기회, 소비를 제한하는 장애요인, 소
비자의 기대 수준을 불필요하게 과잉충족시키고 있는 기존 제품을
파악하라. 무엇보다 기존의 제품이나 서비스가 해결하지 못하고 있
는 혁신의 중요 해결 과제를 파악하라.

2단계 혁신적인 아이디어를 개발하고 구체화하라. 파악된 시장에서 우위
를 차지하기 위해 아이디어를 발전시키려면 파괴적 혁신 원칙을 이
용하라. 여러분의 아이디어를 성공 패턴과 비교 평가해 좀 더 정교
하게 가다듬은 뒤 다음에 해야 할 일을 이해하라.

3단계 아이디어를 실행으로 진진시켜라, '학습 계획'을 개발해 실행하라.
이를 통해 중요한 가정을 좀 더 정확하게 배울 수 있을 것이다. 초
기 단계를 실행하기 위해 적절한 유형의 경험을 가진 관리자들로
소규모 팀을 구성하라.

〈그림 11-1〉은 이 3단계의 주요 결론을 정리한 것이다. 하나의 성장
상품 혹은 사업 분야를 창출하는 것은 중요하다. 하지만 대기업은 단 한

번의 성공으로는 충분하지 않다. 성장 격차를 없애고 분석가가 발견하지 못한 긍정적인 결과를 이루려면 지속적으로 새로운 성장을 이어나가야 한다. 9장과 10장에서는 기존 기업이 혁신을 체계적으로 수행하는 데 필요한 조직구조와 시스템, 성과측정지표를 소개했다. 〈그림 11-2〉는 이 부분에서 다룬 주요 원칙들을 보여준다.

〈그림 11-1〉 혁신 프로세스의 개념과 함정

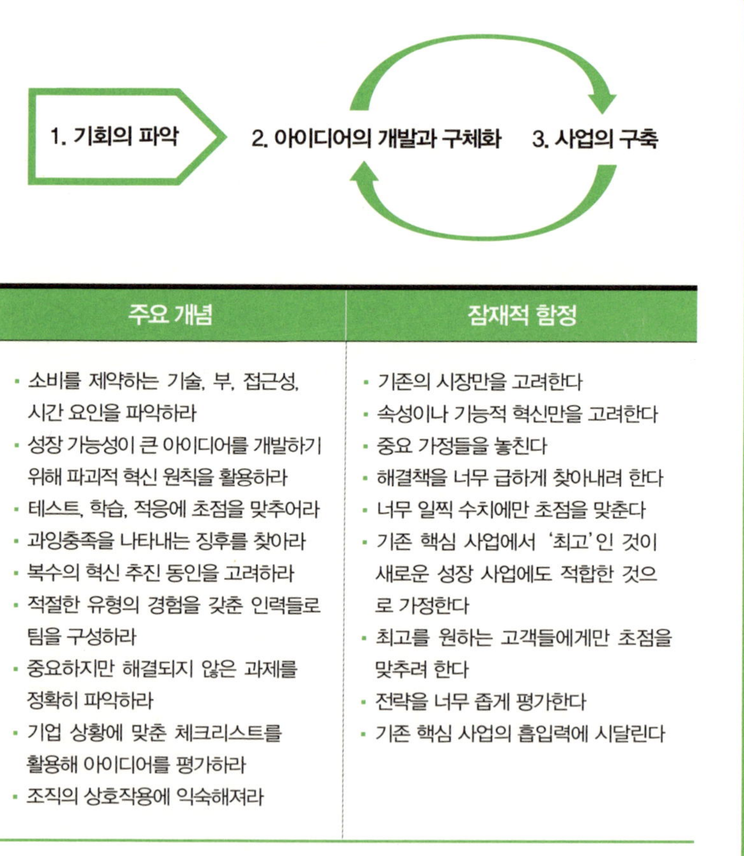

주요 개념	잠재적 함정
• 소비를 제약하는 기술, 부, 접근성, 시간 요인을 파악하라 • 성장 가능성이 큰 아이디어를 개발하기 위해 파괴적 혁신 원칙을 활용하라 • 테스트, 학습, 적응에 초점을 맞추어라 • 과잉충족을 나타내는 징후를 찾아라 • 복수의 혁신 추진 동인을 고려하라 • 적절한 유형의 경험을 갖춘 인력들로 팀을 구성하라 • 중요하지만 해결되지 않은 과제를 정확히 파악하라 • 기업 상황에 맞춘 체크리스트를 활용해 아이디어를 평가하라 • 조직의 상호작용에 익숙해져라	• 기존의 시장만을 고려한다 • 속성이나 기능적 혁신만을 고려한다 • 중요 가정들을 놓친다 • 해결책을 너무 급하게 찾아내려 한다 • 너무 일찍 수치에만 초점을 맞춘다 • 기존 핵심 사업에서 '최고'인 것이 새로운 성장 사업에도 적합한 것으로 가정한다 • 최고를 원하는 고객들에게만 초점을 맞추려 한다 • 전략을 너무 좁게 평가한다 • 기존 핵심 사업의 흡입력에 시달린다

〈그림 11-2〉 혁신 구조와 시스템: 주요 원칙들

혁신을 위한 조직화

1. 혁신을 위한 적절한 조직구조 만들기

		고려할 수 있는 구조들	
전략적 의도	촉진	교육훈련단위	자문위원회
	보호	성장협의회	사내창업기금
	주도	인큐베이터	자율적 성장그룹
	강화	기업벤처부서	사업개발그룹

2. 기타 지원 시스템과 구조의 적용

	추구해야 할 것	피해야 할 것
외부 투입요소	정기적 외부 투입요소	집단적 사고
적절한 도구	차별화된 과제에 대한 차별화된 도구	만병통치 식의 접근방법
공통언어	일관되고 명확한 관점	혼란으로 말미암은 시간 낭비
인적자원 관리정책	인력과 보상 시스템의 정렬	경력개발을 무시하는 혁신

성과측정지표

투입요소	프로세스	산출
할당된 재무적 자원	프로세스 속도	출시된 혁신의 수
할당된 인적자원	아이디어 창출 과정의 폭	신제품 매출 구성 비율
비핵심 혁신 사업을 위해 보호된 지원	포트폴리오의 균형	신규 소비자로부터의 이익 공헌 비율
상급관리자의 시간	성장 격차	신제품 범주로부터의 이익 공헌 비율
특허의 수	차별화된 기회에 따른 차별화된 프로세스와 도구	혁신 투자수익률

실행에 따른 조언

1 상기 리스트를 기반으로 기업별로 개별화된 지표를 개발하라.

2 시간에 따른 성과를 추적하고 산업 내 또는 일반적 베스트 프랙티스와 비교하라.

3 혁신의 성과지표를 지속적으로 혁신하라.

4 조직의 상하체계 지표 간의 일관성을 정렬하라.

5 성과지표를 성과관리시스템과 정렬시켜라.

혁신의 주요 함정들

좋은 아이디어가 궁극적인 성공으로 가는 길은 멀고도 험하다. 이 책은 기업들이 무심코 중요 표지판을 지나치게 만드는 몇 가지 구체적인 요소들을 열거하고 있다. 아래 목록은 프로젝트와 관련된 6가지 함정, 기업과 관련된 4가지 함정에 대해 요약한 것이다.

프로젝트 관련 함정

1 **단시간에 너무 큰 비용을 들인다** 너무 많은 자본을 투자하면 팀이 치명적인 오류를 가진 전략에 갇힐 수 있다. 초기 전략이 제대로 된 경우는 드물어서 가장 중요한 가정과 위험을 검증하는 데 초점을 맞춘 제한된 투자가 이루어지도록 주의를 기울여야 한다.

2 **우리가 해야 하는가 보다는 우리가 할 수 있는가에 우선순위를 둔다** 기술 중심 기업의 관리자는 기술적인 문제 해결을 중심으로 혁신을 구조화하는 우를 범하기 쉽다. 성공적인 사업을 구축하기 위해서는 돈

이 필요하고, 돈을 벌기 위해서는 돈을 내는 고객이 필요하다. 여러분의 멋진 해결책을 필요로 하는 시장수요가 존재하는지 반드시 확인하라.

3 **도달하기 어려운 완벽을 추구한다** 기업은 종종 완벽한 제품을 출시하려 한다. 수십 년간의 혁신 연구에 따르면 한 번 시도해 큰 성공을 거두려는 노력은 종종 용두사미 격으로 끝나곤 했다. 완벽은 사실이 확인된 뒤에만 가능한 것이다. 완벽을 추구하는 기업은 시장에서 피드백을 받을 기회를 놓칠 수 있다. 또한 그들은 단순성, 사용의 편리성, 접근성보다 기술적인 성능을 더 중요하게 생각하는 경향이 있다. 그러나 때로는 기술적인 측면들을 양보함으로써 진가를 인정받지 못했던 혁신의 가능성이 드러날 수도 있다.

4 **한꺼번에 너무 많을 것을 하려 한다** 인튜이트의 설립자인 스콧 쿡은, 파괴적 혁신 추진 팀이 한 번에 하나 또는 둘 정도의 중요한 질문에만 초점을 맞추어야 한다고 지적한다. 진전되고 있는 방법론에 익숙한 기업의 프로젝트 팀은, 미지수가 많은 상황에서 한꺼번에 너무 많은 것을 하려고 함으로써 오히려 고착상태에 빠질 수 있다. 성공에 관련된 중요한 쟁점들에만 레이저 빔과 같은 초점을 맞추어라.

5 **전통적인 시장 예측 도구를 활용한다** 제대로 운영되고 있는 기업은 혁신 노력이 가져올 시장 잠재력을 평가하기 위해 세분된 조사기법들을 활용하고 있다. 기업이 올바른 프로젝트를 진행하고, 그들의 공급 체인을 적절하게 관리하고, 내부 자원을 올바르게 배분하기 위해서는 정확한 목표를 설정하는 것이 중요하다. 하지만 이미 알려지고 측정 가능한 기존 시장에 잘 들어맞는 도구와 기법은 새로운 시장의 성장 잠재력을 평가할 때는 오히려 믿기 어려운 추정치를

내놓기도 한다. 여러분의 환경에 맞는 도구를 선택해야 한다.

6 **핵심 역량에 너무 집중한다** 핵심 역량은 때로 핵심 경직성이 될 수 있다. 기업은 자신의 핵심 역량을 더 넓은 의미에서 정의하고, 그것들을 족쇄가 아닌 수단으로 활용할 필요가 있다. 기업은 빈번히 "우리가 이러한 기술을 발전시키거나 얻기 위해 무엇을 해야 하는가?"라는 말 대신 "이것은 우리의 핵심 역량이 아니다"라고 말하곤 한다.

기업 관련 함정

1 **포트폴리오의 불균형** 제대로 점검하지 않는다면, 기업은 위험부담이 적은 기존 핵심 사업과 유사한 성장 프로젝트만으로 포트폴리오를 채우게 된다. 접근방법과 규정의 엄격한 적용을 통해서만 균형 잡힌 혁신 포트폴리오를 가질 수 있다.

2 **질질 끄는 프로젝트들** 프로젝트를 시작하기는 쉽지만, 중단하는 데는 용기가 필요하다. 그러나 기억하자. 기업이 프로젝트를 없앤다 하더라도 사람을 없애는 것은 아니다. 때때로 프로젝트를 중단하는 것이 좋은 결과를 가져올 수 있다. 특히 다른 이들에게 도움이 되는 주요 학습이 이루어진 경우라면 말이다.

3 **기존 핵심 사업의 흡입력** 기존 핵심 사업은 무수히 많은 방법으로 새로운 성장 사업에 영향을 미칠 수 있다. 아주 차별적인 접근방법이라 할지라도 보이지 않는 힘이 이를 교묘히 비틀어 지금까지 해오던 방식으로 변화시킬 수 있다. 이 세력을 막기 위해서는 적극적인 관리가 필요하다.

4 **잘못된 의사결정 기준의 사용** 많은 기업은 의사결정을 할 때, 기회의 순현재 가치나, 프로젝트의 총 예상매출과 같은 엄격한 수치 기준

을 활용한다. 존재하지 않는 시장은 측정하거나 분석하기 어렵다. 만약 여러분이 오로지 수치에 기초해 의사결정을 내린다면, 시작은 미미하지만 추후 엄청난 결과를 가져올 기회를 놓치게 될 것이다.

우리는 이 책을 통해 혁신을 추진하는 기업들이 이 같은 함정을 피해 갈 수 있기를 바란다. 더욱이 연구자나 현장 전문가들이 알려지지 않은 시장의 잠재성을 정확히 측정한다든가, 학습의 금전적인 가치를 계량화한다든가, 개인에 대한 보상이나 인정 시스템을 구축한다든가 하는, 아직 풀리지 않은 문제들을 연구해 나간다면 기업은 더 자신 있게 앞으로 나아갈 수 있을 것이다.

P&G의 교훈

앞에서 파괴적 혁신과 관련된 시스템을 만들기 위한 P&G의 노력을 기술했다. 2007년 중반, 이노사이트와 P&G는 3년 동안의 공동 연구를 통해 4개의 주요 교훈을 발견했다.

교훈 1 의식적으로 파괴적 혁신을 선택하라

파괴적 혁신을 통해 번영하기를 희망하는 기업은 의식적인 선택을 할 필요가 있다. 파괴적 혁신은 기업의 상급관리자들이 조지 내에 적절한 공간을 할애하고 적절한 자원을 제공해야만 가능하며, 그것에 개인적인 관심을 보이지 않는다면 성공하지 못한다. 가장 혁신적인 아이디어조차도 좌절시킬 수 있는 내부 장벽과 세력은 꽤 많이 존재한다.

파괴적 혁신 가능성을 열려고 노력하는 기업은 자원 배분 프로세스에 정통해야 한다. 적절한 개입이 없다면 조직 내의 우선순위 때문에 자원 배분 프로세스가 왜곡되어 파괴적 혁신 프로젝트가 필요로 하는 시간과 자원이 다른 쪽으로 흘러들어 가게 될 것이다. 그러면 파괴적 혁신 프로젝트는 자원 부족에 시달리거나 덜 혁신적으로 보이는 (따라서 덜 흥미로운) 변화를 강요당하고 결국에는 과거에 하던 것과 비슷한 작업을 하게 된다. 오직 기업의 상급관리자들만이 자원 배분 프로세스를 통제할 수 있다.

또한 상급관리자들은 파괴적 혁신이 모든 분야의 사업에 적합한 것은 아니라는 사실을 인지해야 한다. 건강하지 못한 사업 단위는 파괴적 혁신 프로세스를 진행할 만한 여유를 갖지 못한다. 성공은 포트폴리오식의 접근을 요구한다는 사실을 기억하라. 대부분 기업에 있어 기업 자원의 상당 부분은 기존 사업부서를 존속시키는 일에도 배분되어야 한다.

교훈 2 기존의 도구는 바꾸거나 다른 방식으로 활용하라

일반적으로, 기존 핵심 사업 영역 내에서 혁신을 추진할 때는 유용했던 도구와 접근방법들이 시장에 완벽히 새로운 제품을 내놓으려는 파괴적 혁신 프로젝트에는 별로 유용하게 사용되지 않는다. 9장에서 논의되었듯이, 이러한 상황에 부닥친 기업은 그들이 사용하고 있는 도구를 바꾸거나 혹은 기존의 도구를 새로운 방식으로 활용하는 것에 대해 심사숙고할 필요가 있다.

교훈 3 팀을 제대로 조직하고 관리하라

많은 기업에서는 프로젝트 팀의 조직과 관리가 매우 공식적인 프로세스이다. 전통적인 프로세스는 4가지 문제를 일으킬 수 있다.

1 **지나치게 거대한 팀** 기업은 종종 제품이나 서비스를 시장에 출시하는 데 필요한 기능을 모두 포함한 팀을 조직한다. 하지만 파괴적 혁신 초기에는 특정 영역에서의 가정과 어려움을 해결하기 위한 실험과 학습에 초점이 맞추어져야 한다. 팀 구성원이 너무 많으면 당면한 주요 쟁점을 다루는 대신, 팀원들이 각자의 전문 분야에만 초점을 맞추는 식으로 노력이 분산될 수 있다.

2 **적합한 경험을 해본 팀원의 부재** 기업은 가장 뛰어나고 영리한 인력으로 파괴적 혁신 프로젝트 팀을 조직하길 바란다. 기존 핵심 사업에서 최고의 직원이었던 사람이 새로운 벤처사업에서는 최악의 직원이 될 수 있음을 기억하라. 파괴적 혁신 프로젝트 팀은 성공 확률을 극대화할 수 있는 적합한 경험을 해본 인력으로 구성해야 가장 효율적이다.

3 **하지 말아야 할 것을 좇거나 해야 할 것을 무시하는 팀** 파괴적 혁신 프로젝트는 다른 유통채널을 이용하거나, 새로운 브랜드를 창조하거나, 다른 마케팅 기법을 사용하거나, 종전과는 다른 방식으로 수익을 올리거나 할 수 있다. 이러한 선택 중 몇몇은 조직에 적합하지만 그렇지 못한 것도 있다. 별다른 통제나 가이드 없이 진행하는 팀은 정작 해야 하는 도전은 하지 않고, 하지 말아야 할 부분에서 불필요한 고민을 하는 식의 어려움에 봉착할 수 있다. 팀과 상급관리자들은 프로젝트 초기에 어떤 문제를 테이블 위에 올릴지 명확히 결정해야 한다.

4 **팀에 집중하지 않는 팀원** 파괴적 혁신에는 기존과는 다른 일 처리 방

식이 필요하다. 자기 시간 중 조금만을 떼어 파괴적 혁신에 투자하는 인력은 기존 핵심 사업에는 적합할지 몰라도 파괴적 혁신 사업에는 맞지 않을 것이다.

이러한 모든 문제를 해결하기 위해선 팀을 조직하고 관리하는 데 다른 접근방법을 사용해야만 한다. 성공 가능성을 높이기 위해 팀은 의식적이고 사려 깊게 구성돼야 한다.

교훈 4 마음 자세를 바꾸어라

파괴적 혁신에 성공하기 위해서는 행동뿐 아니라 마음가짐Mind-sets도 바꾸어야 한다. 프로젝트에서 후원자로 활동하는 상급관리자들은 자신을 관리자나 치어리더가 아닌 창업을 추진하는 기업가로 여겨야 한다. 즉 관리나 실행의 역할을 타인에게 위임하는 것이 아니라 상급관리자가 스스로 수행하는 것을 당연하게 생각해야 하며, 내부 장애요인을 제거하고, 내부 환경을 통제하고, 프로젝트의 경비지출 속도에 대해 고민하고, 정리되지 않은 자료를 보고, 팀에 올바른 인력을 배치하기 위해 노력하고, 기대에 못 미치는 직원을 내보내고, 필요한 전문가 또는 전문지식이 어느 곳에 있든 확보해야 한다. 프로젝트를 주관하는 관리자는 단순히 표준적인 절차를 따르려 하기보다는 항상 프로젝트의 올바른 다음 단계를 모색해야 한다.

마음가짐은 하룻밤에 변하지 않는다. 변화에 전념하려는 기업이라면 강도 높은 변화를 성공시키는 데 필요한 공통의 언어를 구축하기 위해 교육훈련과 자료구축(소책자에서 온라인 커뮤니티에 이르는)에 상당한 투자를 해야 한다.

마지막 조언

이 책에서 정리한 연구와 현장 경험은 우리에게 다음 8가지 원리에 대한 강한 믿음을 갖게 해주었다. 우리가 논의했던 많은 개념들은 이 8가지 믿음으로 정리될 수 있다.

1 **회의실 벽은 좋은 아이디어의 흐름을 막는 장벽이다** 만약 여러분이 진정으로 시장에 존재하는 기회를 이해하고 싶다면, 사무실에서 나가 고객 그리고 비고객들과 접촉하라. 그리하면 여러분이 배우는 것들에 놀라게 될 것이다.

2 **'이것이 좋은 상품, 좋은 해결책, 좋은 과정, 좋은 아이디어인가?'라는 질문에 대한 대답은 한결같아야 한다** 그 답은 바로 "아마도 It depends"이다. 품질이란 상대적인 개념이다. 여러분이 고객의 눈으로 세계를 바라보았을 때, 비로소 그것이 좋은 것인지 나쁜 것인지 판단할 수 있다.

3 **여러분이 하는 최악의 가정은 자신이 옳다고 믿는 것이다** 항상 자신이 틀렸다고 가정하라. 여러분은 정작 어떻게 해야 하는지를 모르고 있다.

4 **스프레드시트는 가정을 말해줄 뿐 답을 주지는 않는다** 혁신을 추진하면서 스프레드시트에만 의존하지 않기를 바란다. 종이 위에 대단한 사업을 그려보기는 쉽다. 하지만 현실에서 대단한 사업을 만들기는 어렵다. 항상 스콧 쿡의 말을 기억하라. "우리가 저지른 모든 실패 뒤에는 굉장해 보이는 스프레드시트가 있었다."

5 **절실함은 오히려 창업가의 장점이다** 대기업에서 온 사람들은 우리에게 이렇게 묻는다. "나의 DNA와 창업가의 DNA를 접합시킬 수 있습니까? 그렇게 된다면 나는 혁신적인 사람이 될 것 같은데 말이죠."

우리는 창업가들이 기업에 있는 관리자들과 다르다고 생각하지 않는다. 창업가들이 좀 더 창조적일 뿐이다. 왜냐하면 그들은 그래야만 하기 때문이다. 때때로 기업은 혁신에 너무 많은 돈을 써서 오히려 그것을 실패로 몰고 간다. 만약 여러분이 창의적이고 싶다면, 절실한 압박을 스스로 떠안아야 한다.

6 **10명의 100퍼센트가 1,000명의 10퍼센트보다 낫다** 수학적으로 비슷하게 보이겠지만 사실은 그렇지 않다. 많은 기업은 소규모 그룹이 모든 시간을 혁신에 쏟아붓는 것이 더 좋은 결과를 낸다는 사실을 안다. 만약 여러분이 여러 사람에게 각자의 시간을 조금씩 혁신에 투자해달라고 부탁한다면 실망스러운 결과를 얻게 될 것이다. 사람들은 기존 핵심 사업에 신경 쓰느라 혁신 사업에는 관심을 기울이기 어려울 것이기 때문이다.

7 **시간을 어디에 쓰는가가 여러분의 우선순위를 나타낸다** 많은 기업이 혁신은 자사의 전략적 우선순위라고 말할 것이다. 하지만 상급관리자들의 달력을 보면, 대부분 한 달에 30분 정도만 혁신에 사용하는 것을 알 수 있다. 만약 혁신에 대해 진지하게 생각하고 있다면, 그것에 시간을 할애하라.

8 **비판을 위한 비판을 할 수 있는 사람은 많지만, 문제를 해결할 수 있는 사람은 많지 않다** IDEO의 톰 켈리는 "비판을 위한 비판을 하는 사람이 필요하다는 믿음은 혁신을 죽이는 가장 큰 적이다"라고 말했다. 우리도 이 말에 동의한다. 비판을 위한 비판을 펼치는 것은 어렵지 않다. 독창적이지도 않고 실질적인 도움도 되지 않는다. 그러나 문제를 해결하는 사람이 되는 것은 어렵고, 독창적이고, 믿을 수 없을 만큼 도움이 된다.

패턴 인식의 시대, 지속가능한 성장을 도모하라

이제 막 혁신의 여정을 떠나는 기업의 관리자들은 진정으로 혁신을 제도화하려면 적어도 3년이란 시간이 필요하다는 사실을 알아야 한다. 우리는 이러한 투자에 그만한 가치가 있다고 믿는다. 이 책에서 설명한 접근방법은 기업이 혁신을 통해 성장을 창출하는 과정에서 직면하게 되는 일상적인 도전들을 이겨내는 데 도움이 될 것이다. 속도와 품질, 필요한 투자 간의 상쇄관계로만 가득 찬 예측 불가능한 혁신 프로세스는 더욱 좋고, 빠르고, 저렴한 혁신 프로세스가 될 수 있다. 여러분은 자원을 좀 더 효율적으로 배분할 수 있고, 치명적 약점을 지닌 접근법을 초기에 제거할 수 있다. 또 중요한 위험을 초기에 해결함으로써 가장 잠재력이 높은 혁신에 박차를 가할 수 있다. 더불어 연속적으로 혁신에 성공할 수 있다. 이 연속적인 성공의 리듬은 여러분의 기업이 항상 한 단계 앞서고 있다는 느낌을 줌으로써 여러분을 경쟁자들보다 우위에 설 수 있게 할 것이다.

오늘날 세계는 혁신을 통해 경쟁우위를 차지하고자 하는 기업들에 방대한 기회를 제공하고 있다. 어떠한 영역에서든지 예측 가능한 방법으로 문제를 해결한다. 새로운 형태의 문제에 직면하게 되면 이를 구조화되지 않은 방식, 즉 시행착오를 거치면서 해결해야 한다. 시간이 흘러 이 문제를 점점 이해할 수 있게 되면, 문제 해결을 위한 명백한 규칙이 나타난다.

우리는 혁신이라는 개념이 임의적인 시행착오 이론과 완전히 예측 가능한 명백한 규칙 사이에서 과도기적 전환기를 겪고 있다고 믿는다. 이 과도기를 '패턴 인식의 시대era of pattern recognition'라고 명명한다. 이 책을 통해 우리는 기회를 발견하고, 아이디어를 개발하고, 사업을 구축하고, 역량을 개발하는 패턴들을 설명했다. 여기서 소개된 도구와 틀을 활용함으로써 여러분은 다른 사람들은 보지 못하는 것을 보게 되고, 다른 사람들이 혼란이라 여기는 곳에서 질서를 찾게 되며, 계속해서 새로운 성장 사업을 창출할 수 있게 될 것이다.

자주 하는 질문들

이 책에 담긴 많은 주요 개념의 장점은 단순하다는 데에 있다. 그러나 현실은 복잡하다. 이 부록에서는 우리가 가장 빈번하게 받는 질문 중에서 까다로운 것들만 골라 그에 대한 대답을 제공한다.

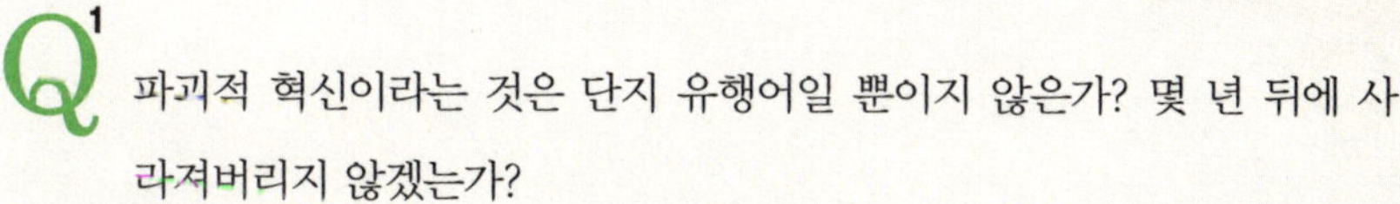

Q¹ 파괴적 혁신이라는 것은 단지 유행어일 뿐이지 않은가? 몇 년 뒤에 사라져버리지 않겠는가?

A 파괴적 혁신 개념은 15년 전에 행해진 학술적 연구에 기원을 두고 있다. 그래서 순간적인 개념이라 할 수 없다. 또한 이 책은 파괴적 혁신의 핵심 모형을 넘어서는 개념들을 다룸으로써 기업이 시간을 초월한 성장과 혁신의 문제를 다루는 데 도움을 준다.

Q² 나는 창조적이지 못하다. 어떻게 혁신적으로 변할 수 있을까?

A 많은 경우, 혁신 작업에 선발된 관리자들은 그 일이 어색하다고 느낀다. 그들은 충분히 훈련받지 못했다거나 스티브 잡스만큼 창의적이지 못하다고 이야기한다. 이에 대한 우리의 대답은 다음과 같다

- 혁신이란 많은 사람이 생각하는 것보다는 규칙적이다. 프로세스를 진행하고 패턴을 활용함으로써 우리 안에 숨어 있는 혁신가적 성향을 발견할 수 있다.
- 창의성은 중요하다. 하지만 특정 형태의 창의성을 가질 필요는 없다. 올바른 프로세스를 따르면 누구나 혁신적으로 변할 수 있다.
- 혁신은 거의 규율 간의 교차점에서 일어나고, 개인적으로는 창의적이지 않으나 서로 다른 관점을 가지고 있는 두 사람은 전체적으로 창의적일 수 있다.

Q³ X 사례는 파괴적입니까?

A 이 책에는 파괴적 혁신에 대한 사례들이 많이 기술되어 있지만, 사람들은 이 책에 기술되어 있지 않은 예에 대한 질문을 자주 한다. 친숙하지 않은 예에 대한 질문을 받는 경우, 우리는 질문자에게 6장에서 기술한 체크리스트 유형들을 살펴보았는지 묻는다. 중요한 점은 파괴적이라는 것이 '다르다'거나 '깜짝 놀랄 만한 새로운 발견'이라는 것과 같다고 생각하는 함정에 빠지지 않도록 주의하면서 패턴으로 돌아가 생각하는 것이다.

Q⁴ 만약 내 직무가 고객을 직접적으로 타깃팅하는 것이 아니라면, '해결 과제' 접근방법은 내게 어떤 의미가 있을까?

A 4장에서는 '해결 과제'라는 개념이 기업 대 기업 간 거래에서 어떻게 활용될 수 있는지를 기술하고 있다. 하지만 사람들은 그들이 고객을 대하는 위치에 있지 않을 때에도 그 개념이 적절히 사용될 수 있는지를 질문하곤 한다. 우리의 대답은 누구나 고객을 가지고 있다는 것이다. 내부 지향적인 업무를 하는 직원에게는 사장, 조수 혹은 팀 구성원들이 고객이 될 수 있다. '해결 과제' 개념은 여러분의 직무를 다르게 할 방법을 발견하는 데 도움이 된다.

Q⁵ 때때로 어떤 기업에는 파괴적인 것이 어떤 기업에는 존속적일 수 있다. 왜 그럴까?

A 파괴적 혁신은 상대적인 개념이다. 핵심 개념들을 깊이 생각해보면 파괴적 혁신이란 기업이 새로운 성능 궤도를 창출하려 할 때 발생하는 것임을 알 수 있다. 이러한 파괴적 혁신 시작 이후의 모든 움직임은 기업에 존속적 영향을 미친다. 기업이 파괴적 혁신의 발판을 마련한 후, 성장을 진행하고 계속적인 성공을 거두기 위해서는 존속적 혁신을 위한 현실적인 과제들과 씨름해야 한다.

Q⁶ 기존 상품의 수준을 적합한 정도로만 낮추어야 하는가? 파괴적 혁신 개념을 활용하는 것이 나쁜 상품을 만드는 것을 의미하지는 않는가? 만약 그렇다면 표적을 놓치게 되는 것 아닌가?

A 파괴적 혁신은 하찮은 상품을 출시하자는 것이 아니다. 파괴적 혁신 상품은 나쁜 상품이 아니다. 사실 고객은 파괴적 혁신 상품을 대단한 상품이라고 인식해야 한다. 그렇지 않으면 고객은 선택하지 않을 것이다. 다음의 내용을 기억하기 바란다.

- 품질이란 상대적이다. 고객은 단순성, 저렴한 가격, 맞춤성을 추구한다. 따라서 고객은 단순히 성능이 좋은 제품보다는 이러한 특징을 가진 제품을 접할 때 기뻐한다.
- '적합하다'는 것은 각기 다른 문장에서 제각각의 의미가 있을 수 있다. 파괴적 혁신 개념은 기존 시장에서 가장 요구수준이 높은 고객에게 나쁜 상품을 제공한다는 의미가 아니다. 이 소비자들은 기술적으로 완벽한 상품이 '적합한' 상품이라 생각할 것이다.
- 변하지 않는 것은 없다. 현재 매우 훌륭하지 않은 제품은 점점 더 나아질 것이다. 우리는 단지 그것이 어떻게 더 나아질 것인지 모를 뿐이다.
- 만약 여러분이 어떤 제품을 '적합하게' 만든다면 무엇이 가능할지 상상해보라. 만약 다른 한 부분을 적합하게 만든다면 무엇이 가능해지겠는가? 만약 여러분이 한 측면에서 성능을 줄인다면 어떤 부분에서 혁신 추진 동인이 생겨날지 상상해보라.

 **Q7** 고객의 요구수준이 더 높아지게 할 수 있을까?

A 파괴적 혁신 이론에 따르면 제품의 성능이 고객의 요구수준을 넘어서는 경우가 발생한다. 왜냐하면 기업의 혁신 속도를 흡수할 만큼 사람들의 삶이 빠르게 변하지는 않기 때문이다. 파괴적 혁신 모형을 보면 특정 그룹의 소비자들이 요구하는 성능 수준은 상대적으로 편편한 점선으로 표시된다. 사람들은 소비자가 더 높은 성능을 요구하게 하여 점선을 따라 위쪽으로 이동하게 하는 방법으로 이러한 딜레마에서 벗어나려 한다.

- 시간에 따라 요구수준이 위쪽으로 이동하는 때도 있기는 하지만 고객들이 이미 원치 않는다고 이야기한 것을 원하도록 설득하는 데는 상당히 큰 비용이 들 수 있다. 고객의 실제 필요를 충족시키는 혁신을 하는 것이 부족한 자원을 보다 효율적으로 이용하는 방법일 것이다.
- 때때로 발명을 통해 기존의 해법들이 기대치에 훨씬 못 미쳤다는 것을 알게 된다. 예를 들면 중요한 사업 문제를 해결하는 데는 이메일이 전화나 메모보다 효율적이다. 이메일을 손쉽게 사용하게 되기 전까지는 기존 해법들의 한계점들이 명확하지 않았다.
- 4장에서 논의했듯이 '해설 과제' 개념은 기존 해결책의 부족한 부분을 이해하는 중요한 방법이 될 수 있다. '해결 과제'에 대한 깊은 이해를 바탕으로 범용화되어가는 상품 범주를 재편하는 방법이 나타날 수 있다.

 **8** 파괴적 혁신을 추구하면 우리 브랜드가 손상을 입지 않을까?

A 기존 기업의 관리자들은 때때로 파괴적 혁신이 자사의 브랜드를 없애버리게 될까 봐 파괴적인 경로를 따라가지 않으려 할 때가 있다. 이에 대한 우리의 대답은 다음과 같다

- 현재 브랜드가 이제부터는 다른 것을 의미하다고 말함으로써 고객들을 혼돈에 빠뜨리는 우를 범하지 말아야 한다.

- 하지만 하위 브랜드를 적절히 활용해 파괴적 혁신 상품을 브랜딩하는 것은 유용한 방법이 될 수 있다. 상위 브랜드나 기업의 이름은 새로운 해결책이 좋은 것이라는 이미지를 전달하는 반면 하위 브랜드는 상품이나 서비스가 특정한 문제에 초점을 맞추고 있다는 것을 가리킨다. 하위 브랜드의 올바른 사용(코닥의 펀 세이버Fun Saver 카메라, 닌텐도의 위, 또는 타이드의 투 고 스테인 펜to Go Stain Pen)은 기업이 상위 브랜드를 기반으로 파괴적 혁신 상품을 성공적으로 소개하는 데 도움이 될 수 있다.

- 파괴적 혁신을 실행하는 것은 고객들의 삶에서 중요한 부분을 해결해 브랜드 가치를 향상시키는 것임을 기억해야 한다. 사실 지나치게 좋은 성능을 추구하는 것이 오히려 브랜드 이미지를 더 나쁘게 할 수 있다.

- 비고객을 목표로 할 때는 상위 브랜드의 사용이 도움될 것인지를 심사숙고할 필요가 있다. 예를 들어, 10대는 그들의 부모 세대가 보는 신문사에서 젊은 세대용 엔터테인먼트 웹사이트를 만들었다고 할 때 거기에 호감을 갖지 않을 것이다.

 **Q9** 자신이 속한 사업 분야를 파괴한다는 것은 자기 모순 아닌가?

A 기업이 파괴적 혁신을 시도하지 않고 주저하는 이유 중 하나는 고수익 사업을 저수익 사업으로 대체하게 되지 않을까 우려하기 때문이다. 이에 대한 우리의 대답은 다음과 같다.

- 우리가 비고객을 목표로 하는 이유는 바로 자기 잠식에 대한 두려움 때문이다. 어떻게 사업이 죽게 될 것이냐를 생각하는 대신, 여러분이 도달하지 못하는 시장에 대해 생각하라. 만약 여러분이 파괴적 혁신을 적절히 관리한다면, 그것은 자기 잠식이 아니라 긍정적인 것이 될 수 있다.
- 자기 잠식과 범용화에 대한 시장 압력을 저지하기는 어렵다. 만약 여러분이 하지 않는다면 다른 누가 이 압력을 저지할 것인가? 선택은 높은 이익과 낮은 이익 사이에 있는 것이 아니라 높은 이익과 아예 없는 것 사이에 있다.
- 만약 시장에 파괴적 혁신 사업을 진행하는 경쟁자가 없다면 여러분은 긴급 상황에 대비해 파괴적 혁신 계획을 세워야 한다. 그리고 공격자가 떠오르는 징후가 보이면 기존 상품을 내리고 준비된 상품을 진열대에 올려야 한다. 이는 경쟁자가 상위 시장으로 이동하는 데 필요한 산소를 제한하는 것과 같은 결과를 가져다줄 것이다.

Q10 이것을 한다면, 주주들이 항의하지 않을까?

A 투자자의 기대를 관리하는 것은 상급관리자의 중요한 과제이다. 1장에서 논의했듯이 상급관리자는 투자자와 소통할 수 있는 명확한 계획을 세우고 있어야 한다. 파괴적 혁신 프로젝트를 작은 규모로 시작하고 팀에 자율성을 부여하는 것은 이런 현실적인 문제를 관리하는 데 도움이 된다.

Q11 파괴적 혁신으로 수익을 거둘 수 있을까?

A 파괴적 혁신을 관리하는 기업은 종종 파괴적 혁신이 수익성 없는 가치방정식이라 결론짓는다. 사실 기업이 자사의 비즈니스 모델에 파괴적 혁신 사업을 강제로 적용하려 한다면 그렇게 될 수 있다. 만약 파괴적 혁신을 시작하려 한다면, 비즈니스 모델과 시장의 기회를 잘 결합해야 한다.

Q12 우리는 지금 최정상에 있다. 그러니 지금 당장 파괴적 혁신을 걱정할 필요는 없지 않을까?

A 과거의 경험을 보면 새로운 성장 사업을 시작하는 가장 좋은 시점은 그것이 필요하지 않다고 느낄 때이다. 기존의 핵심 사업이 침체하기 시작할 때 무언가 다른 것을 시도한다는 건 매우 어려운 일이다. 기억하라. 성장을 시작하기 위한 최고의 시점은 그것을 할 필요가 없다고 생각하는 바로 그때이다.

Q 13

그냥 '빠른 후발 주자'가 되는 것이 낫지 않은가?

A 최초로 파괴적 혁신을 시도하기보다는 시장에서 어떤 파괴적 혁신가가 가장 큰 성공을 거두는지 관찰한 뒤 대응하겠다는 생각은 일견 매혹적일 수 있다. 게다가 5장에서 기술했듯이 우리는 작으면서 파괴적인 종자를 얻는 것이 매우 유익하다고 믿는다. 하지만 빠른 후발 주자가 되는 것은 다음 3가지 문제를 안고 있다.

- 여러분은 자신이 올바른 것을 추종하고 있다고 어떻게 확신할 수 있는가? 모든 것을 추종하려다가는 여러분의 노력이 산만해질 수 있다. 파괴적 혁신 모형을 올바로 이해하면 여러분이 추정해야 할 것을 보다 안정적으로 찾을 수 있을 것이다.
- 빠른 후발 주자들은 파괴적 성장을 할 가능성이 낮다. 왜냐하면 그들은 잘못된 장소를 들여다보는 경향이 있기 때문이다. 빠른 후발 주자들은 때때로 지나고 보면 명백한 혁신 아이디어였던 것에 비싼 프리미엄을 지불해야만 한다.
- 만약 여러분이 최초의 전략이 올바르지 않을 수 있다는 것과 학습의 가치가 있다는 것을 믿는다면 빠른 후발 주자 전략은 여러분을 항상 뒤처지게 할 것이나. 왜냐하면 여러분은 과정을 통해 얻는 중요한 학습효과를 맛보지 못하기 때문이다.

지금까지 언급한 바와 같이 특정한 시장과 고객층에서는 빠른 후발 주자가 되기 위한 전략적 선택을 할 수 있다. 단 그것을 신중히 결정하고, 여러분의 기대와 예상되는 성과를 잘 조화시킨다면 말이다.

Q¹⁴ 나는 현재 파괴적 혁신 프로젝트에 대한 계획이 없다. 그래도 이 개념들이 도움될까?

A 물론이다. 우리는 이 책에서 제시한 많은 도구와 개념들이 기업의 모든 혁신 노력에 도움된다는 사실을 발견했다. 여러분의 고객이나 소비자를 위해 해결해야 할 과제를 이해하고 있다는 것은 좋은 습관이다. '적합한 것'의 의미에 대해 생각하는 것은 혁신에 이르는 다른 경로를 열어줄 것이다. 프로젝트 초기에 초점을 주요 가정에 맞춤으로써 위험성을 극적으로 줄일 수 있다. 우리의 개념은 파괴적 혁신을 기초로 하고 있지만 다양한 혁신의 스펙트럼에 효과적인 도구가 될 것이다.

Q¹⁵ 파괴적 혁신 모형은 훌륭한 역사적 도구임이 분명하다. 그것을 미래지향적인 방법으로 사용할 수 있는가?

A 우리는 파괴적 혁신이 미래를 내다보는 유용한 도구가 될 수 있다고 생각한다. 《혁신 기업의 딜레마》는 이제 막 출현하는 다수의 파괴적 트렌드를 보여주었다. 모든 예가 정확하지는 않았지만 혁신이 상당한 영향력을 갖게 된 예들도 포함하고 있었다. 《미래 기업의 조건》은 다양한 산업의 미래를 들여다보는 내용을 포함하고 있다. 몇몇 예측은 아직 증명되지 않았지만, 확증된 것들도 있다. 이노사이트는 회사의 간행물에 주기적으로 자신들의 견해를 밝히는데, 틀린 경우보다는 맞은 경우가 더 많았다. 우리의 예상이 항상 완벽하지는 않지만 체계적인 접근을 통해 제대로 된 질문을 하는 것은 상당한 전략적 명확성을 가져다줄 것이다.

Q16 기업이 파괴적 혁신에만 주력해야 하는가?

A 절대 그렇지 않다. 1장에서 논의했듯이, 성공을 위한 열쇠는 포트폴리오 식으로 접근하는 것이다. 일반적으로 최소한 혁신 자원의 80퍼센트 이상 을 존속적 성장에 할당해야 한다. 이는 선택이 아닌 필수 사항이다.

Q17 관리자에게 해답이 무엇인지 모르겠다고 어떻게 말할 수 있을까? 내 아이 디어를 뒷받침할 데이터는 없다고 어떻게 말할 수 있을까?

A 이 책에 서술한 개념들에 따르면 기업이 최초로 구성하는 전략은 틀린 것이고 궁극적인 성공을 이루기 위해서는 숫자가 아닌, 패턴을 이용해 혁 신에 관한 질문을 다뤄야 한다. 관리자들은 때때로 이 아이디어들을 실제 로 적용하는 것에 주저한다. 왜냐하면 불확실성을 표현하거나 실제 데이 터에 기반을 둔 숫자를 제시하지 않으면 상급관리자들에게 공격당할 것으 로 우려하기 때문이다. 이에 대해 우리는 다음과 같은 해결책을 제시한다.

- 때로는 지나친 자신감을 표출하다가 밀실수를 하는 것보다는 모른다고 인정하는 것이 낫다. 그것은 여러분이 무엇이 잘못될 수 있는지를 깊이 생각한다는 의미이다. 중요한 것은 지식의 부족을 인정한 뒤 "적절한 자 원이 있다면 이것에 대해 더 많이 배울 수 있다"라고 말하는 것이다.
- 상급관리자의 동의를 구하지 않거나 많은 자금을 사용하지 않고도 데이 터를 만들 방법을 생각해보라. 친구나 가족 같은 비공식 포커스 집단을 이용할 수 있다.

Q¹⁸ '투자는 적게, 학습은 많이'라는 것은 작은 규모의 사업을 추구하는 것을 의미하는가?

A 물론 그렇지 않다. 혁신에 내재한 위험을 생각할 때, 가능하면 기업이 크고 급격히 성장할 수 있는 사업 분야를 만드는 것이 중요하다. 우리의 경험에 비추어보면 크게 성장하는 사업 분야를 갖는 가장 좋은 방법은 작게 시작하는 것이다. 즉 10억 달러 정도 되는 시장 기회는 그리 흔한 것이 아니라는 말이다.

서문

1 Richard N. Foster, *Innovation: The Attacker's Advantage* (New York: Summit Books, 1986); Vijay Govindarajan and Chris Trimble, *10 Rules for Strategic Innovators* (Boston: Harvard Business School Press, 2005).

2 Clayton M. Christensen, *The Innovator's Dilemma: When New Technologies Cause Great Firms to Fail* (Boston: Harvard Business School Press, 1997).

3 Clayton M. Christensen, Scott Cook, and Taddy Hall, "Marketing Malpractice", *Harvard Business Review*, November 2005.

4 Clayton M. Christensen, Scott D. Anthony, Gerald Berstell, and Denise Nitterhouse, "Finding the Right Job for Your Product", *MIT Sloan Management Review* 48, no. 3 (2007): 38~47.

5 Clayton M. Christensen, "Continuous Casting Investments at USX Corporation", Case 697-020 (Boston: Harvard Business School, 1996).

6 Clayton M. Christensen, Stephen P. Kaufman, and Willy C. Shih, "Innovation Killers: How Financial Tools Destroy Your Capacity to Do New Things", *Harvard Business Review*, January-February 2008.

7 Theodore Levitt, "Marketing Myopia", *Harvard Business Review*, July-August 1960.

8 Clayton M. Christensen and Michael Overdorf, "Meeting the Challenge of Disruptive Change", *Harvard Business Review*, March 2000.

9 Clayton M. Christensen and Michael Raynor, "Skate to Where the Money Will Be", *Harvard Business Review*, November 2001.

10 Clayton M. Christensen, "Identifying and Developing Capable Leaders", Case 601-054 (Boston: Harvard Business School, 2000).

11 혹시 독자들이 자율성 보장이 기업의 파괴적 변화를 가능케 하는 묘책이라는 불행스러운 결론을 내리지 않기를 바란다. 우리는 자율성이 확보된 기업이 수많은 이유로 실패하는 예도 많이 봐왔다. 이 책의 4부에서는 단순히 별도 조직을 만드는 것을 넘어서서 파괴적 혁신을 추진할 때 고려해야 하는 변화관리 수단을 상세히 논하고 있다.

들어가기

1 Clayton M. Christensen and Michael E. Raynor, *The Innovator's Solution* (Boston: Harvard Business School Press, 2003). 이 책의 첫장은 혁신의 어려움을 보여주는 실패 통계치를 보여주고 있다. 또한 도블린 그룹, 보스턴 컨설팅 그룹 등의 많은 연구 또한 혁신의 높은 실패율을 지적하고 있다.

2 Michael Mauboussin and Alfred Rappaport, *Expectations Investing* (Boston: Harvard Business School Press, 2001).

3 Clayton M. Christensen, *The Innovator's Dilemma: When New Technologies Cause Great Firms to Fail* (Boston: Harvard Business School Press, 1997).

4 David G. Thompson, *Blueprint to a Billion* (Hoboken, NJ: Wiley, 2006).

5 Richard N. Foster and Sarah Kaplan, *Creative Destruction* (New York: Doubleday, 2001).

6 Christensen, *The Innovator's Dilemma*; Christensen and Raynor, *The Innovator's Solution*; Clayton M. Christensen, Scott D. Anthony and Erik A. Roth, *Seeing What's Next* (Boston: Harvard Business School Press, 2004).

7 이노사이트와의 인터뷰, 2007년 5월 17일.

1장

1 Richard N. Foster & Sarah Kaplan, *Creative Destruction* (New York: Currency, 2001) 그리고 Clayton M. Christensen & Michael E. Raynor, *The Innovator's Solution* (Boston: Harvard Business School Press, 2003)을 보라.

2 이러한 견해는 베인앤드컴퍼니의 크리스 주크의 연구 결과와 일치한다. Chris Zook & James Allen, *Profit from the Core* (Boston: Harvard Business School Press, 2001)을 보라.

3 Foster & Kaplan, *Creative Destruction*.

4 인텔의 사례 연구는《성장과 혁신》과《창조적 파괴》에 기술되어 있다.

5 Foster & Kaplan, *Creative Destruction*.

6 Clayton M. Christensen, "We've Got Rhythm! Medtronic Corp.'s Cardiac Pacemaker Business", Case 698-004 (Boston: Harvard Business School, 1997).

7 Zook & Allen, *Profit from the Core*.

8 Foster & Kaplan, *Creative Destruction*.

9 Theodore Levitt, "Marketing Myopia", *Harvard Business Review*, July-August 1960.

10 Joseph L. Bower and Clark G. Gilbert, *From Resource Allocation to Strategy* (New York: Oxford University Press, 2005). 이 책은 자원배분과정에 관한 연구를 요약한 훌륭한 책이다.

11 사실 〈데저트선〉 지는 이노사이트사와 미국출판연구소가 합동으로 진행한 뉴스페이퍼 넥스트 프로젝트의 하나로 추진된 7개 시범 프로젝트 중 하나였다. 관련 보고서는 http://www.newspapernext.org에서 찾아볼 수 있다.

12 우리가 그렇게 믿는 이유는 100명에게 10퍼센트의 시간을 혁신 사업에 할애하라고 지시한다면 보통 20퍼센트는 성실히 10퍼센트의 시간을 할애하지만, 40퍼센트는 1퍼센트도 할애하지 않으며, 나머지 40퍼센트는 대략 5퍼센트 정도의 시간만을 할애하기 때문이다. 이럴 때 '10퍼센트 계획'은 혁신 추진에 대한 시간 집중으로 이어지지 않는다. 그리고 그저 쫓아가는 직원의 경우, 의미 있는 혁신을 창출할 가능성은 극히 희박할 것이다.

13 크리스텐슨과 레이너가 지은《성장과 혁신》중에서 9장 '좋은 돈과 나쁜 돈 There Is Good Money and There Is Bad Money' 참조.

2장

1 Clayton M. Christensen, Scott D. Anthony, and Eric A. Roth, *Seeing What's Next* (Boston: Harvard Business School Press, 2004).

2 Clayton M. Christensen and Michael E. Raynor, *The Innovator's Solution* (Boston: Harvard Business School Press, 2003). 본 사례는 이 책의 4장 '누가 우리 제품의 최고의 고객인가Who Are the Best Customers for Our Products?'에 논의되어 있다.

3 Clayton M. Christensen and Scott D. Anthony, "New Avenues to Growth", *Strategy & Innovation* 2, No. 6 (2004).

4 Anne Buckingham, "Voices of Disruption", *Strategy & Innovation* 3, No. 5 (2005).

5 C. K. Prahalad, *The Fortune at the Bottom of the Pyramid: Eradicating Poverty Through Profits* (Upper Saddle River, NJ: Wharton School Publishing, 2006).

6 Brian Hindo, "Generating Power for Cummins", *Business Week*, September 24, 2007, http://www.businessweek.com/magazine/content/07_39/b4051064.htm.

7 Stephen Wunker, "Innovating in Emerging Markets", *Strategy & Innovation* 4, No. 4 (2006).

8 이러한 변화는 추가적인 결과를 가져왔다. 과거 집중화된 정보의 양을 기반으로 경쟁하던 사업은 이제 정보의 품질이 아니라 정보를 해석하는 통찰력의 품질에 근거해 경쟁해야만 하게 되었다. 즉 해결책을 요구하는 새로운 문제가 등장한 것이다. 이제 사람들은 정보 그 자체가 아니라 정보를 선별하고 해석하는 데 도움이 필요하다. 웹브라우저나 웹을 응용한 정보 탐색 과정이 이러한 문제를 해결해주고 있다. 이와 같은 쟁점에 대한 추가적인 자료는 다음에서 발견할 수 있다. John Battelle, *The Search: How Google and Its Rivals Rewrote the Rules of Business and Transformed Our Culture* (New York: Penguin Books, 2005).

9 Chris Anderson, *The Long Tail: Why the Future of Business Is Selling More of Less* (New York: Hyperion, 2006); Don Tapscott and Anthony D. Williams, *Wikinomics: How Mass Collaboration Changes Everything* (New York: Penguin Group, 2006).

10 Innovator's Insights #10: "Growing in New Contexts", April 19. 2004. http://www.strategyandinnovation.com/insights/insight10.pdf.

11 John Maeda, *The Laws of Simplicity* (Cambridge, MA: MIT Press, 2006). http://www.lawsofsimplicity.com 또한 참조하라.

12 Innovator's Insights #35: "The Heart of Disruption", April 18. 2005. http://
www.strategyandinnovation.com/insights/insight35.pdf.

3장

1 Clayton M. Christensen, Scott D. Anthony, and Erik A. Roth, *Seeing What's Next: Using the Theories of Innovation to Predict Industry Change* (Boston: Harvard Business School Press, 2004).

2 이 책을 쓰던 시점에 물론 크레이, IBM, HP 같은 업체들은 슈퍼컴퓨터의 품질을 향상하기 위한 경쟁에 온 힘을 쏟고 있었다. 왜냐하면 일부 사용자는 쓰나미를 예측하기 위한 최고급 시뮬레이션이나 가상현실을 만들기 위해 슈퍼컴퓨터가 필요했으며, 아직도 최고급 슈퍼컴퓨터의 품질과 서비스에 만족하고 있지 않은 상태였기 때문이다. 즉 이번 장이 주장하는 바로는 과잉충족은 특정 그룹의 소비자 계층에서 일어나는 것이며 시장 전체가 과잉충족되는 경우는 매우 드물 것이다.

3 기업이 기술의 혁신수명곡선상 후기로 갈수록 상품을 추가로 개선하는 과정이 더욱 어려워지거나 돈이 많이 드는 이유는 다음 서적에서 명쾌하게 다뤄지고 있다. Richard Foster, *Innovation: The Attacker's Advantage* (New York: Summit Books, 1986).

4 이러한 격언은 회사가 항상 저가시장을 방어해야 한다는 의미는 아니다. 경우에 따라 회사는 저가시장을 방어하는 대신 다른 성장 기회를 추구할 수 있다. 다만 우리가 강조하는 것은 공격적인 경쟁자가 저가시장에 치고 들어오면 '무릎을 치면 자동으로 발이 들리는 무릎반사'처럼 저가시장을 포기하고 떠나서는 안 된다는 것이다. 즉 저가시장을 포기한다는 결정은 프로젝트 팀을 지정해 저가시장을 충분히 모니터하게 한 후 또는 가능성 있는 저가시장을 추구하는 회사에 대한 지분 투자 등을 검토한 후 전략적으로 내려져야 할 것이다.

5 이 개념은 크리스텐슨 교수의 저서 《성공기업의 딜레마》에 상술되어 있다.

6 이 계산 작업은 엑셀이나 파워포인트를 사용해 매우 쉽게 할 수 있다. 사용메뉴 중 축axis에서 측정치scale 옵션 중 로그측정치logarithmic scale를 클릭, 선택하면 된다. 이 작업은 상품수용곡선의 일반적인 패턴인 S형 곡선을 직선으로 전환하는 것이다.

7 Jeremy B. Dann, "Treating Diabetes: Improving Efficacy Through Convenience", *Strategy & Innovation* 4, no.3 (2006).

8 Clayton M. Christensen, "Eli Lilly and Co.: Innovation in Diabetes Care", Case 696-077 (Boston: Harvard Business School, 1996).

9 Scott D. Anthony, "Can You Spot the Early Warnings?" *Strategy & Innovation* 3, no.2 (2005).

4장

1 Clayton M. Christensen and Michael E. Raynor, *The Innovator's Solution* (Boston: Harvard Business School Press, 2003). 해결해야 할 과제 개념은 3장에 설명되어 있다.

2 Frans Johansson, *The Medici Effect: What Elephants and Epidemics Can Teach Us About Innovation* (Boston: Harvard Business School Press, 2006); Thomas Kelley and Jonathan Littman, *The Ten Faces of Innovation: IDEO's Strategies for Defeating the Devil's Advocate and Driving Creativity Throughout Your Organization* (New York: Currency, 2005); Chip Heath and Dan Heath, *Made to Stick: Why Some Ideas Survive and Others Die* (New York: Random House, 2007).

3 Johansson, *The Medici Effect*.

4 Innovators' Insights #39: "Snaring the Sour Grapes", June 14, 2005. http://www.strategyandinnovation.com/insights/insight39.pdf.

5 Ian Wylie, "Talk to Our Customers? Are You Crazy?" *Fast Company*, July 2006, 70.

6 Denise Nitterhouse and Gerald Berstell, "Let the Customer Make the Case", *Strategy & Innovation* 3, no 2 (2005).

7 미국 마케팅학회의 허락을 얻어 다음의 논문을 이 책의 목적에 맞게 수정, 사용했다. Scott D. Anthony and Joe Sinfield, "Product for Hire", *Marketing Management* 16, no. 2 (2007).

8 이러한 접근방법을 더 자세히 알고 싶으면 다음의 논문을 참조하라. Joe Sinfield, "A Structured Approach to Technology Assessment", *Strategy & Innovation* 3, no. 5 (2005).

9 "From the Woodshop to the Kitchen to the Salon…"; company background on

Microplane USA, http://us.microplane.com/index.asp?PageAction=COMPANY.

10 Erick Schonfeld, "GE Sees the Light", *Business 2.0*, July 2004, http://money.cnn.com/magazines/business2/business2_archive/2004/07/01/374824/index.htm.

5장

1 Clayton M. Christensen, Scott D. Anthony, and Erik A. Roth, *Seeing What's Next: Using the Theories of Innovation to Predict Industry Change* (Boston: Harvard Business School Press, 2004), chapter 3, "Strategic Choices: Identifying Which Choices Matter."

2 Clark G. Gilbert, "Dilemma in Response: Examining the Newspaper Industry's Response to the Internet" (unpublished PhD diss., Harvard Business School). 이 주제는 이노사이트와 미국언론연구소가 공동으로 출간한 '뉴스페이퍼 넥스트' 보고서에서도 다루고 있다. 추가적인 정보는 http://www.newspapernext.org를 보라.

3 예를 들어 George Stalk, Rob Lachenauer, and John Butman, *Hardball: Are You Playing to Play or Playing to Win?* (Boston: Harvard Business School Press, 2004) 참조.

4 W. Chan Kim and Renée Mauborgne, *Blue Ocean Strategy* (Boston: Harvard Business School Press, 2005).

5 70퍼센트라는 수치는 KPMG 컨설팅 회사의 보고서에서 인용한 것이다. KPMG는 3년에 걸쳐 대형 합병 사례들을 검토하는 두 차례 연구를 진행했다. 그리고 경영자들을 상대로 서베이를 통해 인수·합병에 관한 그들의 관점을 파악했다. 1999년의 조사 결과 인수·합병 중 17퍼센드가 가치를 창출했고, 30퍼센트는 의미 있는 영향을 미치지 못했고, 53퍼센트는 오히려 가치를 파괴했다는 응답을 제시했다. 2001년에는 해당 수치가 각각 30퍼센트, 39퍼센트, 31퍼센트로 조사되었다. 이러한 수치가 나왔음에도 조사 대상 경영자 중 4분의 3 정도가 그들이 관여한 인수·합병 거래는 전략적인 목적을 성취했다고 응답했다. "World Class Transactions: Insights into Creating Shareholder Value Through Mergers and Acquisitions" (KPMG, 2001) 참조. 또한 상당히 많은 연구도 인수·합병이 가치를 파괴할 수 있다는 결과를 지지한다. 예

를 들어, 맥킨지도 1995년과 1996년에 있었던 160개의 합병 사례를 분석한 결과 이 사례 중 12퍼센트 정도만이 인수·합병 이후 3년에 걸쳐 지속적인 성장을 이뤄냈음을 제시한 바 있다. Matthias M. Bekier, Anna J. Bogardus, and Tim Oldham, "Why Mergers Fail", *McKinsey Quarterly* 4 (2001) 참조.

일련의 학자들에 의한 학술연구에서도 1만 2,023건의 인수 사례들을 분석한 결과, 인수를 발표했을 때 기업가치 하락분이 평균 2,520만 달러(약 277억 원)였음이 밝혀졌다. Sara B. Moeller, Frederik P. Schlingemann, and René M. Stulzc, "Firm Size and the Gains from Acquisitions", *Journal of Financial Economics* 73, no. 2 (2004): 201-228 참조.

〈비즈니스 위크〉 지도 1995년에서 2001년 사이 일어난 인수·합병 사례들을 조사했는데, 그 결과 인수 기업 중 61퍼센트는 너무 과도한 인수가격을 지불함으로써 주주의 부를 파괴했다고 보고하고 있다. 나아가 이 회사들은 인수·합병 후 운영과 시스템을 재빨리 통합하는 작업에도 실패했으며, 인수·합병이 가져올 원가절감과 시너지도 과대평가했다고 한다. "There's No Magic in Mergers", *BusinessWeek*, October 14, 2002, http://www.businessweek.com/magazine/content/02_41/b3803160.htm 참조.

6 Katie Hafner, "Netflix Prize Still Awaits a Movie Seer", *New York Times*, June 4, 2007.

6장

1 Scott D. Anthony, Matthew Eyring, and Lib Gibson, "Mapping Your Innovation Strategy", *Harvard Business Review*, May 2006.

2 www.innosight.com/resources를 방문하면 이와 다른 도구들을 발견할 수 있음.

3 *Strategy & Innovation* 3, no. 5 (September-October 2005) 참조.

4 물론 기회를 추구하는 회사의 역량을 평가할 때마다 미묘한 균형의 쟁점은 존재한다. 현재의 핵심역량에 너무 근접해 평가하면 좋은 기회를 놓칠 수 있다. 나아가 현재는 핵심역량이 아닌 부분이 미래에는 핵심역량이 될 수도 있다. 반면 연구 결과에 따르면 핵심역량으로부터 너무 멀리 떨어지면 성공 확률이 감소할 수 있다.

7장

1 많은 혁신기업은 자신들이 매우 적절한 아이디어를 가졌다고 주장할 수 있다. 그러나 기기에 탑재된 기술들은 주류층이 사용하도록 적절한 상태로 준비된 것은 아니었다.

2 Jena McGregor, "How Failure Breeds Success", *BusinessWeek*, July 10, 2006, http://www.businessweek.com/magazine/content/06_28/b3992001.htm.

3 유로 디즈니 사례에 대한 자세한 내용은 다음을 참조하라. Rita McGrath and Ian MacMillan, "Discovery-Driven Planning", *Harvard Business Review*, July-August 1995. 이 논문은 출현전략을 실행으로 옮기는 훌륭한 방법을 개괄적으로 잘 소개하고 있다.

4 물론 시장조사 보고서는 과거에 일어났던 일을 서술하고 있으며, 전문가도 일반적으로 과거에 일어났던 일(미래에 추진되어야 할 일에 대한 전문가의 능력은 차이가 큼)에 대한 전문적인 지식을 갖고 있다. 사실 진정으로 게임의 법칙을 바꾸는 접근방식의 시장 잠재력에 대해선 전문가의 예측이 빗나가는 경우가 더 일반적이라 할 수 있다.

5 Michael J. Roberts and Nicole Tempest, "ONSET Ventures", Case 9-898-154 (Boston Harvard Business School, 1998).

6 Pat Dillon, "The Next Small Thing", *Fast Company*, May 1998, http://www.fastcompany.com/magazine/15/smallthing.html.

7 Clayton M. Christensen and Michael E. Raynor, *The Innovator's Solution* (Boston: Harvard Business School Press, 2003). 프로디지 사례는 8장에 논의되어 있다.

8장

1 브리검영대학의 제프리 다이어 교수와 인시아드INSEAD의 핼 그레거슨Hal Gregersen 교수는 성공적인 혁신기업이 보유하고 있는 구체적인 특성을 발견하기 위해 대단히 흥미로운 연구를 진행해오고 있다. 이 책이 집필되고 있는 동안, 이 두 교수와 클레이튼 크리스텐슨 교수는 '혁신가의 DNAThe Innovator's DNA'라는 논문을 작성하고 있었다. 우리는 이 연구와 관련한 진단 도구들이 팀을 파괴적 방향으로 이끌려는 관리자들에게 유용할 것이라 믿고 있다. 더 구체적인 정보를 얻고 싶다면 이메일을 활용하길 바란다. jeff.dyer@byu.edu 또는 hal.gregersen@insead.edu.

2 Clayton M. Christensen and Michael E. Raynor, *The innovator's Solution* (Boston:

Harvard Business School Press, 2003). 판데식 사례 연구는 7장에 소개되어 있다.

3 Thomas Kelley and Jonathan Littman, *The Ten Faces of Innovation: IDEO's Strategies for Defeating the Devil's Advocate and Driving Creativity Throughout Your Organization* (New York: Currency, 2005).

4 Christensen and Raynor, *The Innovator's Solution* and Clayton M. Christensen, Scott D. Anthony, and Erik A. Roth, *Seeing What's Next* (Boston: Harvard Business School Press, 2004), 특히 2장을 주목하라.

5 몇몇 의학자들은 이러한 문제들을 해결하는 주요 방법으로 동시에 다른 일들을 추진할 수 있는 '양손잡이ambidextrous' 조직의 개발을 제안하고 있다. 그리고 이 제안의 주요 성공 요인으로 다른 프로세스들을 담당하고 조정하는 상급관리자를 꼽는다. Charles A. O'Reilly III and Michael L. Tushman, "The Ambidexrous Organization", *Harvard Business Review*, April 2004.

6 Vijay Govindarajan and Chris Trimble, *10 Rules for Strategic Innovators* (Boston: Harvard Business School Press, 2005).

7 이 부분에 관한 더 자세한 이야기는 다음 자료들을 참조하기 바란다. Scott D. Anthony, Matthew Eyring, and Lib Gibson, "Mapping Your Innovation Strategy", *Harvard Business Review*, May 2006; Scott D. Anthony, "The Arms Length Acquisition", *Strategy & Innovation* 2, no. 1 (2004); Scott D. Anthony, "Making the Most of a Slim Chance", *Strategy & Innovation* 3, no. 4 (2005).

8 Kim B. Clark and Steven C. Wheelwright, "Organizing and Leading Heavyweight Development Teams", *California Management Review* 34 (1992): 9-28.

9장

1 Bob Benz, "Voices of Disruption", *Strategy & Innovation* 4, no. 4 (2006).

2 Shell Chemicals, "Delivering on Our Commitment to Sustainable Development", corporate brochure, May 2003.

3 Chris Carter, "Can Venture Capital Help Companies Innovate?" *Strategy & Innovation* 4, no. 2 (2006).

4 http://www.intel.com/capital/about.htm 참조

5 전개서

6 Anita M. McGahan and Brian S. Silverman, "How Does Innovative Activity Change as Industries Mature?" *International Journal of Industrial Organization* 19 (2001): 1141-1160. 이 논문에서 맥거한McGahan과 실버맨Silverman은 연간 신규 특허 숫자로 측정된 성숙 산업의 혁신율과 혁신의 강조 정도는 새로 성장하고 있는 산업과 전통적인 측정 방식으로 비교할 때도 그리 차이가 나지 않음을 지적하고 있다. 반면 우리의 관점은 성숙 산업의 운영과 혁신을 위한 기술과 조직구조는 변해야 한다는 것이다. 한 번 더 생각해보면, 성숙 산업은 혁신의 특성이 파괴적 또는 급진적인 존속적 혁신에서 시간이 흐를수록 점차 점진적인 존속적 혁신으로 변화함에 따라 새로운 파괴적 혁신의 가능성과 필요성이 더 높아질 수 있다고 주장할 수 있다.

7 Henry Chesbrough, *Open Innovation: The New Imperative for Creating and Profiting from Technology* (Boston: Harvard Business School Press, 2003).

8 Larry Huston and Nabil Sakkab, "Connect and Develop: Inside Procter & Gamble's New Model for Innovation", *Harvard Business Review*, March 2006.

10장

1 Thomas J. Peters and Robert H. Waterman Jr., *In Search of Excellence: Lessons from America's Best-Run Companies* (New York: HarperCollins, 1982).

2 추가적인 정보와 자료는 다음을 참조하라. Scott D. Anthony, Steve Wunker, and Steven Fransblow, "Measuring the Black Box", *Chief Executive*, December 2007.

3 Barry Jaruzeski, Kevin Dehoff, and Rakesh Bordia, "Smart Spenders: The Global Innovation 1000," http://www.boozallen.com/media/file/Global Innovation_1000_2006.pdf.

4 Boston Consulting Group, "Measuring Innovation 2006", http://www.bcg.com/publications/files/2006_Innovation_Metrics Survey.pdf.

5 케나메탈은 혁신에 관한 APQC의 보고서가 초점을 맞춘 회사 중 하나이다. "Innovation: Putting Ideas into Action" (APQC, 2006), http://www.apqc.org.

6 Larry Huston and Nabil Sakkab, "Connect and Develop: Inside Procter & Gamble's New Model for Innovation", *Harvard Business Review*, March 2006.

7 흥미롭게도 많은 기업은 혁신 추진 팀들에 혁신 투자수익률 예측치를 산출하라는 지시를 내리면서도 추후 이 팀들이 그 예측치를 달성했는지는 확인하지 않는 경우가 많다. 그러나 혁신 투자수익률 예측치를 확인한 기업들은 이것이 멋있게 보이긴 하지만 유용한 의사결정 도구는 아님을 발견하곤 한다.

8 뉴스페이퍼 넥스트 프로젝트에 관한 전체 보고서는 다음을 참조하기 바란다. http://www.americanpressinstitute.org/newspapernext.